国家自然科学基金项目（71273142）

教育部人文社会科学重点研究基地重大项目（15JJD790017）

中国企业海外并购与
国际竞争力研究

蒋殿春　著

中国财经出版传媒集团

经济科学出版社

Economic Science Press

图书在版编目（CIP）数据

中国企业海外并购与国际竞争力研究/蒋殿春著.
—北京：经济科学出版社，2018.12
ISBN 978 - 7 - 5218 - 0075 - 3

Ⅰ.①中… Ⅱ.①蒋… Ⅲ.①企业兼并-跨国兼并-
研究-中国 ②企业竞争-国际竞争力-研究-中国 Ⅳ.
①F279.2

中国版本图书馆 CIP 数据核字（2018）第 291794 号

责任编辑：申先菊 赵 悦
责任校对：隗立娜
责任印制：干世伟

中国企业海外并购与国际竞争力研究
蒋殿春 著
经济科学出版社出版、发行 新华书店经销
社址：北京市海淀区阜成路甲 28 号 邮编：100142
总编部电话：010 - 88191217 发行部电话：010 - 88191522
网址：www. esp. com. cn
电子邮件：esp_bj@163. com
天猫网店：经济科学出版社旗舰店
网址：http://jjkxcbs. tmall. com
北京季蜂印刷有限公司印装
710×1000 16 开 17.25 印张 330000 字
2018 年 12 月第 1 版 2018 年 12 月第 1 次印刷
ISBN 978 - 7 - 5218 - 0075 - 3 定价：78.00 元
（图书出现印装问题，本社负责调换。电话：010 - 88191502）
（版权所有 翻印必究 举报电话：010-88191586）
电子邮箱：dbts@esp. com. cn

前　言

近十多年来，中国企业在国际股权市场异军突起，一改以前被动接受西方跨国公司兼并收购的形象，迅速成为全球并购市场上的新生力量。在能源、矿产、航空、汽车制造、物流及商业银行等领域，中国企业海外并购已蔚然成风，不仅是国有企业，而且民营企业"走出去"的热情也非常高涨。据联合国贸易和发展会议（United Nations Conference on Trade and Development，UNCTAD）数据，2016 年中国企业海外并购达 1015．7 亿美元，占当年我国对外直接投资总额1337 亿美元的 76%。海外并购已经成为中国企业海外直接投资的主要方式。

鉴于上述原因，目前关于中国企业海外并购的研究虽然不少，但多局限于探讨这些企业的并购动机、风险、交易策略，以及并购交易对并购企业经营绩效的作用等。也有一些文献分析了诱发中国企业并购潮的国内外经济原因，但一般也只考虑短期的外部因素，如 2008 年全球金融海啸和这些年国内强力推行的"走出去"政策等；对于企业和产业的自身因素，如企业并购前的市场竞争地位、并购后整合和管理海外资产的能力、国内产业发展是否已经构成大规模海外并购的条件等深层次问题，则很少有研究。

企业兼并收购既有内在的金融属性，但同时又涉及企业所有权转移和资产重组，可以从资本市场和企业发展两个不同的视角加以分析。从资本市场的研究视角出发，并购最引人入胜的就是所有权交易本身：企业如何安排融资，如何估值标的资产，如何制订具体交易方案，整个流程或各个环节都可能成为博弈案例详加剖析。在这种视角下，是否完成交易，是否实现了尽可能高的资本利得是衡量并购案成功与否的重点。从企业长期发展的视角出发，并购交易中一时的资本利得固然重要，但更为关键的是交易完成后双方资产能否顺利整合、形成互补，从而帮助企业提高市场竞争力。显然，从这两种视角来观察我国企业的海外并购都非常重要，但关注的重点明显不同。目前关于海外并购的研究，资本市场的研究视角是主流，基于国内企业和产业长远发展的分析却比较少见。相似地，企业在全球资本市场上的实践也多着眼于资本利得，较少考虑特定并购交易在企业发展中的定位。典型的体现是，人们通常将一项并购交易的达成视为"成功"标志，却忽略了并购后的整合和经营；通常认为中国企业海外并购风险主要源于国际法律、政治、文化等因素，却很少考虑中国企业是否具备足够的能力去整合新旧资源，并以自身的优势去驾驭购买的海外资产。人们往往习惯于对一桩顺利完成的并购交易鼓掌欢呼，却很少去过问该交易对国内并购企业的必要性，以及国内企业是否具备足够的能力去驾驭买进的海外资产；而一旦某起海外并购案中途搁浅，通常会简单地将原因归咎于标的企业或其他经济外因，甚或东道国对中国企业（尤其是国有企业）的歧视等非经济原因。实际上，并购交易成功仅是开始，之后的资产整合和经营才是最大的挑战，也是对当初提出并购提案是否恰当的真正检验。在中国企业对外并购历史上，成功达成交易但最终证明是失败的案例比比皆是，上汽集团、TCL、联想、吉利等已经进行海外并购的企业都有这方面的经验教训。

在这种背景下，从企业和产业发展视角来思考我国企业海外并购热潮就显得十分必要和迫切——为什么海外并购集中发生在某些特定产业？目前已经完成的并购前景如何？它们反过来对相关产业未来发展会产生什么影响？这些问题非常重要，但却未得到应有的关注。有鉴于此，我们着眼于经济全球化背景下我国企业的长足发展，以我国企业海外并购与相关企业和产业国际竞争力间的相互关系为主题，围绕一国进行大规模海外并购所需的产业国际竞争力条件、企业海外并购对本国相关产业国际竞争力的作用这两个核心议题展开系统的理论和实证研究。

我们认为，对于我国企业和产业的长期发展而言，达成并购交易并不意味着"成功"，关键看新购资产是否能为企业创造足够价值；并购交易成功仅是开始，之后的资产整合和经营才是最大的挑战，也是对当初提出并购提案是否恰当的真正检验。如果缺乏对标的资产的驾驭能力，即便现金流充足，也不能保证买进的资产增值，实现交易目标。而要应付交易成功后的整合、驾驭新购资产，不仅需要高超的管理能力，企业必须具备某方面的优势能力，而且这种优势还必须是可跨国转移的。

本研究的理论价值主要体现在以下四个方面：

第一，首次将群体企业海外并购行为与企业及产业国际竞争力相联系，为以后全方位地探索企业海外并购的产业原因及其经济影响奠定了基础，同时也丰富了经济全球化背景中一国企业及产业国际竞争力的影响因素分析。

第二，关于对外并购产生的竞争力条件，同时对全球样本和中国样本进行了经验实证分析，并进一步分析探讨二者差异的经济和制度背景。该分析进一步丰富了现有关于发展中国家对外投资理论，深化了现有理论的内涵。

第三，目前主流的国际直接投资（Foreign Direct Investment，FDI）理论主要是基于新建投资（Greenfields）建立的，对于比重越来越大的跨国并购的理论研究非常少。本研究基于资产的互补性，对跨国并购的条件和经济绩效进行理论分析，丰富和发展了 FDI 和跨国公司理论。

第四，随着近年来以中国为代表的新兴市场经济体对外直接投资的快速增长，FDI 对母国产业成长和经济发展的影响越来越受到相关国家政策制定者的关注。但是，关于跨国公司 FDI 的经济效应，现有研究多以东道国为重点，一直缺乏深入的分析 FDI 对母国的经济影响。本书将对企业海外并购影响投资企业及母国产业国际竞争力的机制进行理论和实证分析，并区分母国在不同发展阶段这种作用的方向和大小，这将显著地丰富和完善现有理论关于 FDI 经济效应的研究。

本书的研究受国家自然科学基金项目"中国企业海外并购与产业国际竞争力研究"和教育部人文社会科学重点研究基地重大项目"跨国并购与中国企业国际竞争力"资助，是笔者带领的研究团队集体研究的成果。具体分工是：蒋殿春负责全书框架、国际竞争力指标 ARCA（Additive Revealed Comparative Advantage，附加显示性比较优势）构建、理论分析和假说、第 1 章和第 4 章执笔，以及各章定稿和统稿；其余各章的执笔者分别是：谢红军（第 5 章和第 7 章）；臧成伟（第 8 章、第 10 章和第 12 章）；张禹（第 2 章、第 6 章）；黄锦涛（第 11 章）；明秀南（第 13 章）；荣星宇（第 9 章）；梁凯、傅一瑶（第 3 章）。赵志红、王小霞和王准等在课题讨论中也贡献了诸多有价值的研究思路和方法，在此一并表示感谢。

经济科学出版社的申先菊编辑为本书出版付出的辛劳和表现出的专业素养令人感佩，在此特别致谢！

蒋殿春
2018 年 10 月

目 录 ■ ■ ■ ■ ■

CONTENTS

第 1 章

导　论

作为全书的开篇，本章通过对几个核心问题的初步讨论，勾画本书的基本研究思想和逻辑线条。我们先对产业（企业）的国际竞争力的概念进行界定和解读，并提出本研究的度量思路；接下来分别就本研究的两个核心议题进行总体的理论分析。

1.1　国际竞争力的内涵和度量

1. 国际竞争力的内涵

关于国际竞争力的内涵，多是在经济体或产业层面上定义的，但也可延伸至企业。根据世界经济论坛（The World Economic Forum，WEF）的定义，一个经济体或经济体内特定产业的国际竞争力是其"在世界市场上均衡地生产出比竞争对手更多财富的能力"。该定义没有限定地理范围和国家界限，因此对于跨国企业，其竞争力将包括其分布全球的各个生产和服务单位，包括其在所有市场内创造的价值。已有关于产业国际竞争力的界定及度量指标大多基于竞争优势和比较优势理论。前者以迈克尔·波特的"钻石模型"理论（Porter，1990）为代表，从产业或企业的竞争力角度研究国家竞争优势；后者则是基于大卫·李嘉图关于产品在生产要素和资源禀赋上的比较优势理论。

参照波特的"钻石模型"和李嘉图的比较优势理论，并考虑到现代全球竞争和国际分工模式的特点，将国家产业国际竞争力定义为国内特定产业"抢占全球市场、并获取尽可能高的增加值"的能力。该界定与竞争优势或比较优势理论存在两点最大的不同。

（1）它明确竞争场所是全球市场，既包括国外（国际）市场，也包括国内市场。这是因为，一方面，国内市场作为全球市场的一部分，同时也是绝大多数产业（企业）最基础的市场，一个产业在国内市场的竞争表现理应纳入其竞争力范畴；另一方面，由于经济全球化的发展和信息技术的革命性突破，世界上绝大多数经济体中，几乎所有产业或企业都面临国内和国际的竞争。哪怕对于那些既没有对外投资，也没有出口的企业，也面临不同程度的进口产品和外国投资企业的本地生产的竞争。也就是说，在绝大多数领域，国际竞争已经延伸到了国内。因此，我们认为传统国际竞争力理论只考虑出口市场是不全面的，尤其对于中国和美国这样的消费大国而言更是如此。

（2）它强调竞争力需要落脚到获取增加值。倾销等价格战方式也可以获得一定的市场份额，但这不能带来增加值和利润。稳定和持续的增加值只有靠生产技术、管理才能、营销网络等获得，它可以源自波特的"钻石模型"中的五种要素，或者源自国家特定的要素禀赋和比较优势。按照这一定义，影响产业（企业）国际竞争力的因素中，既包括产业内在的因素，也包括国际国内的政治经济环境、政府的产业政策等，甚至也包括国有企业对生产要素的垄断。值得注意的是，这一界定也纳入了价值链思想，明确区分了单纯的出口量和市场规模与国际竞争力的不同。

2. 国际竞争力的度量

上述明确的定义为我们度量产业国际竞争力打下了良好的基础。现存的国际竞争力度量方法有两类：一类是多元指标构造的综合性竞争力指数，如瑞士的洛桑国际管理学院（International Institute for Management Development，IMD）和世界经济论坛（WEF）分别从 1980 年开始对全球主要经济体的国家竞争力进行评估排序；另一类是基于比较优势理论利用出口贸易数据构造的产业国际竞争力，其代表是 Balassa（1965）提出的显示性比较优势指数（Revealed Comparative Advantage，RCA）。综合性竞争力指数系统性强，但缺乏坚实的微观基础，而且与我们对产业国际竞争力的界定不完全相符。RCA 的计算简便直观，也与现实经验基本相符。还有学者就以 RCA 为产业和国家竞争优势的工具变量，研究国际上几次跨国并购浪潮的内在关联（Neary，2007）。但这一指标衡量一国产业国际竞争力需具备三个基本假设：①国际分工是产业间的水平分工；②产业的边界以国家为界，即一种产品的完整生产环节在国内完成；③企业的边界也以国家为界，即企业国际活动主要是国际贸易，而很少跨国投资。因此在度量产业国际竞争力时就存在明显局限：一方面，对于大国经济体的产业，特别是内向需求为主的产业，忽略了大国母国的市场份额，如美国这个消费大国，很多产业的 RCA 很小，但却极具国际竞争力，就是典型例证；另一方面，以加工贸易为主的产业，会夸大加工贸易对出口额的虚增，如中国传统的"三来一补"的制造业在 RCA 尺度下会显示极高的国际竞争力。近年来库珀曼等（如 Koopman et al.，2014 & Wang et al.，2013）基于全球价值链视角对传统 RCA 进行了改进，有效地解决了中间品贸易的重复计算等问题，但其聚焦点仍是"出口竞争力"，而不是这里定义的"国际竞争力"。

有鉴于此，我们吸收库珀曼等人的思想，同时明确地将企业在国内市场的竞争表现也加以度量，构造了一个"调整的 RCA"指标 ARCA（Adjusted Revealed Comparative Advantage，调整显示性比较优势）。但除了 ARCA 这个代表国际竞争力的综合指标，也将引用劳动生产率、全要素生产率、出口以及研发能力等指标从不同角度分析企业及产业国际竞争力的影响因素。

1.2 跨国并购的产业国际竞争力门槛

企业并购活动是复杂的经济行为，涉及经济、法律、文化、社会、政治、技术等各方面因素。并购交易与商品交易不同，也与权益的财务投资不同，存在较高的竞争力门槛，对于跨国并购更是如此。财务投资只关心标的资产的成长性和风险，而并购成功的前提是交易双方具有资产的互补性，这对并购者本身的资产质量提出了更高的要求。哪怕是双方资产互补性强、具有良好前景的并购案，由于并购完成后整合工作需要成本且存在较大的不确定性，而协同效应通常要经过相当长的时间后才逐渐产生，因此整合过程中很难避免业绩下滑。只有并购企业事前拥有较强的市场竞争力，才能冲抵这种并购后的整合成本和风险。

如果是跨国并购，由于涉及多种法律、商业环境和多种文化的融合，不仅并购后短期的整合工作更为艰巨，不确定性更高，而且长期的经营管理难度也更高，因此也对并购企业提出了更高的国际竞争力条件。这里的逻辑与 Hymer（1960）垄断优势理论完全一致：对外投资企业必须拥有足够的垄断优势，以抵补国外经营的高成本和高风险。从国际直接投资的内部化理论以及 Dunning（1981）的 OIL（Ownership Internalization Location）折衷理论范式来看，跨国并购的竞争力条件也非常明显，因为企业对外直接投资（包括对外并购）只是企业拓展竞争优势的手段，企业拥有竞争优势是其进行海外并购的先决条件。Helpman 等（2004）等在新兴贸易理论框架中证明，对外直接投资企业的生产率水平是行业内最高的，这也间接证明了对外并购的竞争力门槛。

对于新兴市场国家或其他发展中国家企业，现有研究文献和经验表明，典型的情况是企业和产业均不具有传统垄断优势和生产率优势的情况下进行海外扩张，而扩张的主要目的在于快速获取优势资源，包括自然资源、生产技术和管理诀窍等，或是为了更靠近供应商或市场，以及绕过国际贸易壁垒等。因此，来自发展中国家的跨国并购似乎与其产业国际竞争力关系不大。但我们认为，即便是这种以获取优势资产为目的的并购，并购者也必须首先具备某种竞争优势，方能成功达成并购交易，并顺利度过艰难的企业整合期，最终实现并购目标。理由非常简单：国际股权市场上的优势资产与一般生产要素一样遵循交易中的效率原则，即它们都会流向能为其带来最高市场价值的地方。从另一个角度看，企业提出并最终成功达成并购交易就像参加竞标一样：它必须提出对对方有吸引力并足以击败所有潜在竞争者的报价，同时，还必须保证以这一报价自己还能预期获利。如果并购者本身具有一定的优势，未来能更充分地发挥标的资产的价值，它在这场"竞标"中的胜算就会加大；反之，只凭对标的资产的热情，自身一无所长，也很难在并购市场上有所斩获——除非标的企业本身并无多大价值。因此，在一个成熟发达的并购市场上，企业在挑选潜在的并购对象，但反过来后者也在择优挑选并购企业。因此，在发达的国际并购市场，只要各参与者受市场规则的基本约束，那么成功的并购总是要求并购方具备一定的国际竞争优势。

当然上述都是针对并购企业的微观层面分析，并没有直接说明产业的竞争力状况。不过，企业是构成产业的细胞，基于企业对外直接投资的微观条件，仍然可以推论，如果国内某一产业发生众多企业的对外并购案，该行业必然具有较强的国际竞争优势。

首次明确从母国产业层面来论证企业 FDI 条件的，是小岛清（Kojima，1978）以比较优势为基础的"边际产业"转移理论。根据这一理论，合适的 FDI 产业应是在投资国处于或即将处于比较劣势，同时在东道国具有比较优势或潜在比较优势的产业——即所谓的"边际产业"。按照该理论，虽然边际产业在母国已无比较优势，但它在东道国具有比较优势仍然是其投资转移的前提条件。20世纪 80 年代初，邓宁（Dunning，1981）提出了投资发展周期（Investment Development Path，IDP）理论，从一国宏观经济发展水平的角度来解释其对外直接投资规模。根据 IDP 理论，一个国家对外直接投资净额呈现出规律性的变动：随着人均国民收入水平由低到高的发展，该国的投资发展周期也将依次经历对外投资净额为负、为零和为正这几个阶段。这种投资阶段的划分其依据实际上就是对外直接投资的国际竞争力门槛。IDP 理论从宏观的经济发展阶段角度解释了发展中国家企业的对外投资同该国经济发展水平之间的关系，并认为随着发展中国家经济的发展和企业竞争力的增强，发展中国家的企业会逐渐积累起海外投资所必需的垄断优势，因此其基本思想仍与传统的垄断优势理论相一致。

正如我们对国际竞争力概念的界定中所言，产业或企业的国际竞争力来源不一，但一切都需经市场检验，最终以增加值水平为标准。我国由于发展阶段和资源禀赋的特点，大多数产业对于研发、生产技术和管理等高增加值环节的国际竞争优势薄弱。但是，40 年的经济高速增长以及随之极速膨胀的国内市场，加上低成本劳动力供给，培育了一批在生产环节具备规模优势的制造业产业和企业。在服务业，由于国内移动互联产品和服务消费的快速发展，部分涉及数据服务、互联网金融等相关的行业也冲到了技术的世界前沿。因此，部分行业应该已经初具企业海外并购的竞争力条件。

尽管这样，2000 年以来中国企业的海外并购热潮仍让人疑惑，因为在这期间我国海外并购的规模和增长速度都远远脱离了 IDP 理论的预测。跨国截面比较研究表明，中国平均对外并购数量要远高于同时期同等收入水平的其他国家（图 1 - 1）。如果按照 IDP 理论的标准，我国企业的海外并购大大超前于我国当前的发展阶段。

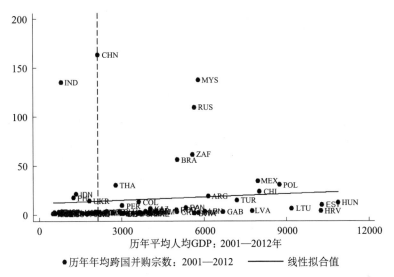

图 1 - 1　世界中低收入国家人均 GDP 和对外并购

注：纵轴表示年均并购宗数，横轴表示人均收入，以 2005 年美元计价，数据来自 PWT8.0 数据库；虚线标识中国各期平均的人均 GDP。

资料取自 UNCTADfdi 数据库；

据此，我们怀疑中国企业的大规模对外并购已经超出了产业国际竞争力的依托。通常认为中国企业海外并购风险主要源于东道国陌生的法律、政治、文化等因素，但我们认为最大的风险可能是这些企业很少考虑自己是否具备足够的能力去整合新旧资源，并以既有的优势去驾驭购进的海外资产。造成我国海外并购"冒进"的因素当然很多，从国内看，可能的因素包括：企业高速成长后管理者极易产生的盲目自信，扭曲虚高的国内股权市场（包括一级市场和二级市场），货币超发，经济增速回落后凸显的产能过剩问题及投资机会匮乏，政府和商业银行鼓励企业"走出去"的激励政策等。从国外看，2008 年全球金融危机造成的国外股权价值缩水，欧洲债务危机引起的欧洲企业经营困难，由此急于抛售，都可能是引起我国企业抢购的诱因。除此之外，政府干预和国有企业治理结构中的代理问题可能是其中的主要原因之一。众所周知，长期以来我国国有企业存在实际所有者缺位、国有企业管理者身兼企业经理人和官员两重身份等问题。为捞取政治资本或升迁机会，不考虑企业的实际需要，轻易利用并购手段做大企业规模，或以"战略发展"之名四处收购与主营业务不相干的资产，这样的现象并不罕见。

不过，在短期资产价格冲击和国内生产和市场失衡条件之外，中国企业大量海外并购国外资产可能还存在一个更深层次的原因，这就是国际产业生命周期时滞引起的资产估值差异。我们认为，由于各国发展水平不同，发达国家各产业率先进入初创、成长、成熟和衰退的生命周期；由于存在产业发展周期时滞，某些在发达国家已进入成熟和衰退阶段的产业在发展中国家则仍处于初创或快速成长阶段。在各国资本市场存在相互分割的现实背景下，处于产业生命周期较早阶段的产业自然会带来较高增长率和较长收益期限的预期，从而造成相同股权资产在国际资本市场上存在系统性的估值差异。因此，相关行业内的发展中国家企业选择兼并收购发达国家同行业的企业资产，可望在本国资本市场上获得资本溢价。改革开放 40 年，我国国内各产业有了长足的发展，但相对于欧美等发达国家，在中高技术制造业、高端服务业等领域，发展还是存在滞后。在国际产业周期存在时滞和股权资产价格差异条件下，加上 2008 年全球金融危机冲击下海外股权资产价格下降，为中国企业进行大规模海外融资带来良机。

利用海外并购进行国际资本市场套利是企业经营的理性反应，而且促使不少中国企业借此完成低成本国际化拓展。不过以资产价格驱动的并购交易终属短期行为，并购资产是否能与企业原有的资产形成互补，能否在国内巨大的市场上获得更有效的应用，仍然是这些并购获得长期成功的关键。如果中国企业的海外并购主要还是一种价格行为，那么这些投资的经济效果会怎样呢？这就是本研究试图回答的另一个核心问题。

1.3　跨国并购的国际竞争力效应

与国内并购一样，跨国并购交易完成后，并购方可能因要素获取、规模经济、资产互补产生的协同效应等提升并购企业的竞争力。但除此之外，跨国并购为并购方的竞争力提升提供了更广阔的空间，因为并购方不仅获得了标的公司资产和市场，而且还获得参与东道国产业成长和市场发展的机会。

具体而言，发达国家企业与发展中国家企业不仅对外并购的动机不同，并购后对并购企业及母国相关产业的国际竞争力影响也有很大差异。

从既有研究看，早期发达国家中崛起的跨国公司发起的跨国并购可能通过以下几个作用机制影响国内的产业竞争力：其一，根据跨国公司全球投资战略的

"价值链最优配置理论"（Sunetal，2011）及价值链倒"U"曲线理论，跨国企业通过纵向跨国并购，可以在全球优化配置产业链，提升自身的国际竞争优势；其二，结合国际商务领域制度观中有关认知制度（Cognitive Institution）的外部模仿理论（Yiu and Makino，2002），同行企业的相似性跨国并购行为会对提升母国该产业总体的国际竞争力发挥促进作用；其三，基于技术溢出的"产业集群"效应理论（Gersbach and Schmutzler，2003），通过发达国家间的跨国并购，有助于国内产业加速升级和技术进步；其四，运用跨国公司组织控制和治理模式的网络化发展理论和经验，强强跨国企业通过相互兼并和建立战略联盟等途径，可以形成的优势双向共享，也会对提升国内产业国际竞争力有促进作用；其五，根据市场势力理论（Hitt et al.，2009），具有国际竞争优势的跨国企业通过横向强强联合，能够减少国际市场上的竞争对手，提高国际市场占有率和控制能力，这也会有助于保持母国所在主导产业的国际竞争优势地位。

依据后发跨国企业特有的国际化理论，新兴发展中国家企业实施的跨国并购具有优势获取性（Advantage - Exploring），而非发达国家跨国企业的优势利用性（Advantage - Exploiting）的独特动因。这些国家的企业在跨国并购中具有一些特定的"后发优势"。而后发跨国企业这种以跨国并购实现"蛙跳式"国际化成长的模式，可能对提升母国产业竞争力形成独特的作用机制：其一，跳板效应，即后发跨国企业可以把国际扩张作为跳板，绕开在国内发展的各种约束，典型做法就是通过收购发达国家企业获取战略性和关键技术，以弥补自身研发能力的不足，提高自有产品的超额价值，进而迅速提升母国所在产业的技术创新能力（Luo and Tang，2007；Ramamurti and Singh，2009）；其二，追赶效应，即后发跨国企业可以作为挑战者，以投资低端产业链为契机进入全球市场，并在其边缘建立领地，然后再利用联接、杠杆和学习（Linkage，Leverage and Learning）的发展战略，克服发达国家跨国企业在敏感性和领先产业的抵抗（Mathews，2006）；其三，颠覆效应，即从技术创新路径角度，海外投资有助于颠覆性创新（Disruptive Innovation）。换言之，后发跨国企业在技术创新、提供产品或服务时，可以使用与当前截然不同的"破坏性"技术，推翻现有市场上的主导技术或产品（Christensen，1997），由此可能改变全球竞争格局，加速推进母国所在产业的国际竞争力。

跨国并购与国际绿地投资虽然同属于国际直接投资（FDI），但二者在相似之余仍存在明显的差异。除了流程和运作周期这些形式上的不同，跨国并购无论是其实施条件还是其经济影响都异于绿地投资。从投资条件看，绿地投资更依赖于企业本身的技术和管理水平，而跨国并购中交易双方资产的互补性和管理者的整合能力显然更为重要。因此无论是发达国家企业还是发展中国家企业，均可从并购的资产互补性（Norke and Yeaple，2007）来分析并购的竞争力效应。聚焦到中国企业的海外并购，资产互补性产生的协同效应可能因并购主体的所有制性质发生变化。对于国有企业，其原有的竞争优势主要源自政府赋予的行政垄断权利和预算软约束。这些优势虽然都只能在国内市场发挥，很难拓展延伸至国外市场，但如果并购的海外资产主要为国内市场服务，如石油、矿石等自然资源，或者与企业原有生产体系相配合的先进技术，那么二者仍然可能产生协同效应，增强国有企业及相关产业的国际竞争力。对于民营企业，典型的竞争优势来自生产成本，最具互补性的海外资产并不是那些节约成本的技术，而是市场资源，包括标的公司的产品品牌和市场网络。

但问题又绕回了并购前相关产业和企业的竞争力条件。尽管企业试图通过海外并购活动获取发展所需的生产要素、市场、管理能力以及价值链控制能力等关乎竞争力的要素，但能否准确地把握相关产业的发展趋势，能否深刻了解企业发展所缺乏的资源以及能否在纷繁的市场中精准地寻找到能够为自身发展提供对应资源的目标资产可能需要并购企业自身具有相当程度的技术实力与运营经验；同时，在通过并购获得相应的资源后，能否妥善地实现目标资产与自身的整合，对获取的技术等外部要素进行系统的消化吸收并将其真正内化为自身竞争力水平的提升也会要求企业具有相当程度的消化吸收能力与资本驾驭能力。就此意义而言，企业通过海外并购获取国际竞争力这一目标的实现与否本身应当在相当程度上依赖于企业的竞争力水平。这也意味着对应于企业特定的竞争力状况，可能会存在着与其相应，或者可以被其竞争力所支撑的最优海外并购规模，只有在这样一种规模之下，企业通过海外并购实现竞争力改善的目标才可能得以实现。

由于我国企业的海外并购中相当一部分与国际竞争力脱节，它们反过来对产业竞争力的作用也比较有限。鉴于国有企业受各种行政干扰较大，而且代理问题较为严重，因此相对于民营企业，国有企业海外并购产生的国际竞争力提升作用也更弱。

1.4　主要内容和分析结论

本书共分 13 章，其中第 1 章为导论，其他 12 章为主体内容。各章内容相对独立，但相互密切关联。各章围绕企业跨国并购的竞争力条件和并购后的竞争力变化两个主题展开研究，主体内容可分为三个部分：（1）基础性分析，包括第 2 章和第 3 章，分别讨论产业国际竞争力的界定、测算，以及中国企业海外并购及产业国际竞争力的初步统计分析；（2）关于国际竞争力对企业跨国并购驱动作用，包含全球范围的一般研究和中国样本的聚焦分析，包括第 4 ~ 第 9 章；（3）关于中国企业海外并购对其国际竞争力影响的实证研究，包含第 10 ~ 第 13 章。

　　第 2 章和第 3 章为全书的基础性分析。第 2 章在回顾和梳理现有国际竞争力研究文献的基础上，对传统 RCA 指数进行改良，引入增加值并明确补充了国内市场的竞争表现，构造了一个调整的显性比较优势指标 ARCA，作为全书国际竞争力的基础性综合指数，为后面的实证分析打下基础；第 3 章利用国际市场占有率、贸易竞争指数、RCA 和 ARCA 等竞争力度量指标，对我国产业竞争力进行了统计分析，并初步探讨了产业竞争力与我国企业海外并购之间的关联。

　　第 4 章则从理论上探讨企业跨国并购与国际竞争力之间的关系。分别从产业层面和微观层面进行了多视角的分析，并重点对发展中国家（以及新兴经济体）企业以获取优势资产为动机的跨国并购的企业竞争力条件进行了深入的论证，建立了跨国并购的"竞争优势驱动"理论假说，强调了企业国际竞争力对其跨国并购的支撑作用和优势资产互补性的必要性。

　　第 5 章首先利用全球产业层面数据，对跨国并购的"竞争优势驱动假说"进行检验。本章在深入揭示全球跨国并购决定因素的同时，其分析结果也对后续章节中国企业对外并购分析构成参照。利用 Thomson Reuter 全球并购数据库收集了 37 个主要国家的行业层面数据，检验了跨国并购投资的扩展边际和集约边际。总体而言，双边竞争优势对跨国并购具有显著正向影响，证实了"竞争优势驱动假说"；与此同时，资产价格在其中扮演了重要角色：母国资产价格上升会显著提升跨国规模，东道国资产价格上升则会显著抑制跨国并购动机。这些证据表明，跨国并购既是企业竞争力等实质性因素驱动的结果，同时也受到资产价格的深刻影响，而非单一某一种因素所主导的结果。

　　鉴于第 5 章揭示的资产价格在跨国并购中的显著作用，第 6 章将分析视角转至国际产业发展动态和各国间资本市场分割来分析跨国并购的其他原因。本章基于国际产业发展周期时滞，提出了驱动企业跨国并购的"产业周期—资产估值差异假说"，即由产业周期差异导致相同的资产在不同国家的估值差异，从而为价格驱动型的跨国并购创造了前提条件和驱动因素。之后，使用中国企业海外并购数据，分别从大类行业层面和细分行业层面对本章理论假说进行了检验，初步证实了中国企业海外并购具备这类资产套利型并购的特征。

　　第 7 章继续深入分析中国企业海外并购的驱动因素，进一步利用数据和计量模型检验"竞争力假说"和"资产估值假说"。本章利用 1995—2011 年国家—行业层面的面板数据，着重探究了行业竞争优势和资产价格因素在此过程中所扮演的重要角色。我们得到了几点富有启发意义的发现：第一，中国企业跨国并购行为带有一定的"逆竞争优势"特征，即相对劣势的行业往往成为海外并购频率更高的行业，尤其体现在服务行业。这种带有经济非理性色彩的并购现象在收入水平较高的东道国表现相对较弱，但仍然与成熟经济体的跨国并购经验截然不同。第二，东道国资产价格下跌对跨国并购具有较显著的拉动作用，并且在资本项目管制较严格的东道国更为突出。第三，国内资产价格上升会使跨国并购发挥较为积极的促进效应。第四，来自融资渠道的检验表明，本国资产价格可能通过缓解行业的外部融资约束，提高了中国制造业企业的并购能力，实现对企业跨国并购的正面促进作用。有迹象表明，价格因素可能主要通过增加海外并购的规模（集约边际）发挥影响。本章的结论整体上支持"估值假说"理论，却不符合"竞争力假说"的预期，表明中国当期的跨国并购受到短期因素的驱动较为明显，呈现出一定程度的套利特征。

第8章进一步分析不同所有制特征带来的对外并购驱动力差异。本章以优势资产的国际间转移性出发，解释了国有企业更偏好国内并购，同时海外并购倾向较弱的问题。我们认为国内政策对国有企业的偏倚构成了后者在国内市场的竞争优势，但该优势很难转移至国外市场，从而带来国有企业对跨国并购的相对厌恶。本章首先从理论模型上论述了优势的不可移动性和海内外并购选择的关系并提出了相应的理论假说；随后通过多元回归和DID（Difference in Differences，倍差法，也称双重差分法）的方法证明了国有企业具有更低的并购倾向，该结论在控制了生产率等其他变量之后依然显著；接下来通过考察市场化水平和企业政治背景对并购选择的影响，证明了国有企业更低的并购倾向是因为政策偏倚带来的优势是不可移动的；随后的扩展分析证明，相比于非国有企业，国有企业有显著更高的跨国并购持续时间和显著更低的国内并购溢价。

第9章则从国内经济失衡角度来分析我国企业对外并购的动机。一方面，由于近年来国内若干产业出现生产失衡和产能过剩，企业利润率下降，投资机会缺乏，致使一些企业将目光投向海外市场。但世界经济目前也面临贸易保护思想回潮，全球化进程暂时受阻，因此企业的海外扩张更多依赖于海外并购等直接投资方式。另一方面，鼓励海外并购也是我国实行国际产能合作、化解国内生产失衡的重要手段。本章的实证研究证实，产能过剩程度高的产业的确会驱使企业通过对外并购来化解产能，而且该效应是长期的。这一发现表明我国近年来的对外并购热潮在一定程度上也是国内生产失衡的表现。

第10章开始转而分析中国企业海外并购是否提升了相关企业和产业国际竞争力。我们认为跨国并购是企业快速获取国外竞争性资产和提升自身优势的有效手段，但同时也是企业在国际资本市场进行资本运作的金融交易。其竞争力效应取决于发起并购的企业事前的竞争力水平和双方资产属性。如果企业具有特定的优势资产和国际竞争力，并购后能有效应对资产整合的挑战和短期财务困境，那么标的企业的生产技术和市场资产等优势资源有助于并购企业提升国际竞争力和长期经营绩效。在实证上，采用第2章建立的调整后显示比较优势指数ACRA衡量企业竞争力，通过回归分析检验了海外并购对我国相关行业国际竞争力的影响。实证研究结果表明：企业海外并购在短期内对相关产业国际竞争力没有影响，但长期内有显著的提升效应。

第 11 章从企业绩效角度来考察我国企业海外并购的竞争力效应。与通常的会计意义绩效不同，本章将企业绩效聚焦在企业进行并购的初始动机：技术寻求、效率寻求、经营规模和盈利能力，考察海外并购在多大程度上实现了企业的预期绩效。我们运用倾向得分匹配和倍差法，利用 A 股制造业上市公司中对外并购的数据，检验企业对外并购对企业生产率、企业规模和盈利水平的影响。实证研究表明：第一，总体上看，生产率在并购之后出现了下降，但技术寻求型动机的对外并购会小幅改善企业生产率；第二，海外并购显著提升了企业的规模；第三，对外并购显著降低了企业的盈利能力，但是对于不同的子样本，影响的主要因素存在差异。

第 12 章则专注于企业国际竞争力的重要表现——出口竞争力，研究我国企业海外并购对出口的影响。结果表明，跨国并购短期内对企业出口没有显著影响，但长期则显著促进了企业出口。为了进行比较，我们还利用全部对外直接投资（包含海外并购和绿地投资的）数据进行了同样的检验，发现与海外并购的结果有明显不同，包含绿地投资的对外直接投资（Outward Foreign Direct Investment, OFDI）样本回归具有当期显著的正效应。本章的扩展分析表明，当并购标的处于经济发展水平更高的国家时，海外并购更有可能促进出口；规模更大、生产率更高、存续年龄更长的企业，更有可能通过跨国并购促进出口。

第 13 章考察中国企业海外并购对企业研发（Research and Development, R&D）投入的影响，借此分析海外并购的长期竞争力效应。为避免内生性问题和样本选择性偏差，在 Logit 模型的基础上，采用倾向匹配得分和双重差分法来考察海外并购与企业 R&D 投入的因果关系。结果显示，从整体来看，海外并购之后企业并没有显著地提高 R&D 投入。我们还发现，民营企业海外并购会显著地提升其 R&D 投入，而国有企业的海外并购则对其 R&D 投资没有显著影响；东道国技术水平高低对前面的基准分析结论不产生影响；技术密集型行业的企业海外并购对企业 R&D 投资具有显著的提升效应，而低技术密集型行业的企业海外并购对企业 R&D 投资则没有显著性的影响。

第2章

产业国际竞争力的界定与评价

作为本研究的基础，本章将总结和归纳现有产业竞争力的相关理论的观点和方法，界定产业和企业国际竞争力概念，梳理其主要决定要素，设计国际竞争力的多维评价体系。

2.1 文献综述

已有文献关于产业国际竞争力的概念的界定及度量大多基于竞争优势和比较优势理论。前者以迈克尔·波特的"钻石模型"理论（波特，1990）为代表，后者则是基于大卫·李嘉图关于产品在生产要素和资源禀赋上的比较优势理论。

2.1.1 基于竞争优势理论的指标构建

波特的竞争战略理论是目前被广泛接受并普遍采用的产业及企业竞争力分析框架。波特（Porter，1990，2008）认为，竞争的基本单位是"产业"，产业的国际竞争力根植于一国特定的产业微观基础，包括企业运营的成熟性、环境质量以及产业集群优势。基于这一内涵，波特（1990）构建了钻石模型、五力模型、价值链模型和竞争力发展阶段理论，由此形成了分析产业国际竞争力的较为完备的分析工具。其中，钻石模型又称国家竞争优势理论，用来分析一个国家的某一个产业为什么会在国际上有较强的竞争力，并指出一国特定产业的国际竞争力主要取决于生产要素、市场需求、相关产业和支持产业以及企业战略、结构以及竞争对手的表现四大基本的要素；五力模型则从企业层面将国际竞争力定义为潜在进入者的威胁、供应商讨价还价的能力、购买者讨价还价的能力、替代品的威胁和现有竞争者之间的竞争五个基本的维度。价值链理论则从企业层次和产业层次两个层面界定了企业在整合和组织各种活动的过程中展现的竞争优势；竞争力发展阶段理论则从动态的角度界定了产业竞争力提升所经历的不同阶段，即要素驱动阶段、投资驱动阶段和创新驱动阶段。

从实证研究角度来看，赛尤姆（Seyoum，2004）应用波特的"钻石模型"，采用高度简化的指标，以世界上 60 个主要高科技产品生产国为研究对象运用多重回归统计的方法，首次对高技术产业出口绩效与要素条件（人力资源和技术）、外商直接投资（FDI）的流入量、国内市场需求、国内竞争及汇率的关系进行了定量研究。该研究表明一国的要素条件对高新技术产业的出口绩效有很强的影响。穆恩（Moon et al.，1998）针对单钻石模型在国家竞争力研究过程中的缺陷，在模型中加上国际贸易联系，将单钻石模型拓展为双钻石模型，并对韩国和新加坡进行了相关分析，认为双钻石模型在解释国家竞争力方法更有说服力。此外，刘等（Liu et al，2010）利用波特钻石模型分析了中国医药行业的竞争优势和弱势，并认为导致中国医药行业竞争劣势的因素有医药产品的质量标准不完全、创新能力不足、知识产权保护不强、文化背景差异以及外资医药企业的竞争等。同时根据模型的比较分析，提出了相关提高医药行业竞争力的策略。

在波特的竞争战略理论体系下，国内一些学者也从不同的角度出发提出了产业国际竞争力的内涵及分析框架。金培（2003）认为，产业的国际竞争力实质上是在自由贸易的条件下，一国特定产业相对于其他国家该产业有更高的生产能力，向国际市场提供更多的产品以及保持持续的盈利能力。张金昌（2002）认为，产业的国际竞争力就是特定产业内企业整体的竞争力；从产业自身来看，它是产业组织结构、产业市场竞争结构以及产业整体素质和国家产业政策的反映；从竞争力的表现来看，产业的竞争力体现为一国的产业争夺市场的能力。**刘林青和谭力文**（2006）则基于当前全球价值链国际分工的特点，认为产业国际竞争力包括产业国家竞争力和产业企业竞争力两个维度，前者体现为国家的竞争优势，后者则体现为该国企业在国际市场上所占的市场份额。

此外，在度量产业国际竞争力的指标方法上，瑞士的洛桑国际管理学院（International Institute of Management Development，IMD）和世界经济论坛（WEF）分别从 1980 年开始对全球主要经济体的国家竞争力进行评估排序。虽然这两个机构研究的是国家竞争力，但其构造方法也对产业竞争力的研究有一定作用，特别是 IMD 的计算公式"竞争资产×竞争过程（国际化）→国际竞争力"就被许多学者用于分析产业竞争力。但也由于这两个世界竞争力的评比研究目的旨在国家层面，因此尚不能直接用来分析一国某个特定产业的国际竞争力。

联合国工业发展组织（United Nations Industrial Development Organization，UNIDO）针对一国生产工业制成品的竞争能力专门建立了各国工业竞争力指数

(Competitive Industrial Performance Index，CIP 指数），并从 2002 年起公布世界各国工业竞争力指数排行榜。但 UNIDO 的工业竞争力评价体系建立时间较短，指标系统也有明显缺陷。虽然该评价体系综合体现一国工业制成品生产和出口能力的指标构成，但按照制造业增加值进行技术水平的分类仍不完善，原因是缺少进行技术水平分类所需的连续性国别数据序列，而且不能区分在单一的技术能力基础上以及在高低技术水平混杂基础上的工业或出口结构，因此也不能全面合理地体现一国各产业的国际竞争力。

在实际应用中，上述多指标构建的综合性竞争力指数多存在计算复杂、所需指标数据不易收集等缺点，因此一些简单的单一指标方法也非常流行。如国际市场占有率和贸易竞争指数（Trade Competitiveness，TC）等，前者考察的是产业或企业在国际市场上的份额，后者则是以产业或企业的净出口（出口减进口）除以进出口总额。这些指标的优点是易于计算，并能直观地体现产业或企业在国际市场上的表现。但是，国际竞争力强调的不只是占领市场，其核心是利用市场创造价值的能力，因此如果不将中间投入剔除，这些指标并不能完全体现一个产业或企业在国际市场上的竞争地位（这一点后面还有论述）。此外，从技术和生产效率角度提出的生产率指标［如劳动生产率、全要素生产率（Total Factor Productivity，TFP）等］，也从某一侧面反映了产业或企业的国际竞争力。

2.1.2 基于比较优势的指标构建

比较优势理论的历史可以追溯到传统贸易理论。传统贸易理论包含了从亚当·斯密的绝对比较优势到李嘉图的相对比较优势，以及 H - O（Heckscher - Ohlin，赫克歇尔 - 奥林）理论为代表的要素禀赋理论等。以 P. 克鲁格曼（P. Krugman）为代表的国际经济学家创建了一个新的分析框架，在不完全竞争、规模报酬递增和产品差异化的假设下，构建了新的垄断和寡头竞争贸易模型，被称为新贸易理论。多恩布什等（Dornbusch et al.，1977）基于李嘉图的比较优势，利用 DFS（Dornbusch - Fischer - Samuelson）模型将比较优势进一步推广到了两个国家连续统商品加一种要素的情形。其他理论进展，包括多国模型的推广（Eaton and Kortum，2002）"多国家 + 多产品 + 多要素"模型（Costinot，2009），得出的结论与传统理论类似。

在衡量某国产品或产业国际竞争力的度量指标方面，巴拉萨（Balassa，1965）首先提出了显性比较优势（Revealed Comparative Advantage，RCA）。该指标计算简便直观，也与现实经验基本相符。根据巴萨拉的定义，产业国际生产率指数可表示为

$$\text{RCA}_{ij} = \frac{\dfrac{X_{ij}}{X_{it}}}{\dfrac{X_{Aj}}{X_{At}}} \qquad (2.1)$$

其中，X 为出口；下标 i 代表相关经济体；j 为产业（产品）；t 表示所有产业（产品）；A 则代表全球。当一国某行业的 RCA 指数大于 1 时，表明该国该产业具有比较优势，即该产业具有国际竞争力；RCA 指数小于 1 时，表明该国该产业具有比较劣势。

巴萨拉提出的 RCA 指数得到了学者的广泛推广和应用，但是也遭受了不少的争论和质疑，主要包括以下两个方面：

其一是巴萨拉 RCA 指数的实证测量结果在分布上存在缺陷，且该指标缺乏理论基础，与比较优势理论有所偏离（Bowen，1983）。若干研究文献（Dalum et al.，1998 & Proudman and Redding，2000）等都对该指标提出了改进建议，部分解决了指数分布的问题，但其理论基础缺乏的问题仍未解决。具体而言，李嘉图的比较优势理论更强调一种事前的优势，如一国生产某种商品更有效率，则会反映到出口中表现为更高的出口总量，而传统的 RCA 指数反映的则是事后的已经实现的贸易结果，是一种用结果推断原因的方法，这种方法可能会受到其他如距离、制度、需求偏好等可变因素的影响。

随着贸易理论的发展，学者也在为显示比较优势指数补充理论基础。基于这方面的改进主要基于科斯蒂诺等（Costinot et al，2012）的相关研究。科斯蒂诺等设计了一个模型，将传统的贸易流进行分解，将比较优势定位在"出口国—行业"所体现的优势中来，这种比较优势是一种包含了技术、基础设施、环境等综合因素在内的一种"综合生产率"，该方法剔除了"进口国—行业"和"进口国—出口"等因素的影响，因而测算的竞争力指数能够更加接近李嘉图比较优势的本质，从而更好地衡量一国的比较优势。

莱若曼和奥菲切（Leromain and Orefice，2014）基于科斯蒂诺等的方法利用产品层面贸易数据测算了 1995—2010 年各国修正的 RCA 指数并将其与传统 RCA 指数进行了对比分析。其他方面，莫罗（Morrow，2013）对李嘉图理论和赫克歇尔－奥林（H－O）理论进行了综合，验证了生产率技术差异与要素禀赋对比较优势均有影响。莱维琴科和张（Levchenko and Zhang，2011）进一步将伊藤和柯特姆（Eaton and Kortum，2002）模型拓展为多部门的李嘉图模型，同时发现比较优势随着时间的推移在逐渐消失。

其二是在全球化生产下中间品贸易与重复计算问题（Vollrath，1991）。巴拉萨的理论假设是各国进行水平分工，同时一种商品的生产全部在一国内部完成，产业的边界以国家为界。进入 21 世纪以来，伴随着全球化进程的推进，学者对全球价值链理论的研究也逐渐深入，水平分工假设在全球价值链时代已经受到了巨大的挑战，国际化分工（Hummels et al.，2001）已经成为当前时代一个重要特征。在这种背景下，商品会多次进出一国的边界，从而带来贸易的重复计算等问题，用贸易总量来衡量国际贸易及比较优势等概念可能会存在偏误。约翰森和诺格拉（Johnson and Noguera，2012）最早提出了出口增加值（Value Added Export，VAX）的概念，同时发现出口增加值与出口总量之间的差异越来越大。库珀曼等（Koopman et al.，2014）进一步发展了全球价值链的理论，将出口总额进行详细分解并阐明了其中的重复计算问题，并利用全球贸易分析模型（Global Trade Analysis Project，GTAP）数据测算发现在两种不同方法下计算的 RCA 可能得出完全相反的结论。王直等（Wang et al.，2013）进一步推广了该模型并完善了基于增加值的 RCA 的具体计算方法。根据库珀曼等（Koopman et al.，2014）和王直等（Wang et al.，2013）的建议，基于全球价值链视角下的显示比较优势指数应当使用出口增加值来代替传统 RCA 中的出口值，即

$$KRCA_i^r = \frac{\dfrac{vax\_f_i^{sr}}{\sum_i^n vax\_f_i^{sr}}}{\dfrac{\sum_r^G vax\_f_i^{sr}}{\sum_i^n \sum_r^G vax\_f_i^{sr}}} \tag{2.2}$$

式（2.2）中的 vax_f_i 为前向的出口增加值。根据 Koopman 等（2014）和 Wang 等（2013）提出的全球价值链分析框架，前向的出口增加值定义为

$$vax\_f_i^{sr} = V_i^s B^{ss} Y^{sr} + V_i^s B^{sr} Y^{rr} + V_i^s B^{sr} \sum_{t \neq s,r}^G Y^{rt} \tag{2.3}$$

其中，Y^{sr} 为国家 s 到国家 r 最终产成品的出口；B^{sr} 为根据 Leontief（1936）计算的最终消费品需求矩阵，其中 $B = (I - A)^{-1}$，A 为投入产出表的中间投入品系数；V_i^s 为 s 国行业的增加值系数（向量），即 $V_i^s = (0, \cdots, 0, v_i^s, 0, \cdots, 0)$。

有的学者详细对比了基于增加值计算的 RCA 和基于出口总值计算的 RCA，发现两种指标测算的结果存在较大不同，并建议应当使用基于增加值的测算方法（Brakman and Marrewijk，2015）。实证方面，伴随着研究方法的不断进步与发展，国内许多学者也开始从实证角度测量我国的产业竞争力。金碚（2013）、李钢和刘吉超（2012）都利用传统 RCA 方法计算了中国产业国际竞争力现状及演变趋势，发现近年来中国制造业产业国际竞争力有较大程度提升。戴翔（2015）采用库珀曼等的方法测算了中国制造业各行业的 RCA 指数，发现中国在全球制造业产业链布局中，比较优势仍集中在劳动密集型制造业领域。周大鹏（2014）采用增加值贸易核算方法对我国产业国际竞争力进行了评估，发现中国产业国际竞争力整体水平不高，而且企业所有制差异会影响我国

的产业国际竞争力。杨高举和黄先海（2014）利用莱维琴科和张（Levchenko and Zhang，2011）的方法对中国产业竞争力进行测度，发现中国的比较优势正从初级产业转向高技术产业。

2.1.3 对于两种指标的评价

波特的竞争优势理论提出之际，就获得了众多管理学领域学者的关注。然而，这套理论遭到了国际经济学学者的批评，他们认为竞争优势理论内涵含糊、关系扭曲，没有经过严谨的实证检验，同时与传统的经济学思想完全脱离（Davies and Ellis，2000）。王炜瀚（2010）也认为竞争优势理论的概念构建和逻辑过程完全错误，缺乏比较优势理论那样清晰的逻辑。与此同时，以林毅夫和李永军（2003）为代表的学者认为，两种理论并不是完全对立的关系，用竞争优势否定比较优势是错误的，竞争优势的建立离不开比较优势的发挥。裴长洪（2002）认为产业国际竞争力取决于比较优势和竞争优势：产业的竞争力首先体现在不同国家和产业的比较优势，而当双方比较优势一致时，产业的竞争力将取决于各自的绝对竞争优势，即产品的质量、成本、价格以及其他一些市场比较因素。所以产业的比较优势和竞争优势共同决定了一国的产业国际竞争力。

我们认为，二者既存在区别也有着紧密联系：尽管比较优势是经济学概念，而竞争优势是管理学概念，但内在含义上来说比较优势理论与"钻石模型"有共通之处，如波特的"生产要素"与比较优势理论中的要素禀赋理论类似，"市场需求"和"相关产业和支持产业"则在全球分工视角下可以列入国际分工与价值链环节的考虑范畴；根据已有文献（李钢等，2009），竞争优势来源于比较优势且与比较优势高度相关，而且一国发展竞争优势产业需要以比较优势产业为基础，才能逐渐向价值链的高端环节攀登。因此，我们可以基于比较优势的理论并在此基础上进行适当调整来构建指标，客观衡量一国产业竞争力的真实水平。

2.2 竞争力指数构造

在理论上，波特的竞争优势学说迄今最为成功、影响力最为广泛，特别是关于产业竞争力来源的"钻石模型"确立了该领域最为权威的分析框架。根据这一模型，一国特定产业的国际竞争力主要取决于生产要素、市场需求、相关产业和支持产业，以及企业战略、结构和同业竞争状况四大基本要素，外加政府和机遇的外部作用。但是，随着经济全球化进程的加速，跨国公司在世界经济中的地位越来越重要，产业边界完全超越国家的地理边界，国际分工也由传统的产业间水平分工模式演化为价值链分工。在此背景下，基于传统比较优势理论和波特钻石模型的国际竞争力理论也需做出相应调整。跨国并购本身涉及资源和所有权的国际转移，因此首先在现有理论基础上确立与之相适应的产业国际竞争力理论和指标体系尤为重要。

参照波特的"钻石模型"以及比较优势等理论，并考虑到现代国际分工模式的特点，本书将从生产率、研发投入、行业出口规模等多方面考察定义产业竞争力，并同时考虑所有制、国内政策、产能过剩的因素影响。在后面的研究中，将从各方面多个视角全面衡量产业国际竞争力；另外，在具体的实证分析中，将使用改进的显示性比较优势指数作为产业或产品综合性国际竞争力指标，并在此基础上同时与现有其他竞争力指标进行对比分析，试图更加全面地反映我国产业国际竞争力的现状以及发展变化状况。

传统的显示性比较优势指数 RCA 主要是基于产业间贸易基础测度产品或产业国际竞争力。它以相关经济体和全球的贸易量为参照，反映某一经济体特定产业（或生产的特定产品）获取的相对出口份额。

正如 2.1.2 节所述，指数（2.1）存在的第一个问题在于，随着全球生产网络日渐深化，以及生产链条在各国深度解构和再融合，单纯的贸易量已经不能反映国家或者行业的真实比较优势，近期兴起的全球价值链研究已经为此提供了注脚。在该指数下，经济体内特定产业的出口总额均算作是该产业的贡献，但却忽视了该产业的生产可能需要大量进口外国零部件，甚至是核心零部件。尤其是来料加工和贴牌代工（Original Entrusted Manufacturer，OEM）等行业，这种测度将严重夸大和扭曲相关产业的国际竞争力。因此，必须将中间投入这种外部贡献剔除，方能客观反映一国生产的竞争力。于是，将（2.1）中所有的出口 X 均调整为出口增加值 VAX，这样就能反映该行业在出口市场上的净贡献，这其实就是约翰森和诺格拉（Johnson and Noguera，2012）和库珀曼等（Koopman et al.，2014）建议的测度方法。

作为竞争力指标，传统 RCA 指数（2.1）的另一个重要缺陷，在于它只反映本国企业（产业）在国外市场上的表现，完全将国内市场排除在外。只考虑出口，这种视角在传统国际贸易理论的视角无可厚非，因为描述国际货物或服务的贸易格局正是国际贸易理论的主要任务之一。但是，作为竞争力指标，将部分市场的竞争结果排除在外明显是不合理的。这种处理，在分析对象为小国的时候偏差还不明显，但像中国或美国这样的大国，将国内市场的竞争从竞争力指标中排除则可能导致非常严重的误导。当今经济全球化程度不断加深是大势所趋，跨国公司的产品和服务在向世界各个角落渗透，各国国内市场的竞争同时也是跨国公司之间、跨国公司与本地厂商之间的国际争夺，尤其是规模大、成长性强的市场更是如此。一些专门针对国内消费偏好和习惯的厂商，如果在国内市场的争夺中占有一席之地，即便其完全不涉及出口，也必须承认其国际竞争力。对此，我国手机制造行业的情形就提供了一个极其鲜明的案例。当今国内手机制造商，国民耳熟能详的大厂商是华为、vivo、OPPO 等，但这些厂商的产品主要在国内销售。论出口，国内最大的出口商是深圳传音，其出口规模远超华为等企业。独特的是，传音的所有产品全部出口，2017 年出口非洲市场超过 1 亿部，其 TECNO 品牌等手机在非洲的市场份额超过 30%，是当地名副其实的老大。如果按照 RCA 的逻辑，传音一定是我国手机行业中国际竞争力最强者。但是，无论总出货量，还是技术实力，传音与华为等企业的差距非常明显。这个例子说明，剔除一个实际上重要的市场，我们根本无法准确衡量一个企业或产业的国际竞争力。我国由于人口多，经济规模和国民收入增长迅速，当前已成为几乎所有商品谱系的世界主要市场之一，其中许多还是世界最大的市场，也是世界各国企业竞争的重要战场。出于这个原因，我们在前面将出口额调整为出口增加值 VAX 的基础上，进一步将出口增加值改为产业增加值 VA，并将调整后的指数称为"调整的 RCA 指数"，记为 ARCA

$$\text{ARCA}_{ij} = \frac{\dfrac{VA_{ij}}{VA_{it}}}{\dfrac{VA_{Aj}}{VA_{At}}} = \frac{\dfrac{VA_{ij}}{VA_{Aj}}}{\dfrac{VA_{it}}{VA_{At}}} \tag{2.4}$$

其中，VA 代表产业的增加值，包括从出口市场和国内市场实现的增加值。各下标的意义与式（2.1）相同。

2.3　几种 RCA 指标的对比及其含义

第 2.2 节分析了三种竞争力指标，即传统的 RCA 指数，库珀曼等提出的基于价值链分析计算的指数，下面记为 KRCA，以及我们补充了国内市场而设计的指数 ARCA。为了对这三种指标进行直观的比较，并间接地检验我们提出的新指数，以世界各国各产业的数据分别计算了三种竞争力指数，并考察它们之间的关系。采用最新的版本世界投入产出数据（World Input – Output Database，WIOD）数据[①]。2013 年 11 月发布的 WIOD 数据库提供了 1995—2011 年的世界投入产出表，它涵盖了 41 个国家 14 个制造业和 17 个服务业等共 35 个行业的连续时序数据[②]。具体计算时，分行业增加值数据可从 WIOD 数据库获取，世界分行业增加

[①]　关于 WIOD 数据库详尽的介绍和分析可参见 Timmer（2015）。该数据可以从 http://www.wiod.org/ 下载。

[②]　41 国包含欧盟全部 27 个成员国以及美国、中国、日本等 13 个主要经济体和其余国家作为一个整体的经济体。

值以全部 41 个国家的行业增加值加总代替。

利用该数据，以及前述的测算方法，可以清晰了解各国各行业竞争力的现状以及历史变迁状况，并方便对各国的竞争力指标进行对比分析①。

2.3.1 整体分布

从全世界范围内的样本来看，各国家按三种方法计算的竞争力指数的描述性统计和密度分布见表 2 - 1 和图 2 - 1。

表 2 - 1   三种竞争力指标的描述性统计分析

分位数	1%	5%	10%	25%	50%	75%	90%	95%	99%	均值	标准差	偏度	峰度
ARCA	0.05	0.24	0.38	0.66	0.95	1.34	1.89	2.45	4.31	1.10	0.80	3.33	27.13
RCA	0.00	0.01	0.06	0.30	0.76	1.50	2.78	4.30	11.97	1.35	2.34	6.22	59.09
KRCA	0.01	0.12	0.25	0.53	0.92	1.44	2.22	2.88	5.06	1.16	1.26	10.03	218.90

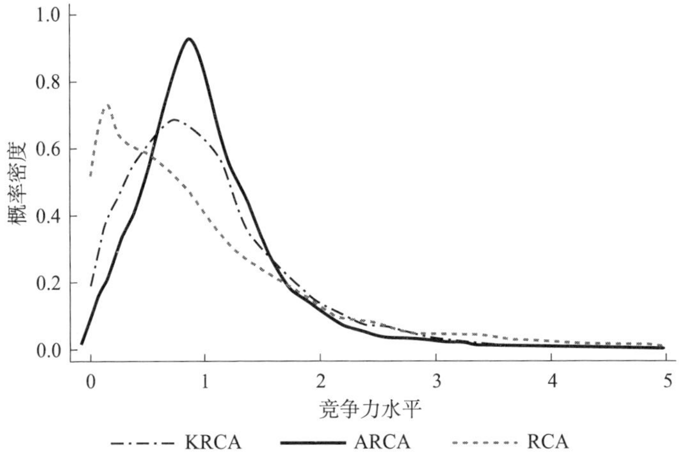

图 2 - 1   三种 RCA 指标的概率密度分布

资料来源：课题组根据 WIOD 数据计算。

从整体分布来看，三种方法计算的 RCA 指标均呈现右偏分布。其中，基于传统出口总值衡量的显示比较优势指数（RCA）右偏分布更加明显，其 1% 分位数为 0，而 99% 的分位数则很大。此外，中位数远小于 1，两侧的极端值偏离很大，偏度和峰度较大，表明该指标的对称性较差。库珀曼等（Koopman et al.，2014）建议的基于增加值测度的 KRCA 指标在一定程度上克服了该问题，对称性要强于 RCA 指标，但是整体仍然呈现较为明显的右偏分布。此外，RCA 和

---

① 限于篇幅，KRCA 与 TRCA 指标具体数值并未列出。

KRCA 指标的标准差较大，表明这些指标在某种程度上可能会带来某种偏误，因此，使用 RCA 或 KRCA 大于 1 或小于 1 的标准来判定一国是否具有比较优势或劣势可能在一定程度上存在误差。

　　RCA 呈现出这样的分布主要是由于各国、各行业出口的规模不同所致，对于一个小国而言，其总出口额或增加值出口额可能很小，且很可能集中在某个行业中，此时集中出口行业的 RCA 指标就会变得异常大，而其他行业的 RCA 指标则会在 0 附近，导致在进行跨国、跨行业的对比中容易产生偏误。而根据式（2.4）计算的 ARCA 均值和中位数相比较其他两种指标均更接近 1，且表现出较好的对称性，因此从统计意义上看是一个更具一般性的衡量一国竞争力的指标。

　　由于各国出口规模不同导致的另外一个可能的偏差就是竞争力排序问题。根据李嘉图的传统贸易理论，如果一国在某行业具有比较优势，则该国应当在该行业进行专业化生产；在竞争力指标中，这意味着该行业在国内不同行业之间的竞争力排序，应当与它在同行业的国际排序相近。然而在使用 RCA 或 KRCA 指标时，由于部分国家在某些行业的全世界出口中所占比例很高，一国的行业竞争力排序以及某行业斐然世界各国竞争力排序可能不具有可比性，无法准确进行跨行业、跨时间、跨国家的对比。我们定义的 ARCA 指标，由于测度的是行业在全球市场（不区分具体国家的国内和国外市场）内的竞争绩效，则可以在一定程度上克服这一问题，从而能够对一国行业的国际竞争力状况进行更为客观和准确的评估和分析。

　　表 2-2 中列出了 2011 年部分国家竞争力指数在国家间和行业间的排序关系，方便比较三种指标在排序方面的性质。第（2）第（5）第（8）列分别为三种指标测度下各国竞争力指标最高的行业，第（3）第（6）第（9）列为该行业的不同竞争力指标数值，第（4）第（7）第（10）为这些行业按相应竞争力指数计算的全球的竞争力排名情况。该指标反映各国竞争力最高的行业的排序情况，如果全球范围内完全实现专业分工，则该值应当为 1。例如中国按 ARCA 指数排名第一的行业是 c5，该行业 ARCA 值为 3.828，在全部 41 个国家行业竞争力 ARCA 指标中排名第 1。显然，以三种竞争力指数计算的各国最具竞争力行业在全球的排名虽然类似但并不相同。其中，KRCA 和 RCA 的排名相似度较高，二者相关系数为 0.63；相较之下，我们定义的 ARCA 与前二者的排名情况差异较大，如 ARCA 排名与 KRCA 排名的相关系数仅为 0.22。该结果是容易理解的，因为 RCA 和 KRCA 均为基于出口额的总体指标，通过出口额占全国总出口额的比和全世界平均水平的对比来判断一国竞争力水平的高低。调整的显示比较优势 ARCA 指标在考虑出口的同时将国内消费部分也同时考虑在内，对于中国和美国这些大国，仅考虑出口可能带来的偏差将是巨大的。

表 2 – 2 　　　　　　　　　　　　2011 年三种指标的排序关系分析

国家 (1)	ARCA			KRCA			RCA		
	行业 (2)	数值 (3)	排名 (4)	行业 (5)	数值 (6)	排名 (7)	行业 (8)	数值 (9)	排名 (10)
澳大利亚	c19	2.615	3	c32	5.438	1	c32	15.365	1
巴西	c5	1.949	5	c1	3.344	1	c1	4.402	1
中国	c5	3.828	1	c5	3.125	4	c5	3.388	4
德国	c13	2.560	2	c13	2.291	2	c17	2.692	8
丹麦	c24	4.731	2	c24	6.308	2	c24	14.057	2
西班牙	c22	2.949	1	c31	2.298	7	c19	2.121	15
法国	c33	1.809	5	c33	2.655	4	c33	2.964	6
英国	c19	2.082	7	c32	2.716	5	c28	4.906	3
印度	c1	3.737	1	c16	3.828	1	c16	7.017	1
爱尔兰	c9	6.285	1	c9	3.622	1	c28	5.167	2
意大利	c5	3.433	2	c5	4.770	1	c5	4.830	1
日本	c34	1.452	4	c24	2.783	5	c24	3.115	4
韩国	c14	3.467	1	c24	2.927	4	c24	3.111	5
荷兰	c33	1.927	3	c32	3.537	3	c18	2.579	13
俄罗斯	c8	4.326	1	c8	3.663	1	c19	9.383	5
瑞典	c33	2.139	3	c19	2.602	7	c19	7.868	9
土耳其	c4	5.931	1	c4	5.133	1	c18	5.892	5
美国	c31	1.659	1	c31	2.736	1	c31	4.784	2

2.3.2　基于中国的比较

这三种方法测量的指标总体上具有一定的相关性，这也非常自然，因为三者在不同程度上反映了一国的产业竞争力。以中国为例，2011 年三种竞争力指标的及其排序和几种指标的相关关系见表 2 – 3 和表 2 – 4。首先从表 2 – 4 中表明，三种指标测度下的行业竞争力指数较为相近，尤其是 ARCA 与 KRCA 之间的相关性更强，因为这二者都是基于增加值计算的；相反，基于贸易总量计算的传统显示性比较优势指数 RCA 与另外两个指标的相关性较弱。由于。根据表 2 – 3，有的行业在不同竞争力指标测算所得的排名相同或相似，如纺织业（c4）、皮革和制鞋业（c5）等行业便是如此；同时，更多的行业基于不同竞争力指标测算所得的取值及排序均存在较大区别，比如农、林、牧、渔业（c1）、石油精炼核燃料业（c8），非金属矿产品业（c11），金属制品业（c12），运输设备业（c15）、电力（c17）、零售业（c21）、旅馆饭店业（c22）等行业就是这样。对于这些结果存在矛盾的行业，仅仅使用传统的指标进行测度可能造成误导，影响相关的政策制定和评估。

表 2 - 3　　　　　　　中国 2011 年部分行业三种竞争力指标及排序

行业	ARCA		KRCA		RCA	
	值	排序	值	排序	值	排序
c1	2.286	6	1.667	6	0.332	24
c2	0.846	23	0.414	30	0.053	31
c4	3.393	2	3.012	2	2.997	2
c5	3.828	1	3.125	1	3.388	1
c8	0.992	21	0.630	26	0.141	30
c9	1.915	11	1.124	16	0.653	19
c10	1.918	10	1.592	8	1.569	4
c11	3.103	3	1.646	7	1.460	6
c12	2.185	7	1.303	13	0.806	17
c14	2.090	9	1.807	4	2.555	3
c15	1.430	13	0.601	27	0.492	22
c17	1.297	14	1.483	9	0.217	28
c18	1.227	16	0.286	32	1.495	5
c20	1.144	17	1.127	15	1.095	11
c21	0.308	33	0.566	28	1.404	8
c22	0.845	24	1.429	11	1.077	12
c24	2.439	4	1.840	3	1.296	9
c25	0.683	27	0.848	23	1.226	10
c28	0.800	25	0.856	20	0.033	32
c33	0.311	32	1.418	12	0.688	18

资料来源：课题组根据 WIOD 数据计算。

表 2 - 4　　　　　　　中国 2011 年三种竞争力指标的相关系数

相关系数	ARCA - RCA	ARCA - KRCA	KRCA - RCA
Pearson 相关系数	0.667 2	0.823 7	0.752 3
Spearman 相关系数	0.482 6	0.736 0	0.550 1

　　从变化趋势来看，对于大部分行业，三种方法测度的指标总体上趋于同向变化，不过也有部分行业的三种方法测度的变化趋势不尽相同。例如，图 2 - 2 中展示了木制品业（c6）三种方法测度的竞争力变化趋势。从图 2 - 2 可以看出，在样本初期（1995 年），三种方法下的结果都显示我国的木制品业处于比较优势地位，然而随着时间的推移，近 20 年的变化趋势有所不同。RCA 指标在 1995 年之后出现了明显的下降，到 2000 年以后该行业的竞争力指数持续在 1 以下，表现为竞争劣势。KRCA 的变化趋势与 RCA 类似，但波动幅度较小，并且在 2011 年已经恢复到 1995 年的最初水平之上，与前二者不同，调整的显示比较优势指数 ARCA 指标在相同时段内总体上是上升的，只是在少数年份出现了下降，但很快又恢复了上升趋势。三种指标趋势变化的差异一方面来自中间投入重复计算的不同处理，另一方面则来自计算范围的不同。随着国内市场的快速增长，木制品行业对出口的依赖逐步降低，但这并不意味着该行业国际竞争力的削弱。作为全

球市场的组成部分，国内市场的重要性也越来越强，中国企业在国内市场上的竞争业绩自然也是其国际竞争力的表现。正是从这个意义上讲，我们认为 ARCA 更为客观地反映了产业的国际竞争力状况。

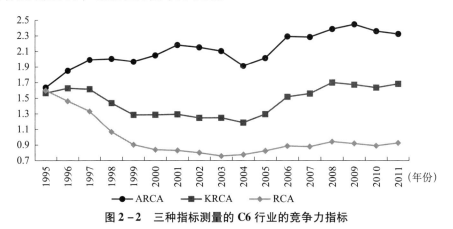

图 2-2　三种指标测量的 C6 行业的竞争力指标

第 3 章

中国企业海外并购和产业竞争力现状

在进行严格的经验实证研究之前，本章通过对我国各产业海外并购和国际竞争力的初步考察，旨在从整体上给出我国产业层面对外并购和国际竞争力的粗略图谱，并为后面的深入分析提供全景式的研究背景。出于这样的目的，关于国际竞争力，除了我们第 2 章提出的综合性指数 ARCA，也将利用国际市场占有率、贸易竞争力指数 TC 等直观性指标进行多角度的剖析。

3.1 中国制造业国际竞争力状况

3.1.1 国际市场占有率

国际市场占有率，是从某国行业出口规模来衡量该国行业外贸竞争力的相对指标，是从国际市场份额的角度来反映某行业出口的国际地位。指标值越大，表明该国该行业在全球越具竞争力，如图 3 - 1 所示。

图 3 - 1 显示了 2014 年我国 30 个制造业的国际市场占有率。根据该图，大部分制造业的国际市场占有率都超过了 10%，总体上体现了我国世界制造业大国的地位。其中，我国传统优势行业如纺织服装、鞋、帽制造业，纺织业，工艺品及其他产品制造业，皮革、毛皮、羽毛（绒）及其制品业，文教体育用品制造业，家具制造业等行业表现异常突出，产品出口占全球市场份额 1/3 以上。近年来随着国内产业技术的发展和产业升级步伐加快，我国在通信设备、计算机及其他电子设备制造业，电气机械及器材制造业，仪器仪表及文化、办公机械制造业，专用设备制造业，通用设备制造业等技术含量较高行业的表现也十分亮眼。出口表现较弱的领域，除了烟草、食品、饮料等具有较强地方性消费偏好特征的产品制造之外，较为明显的弱势行业主要是医药制造和石油、炼焦及核燃料加工

等产业。

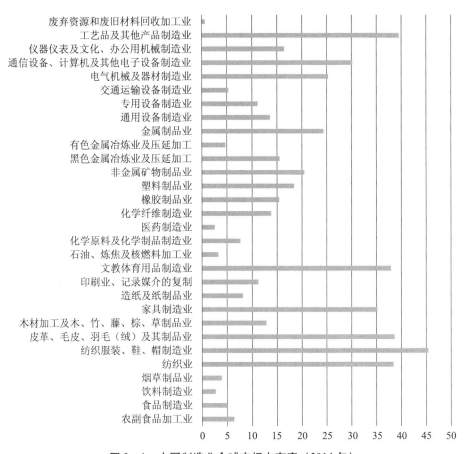

图 3 - 1 中国制造业全球市场占有率（2014 年）

资料来源：全球贸易信息系统（GTA）数据（该数据库包含了 63 个国家和地区的数据，约占全球贸易额的 93%）、中国海关统计数据。

从市场占有率变化情况看（见本章附表 3 - 1），大部分行业近年来都呈增长态势。如 2014 年在制造业的 30 个行业中，只有 8 个行业国际市场占有率出现下降，其余 22 个行业均有不同程度的提升，制造业的整体国际市场占有率由 2013 年的 15.57% 提升至 2014 年的 16.19%。

3.1.2 贸易竞争指数

贸易竞争指数的计算公式为：

$$TC = \frac{（出口额 - 进口额）}{（出口额 + 进口额）}$$

该指数是指一个国家某产业或产品净出口额与该产品或产业贸易总额的比例，主要用于分析行业内部结构性国际竞争力，反映了相对于全球市场上其他国家相同产业或所供应的产品而言，本国产业或生产的同种产品是否处于竞争优势及其程度。若该比值为正，表明是净出口国，该类产品的生产效率高于国际水平，具有较强的出口竞争力；反之，贸易竞争指数为负，即净进口则意味着出口竞争力较弱。与国际市场份额指标相比，贸易竞争指数主要反映了产业进出口间的平衡情况。不过由于 TC 指数只是进出口金额，并不能揭示产业内进出口产品结构，因此也不能全面反映国内产业在全球价值链中的地位和国际竞争力状况。

附表 3 - 2 列出了我国制造业各行业 2009—2014 年间的贸易竞争力指数，其中 2014 年的数据绘于图 3 - 2。根据图 3 - 2，我国全部 30 个制造业中有 18 个行业的 TC 指数为正值，处于净出口状态；余下行业的 TC 指数为负，为净进口行

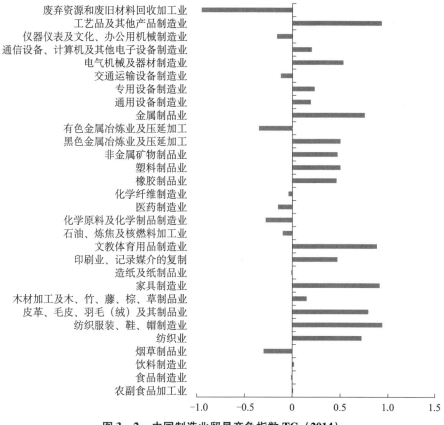

图 3 - 2　中国制造业贸易竞争指数 TC（2014）

资料来源：全球贸易信息系统（GTA）数据、中国海关统计数据。

业；而且，从 TC 指数的绝对值看，我国净出口行业平均而言也远比净进口行业大（除了废弃资源和物品回收业之外）。从贸易竞争指数看，我国处于竞争优势的领域一方面集中在纺织服装、毛皮制造、木材加工、塑料制品和非金属制品等传统的劳动密集型行业；另一方面则是计算机和电子设备制造业、电气机械及器材制造等设备制造业。总体而言，我国制造业贸易竞争指数的格局与国际市场占有率状况基本一致。

3.1.3 显示性比较优势指数

附表 3 - 3 列出了我国制造业各行业 2009—2014 年间的显示性比较优势指数 RCA，其中 2014 年的数据绘于图 3 - 3。根据该图所示，我国制造业 RCA 的格局与贸易竞争指数 TC 相仿，反映了这两个指数构造一致的内部逻辑。根据 RCA 值判断，我国具有强竞争优势的领域包括纺织服装、鞋、帽制造业，工艺品及其他产品制造业，皮革、毛皮、羽毛（绒）及其制品业，纺织业、文教体育用品制造业和家具制造业，这些行业的 RCA 值都超过 2.5，属于超强比较优势行业；通

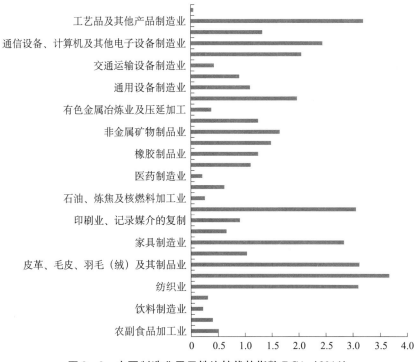

图 3 - 3 中国制造业显示性比较优势指数 RCA（2014）

资料来源：全球贸易信息系统（GTA）数据、中国海关统计数据。

信设备、计算机及其他电子设备制造业，电气机械及器材制造业，仪器仪表及文化、办公用机械制造业等也有较强优势。制造业中的比较劣势行业主要还是医药制造业，化学原料及化学制品制造，石油、炼焦和核燃料加工业等。超过一半的制造业 RCA 指数水平超过 1，总体具有比较优势。

从变化趋势看，2009—2014 年间我国绝大部分制造业的显示性指数均有显著增长，在此期间 RCA 持平或下降的行业只是极少数。尤其是一些原来处于比较劣势（RCA 低于 1）的行业已迅速转变成为优势行业，如黑色金属冶炼业及压延加工和化学纤维制造等。

3.1.4　调整显示性比较优势指数

根据第 2 章定义的改进后显示性比较优势指数 ARCA 定义（2.4），我们计算了中国部分行业 2000—2011 年的 ARCA 值（计算结果详见附表 3 - 7 及图 3 - 4），计算过程中所需的各国分行业增加值数据取自 WIOD 数据库。由于该数据库采用的国际产业标准划分（Internation Standard Industrial Classification of All Economic Activities，ISIC）与我国国家统计局采用的国民经济行业分类标准黑色不同，因此图 3 - 4 的行业与之前也无法完全匹配。因为无法收集世界所有国家分行业增加值数据，根据该数据库所统计的 40 个国家近似代表世界整体情况[①]。考虑到样本中包含了欧盟地区、北美地区、拉丁美洲以及东亚和南亚地区主要经济体，并且这些国家同样与中国有着重要的经济联系，所以这种近似具有相当的合理性。原始数据均是以各国货币为单位的当期值，需经过一系列的调整方能得到便于跨国加总和跨时比较的数据序列。采用 PWT 8.0 数据库中提供的各国相对美国的价格数据和名义汇率推算出购买力平价汇率 PPP（Purchasing Power Pority，PPP），然后利用 PPP 将各国以本国货币计价的现价数据转换为以美元计价的具有国际可比性的序列。虽然经过 PPP 转换后的数据可以在一个时点上进行跨国比较，但是由于各年份采用的美元基准价格不同，所以尚不能跨时点比较。为了能够跨时点比较，采用 PWT 8.0 以及以往各版本 PWT 表计算不变价 GDP 的方法，即首先选取经 PPP 转换后以当期美元价格计价的增加值序列中的某一年作为基准值，然后结合各国各行业增加值实际增长率序列推算其他年份的实际值。选取经 PPP 转后的 2003 年增加值作为基准值。原各国历年实际增加值增长率则由名义值和价格指数推出的实际值计算。经过上述整理，便可得到跨国跨时可比的分行业增加值数据。

---

① WIOD 涵盖了 27 个欧盟国家（2013 年加入的克罗地亚未列入统计），另外还包括了 13 个非欧盟国家（地区），分别是加拿大、美国、巴西、墨西哥、中国大陆、印度、日本、韩国、澳大利亚、中国台湾地区、土耳其、印度尼西亚以及俄罗斯。

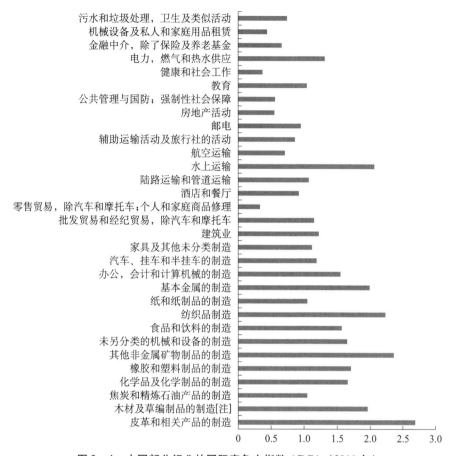

图3-4　中国部分行业的国际竞争力指数 ARCA（2011 年）

注：“木材及草编制品的制造”行业全称为“木材、木材制品和软木制品的制造（家具除外）草编制品及编织材料物品的制造”。

虽然行业不能完全匹配，但图 3-4 与图 3-3 还是可以进行一些制造业的比较。总体来看二者相关性较强，如皮革和相关产品的制造业、纺织业、橡胶和塑料制品的制造等 RCA 表现超强的行业，其 ARCA 的表现仍然亮眼；机械制造、橡胶和塑料制品制造等的竞争力也很显著。不过，由于剔除了中间投入，补充了国内市场的表现，ARCA 与传统 RCA 还是有很大差异。如食品和饮料制造、汽车等交通运输设备制造等，虽然它们的 RCA 指数水平较低，但得益于国内庞大市场上的表现，这些行业的 ARCA 指数均超过 1，显现出较强的竞争力。事实上，图 3-4 中的制造业基本上都处于竞争优势地位，ARCA 低于 1 的行业主要还是集中在服务业，这与我们的直觉更为相符。

值得注意的是，虽然我国产业技术不断进步，但大多数行业的 ARCA 水平这些年并没有显著的增长；相反，许多行业还出现了下降。将所有行业进行部门归类后，图 3 - 5 显示，1995—2007 年，制造业整体上竞争力实际上在下降；服务业的 ARCA 值虽然近年来也在下降，但与 20 世纪 90 年代相比还是上升的；只有建筑业竞争力水平一直在稳定增强。当然，这里的观察需要谨慎对待，因为部门中并不包括所有行业，制造业和服务业均如此。如制造业中，这里不包括医药制造等行业；在服务业部门，也没有律师和会计等商务服务等。因此，图 3 - 5 显示的并不代表中国产业的整体竞争力水平。

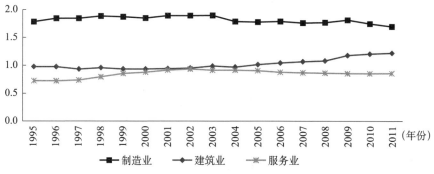

图 3 - 5　我国各部门的 ARCA 变化

注：各部门内包含的行业并不全，且是按照 ISIC 编码分类。

3.2　中国企业跨国并购现状及趋势

3.2.1　外资在华并购

为缓解我国早期经济发展中的资金不足和技术落后等问题，改革开放以来，我国把利用外商直接投资作为改革开放政策的重要内容，积极鼓励和吸引外国投资者在我国开展直接投资。截至 2016 年年底，我国连续 25 年成为吸收外商直接投资最多的发展中国家。从我国利用外资的历史来看，由于我国资本市场起步较晚，外资早期主要以"绿地投资"的直接投资方式进入我国，直到 20 世纪 80 年代末期外资并购才在我国出现。20 世纪 90 年代后期我国国有企业改革期间，外资并购达到了一个高峰。2001 年中国加入世界贸易组织（Word Trade Organization，WTO）后，外资并购进一步地加快了并购投资的步伐。图 3 - 6 展示了外资并购总额占中国 FDI 流入总额比重的变化趋势。

20 世纪 90 年代中期，由于国家政策引导，在民营企业尚未充分发展起来的背景下，外资在华并购首先开始于中国国有非公司化企业或国有非上市公司，一些经济效益相对低下的上市公司也是国外跨国公司的并购目标。并购方多为对于跨国经营经验丰富、资金雄厚的著名跨国公司，如美国福特、杜邦公司等。早期由于我国企业竞争力不足、国际经营经验缺乏，外资在华并购导致我国对部分产业失去控制力，且由于税收、资产评估、信息披露等配套政策制度缺失，外资并购引起了国有资产流失等问题，在此背景下，1995 年 9 月，国务院发布《暂停向外商转让上市公司国家股和法人股的通知》，外资在华并购由此进入四年的低谷期。

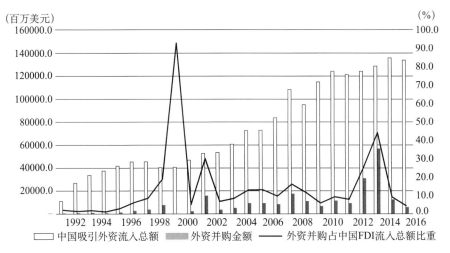

图3-6　外资并购总额占中国 FDI 流入总额比重年度变化（1992—2016）

资料来源：UNCTAD，World Investment Report 2017。

1999 年以来，为适应我国加入世界贸易组织的新形势，我国对外资并购的政策从限制转为支持，在这一阶段，外资并购开始具有明显的全球战略意图，力求掌握并购目标企业的控制权和对其核心资产的控制权，并购领域向汽车、电子、橡胶、食品饮料、玻璃等多行业发展，并购目标企业从亏损企业转向国有大中型骨干企业。早期在我国进行并购的外国企业大多来自新加坡、美国、日本等经济体。

2001 年年底加入 WTO 之后，我国零售、金融、电信、运输等服务行业的开放程度逐渐加大，对传统弱势行业如汽车、家具、纺织品等行业的保护逐步取消。为了适应 WTO 的规则要求，我国自 2003 年以来陆续出台了鼓励外资并购的政策法规和办法，基本扫除了外资并购的制度障碍，2001—2007 年是外资在华并购快速发展的时期，外资并购规模不断扩大，行业分布更加广泛，外资的母国来源也更加多样。

2007 年之后，定价机制由原来长期实行的以每股净资产为基准定价改为以股票市值为基础定价，"不低于前 20 天平均股价的 90%"。在中国股市一路走高的情况下，这一硬性约束使得外资企业收购我国上市公司股份的成本大增，以及全球金融危机的到来，外资并购的速度显著下降。

外资在华并购推动了中国企业走出国门开展海外并购的进程。图 3 – 7 展示了外资在华并购与中国企业海外并购的发展趋势，可以看出，外资在华并购在1999 年之前经历了较长时间的缓慢发展阶段之后，自 1999 年起规模迅速扩大。至 2007 年，外资对华并购持续增长，当年并购成功案例数达到历史最高的 484件。受 2008 年全球金融危机影响，西方发达国家企业的国际竞争力下降，同时国内企业收益于宽松的财政政策和产业政策支持而逆势增长，竞争力的消长变化导致外资对华企业并购速度逐年下降。至 2015 年，外资对华并购数量已降至 185件，首次被中国企业海外并购数量（226 件）超越①。

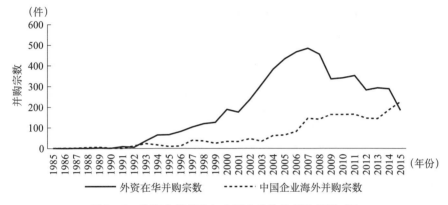

图 3 – 7　外资在华并购与中国企业海外并购规模对比

注：此处仅统计汤森路透数据库中显示已完成的并购交易数量，数据截至 2015 年底。

资料来源：汤森路透（Thomson Reuters）全球并购数据库。

3.2.2　中国企业海外并购历程

随着改革开放的持续推进和企业国际竞争力增强，中国企业加快国际化经营步伐。1979 年 8 月，国务院提出"出国办企业"，首次把发展对外投资作为国家政策，中国企业由此开始尝试对外直接投资。作为对外直接投资的一种形式，中国企业海外并购开始于 20 世纪 80 年代，早期主要是少数国有企业主导，集中于能源、矿产、金融、电信等领域，目标地区集中于中国香港、美国、澳大利亚等地。图 3 – 8 展示了 1985—2015 年中国企业海外并购年度变化，数据来源于汤森路透数据库，此处仅统计了交易成功的并购案例。

---

① 数据来自于汤森路透数据库，其统计的是已完成的并购交易数量，因此与后文其他统计来源数据可能存在差异。

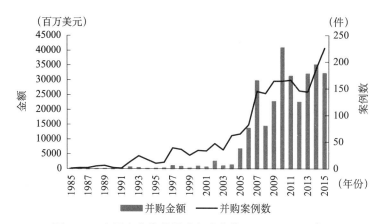

图 3 - 8　中国企业海外并购年度变化（1985—2015 年）

资料来源：汤森路透并购数据库。

经过 10 年探索，中国企业海外并购在 1992—2001 年进入稳定发展阶段，在此期间中国企业海外并购对外公布案例 374 件，年均 37 件，但金额普遍较小，披露金额共计约 63.7 亿美元。这一阶段中国企业海外并购为大型国有企业主导，如中国石油天然气集团、中信集团等，主要集中于工业（建筑、运输）、原材料（矿产、化学品）、能源、金融和电信行业，目标地区在早期的中国香港、美国、澳大利亚的基础上更加多样，尤其是在发展中国家对能源、矿产等领域并购增加。

亚洲金融危机后，为扩大出口，国家于 1999 年出台《关于鼓励企业开展境外带料加工装配业务的意见》，鼓励我国轻工、纺织、家用电器等机械电子以及服装加工等行业中具有比较优势的企业到境外开展带料加工装配业务①，支持一批有实力、有优势的国有企业"走出去"，到国外主要是非洲、中亚、中东、东欧、南美等地投资办厂，以现有技术、设备投资为主，在境外以加工装配的形式，带动和扩大国内设备、技术、零配件、原件料出口。2000 年 10 月在党的十五届五中全会上，"走出去"战略最终明确，并得到全面落实。

加入 WTO 以后，中国与世界主要发达国家巨额贸易顺差导致贸易摩擦不断，出口贸易面对的不确定性增加；加之出口加工型贸易导致能源资源短缺和环境污染，巨额外汇储备造成人民币升值压力。在此背景下，中国政府出于保障经济发展所需能源资源需要、产业升级和减轻人民币升值压力的考虑，鼓励有条件的企业开展海外投资，中国企业海外并购进入迅速发展阶段，并购案例数量和规模大幅增加。并购集中于能源、矿产、汽车、机械等领域，中国香

---

① 外经贸部、国家经贸委、财政部《关于鼓励企业开展境外带料加工装配业务的意见》，1999 年 2 月 1 日。

港、美国、澳大利亚仍为主要目标国家或地区，此外，西欧、南美成为新的并购热门地区。

2008年全球金融危机后，受资产价格的波动，中国企业进一步加快了"走出去"的步伐，对外投资迅速增加，根据《2015年度中国对外直接投资统计公报》发布的数据显示，2015年中国对外直接投资流量1 456.7亿美元，同比增长18.3%，位列全球第二位，并超过同期吸引外资水平，首次实现双向直接投资项下的资本净输出。面对错综复杂的国际形势，中国政府积极推动"一带一路"建设，稳步开展国际产能合作，不断完善"走出去"战略，中国企业国际化发展进程加快。2015年中国企业共实施579件并购，涉及62个国家（地区），实际交易总额544.4亿美元，占当年中国对外直接投资总额的25.6%（中国对外投资公报，2015）。并购涉及制造业、电信和信息技术服务业、采矿业、文化体育和娱乐业、租赁和商业服务等18个行业大类。其中金融业并购金额同比增长217.8%；受全球大宗商品市场持续低迷等因素影响，采矿业并购遇冷，并购金额同比下降70.3%。从并购分布地区来看，2015年并购项目分布在全球62个国家（地区），美国、开曼群岛、意大利、中国香港、澳大利亚、荷兰位列并购金额前六位。自2013年"一带一路"倡议提出以来，中国企业对"一带一路"相关国家并购项目增加，2015年达到101件，并购交易金额92.3亿美元，占中国企业海外并购总数的17%，如图3-9所示。

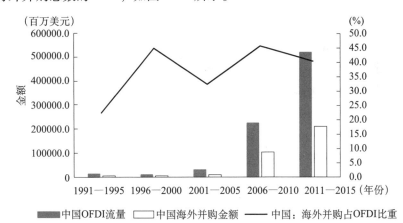

图3-9　中国对外直接投资和并购的情况（1991—2015年）

资料来源：UNCTAD，World Investment Report 2017。

整体来看，中国的对外直接投资长期以绿地投资为主，但是以海外并购方式进入国际市场的比例在逐年增加。图3-9展示了1991—2015年中国对外直接投资规模以及并购在OFDI所占比重的变化趋势，从中可以明显看出海外并购在对外投资流量中的占比在整体上呈上升趋势。这一方面反映了国内企业积极在海外寻求优势经营资产、拓展国际市场的意愿在上升，同时也体现了国内企业近年来的国际竞争力在增强。尤其是 2006 年以来，中国企业在全球并购市场上狂飙突进，已成为全球范围内一支重要的跨国并购力量，并造就了若干超大型并购案例。如 2017 年中国化工集团并购瑞士先正达，交易总额高达创纪录的 430 亿美元；2012 年 7 月中国海洋石油公司并购加拿大 Nexen 石油公司，交易金额达到 151 亿美元。2008 年以来，共计有 6 个来自中国企业的跨国并购交易超过了 100 亿美元（见表 3－1）。

表 3－1 　　　　　　　　2008 年以来完成的十大中国企业海外并购

首次披露日	交易标的	交易买方	标的方行业	交易总金额/亿美元
2017/6	瑞士先正达 94.7% 股份	中国化工集团	农化行业	430
2012/7	Nexen Inc. 100% 股权	中国海洋石油	石油天然气勘探与生产	151
2008/2	力拓股份伦敦上市 12% 股权	美国铝业；中国铝业	贵金属与矿石	140.5
2016/12	CIT 旗下 C2 公司 100% 股权	渤海金控	租赁	104
2010/7	Pan American Energ 60% 股权	中国海洋石油	采矿业	102
2009/4	哈萨克斯坦曼格斯套石油天然气公司 48% 的股份	中国石油集团	采矿业	100
2018/2	戴姆勒公司 9.69% 股权	吉利控股集团	汽车制造	90
2015/3	倍耐力 26.2% 股权	中国化工集团	轮胎制造	77
2009/6	瑞士 Addax 石油公司股权	中国石化集团中国石化国际石油勘探开发	采矿业	71.6
2010/10	西班牙雷普索尔公司巴西子公司 40% 股权	中国石化国际石油勘探开发公司	采矿业	71.1

资料来源：作者根据汤森路透数据库整理。

3.3 中国企业海外并购的特征

3.3.1 所有制差异

我国企业海外并购早期的投资主体主要集中于国有大中型企业，这是因为国有企业规模大、资金较为雄厚、政策性支持较多，使它们在海外并购中更具竞争优势。国有企业的并购领域多集中在资源和能源等行业，一方面满足企业自身业务扩展需要；另一方面也受国家经济发展战略的引导。随着民营企业在竞争性领域快速成长，国际竞争力逐步增强，对国外生产技术、要素投入、市场品牌等优质资产的需求逐步加大，民营企业也快速成为我国海外并购的重要力量。当前，虽然国有企业海外并购总金额尚处于领先地位，但并购数量则是民营企业占据绝对优势。而且，民营企业海外并购无论是交易数量和金额的增长也远超国有企业（见图 3 - 10）。我国海外并购企业的所有制结构变化，一定程度上反映了中国企业海外并购的行政性特点日益减弱，商业目的性增强；同时，从并购目标看也从资源、能源类并购逐步转向对技术、品牌、创新和渠道等为导向的商业并购，更加注重并购对于企业自身竞争力的提升和多元化的投资机会。随着新一代信息技术和经济数字化潮流的兴起，以消费零售、金融服务和科技、电信等为代表的第三产业成为最近并购交易最活跃的领域之一。2016—2017 年间，百度、阿里巴巴、腾讯（BAT）便达成了 35 笔海外并购，其中不乏十亿美元以上的大额交易（McKinsey Global Institute，2017）。OfO、摩拜、Musical. ly、美图秀秀等数字企业也积极进军美国、英国等海外市场，积极进行国际化拓展。相形之下，国有企业在这些领域的表现平平，其主要经营领域仍然是传统的工业、资源和能源行业。

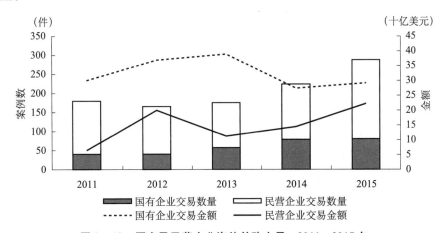

图 3 - 10　国有及民营企业海外并购交易，2011—2015 年
资料来源：汤森路透、投资中国及普华永道分析。

由于中央及地方国有企业经营领域的特点，加上政府和商业银行的优先支持，所以国有企业海外并购的平均规模较大，远高于中国企业海外并购的平均资产规模，这也是我国企业海外并购中国有企业的并购数量较少但交易金额较高的原因。但近年来，民营企业的身影也开始出现在一些超大金额交易中。2016 年12 月，渤海金控全资子公司 Avolon 斥资 104 亿美元收购美国纽约证券交易所上市公司 CIT 下属飞机租赁业务公司 C2 的全部股权；2018 年 2 月，吉利集团收购戴姆勒汽车公司 9.69% 的股权，交易金额也达到 90 亿美元。这两次交易都成功跻身于中国企业迄今为止的十大海外并购案，打破了国有企业独霸巨型海外并购交易的格局，如图 3 - 11 所示。

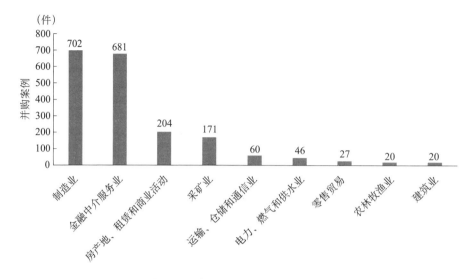

图 3 – 11　中国企业海外并购行业分布（1985—2015 年）

注：商务部、国家统计局和外汇管理局发布的《对外直接投资统计公报》的数据来自企业上报对外投资审批时填写的目标行业和地区、投资金额，并非最终实际完成的交易金额，因而跨国并购的宗数和交易金额可能会高于汤森路透全球并购数据库。

资料来源：汤森路透、全球并购数据库。

3.3.2　并购标的的行业分布

我国企业现已发生的海外并购案例分布范围较广，涵盖了所有产业。根据交易金额计算，我国发起海外并购的集中度从大到小依次为第三产业、第二产业和第一产业（见图 3 – 12）。在绝大多数年份，第三产业和第二产业的占比都超过 95%，第一产业的企业海外并购非常少。第三产业是并购活动最集中的产业，其中商业服务业、保险业、银行业和邮政电讯业等领域的海外并购交易尤其活跃。

行业层面上，图 3 – 13 展示了中国企业海外并购的主要行业。以并购案例数目计，制造业，金融中介服务业，房地产租赁和商业活动，采矿业，运输、仓储和通信业以及电力、燃气和供水业是中国企业海外并购的前六大行业，其中制造业和金融中介服务业分别占 1985—2015 年间中国企业海外并购总数的 38% 和 37%（图 3 – 13）。具体到制造业内部的细分行业，机械及设备制造、电子及电机设备、金属制品和化学品行业的海外并购最为集中，在我国制造业海外并购中占据主导地位（图 3 – 14）。

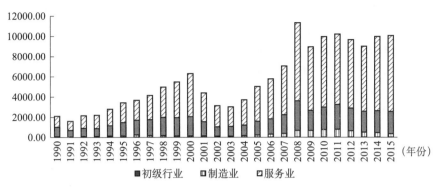

图 3 - 12　中国企业海外并购三大产业分布情况

资料来源：Wind 资讯数据库。

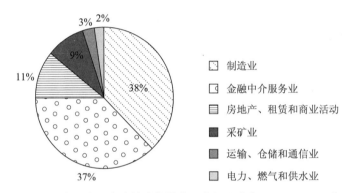

图 3 - 13　中国企业海外并购数量前六大行业分布（1985—2015 年）

资料来源：汤森路透全球并购数据库。

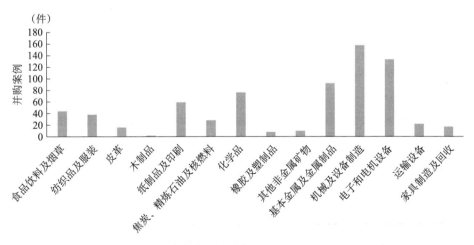

图 3 - 14　中国企业海外并购制造业细分分布（1985—2015 年）

资料来源：汤森路透全球并购数据库。

具体到各产业领域，中国企业海外并购的发展表现为以下几个特征：

（1）资源型行业海外并购长期占据主导地位，但近年来发展势头已趋弱。较长一段时期以来，中国企业"走出去"实行海外并购主要以获取能源、矿产等能源资源为主，这些企业主要以资源型行业中的国有企业为主。石油天然气领域是中国企业跨国并购最为集中的行业，并购主体主要是中石油、中海油等大型国企，单笔交易涉及金额较大，并购地区主要分布在油气资源丰富的印度尼西亚、加拿大等国家。海外并购的这一特征是由中国整体经济发展水平以及国内需求所决定的。早期中国制造消耗的大量资源导致国内供给无法满足，这必然促使资源类企业"走出去"，同时政府基于保障经济可持续发展的战略考虑，鼓励国有企业进行能源资源领域的海外并购以控制更多资源。资源型行业海外并购起步较早，但随着制造业、服务业海外并购的兴起，资源型行业海外并购程度已呈现逐年下降趋势。根据汤森路透的统计（见图3-15），我国企业在矿石和油气开采行业的海外并购数量自2010年达到峰值20件之后，就一直在加速下降，至2015年仅并购了5件。

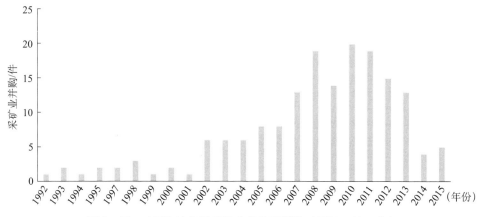

图 3 – 15　矿石和油气开采行业并购案例数（1985—2015 年）

资料来源：汤森路透全球并购数据库。

（2）制造业海外并购起步早，发展稳定，并逐步向高端发展。中国企业制造业的海外并购主要集中在以食品饮料和烟草、纺织服装与制革、木制品与塑制品为代表的轻工制造业、化工产品、机械与工业制品、电子电气设备、汽车及配件制造等行业。其中机械与工业制品、电子电气设备、化工产品制造行业并购起步较早，分别占据1985—2015年制造业并购案例总数前三位，发展迅速。机械制造业主要包括普通机械制造业、专用设备制造业、交通运输设备制造业等。该行业的企业多为专业化经营，并购目标企业均在行业内有较高知名度，可见企业对海外市场、技术及品牌渠道的寻求动因。2008年全球金融危机之后，我国制造业海外并购表现出向高端发展的趋势，并购主要发生在技术和人才资源占优势的欧美国家，目的在于获取先进技术和管理经验。海外并购已成为全球金融危机以来中国装备制造业海外拓展的主要方式，并购发起方也从原先以大型国有企业占主导扩大到更多的领先民营装备制造企业的积极参与，如中联重科在 2013 年和 2014 年先后收购意大利 CIFA 公司（100% 控股）和荷兰 Raxtar 公司（35% 股权），2013 年三一重工收购德国普茨迈斯特，中集集团收购德国金根总部等。中国企业的海外并购不仅能够扩大市场规模，还能够通过获取目标企业技术、资源、销售网络来进一步完善全球价值链。

（3）农业及食品行业海外并购正在崛起。中国农业及食品行业企业在经历一段时间缓慢发展阶段之后，近期掀起一波海外并购热潮。在农产品领域，中粮、双汇以及光明等国内知名龙头企业纷纷走出国门，实现对欧美企业的海外收购。中粮集团于 2014 年 2 月斥资 15 亿美元收购了香港的来宝农业（Noble Agri）糖、大豆和小麦业务部门 Nidera 51% 的股权。光明集团旗下子公司则于 2014 年 12 月与意大利 Salov 集团完成股权交割，在成功收购意大利知名橄榄油企业 Salov 集团 90% 股权后，光明食品集团借此正式进军橄榄油市场。2013 年，双汇集团收购全球规模最大的生猪生产商及猪肉供应商史密斯菲尔德公司（美国），实现了生猪及猪肉肉制品行业的强强联合。农产品领域大规模并购表明中国企业海外并购已经突破原有单一的资源型行业主导走出去的模式，逐步走向一二三产业协同发展，而且国内多样化消费需求诱发的企业对技术、管理和品牌升级的需求是推动企业海外并购的主要动力。

（4）金融服务业海外并购呈现新特征。中国海外并购行业多元化趋势还表现为金融服务业海外并购日益兴盛。金融行业的海外并购自 1995 年以来取得快速发展，2007 年并购案例数达到高峰，随后受危机冲击有所下降。2010 年以来，金融服务业并购呈现出一些新特点。首先，银行业仍然是并购主力，而且并购规模较大。比如 2013 年 4 月，中国工商银行以人民币 49 亿元和 39 亿元，分别收购了台湾永丰金融控股有限公司、永丰商业银行 20% 股份。光大证券则于 2014 年斥资 5 亿美元收购香港券商新鸿基金融集团控股股权。其次，保险行业屡屡出现大额收购，其中以复星集团的海外并购最为引人注目，2014 年 1 月复星国际以 10 亿欧元收购葡萄牙储蓄总行旗下保险公司 Caixa Seguros e Saúde（CSS）80% 的股份。再次，期货与金融租赁并购逐步兴起，2013 年，广发证券全资子公司广发期货以 3 614.21 万美元初步对价，收购了法国外贸银行的 NCM 期货公司 100% 股权，这是广发证券的首宗海外收购，也是中资机构首次并购外资期货公司；2013 年 9 月，海通证券宣布以 7.15 亿美元收购了美国恒信金融集团 100% 股份，这是中国券商收购外资融资租赁公司的第一单，同时成就了当时中国金融机构收购外资融资租赁公司的最大交易，如图 3 - 16 所示。

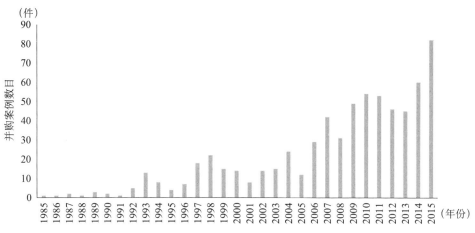

图 3 - 16　金融中介和商业服务业海外并购案例数（1985—2015 年）

资料来源：汤森路透全球并购数据库。

3.3.3　中国企业海外并购的地域分布

　　作为新兴市场国家，我国企业市场化发展的历史相对较短，进行对外直接投资缺乏所有权优势，因此往往与发达国家企业追求效率与市场的资产利用型对外直接投资不同，而是资产寻求型对外直接投资，通过引进吸收国外先进技术、资源以弥补自身竞争劣势，从而获得跨越式发展。随着我国改革开放推进和企业国际竞争力提升，我国企业"走出去"的目的更加多元化，既有资产寻求型也有资产利用型，必然带来我国企业跨国并购所在行业和地区分布的变化。表 3 - 2 展示了中国企业 1985—2015 年超过 10 件案例的国家和地区分布。该表显示，中国企业海外并购主要分布在中国香港、美国、澳大利亚、加拿大、新加坡、德国、英国、日本等发达国家或地区，这些地区成熟透明的市场交易机制、相似的文化背景为并购提供了便利。其中，中国香港、美国和澳大利亚共占据了近一半的中国企业海外并购标的。从区域来看，东亚及太平洋地区、欧洲和中亚以及北美地区是中国企业海外并购的热门地区。从并购地区收入水平分布看，中国企业海外并购主要集中在高收入地区，占比高达 87%（见图 3 - 17）。

表 3 - 2　　　　中国企业海外并购国家和地区分布（1985—2015 年）

并购案例/件	经济体	地区	收入水平
502	中国香港	东亚及太平洋地区	高收入
285	美国	北美	高收入
209	澳大利亚	东亚及太平洋地区	高收入
95	加拿大	北美	高收入
91	新加坡	东亚及太平洋地区	高收入

续表

并购案例/件	经济体	地区	收入水平
81	德国	欧洲和中亚	高收入
70	英国	欧洲和中亚	高收入
69	日本	东亚及太平洋地区	高收入
53	法国	欧洲和中亚	高收入
42	英属维尔京	拉丁美洲和加勒比地区	高收入
39	韩国	东亚及太平洋地区	高收入
34	意大利	欧洲和中亚	高收入
26	中国台湾	东亚及太平洋地区	高收入
24	荷兰	欧洲和中亚	高收入
21	马来西亚	东亚和太平洋	中高收入
20	印度尼西亚	东亚和太平洋	中低收入
20	西班牙	欧洲和中亚	高收入
17	巴西	拉丁美洲和加勒比地区	中等收入
16	新西兰	东亚及太平洋地区	高收入
15	俄罗斯	联储欧洲和中亚	中高收入
14	瑞士	欧洲和中亚	高收入
13	蒙古国	东亚和太平洋	中低收入
13	瑞典	欧洲和中亚	高收入
13	泰国	东亚及太平洋	中高收入
12	印度	南亚	中低收入
12	南非	撒哈拉以南非洲	中高收入
11	以色列	中东和北非	高收入
11	哈萨克斯坦	欧洲和中亚	中高收入
10	越南	东亚和太平洋	中低收入

资料来源：汤森路透全球并购数据库。

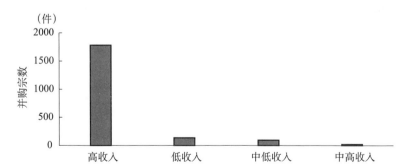

图 3 - 17　中国企业海外并购地区收入水平分布（1985—2015 年）
资料来源：汤森路透全球并购数据库

　　由于目标资产在不同国家和地区的分布不同，中国企业在不同东道国的并购重点自然也有所差异。中国在欧美国家（除澳大利亚和加拿大等国）的并购主要集中在通信电子、计算机、汽车制造、专用设备制造和医药制造等领域。对于这些发达国家企业的并购其主要目的在于获取目标企业的技术、研发能力、品牌和营销网络等战略资源。对于发展中国家企业的并购则主要集中在能源、矿产和传统制造业（如食品、纺织、服装和金属制造等），或为获取生产必需的自然资源，或为发挥和延伸企业的制造业优势，开拓东道国市场。总体来说，中国企业海外并购越来越倾向于追逐技术、品牌和专业，执行外延式的增长策略，并逐渐探索建立地域多样化的投资组合。相应地，发达经济体逐渐成为海外并购的重点区域。

第3章附表：

附表3-1　　　　　　　　　中国各产业全球市场占有率

国民经济行业	市场占有率/%					
	2009年	2010年	2011年	2012年	2013年	2014年
农、林、牧、渔业	3.95	4.32	3.81	3.35	3.64	3.95
农业	3.21	3.72	3.19	2.69	2.95	3.26
林业	2.21	1.78	1.52	1.64	7.89	2.50
畜牧业	2.87	2.78	2.58	2.57	2.45	2.63
渔业	6.11	6.07	5.90	6.42	5.52	5.42
农、林、牧、渔服务业	20.02	23.71	26.52	20.10	22.03	20.02
采矿业	1.21	0.99	0.91	0.89	0.87	0.80
煤炭开采和洗选业	2.87	2.11	1.92	1.20	0.89	0.66
石油和天然气开采业	0.70	0.50	0.43	0.50	0.49	0.35
黑色金属矿采选业	0.39	0.52	0.02	0.03	0.01	0.02
有色金属矿采选业	0.33	0.78	1.31	1.02	0.78	0.90
非金属矿采选业	3.45	3.07	3.34	3.67	3.63	3.81
制造业	12.42	13.46	13.80	14.87	15.57	16.19
农副食品加工业	4.74	5.13	5.41	5.93	6.05	6.33
食品制造业	4.18	4.51	5.03	5.34	5.01	5.00
饮料制造业	2.38	2.43	2.53	2.72	2.57	2.67
烟草制品业	3.42	3.63	3.58	3.94	4.20	3.89
纺织业	31.55	33.79	35.61	36.09	37.90	38.39
纺织服装、鞋、帽制造业	37.77	41.36	42.34	44.28	45.60	45.38
皮革、毛皮、羽毛（绒）及其制品业	32.73	35.55	36.73	38.84	38.83	38.60
木材加工及木、竹、藤、棕、草制品业	11.15	11.59	12.19	13.07	12.29	12.83
家具制造业	27.09	30.53	31.15	36.23	36.20	35.15
造纸及纸制品业	3.88	4.27	5.29	6.35	7.29	8.12
印刷业、记录媒介的复制	7.67	8.56	9.08	10.84	11.03	11.22
文教体育用品制造业	29.73	32.51	34.18	36.35	36.94	37.91
石油、炼焦及核燃料加工业	3.10	3.29	2.83	2.31	2.92	3.26
化学原料及化学制品制造业	5.25	6.18	7.03	6.82	6.84	7.64
医药制造业	2.04	2.39	2.52	2.52	2.51	2.54
化学纤维制造业	8.78	10.14	14.27	13.53	12.05	13.79
橡胶制品业	10.98	11.85	13.12	14.12	14.87	15.42
塑料制品业	11.26	12.58	13.90	17.14	18.01	18.41
非金属矿物制品业	12.70	14.45	15.49	17.45	18.83	20.46
黑色金属冶炼业及压延加工	7.09	9.24	10.44	11.01	12.16	15.49

续表

国民经济行业	市场占有率/%					
	2009 年	2010 年	2011 年	2012 年	2013 年	2014 年
有色金属冶炼业及压延加工	3.59	3.74	3.58	3.44	3.53	4.72
金属制品业	16.62	19.61	22.30	25.54	24.83	24.39
通用设备制造业	10.48	11.53	11.76	12.40	12.96	13.61
专用设备制造业	8.16	9.26	9.56	10.29	10.69	11.15
交通运输设备制造业	4.76	5.48	5.74	5.78	5.28	5.33
电气机械及器材制造业	18.49	20.41	21.39	22.94	24.33	25.31
通信设备、计算机及其他电子设备制造业	24.31	25.54	26.94	29.13	30.87	30.16
仪器仪表及文化、办公用机械制造业	13.39	14.21	14.57	16.82	17.01	16.48
工艺品及其他产品制造业	18.96	22.25	25.13	29.21	34.53	39.51
废弃资源和废旧材料回收加工业	0.20	0.39	0.26	0.29	0.40	0.65
电力、燃气及水的生产和供应业	3.65	3.83	3.46	3.57	4.75	4.54
电力、热力的生产和供应业	3.65	3.83	3.46	3.57	4.75	4.54
交通运输、仓储和邮政业	—	—		—		
邮政业	—	—				
水利、环境和公共设施管理业	0.02	0.15	0.06	0.07	0.01	0.01
环境管理业	0.02	0.15	0.06	0.07	0.01	0.01
文化、体育和娱乐业	0.01	0.01	0.01	0.01	0.01	0.01
广播、电影、电视和音像业	0.05	0.05	0.08	0.22	0.21	0.31
文化艺术业						0.00

注：表中空缺数据由原始数据为0而无法计算指标造成。下同。

资料来源：全球贸易信息系统（GTA）数据（该数据库包含了63个国家和地区的数据，约占全球贸易额的93%）、中国海关统计数据。

附表 3－2　　　　　　中国各产业贸易竞争力指数

行业	2009 年	2010 年	2011 年	2012 年	2013 年	2014 年
农、林、牧、渔业	-0.53	-0.57	-0.63	-0.69	-0.67	-0.67
农业	-0.59	-0.61	-0.66	-0.75	-0.73	-0.71
林业	-0.84	-0.88	-0.89	-0.87	-0.6	-0.86
畜牧业	-0.63	-0.68	-0.74	-0.72	-0.74	-0.73
渔业	0.58	0.43	0.29	0.17	0.05	-0.03
农、林、牧、渔服务业	0.36	0.35	0.35	0.12	0.19	0.16
采矿业	-0.91	-0.93	-0.94	-0.94	-0.95	-0.96
煤炭开采和洗选业	-0.64	-0.78	-0.8	-0.9	-0.93	-0.94
石油和天然气开采业	-0.93	-0.96	-0.97	-0.97	-0.97	-0.98
黑色金属矿采选业	-0.99	-0.99	-1	-1	-1	-1
有色金属矿采选业	-0.98	-0.96	-0.94	-0.95	-0.97	-0.96
非金属矿采选业	-0.33	-0.4	-0.43	-0.43	-0.5	-0.74
制造业	0.2	0.2	0.21	0.24	0.25	0.27
农副食品加工业	-0.04	-0.06	-0.07	-0.05	-0.04	0.01
食品制造业	0.42	0.29	0.28	0.23	0.06	-0.01
饮料制造业	0.29	0.16	0.08	0.04	0.03	0.02
烟草制品业	-0.04	0.05	-0.07	-0.09	-0.12	-0.3
纺织业	0.64	0.66	0.7	0.69	0.69	0.72

续表

行业	2009 年	2010 年	2011 年	2012 年	2013 年	2014 年
纺织服装、鞋、帽制造业	0.97	0.96	0.95	0.95	0.94	0.94
皮革、毛皮、羽毛（绒）及其制品业	0.79	0.78	0.79	0.8	0.8	0.79
木材加工及木、竹、藤、棕、草制品业	0.46	0.34	0.24	0.26	0.17	0.15
家具制造业	0.92	0.91	0.91	0.92	0.92	0.91
造纸及纸制品业	− 0.24	− 0.24	− 0.2	− 0.13	− 0.05	− 0.01
印刷业、记录媒介的复制	0.47	0.47	0.49	0.5	0.46	0.47
文教体育用品制造业	0.91	0.91	0.9	0.9	0.91	0.88
石油、炼焦及核燃料加工业	− 0.19	− 0.2	− 0.26	− 0.29	− 0.21	− 0.1
化学原料及化学制品制造业	− 0.43	− 0.37	− 0.31	− 0.34	− 0.35	− 0.28
医药制造业	0.14	0.16	0.05	− 0.05	− 0.11	− 0.15
化学纤维制造业	− 0.3	− 0.22	− 0.05	− 0.1	− 0.16	− 0.04
橡胶制品业	0.39	0.34	0.41	0.42	0.43	0.46
塑料制品业	0.34	0.29	0.35	0.45	0.49	0.5
非金属矿物制品业	0.43	0.38	0.37	0.4	0.45	0.47
黑色金属冶炼业及压延加工	− 0.11	0.19	0.3	0.36	0.4	0.5
有色金属冶炼业及压延加工	− 0.54	− 0.5	− 0.44	− 0.46	− 0.42	− 0.35
金属制品业	0.66	0.69	0.73	0.77	0.77	0.75
通用设备制造业	0.05	0.03	0.04	0.11	0.17	0.19
专用设备制造业	0.12	0.1	0.09	0.18	0.21	0.23
交通运输设备制造业	0.11	0.07	0.06	0.03	− 0.05	− 0.12
电气机械及器材制造业	0.39	0.4	0.44	0.5	0.51	0.53
通信设备、计算机及其他电子设备制造业	0.2	0.2	0.2	0.19	0.18	0.2
仪器仪表及文化、办公用机械制造业	− 0.26	− 0.26	− 0.23	− 0.17	− 0.16	− 0.16
工艺品及其他产品制造业	0.85	0.87	0.89	0.91	0.91	0.93
废弃资源和废旧材料回收加工业	− 0.98	− 0.97	− 0.98	− 0.98	− 0.97	− 0.95
电力、燃气及水的生产和供应业	0.55	0.62	0.59	0.56	0.56	0.6
电力、热力的生产和供应业	0.55	0.62	0.59	0.56	0.56	0.6
交通运输、仓储和邮政业	—	—		—		
邮政业	—			—		
水利、环境和公共设施管理业	1	1	1	1	1	1
环境管理业	1	1	1	1	1	1
文化、体育和娱乐业	− 0.96	− 0.96	− 0.94	− 0.86	− 0.8	− 0.69
广播、电影、电视和音像业	− 0.96	− 0.96	− 0.94	− 0.86	− 0.8	− 0.69
文化艺术业	—			—		

资料来源：全球贸易信息系统（GTA）数据、中国海关统计数据。

附表 3 – 3　　　　中国各产业显示性比较优势指数（RCA）

行业	2009 年	2010 年	2011 年	2012 年	2013 年	2014 年
农、林、牧、渔业	0.37	0.37	0.32	0.3	0.31	0.32
农业	0.3	0.32	0.27	0.24	0.25	0.26
林业	0.2	0.15	0.13	0.15	0.67	0.2
畜牧业	0.27	0.24	0.22	0.23	0.21	0.21
渔业	0.57	0.52	0.5	0.58	0.47	0.44
农、林、牧、渔服务业	1.86	2.05	2.26	1.8	1.87	1.62

续表

行业	2009 年	2010 年	2011 年	2012 年	2013 年	2014 年
采矿业	0.11	0.09	0.08	0.08	0.07	0.06
煤炭开采和洗选业	0.27	0.18	0.16	0.11	0.08	0.05
石油和天然气开采业	0.07	0.04	0.04	0.05	0.04	0.03
黑色金属矿采选业	0.04	0.04	0	0	0	0
有色金属矿采选业	0.03	0.07	0.11	0.09	0.07	0.07
非金属矿采选业	0.32	0.27	0.29	0.33	0.31	0.31
制造业	1.15	1.16	1.18	1.33	1.33	1.31
农副食品加工业	0.44	0.44	0.46	0.53	0.51	0.51
食品制造业	0.39	0.39	0.43	0.48	0.43	0.4
饮料制造业	0.22	0.21	0.22	0.24	0.22	0.22
烟草制品业	0.32	0.31	0.3	0.35	0.36	0.31
纺织业	2.92	2.92	3.04	3.24	3.23	3.1
纺织服装、鞋、帽制造业	3.5	3.58	3.61	3.97	3.88	3.67
皮革、毛皮、羽毛（绒）及其制品业	3.03	3.07	3.13	3.49	3.3	3.12
木材加工及木、竹、藤、棕、草制品业	1.03	1	1.04	1.17	1.05	1.04
家具制造业	2.51	2.64	2.66	3.25	3.08	2.84
造纸及纸制品业	0.36	0.37	0.45	0.57	0.62	0.66
印刷业、记录媒介的复制	0.71	0.74	0.77	0.97	0.94	0.91
文教体育用品制造业	2.76	2.81	2.91	3.26	3.14	3.06
石油、炼焦及核燃料加工业	0.29	0.28	0.24	0.21	0.25	0.26
化学原料及化学制品制造业	0.49	0.53	0.6	0.61	0.58	0.62
医药制造业	0.19	0.21	0.22	0.23	0.21	0.21
化学纤维制造业	0.81	0.88	1.22	1.21	1.03	1.11
橡胶制品业	1.02	1.02	1.12	1.27	1.27	1.25
塑料制品业	1.04	1.09	1.19	1.54	1.53	1.49
非金属矿物制品业	1.18	1.25	1.32	1.57	1.6	1.65
黑色金属冶炼业及压延加工	0.66	0.8	0.89	0.99	1.03	1.25
有色金属冶炼业及压延加工	0.33	0.32	0.31	0.31	0.3	0.38
金属制品业	1.54	1.7	1.9	2.29	2.11	1.97
通用设备制造业	0.97	1	1	1.11	1.1	1.1
专用设备制造业	0.76	0.8	0.82	0.92	0.91	0.9
交通运输设备制造业	0.44	0.47	0.49	0.52	0.45	0.43
电气机械及器材制造业	1.71	1.77	1.82	2.06	2.07	2.05
通信设备、计算机及其他电子设备制造业	2.25	2.21	2.3	2.61	2.63	2.44
仪器仪表及文化、办公用机械制造业	1.24	1.23	1.24	1.51	1.45	1.33
工艺品及其他产品制造业	1.76	1.92	2.14	2.62	2.94	3.19
废弃资源和废旧材料回收加工业	0.02	0.03	0.02	0.03	0.03	0.05
电力、燃气及水的生产和供应业	0.34	0.33	0.29	0.32	0.4	0.37
电力、热力的生产和供应业	0.34	0.33	0.29	0.32	0.4	0.37
交通运输、仓储和邮政业	—	—		—		
邮政业	—	—				
水利、环境和公共设施管理业	0	0.01	0	0.01	0	0
环境管理业	0	0.01	0	0.01	0	0
文化、体育和娱乐业	0	0	0	0	0	0

续表

行业	2009 年	2010 年	2011 年	2012 年	2013 年	2014 年
广播、电影、电视和音像业	0	0	0.01	0.02	0.02	0.03
文化艺术业	—	—	—	—	—	0

资料来源：全球贸易信息系统（GTA）数据、中国海关统计数据。

附表 3－4　　　　　　　　中国各行业出口优势增长率指数

行业	2009 年	2010 年	2011 年	2012 年	2013 年	2014 年
农、林、牧、渔业	20.19	13.78	－9.41	－9.74	6.82	6.08
农业	25.58	20.39	－13.57	－13.53	7.72	10.09
林业	43.84	－23.25	－19.39	8.75	9.66	12.09
畜牧业	－4.95	－1.9	4.6	1.62	－5.34	6.82
渔业	7.75	0.68	2.34	10.17	－16.37	－1.73
农、林、牧、渔服务业	2.59	23.27	10.24	－23.67	10.06	－9.27
采矿业	－8.17	－24.09	－1.27	－1.86	－1.65	－0.61
煤炭开采和洗选业	－40.96	－33.33	－11.8	－34.51	22.54	－23
石油和天然气开采业	21.5	－38.82	－5.59	17.51	－2.02	－19.8
黑色金属矿采选业	－28.55	61.6	－34.31	21.81	－45.59	17.69
有色金属矿采选业	－57.3	202.21	－24.05	－21.85	－23.71	16.66
非金属矿采选业	－7.59	－1.92	11.4	8.73	0.22	8.7
制造业	5.09	11.43	3.39	8.29	4.96	4.2
农副食品加工业	10.23	10.65	3.59	11.19	1.55	4.93
食品制造业	－11.09	11.16	10.2	7.85	－6.54	－0.24
饮料制造业	－3.91	3.72	5.55	8.96	－5.84	4.45
烟草制品业	21.4	9.48	－0.73	12.51	4.19	－2.72
纺织业	6.98	9.86	6.37	1.83	5.19	1.48
纺织服装、鞋、帽制造业	2.92	11.15	3.15	5.09	3.06	－0.29
皮革、毛皮、羽毛（绒）及其制品业	7.13	11.71	4.05	7	－0.3	－0.44
木材加工及木、竹、藤、棕、草制品业	3.84	6.13	6.22	8.73	－6.67	5.29
家具制造业	12.79	15.71	2.84	18.44	0.08	－2.62
造纸及纸制品业	13.75	11.51	27.02	17.55	15.36	11.7
印刷业、记录媒介的复制	10.7	12.79	6.72	11.53	0.92	2.36
文教体育用品制造业	－4.2	9.96	5.61	6.6	1.57	2.86
石油、炼焦及核燃料加工业	1.57	9.28	－17.48	－20.83	14	10.41
化学原料及化学制品制造业	－5.72	24.1	16.71	－2.64	1.46	12.41
医药制造业	2.69	18.64	5.83	1.01	0.99	1.61
化学纤维制造业	－7.76	21.77	51.6	－4.65	－10.49	15.12
橡胶制品业	8.75	12.1	14	8.36	5.13	3.91
塑料制品业	6.4	15.4	12.82	24.83	5.86	2.74
非金属矿物制品业	6.79	18.04	8.73	13.16	8.7	5.24
黑色金属冶炼业及压延加工	－22.85	40.74	16.69	5.34	9.84	29.95
有色金属冶炼业及压延加工	－14.73	11.54	－3.48	－2.38	－1.92	29.05
金属制品业	－4.32	22.53	16.61	16.18	－2.65	－1.11
通用设备制造业	5.94	12.37	4.61	5.87	4.82	5.49
专用设备制造业	5.67	16.38	4.78	8.07	4.64	4.52
交通运输设备制造业	17.91	19.31	5.84	1.14	－9.22	1.05

续表

行业	2009 年	2010 年	2011 年	2012 年	2013 年	2014 年
电气机械及器材制造业	4.17	13.77	5.82	7.91	6.57	4.5
通信设备、计算机及其他电子设备制造业	5.61	6.98	6.11	8.38	6.35	-2.25
仪器仪表及文化、办公用机械制造业	2.73	8.2	3.14	16.25	1.74	-3.08
工艺品及其他产品制造业	9.16	27.61	17.24	16.72	14.75	18.1
废弃资源和废旧材料回收加工业	-18.68	134.65	-37.61	10.68	32.51	61.43
电力、燃气及水的生产和供应业	25.46	4.73	-16.02	4.49	28.08	-1.86
电力、热力的生产和供应业	25.46	4.73	-16.02	4.49	28.08	-1.86
交通运输、仓储和邮政业	-82.16	—		—		
邮政业	-82.16	—		—		
水利、环境和公共设施管理业	-53.69	972.89	-80.35	28.86	-130.4	-54.4
环境管理业	-53.69	972.89	-80.35	28.86	-130.4	-54.4
文化、体育和娱乐业	-71.25	2.43	33.74	107.62	-13.77	26.9
广播、电影、电视和音像业	59.47	8.73	54.2	136.32	-3.61	45.13
文化艺术业	-71.08	—		—		

资料来源：全球贸易信息系统（GTA）数据、中国海关统计数据。

附表 3-5　　　　　　　中国各行业出口比重

行业	2009 年	2010 年	2011 年	2012 年	2013 年	2014 年
农、林、牧、渔业	0.93	0.94	0.85	0.73	0.75	0.74
农业	0.53	0.54	0.47	0.39	0.4	0.41
林业	0.05	0.05	0.06	0.05	0.22	0.05
畜牧业	0.06	0.06	0.05	0.05	0.05	0.05
渔业	0.09	0.08	0.07	0.07	0.07	0.06
农、林、牧、渔服业	0.19	0.2	0.2	0.16	0.18	0.16
采矿业	0.72	0.65	0.67	0.57	0.49	0.44
煤炭开采和洗选业	0.2	0.14	0.14	0.08	0.05	0.03
石油和天然气开采业	0.26	0.2	0.19	0.21	0.17	0.12
黑色金属矿采选业	0.02	0.04	0	0	0	0
有色金属矿采选业	0.01	0.03	0.06	0.04	0.03	0.03
非金属矿采选业	0.23	0.24	0.27	0.25	0.25	0.26
制造业	96.49	96.64	96.5	96.8	96.73	96.77
农副食品加工业	1.26	1.19	1.26	1.33	1.28	1.3
食品制造业	0.39	0.36	0.39	0.38	0.37	0.37
饮料制造业	0.2	0.18	0.19	0.19	0.17	0.17
烟草制品业	0.06	0.05	0.05	0.05	0.05	0.05
纺织业	5.55	5.42	5.55	5.27	5.49	5.43
纺织服装、鞋、帽制造业	8.07	7.42	7.35	7.07	7.31	7.31
皮革、毛皮、羽毛（绒）及其制品业	3.31	3.29	3.4	3.47	3.45	3.4
木材加工及木、竹、藤、棕、草制品业	0.72	0.66	0.65	0.64	0.6	0.63
家具制造业	2.55	2.51	2.41	2.79	2.74	2.61
造纸及纸制品业	0.53	0.51	0.59	0.58	0.64	0.68
印刷业、记录媒介的复制	0.3	0.27	0.27	0.27	0.26	0.25
文教体育用品制造业	2.47	2.11	2.04	1.97	1.84	1.86
石油、炼焦及核燃料加工业	1.16	1.28	1.32	1.18	1.26	1.26

续表

行业	2009 年	2010 年	2011 年	2012 年	2013 年	2014 年
化学原料及化学制品制造业	2.9	3.28	3.74	3.25	3.09	3.34
医药制造业	0.76	0.71	0.66	0.62	0.6	0.61
化学纤维制造业	0.06	0.07	0.11	0.09	0.07	0.08
橡胶制品业	0.87	0.9	1.04	1.04	1.02	0.98
塑料制品业	1.73	1.75	1.86	2.19	2.26	2.28
非金属矿物制品业	2.08	2.13	2.2	2.27	2.39	2.47
黑色金属冶炼业及压延加工	1.72	2.24	2.61	2.32	2.2	2.79
有色金属冶炼业及压延加工	0.96	1.08	1.18	1.02	0.99	1.05
金属制品业	3.5	3.68	4.14	4.53	4.2	4.01
通用设备制造业	4.57	4.4	4.42	4.34	4.31	4.47
专用设备制造业	3.62	3.61	3.64	3.65	3.51	3.49
交通运输设备制造业	5.05	5.4	5.43	5.14	4.47	4.4
电气机械及器材制造业	8.65	8.88	8.77	8.9	9.19	9.38
通信设备、计算机及其他电子设备制造业	28.75	28.27	26.06	26.3	26.93	25.52
仪器仪表及文化、办公用机械制造业	3.28	3.33	3.22	3.6	3.41	3.16
工艺品及其他产品制造业	1.41	1.6	1.98	2.33	2.61	3.41
废弃资源和废旧材料回收加工业	0.01	0.03	0.02	0.02	0.02	0.03
电力、燃气及水的生产和供应业	0.09	0.07	0.06	0.06	0.06	0.06
电力、热力的生产和供应业	0.09	0.07	0.06	0.06	0.06	0.06
交通运输、仓储和邮政业	—	—		—		
邮政业				—		
水利、环境和公共设施管理业	0	0	0	0	0	0
环境管理业	0	0	0	0	0	0
文化、体育和娱乐业	0	0	0	0	0	0
广播、电影、电视和音像业	0	0	0	0	0	0
文化艺术业	—	—		—		0

资料来源：全球贸易信息系统（GTA）数据、中国海关统计数据。

附表 3-6　　　　中国各产业 GTA 竞争力评价指数

行业	2009 年	2010 年	2011 年	2012 年	2013 年	2014 年
农、林、牧、渔业	99.26	99.45	99.26	99.18	99.25	99.29
农业	99.46	99.71	99.41	99.25	99.43	99.49
林业	99.46	99.35	99.42	99.35	100.06	99.27
畜牧业	99.27	99.4	99.38	99.29	99.19	99.25
渔业	100.08	100.38	100.18	100.26	100.07	100
农、林、牧、渔服务业	101.23	102.09	102.03	101.9	102.05	101.8
采矿业	99.09	99.28	99.33	99.34	99.31	99.32
煤炭开采和洗选业	99.62	99.64	99.67	99.63	99.57	99.55
石油和天然气开采业	99.35	99.49	99.45	99.52	99.52	99.5
黑色金属矿采选业	99.24	99.4	99.29	99.34	99.31	99.39

续表

行业	2009 年	2010 年	2011 年	2012 年	2013 年	2014 年
有色金属矿采选业	99.16	99.39	99.34	99.32	99.31	99.25
非金属矿采选业	99.45	99.74	99.76	99.75	99.63	99.48
制造业	101.56	102.69	102.67	103.04	102.71	102.9
农副食品加工业	99.78	100.31	100.46	100.57	100.53	100.7
食品制造业	100.15	100.67	100.9	100.74	100.38	100.4
饮料制造业	99.98	100.12	100.19	100.13	99.79	100
烟草制品业	99.67	99.83	99.79	99.76	99.79	99.61
纺织业	102.83	103.96	103.97	104.3	104.13	104
纺织服装、鞋、帽制造业	101.93	103.26	103.23	103.34	103.16	103.3
皮革、毛皮、羽毛（绒）及其制品业	103.26	103.96	104.1	104.05	103.89	103.8
木材加工及木、竹、藤、棕、草制品业	100.69	101.55	101.52	101.52	101.25	101.4
家具制造业	103.8	102.98	102.73	103.16	102.93	102.8
造纸及纸制品业	99.84	100.18	100.35	100.69	100.94	101
印刷业、记录媒介的复制	100.85	101.57	101.46	101.61	101.83	102
文教体育用品制造业	103.25	104.24	104.06	104.36	104.2	104.1
石油、炼焦及核燃料加工业	99.65	99.75	99.58	99.86	99.85	99.85
化学原料及化学制品制造业	99.41	100.5	100.49	100.21	100.31	100.6
医药制造业	100.42	100.36	100.15	100.02	99.97	99.91
化学纤维制造业	100.18	100.92	101.44	101.32	101.11	101.2
橡胶制品业	101.02	101.75	102.02	102.11	101.93	102.1
塑料制品业	101.37	102.25	102.29	102.64	102.67	102.8
非金属矿物制品业	101.38	102.33	102.14	102.34	102.47	102.6
黑色金属冶炼业及压延加工	99.54	101.39	101.71	101.81	101.99	102.3
有色金属冶炼业及压延加工	99.03	99.74	99.69	99.54	99.61	100
金属制品业	102.11	103.15	103.46	103.92	103.32	103.2
通用设备制造业	101.18	101.39	101.27	101.51	101.48	101.6
专用设备制造业	100.65	101.05	101.02	101.16	101.27	101.4
交通运输设备制造业	100.29	100.23	100.17	100.21	99.96	99.99
电气机械及器材制造业	102.07	102.84	102.9	102.74	102.86	102.9
通信设备、计算机及其他电子设备制造业	102.43	102.77	102.9	103.06	102.94	102.9
仪器仪表及文化、办公用机械制造业	100.8	101.61	101.64	101.94	101.88	101.8
工艺品及其他产品制造业	101.73	102.77	102.84	103.15	103.62	103.9
废弃资源和废旧材料回收加工业	98.34	99.24	98.17	98.43	98.46	98.68
电力、燃气及水的生产和供应业	99.63	99.96	99.82	100.06	100.09	100.3
电力、热力的生产和供应业	99.63	99.96	99.82	100.06	100.09	100.3
交通运输、仓储和邮政业	—	—		—		
邮政业	—			—		
水利、环境和公共设施管理业	99.72	100.49	100.13	100.21	99.99	100.2
环境管理业	99.72	100.49	100.13	100.21	99.99	100.2
文化、体育和娱乐业	98.95	99.06	99.05	99.05	99.03	99.32
广播、电影、电视和音像业	99.3	99.27	99.29	99.45	99.43	99.53
文化艺术业	—			—		0

资料来源：全球贸易信息系统（GTA）数据、中国海关统计数据。

附表 3 - 7 　　　　　中国各行业调整的竞争力指数 ARCA

行业	1995 年	2000 年	2005 年	2006 年	2007 年	2008 年	2009 年	2010 年	2011 年
皮革和相关产品的制造	3.17	3.25	1.78	1.93	1.92	1.97	2.05	2.00	1.96
木材、木材制品、草编制品制造	1.39	1.81	1.33	1.19	1.26	1.26	1.21	1.09	1.05
焦炭和精炼石油产品的制造	1.17	1.16	1.74	1.70	1.72	1.78	1.74	1.69	1.66
化学品及化学制品的制造	1.66	1.74	1.68	1.74	1.69	1.73	1.82	1.76	1.71
橡胶和塑料制品的制造	1.70	1.87	2.62	2.47	2.40	2.41	2.50	2.45	2.36
其他非金属矿物制品的制造	3.46	3.16	1.80	1.79	1.75	1.68	1.83	1.71	1.65
未另分类的机械和设备的制造	1.82	1.84	1.56	1.57	1.56	1.61	1.60	1.61	1.57
食品和饮料的制造	1.44	1.62	2.62	2.63	2.54	2.49	2.44	2.33	2.23
纺织品制造	2.88	2.89	1.08	0.98	0.96	0.99	1.03	1.04	1.05
纸和纸制品的制造	0.83	1.00	1.98	2.07	2.10	2.12	2.19	2.07	1.99
基本金属的制造	1.77	1.64	1.75	1.80	1.64	1.60	1.68	1.57	1.55
办公、会计和计算机械的制造	1.98	1.86	1.11	1.03	1.07	1.12	1.23	1.21	1.19
汽车、挂车和半挂车的制造	0.88	0.95	0.80	1.05	1.06	1.10	1.14	1.13	1.12
家具及其他未分类制造	0.85	1.10	1.02	1.04	1.07	1.08	1.21	1.21	1.22
建筑业	0.98	0.94	0.79	0.82	1.10	1.17	1.18	1.17	1.15
批发贸易和经纪贸易	1.32	1.17	0.58	0.59	0.28	0.30	0.32	0.32	0.33
零售贸易	0.28	0.27	0.90	0.91	0.88	0.89	0.89	0.91	0.92
酒店和餐厅	0.80	0.81	1.19	1.16	1.16	1.12	1.11	1.09	1.07
陆路运输和管道运输	1.36	1.39	2.92	2.71	2.34	2.17	2.14	2.08	2.06
水上运输	1.19	3.10	0.71	0.69	0.67	0.70	0.71	0.71	0.71
航空运输	0.94	0.98	0.76	0.73	0.76	0.82	0.84	0.85	0.86
辅助运输活动及旅行社的活动	0.90	0.64	1.02	0.97	0.95	0.94	0.90	0.94	0.95
邮电	0.53	0.81	0.48	0.50	0.53	0.49	0.49	0.54	0.55
房地产活动	0.51	0.47	0.56	0.58	0.57	0.58	0.55	0.55	0.56
公共管理与国防、强制性社会保障	0.36	0.46	1.01	1.04	1.07	1.10	1.05	1.03	1.04
教育	0.78	0.91	0.36	0.37	0.37	0.38	0.36	0.36	0.37
健康和社会工作	0.24	0.31	1.57	1.29	1.32	1.30	1.29	1.29	1.31
电力、燃气和热水供应	0.82	1.15	0.54	0.58	0.63	0.64	0.66	0.66	0.66
金融中介，除了保险及养老基金	0.72	0.62	0.42	0.42	0.41	0.43	0.44	0.43	0.44
机械设备及私人和家庭用品租赁	0.36	0.37	0.67	0.68	0.74	0.76	0.74	0.74	0.74
污水和垃圾处理、卫生及类似活动	0.48	0.58	2.34	2.28	2.20	2.17	2.04	1.96	1.79
煤和褐煤的开采；泥炭提取	1.66	2.09	2.44	2.34	2.17	2.04	1.91	1.78	1.70
铀矿和钍矿的开采	3.74	3.07	3.06	3.12	3.00	2.93	2.93	2.82	2.69

注：按 ISIC 行业编码划分的行业。

资料来源：课题组计算。

附表 3 - 8 　　　　2008 年以来中国企业大型海外并购（20 亿美元以上）

首次披露日	交易标的	交易买方	标的方所在行业	交易总金额/万美元
2008/2/2	力拓股份有限公司伦敦上市 12% 股权	美国铝业；中国铝业	贵金属与矿石	1 405 000
2008/2/5	Fortescue Metals15.85% 股权	国家能源集团；中投公司	采矿业	200 000
2008/3/4	斯堪尼亚公司 16.84% 股权	大众汽车公司	汽车制造	437 000

续表

首次披露日	交易标的	交易买方	标的方所在行业	交易总金额/万美元
2008/5/2	挪威 Awilco Offshore ASA 公司 100% 的股权	中海油服	采矿业	250 000
2008/5/31	永隆银行 53.1%	招商银行	金融	245 885
2008/9/22	Awilco 公司 100%	中海油服	石油天然气勘探与生产	264 899
2008/12/25	坦根依卡公司 100% 股权	中国石化集团	采矿业	201 385
2009/4/8	哈萨克斯坦曼格斯套石油天然气公司 48% 的股份	中国石油集团	采矿业	1 000 000
2009/6/10	加纳 Jubilee 油田 30% 的股权	加纳石油公司；中国海油	采矿业	400 000
2009/6/15	Addax 石油公司股权	中国石化集团国际石油勘探开发有限公司	采矿业	715 716
2009/7/19	保时捷公司 49.9% 的股份	大众汽车集团	汽车制造	452 699
2009/7/28	新农公司 100% 股权	中化集团	化肥与农用化工	250 000
2009/8/1	Felix 公司 100%	兖州煤业	采矿业	290 000
2009/8/6	Mangistau Munai Gas100% 股权	曼格什套投资	采矿业	260 000
2009/8/10	Felix Resources Ltd. 100% 股权	澳思达煤矿	采矿业	261 004
2009/8/14	澳大利亚菲利克斯资源公司 100% 股权	澳思达煤矿	采矿业	293 573
2009/9/7	Singapore Petroleum Company Limited 96% 股权	中国石油	采矿业	221 679
2010/3/8	Arrow 100% 股权	壳牌石油；中国石油	手工具行业	253 631
2010/3/14	Bridas Corporation 50% 股权	中国海洋石油	采矿业	310 000
2010/3/22	Peregrino 公司 40% 的股权	中化集团	采矿业	307 000
2010/3/29	SOOGL 提供给 SSI 的不超过 24.65 亿美元的股东贷款额度	中石化股份（香港）国际有限公司	多领域控股	245 700
2010/4/13	Syncrude 公司 9.03% 的股份	中石化国际石油勘探开发有限公司	采矿业	465 000
2010/7/2	Pan American Energ 60% 股权	中国海洋石油	采矿业	1 020 000
2010/7/30	法国 EDF 于英国的电网资产	长江基建集团；香港电灯集团有限公司	电力	764 901
2010/8/1	EDF 全部股权	李嘉诚基金会；长江基建集团；香港电灯有限公司	电力	764 901
2010/9/14	法国电力公司 EDF 英国电网业务	长江基建集团	电力	891 811
2010/10/8	西班牙雷普索尔公司巴西子公司 40% 股权	中国石化国际石油勘探开发	采矿业	710 900
2010/10/12	切萨皮克鹰滩页岩油气项目 33.3% 的权益	中国海洋石油	石油天然气勘探与生产	220 000
2010/10/26	埃肯公司 100% 股权	中国蓝星（集团）总公司	化学工业	200 000

续表

首次披露日	交易标的	交易买方	标的方所在行业	交易总金额/万美元
2010/12/10	西方石油公司的 OXY 阿根廷子公司 100% 股份及其关联公司	中国石化集团国际石油勘探开发有限公司	综合性石油天然气	245 000
2011/2/10	加拿大能源 Cutbank Ridge 天然气资产	中石油国际投资	石油天然气勘探与生产	544 000
2011/2/10	E. ON 英国电网业务	长江基建集团	电力	597 000
2011/4/4	Equinox Minerals 股权	巴里克黄金	采矿业	528 941
2011/5/11	Whitehaven Coal 股权	兖州煤业	煤炭与消费用燃料	379 000
2011/6/28	Northumbrian Water 100% 股权	李嘉诚基金会；长和；长江基建集团	基本服务行业	319 205
2011/7/20	OPTI 100% 股权及第二留置权票据	中国海洋石油	采矿业	210 000
2011/8/8	苏伊士集团部分资产	中投公司	综合性石油天然气	336 622
2011/10/10	阿里巴巴集团 20% 股权	阿里巴巴	互联网零售	710 000
2011/11/11	Galp Brazil 30% 股权	国际石油勘探开发公司	综合性石油天然气	515 800
2011/12/15	葡萄牙电力公司 21.35% 股权	三峡集团	电力	313 407
2012/1/4	戴文能源页岩资产 33% 权益	中国石油化学工业开发（股）公司	采矿业	244 000
2012/1/4	Devon Energy 页岩油气资产	中国石化国际石油勘探开发	石油天然气勘探与生产	244 000
2012/5/8	AMC 影院公司 100% 股权及债务	万达电影	电影与娱乐	260 000
2012/7/23	Nexen Inc. 100% 股权	中国海洋石油	石油天然气勘探与生产	1 510 000
2012/12/9	国际飞机租赁金融公司 90%	新华信托牵头的中国企业集团	租赁行业	528 000
2013/3/15	埃尼（Eni）20% 股份	中国石油天然气集团公司（CNPC）	石油天然气勘探与生产	420 000
2013/5/17	澳大利亚电力与天然气企业 79.1%	中国国家电网	石油天然气勘探与生产	600 000
2013/5/29	史密斯菲尔德 100%	双汇国际控股有限公司	食品	710 000
2013/9/2	埃及石油和天然气业务 33% 股份	中国石油化工集团公司	石油天然气勘探与生产	310 000
2014/1/23	IBM 服务器业务	联想集团	计算机设备	230 000
2014/1/30	摩托罗拉移动 100% 股权	联想集团	通信设备	291 000
2014/3/24	CIR 50% 股权；Mansarovar 50% 股权和股东贷款；Taihu 49% 的股权及特别分红权；	中国石化	石油天然气勘探与生产	291 417

续表

首次披露日	交易标的	交易买方	标的方所在行业	交易总金额/万美元
2014/4/1	意大利能源公司 35% 股权	国家电网公司	电力	243 761
2014/8/3	秘鲁邦巴斯特大铜矿	五矿资源	采矿业	700 500
2015/3/22	倍耐力（Pirelli）26.2%	中国化工集团公司	轮胎制造	770 000
2015/3/31	飞利浦 Lumileds 照明业务 80%	GO Scale Capital（由金沙江创投和橡树投资共同发起）、亚太资源投资发展有限公司、南昌工业控股集团以及金沙江资本	通信设备	330 000
2015/3/31	以色列 Tnuva 食品公司 77.7%	光明集团	食品	216 700
2015/7/14	Avolon 100% 股权	渤海金控	贸易公司与工业品经销商	251 561
2015/11/26	巴西朱比亚水电站和伊利亚水电站 30 年特许经营权	长江三峡集团	水电	366 000
2016/1/1	Legendary Entertainment	万达集团	电影	350 000
2016/2/19	IMI100% 股权	海航科技	技术产品经销商	612 334
2016/4/21	Lexmark 100% 股权	纳思达（002180.SZ）	多领域控股	270 109
2016/5/16	FMDRC100% 股权	洛阳钼业	采矿业	268 243
2016/5/26	库卡集团 81.04% 股份	美的集团	工业机械	452 341
2016/6/1	恩智浦（NXP）旗下标准产品部门	北京建广资产管理有限公司	汽车制造	275 000
2016/6/22	DHS 100% 股权	潍柴动力	应用软件	223 759
2016/9/14	ADAMA 100% 股权	沙隆达	化肥与农用化工	286 137
2016/11/17	Tenke Fungurume Mining S. A. (TFM) 56%	洛阳栾川钼业集团股份有限公司	采矿业	265 000
2016/12/1	Global Switch Holdings Limited 49% 股权	北京德利迅达科技有限公司	数据运营	317 881
2016/12/10	C2 公司 100% 股权	渤海金控	航空	1 040 370
2017/1/25	C&A 100% 股权	兖州煤业	煤炭与消费用燃料	245 000
2017/4/1	CIT Group Inc.	渤海金控下属全资子公司 Avolon	租赁行业	1 010 000
2017/6/8	瑞士先正达 94.7% 股份	中国化工集团	农化行业	4 300 000
2017/7/14	普洛斯（GLP）21.4%	万科集团	物流、地产	252 787
2017/8/31	HKAC 10.01% 股权	渤海金控	特殊消费者服务	258 000
2018/2/24	戴姆勒公司 9.69% 股权	吉利控股集团	汽车制造	900 000

资料来源：Wind 资讯数据库。

第4章

跨国并购的竞争优势假说

本章拟在一般意义上，探讨一国内特定产业发生规模性海外并购的产业国际竞争力条件。由于发展阶段的差异，发达国家与新兴市场或发展中国家企业海外并购的主要动机可能存在差异，这在理论界已经达成共识并有大量的经验材料所证实。出于我们的研究目标，将在一般性讨论的基础上，专门分析发展中国家企业对外并购的产业国际竞争力条件。

4.1 宏观和中观层面的分析

由于跨国并购是特殊的国际直接投资形式，先从现有国际直接投资理论出发，考察企业进行国际直接投资前的竞争力条件。关于企业的对外直接投资条件，传统理论主要是从微观层面来展开分析，包括海默（Hymer，1970）的垄断优势理论、巴克利和凯森（Buckley and Casson，1976）的内部化理论以及邓宁的国际生产折衷理论等。不同的理论都最早从垄断优势的角度对企业的海外直接投资行为进行了解释，认为企业在海外投资过程中会因为环境的改变引起成本和投入的增加并使得跨国公司在与当地企业的竞争过程中处于劣势地位，因此只有当跨国公司具有东道国当地企业不具备的某种竞争优势，即垄断优势时，才会抵消企业海外经营过程中的劣势，海外直接投资才可能发生。此后，邓宁（Dunning，1981）结合垄断优势的有关思想进一步提出了国际生产折衷（OIL）理论，并指出垄断优势、内部化优势与区位优势的结合共同导致了对外直接投资行为的发生。近年来出现的新新贸易理论，也认同投资企业必须具备某种竞争优势，但该理论强调企业的这种优势来自生产效率。如赫尔普曼 - 梅利兹 - 耶普尔（Help-man Melitz Yeaple，2004）的模型结论预言行业内生产率越高对外投资的可能性越高。诺克和耶普尔（Nocke and Yeaple，2007）进一步证明，在对外直接投资方式选择上，企业是选择绿地投资（greenfield investment）还是并购取决于企业竞争优势的可移动或不可移动属性。针对跨国并购及 FDI 的研究，现存的研究中从国家或产业层面进行的分析并不多见，较为成功的有邓宁的对外投资周期理论和以小岛清为代表的边际产业转移理论。

小岛清（Kojima，1978）以比较优势为基础的"边际产业"转移理论是第一次明确从母国产业层面来论证企业 FDI 条件的理论。根据这一理论，合适的 FDI 产业应是在投资国处于或即将处于比较劣势，同时在东道国具有比较优势或潜在比较优势的产业——即所谓的"边际产业"。投资顺序应按比较成本顺次进行，这是由比较成本和国际分工原则所决定的：第一，"边际产业"的转移最能扩大投资国与东道国双方比较成本差距，从而最大化地促进国际贸易；第二，"边际产业"的转移最能有效地提升双方的产业结构，符合双方及世界的利益，使各国经济不断地、循序渐进地平稳发展；第三，"边际产业"的转移也是最有效的技术转移途径，因为在这类产业中双方生产技术和管理水平差距较小，最易于东道国吸收消化，其溢出效应最大。

由于小岛清"边际产业"转移理论更多是一种新古典框架下的静态分析（蒋殿春，1995），而且以产业转移为目的的对外直接投资很难套用到我国当前的对外并购上，下面重点讨论邓宁的对外投资周期理论。

邓宁的对外投资发展周期（Investment Development Path，IDP）理论（又称投资发展路径理论）是 FDI 理论中为数不多将一国对外直接投资地位与其宏观经济发展水平相联系的理论假说。根据 IDP 理论，随着人均国民收入水平的提高，该国对外直接投资地位将呈现出规律性的变动。由于一般而言国家的产业国际竞争力与其经济发展水平同向变化，因此 IDP 理论自然也建立了一个企业对外投资地位与产业国际竞争力间的关系。

邓宁（Dunning，1981）将一国的国际投资发展周期划分为四个阶段，并于之后又对 IDP 理论进行进一步修正（Dunning，1986；Dunning and Narula，1996），增加到五个发展阶段。鉴于新增的第五阶段主要是针对发达国家所做的论述，因此这里仍然按照最初的四阶段划分论述（见图 4 - 1）。

第一阶段，人均收入水平低于 400 美元，经济处于初级发展阶段，国内市场有效需求不足，基础设施落后。这样的经济体既缺乏吸引外资流入的区位优势，其企业和产业也没有任何所有权优势而进行对外直接投资。其结果，对外直接投资与吸收外商直接投资的数额都很小，对外投资净额（Net Outward Investment，NOI）等于零或是接近于零的负数。

第二阶段，人均收入增长至 400～2 000 美元，国内市场初具规模。在这一时期，购买力提高使得国内市场规模扩大，开始吸引国外企业来国内直接投资。一方面，外国企业凭借在无形资产（如技术、品牌、管理水平等）方面的所有权优势，与该国区位优势相结合，通过直接投资的形式来达到控制资源和利用东道国廉价劳动力的目的。另一方面，在经历了第一阶段的发展后，少量本国企业开始积累所有权优势，这些优势主要存在于围绕着初级产业发展起来的支持性产业、半熟练的制造业及适用性技术密集的产业中。在政府政策鼓励下，这部分国内企业开始尝试对外直接投资。由于外来直接投资越来越多，同时对外直接投资还远未成为规模，其结果是对外投资净额 NOI 为负且绝对值不断增长。

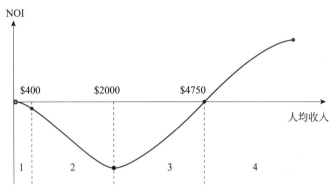

图 4 - 1   IDP：经济发展与对外投资净额

第三阶段，人均国民收入达到 2 000 ~ 4 750 美元，国内市场进一步扩大，同时消费升级，对高档产品的需求快速增长。一方面，外来直接投资由于经过了前一阶段的高速增长，这一时期的流入速度开始放慢，但可能更注重输入新技术，并加大向高附加值和技术密集型领域的投资。另一方面，国内企业资金、技术、劳动力资源等所有权优势增加，在许多产业积累的所有权优势已达到可与发达国家企业相抗衡的水平。随着国内市场需求趋于饱和以及劳动力成本不断提高，国内企业纷纷开始向国外投资，以寻求更大的经济效益。这一阶段对外投资净额虽仍为负值，但绝对值日益缩小。

第四阶段，人均国民收入高于 4 750 美元，国内市场已非常发达。在这个阶段，越来越多的国内企业积累了较强的所有权优势，具备与国外企业全面竞争的能力，对外直接投资加速发展。企业对外投资不仅是为了规避贸易壁垒，也是为了把正在丧失竞争力的生产活动转移到海外较低阶段的国家，以保持其竞争优势；或者更多的是为了通过国际化经营在更广阔的市场利用自己的所有权优势，降低经营风险。这个阶段虽然仍有不少外国跨国公司来国内投资，但对外直接投资规模更为庞大，增长率更高。因此，这阶段的特征是对外投资净额为正值，且不断增大。

IDP 理论虽然是根据人均国民收入对发展阶段进行划分，但收入水平和国内市场规模充其量只是外来直接投资的决定变量，还不足以决定对外投资。真正促使国内企业对外直接投资的，是伴随国内经济发展积累的企业所有权优势，同时也是我们所说的国际竞争力。当产业内越来越多的企业积累了足够强的竞争力优势，产业国际竞争力自然增强，而这正是促使国内企业对外投资，并导致国家对外投资净额 NOI 由负变正、并不断增长的支撑力量。虽然在 IDP 理论中邓宁并没有区分对外投资中的绿地投资和并购投资，但由于跨国并购是对外直接投资的一种形式，因此该理论其实已初步建立了实施跨国并购时母国的产业发展条件。而且，跨国并购不仅与绿地投资一样需要拥有优势资产，而且还需与并购目标的资产具有互补性；同时，跨国并购涉及更复杂的法律和资本运作，对并购企业来说要求更高。

小泽辉智（Ozawa，1996）基于对日本和亚洲新兴工业国经验的观察，衍生出产业的对外投资周期理论，提出了中观对外投资周期（meso–IDP），在产业层面进一步发展了 IDP 理论。就特定的国内产业而言，产业的国际投资地位也同国家的国际投资地位一样，随着国内市场规模和产业发展水平动态变化，经历NOI 由零逐步降低、从最低点逐步上升、由负变正并逐步增高的发展阶段。此外，从国家整体的产业发展看，不同产业的发展和突破存在先后顺序：随着产业结构升级，一国将会经历从低附加值、低技术行业向高附加值、高技术的行业发展，从而形成一系列前后排列的中观 IDP 曲线，而各个行业的投资发展路径所形成的包络曲线就是邓宁的宏观投资周期曲线（macro–IDP）（见图 4–2）。

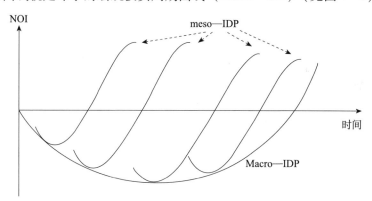

图 4–2　产业层面的 IDP 曲线

小泽辉智强调发展中国家的对外投资结构升级应以增强比较优势为基准、以出口导向战略为条件，把国家的工业化战略与开展对外投资的比较优势结合起来。他把经济发展、比较优势的动态化与对外投资作为相互作用的三种因素进行分析，认为经济发展会改变要素禀赋和比较优势，推动企业的跨国增长，海外经营也会反过来提升产业竞争力，帮助相关企业成长为国际领先的优势企业。

这一中观层面的 IDP 理论为产业竞争力与对外并购间建立了更为直接的联系。这种联系不仅存在于特定产业的发展周期中，而且还存在于不同产业的发展顺序中。在特定产业，支持产业对外投资地位动态变化的因素有两个：一个是国内需求的膨胀，另一个就是产业国际竞争力增强。缺少后者，产业的对外投资净额只会不断下降，因为没有国际竞争力的产业不仅不能对外投资，连出口都是奢望。从不同产业发展周期的出现时间看，则是因为动态比较优势的变化，使得那些低附加值和低技术的产业率先积累足够的国际竞争力，得以进行国际化生产和经营；相反，那些高附加值和高技术行业，必定要等到经济水平进一步发展到高水平，人力资本规模和水平发展到足够高的程度，才可能跨越国际竞争力门槛，形成规模性的对外直接投资，并使得 NOI 变为正值。

4.2　发展中国家的对外直接投资

发展中国家对外直接投资理论包括小规模技术理论（Wells，1983）、技术本地化理论（Lall，1983）和技术创新产业升级理论（Tolentino，1993）等。由于发展中国家企业通常不具有发达国家跨国公司那些垄断优势，因此这些理论主要是从不同角度，寻求可替代的竞争力资源，解释发展中国家企业何以能够在国外市场经营和发展。

威尔斯（Wells，1983）通过观察发展中国家跨国企业的投资流向、部门结构、所有权形式、技术转让类型以及市场销售策略等方面的特点，总结出这些跨国企业的三种竞争优势：第一，虽然发展中国家企业的市场规模小，没有而且也无法使用大规模生产的先进技术，因此只能使用小规模生产技术。虽然这些技术整体上不可与发达国家跨国企业相抗衡，但对于小规模市场却可能是最为适合的，而且，小企业的管理费用低廉，这也是其竞争优势之一。第二，其产品和采购具有较强的地方特色，能满足当地的特殊需要。许多企业的产品富有母国文化特色，恰好能为东道国中某些与母国具有民族、血缘关系的种族社区服务，如海外的华人超市、华文报纸等。同时，为了适应东道国限制进口的政策，也为了用本地材料节约成本，发展中国家跨国企业尽量改进技术以适应东道国本地采购的要求。第三，灵活的市场策略。发展中国家企业在市场营销网络上落后于发达国家的大型厂商，尤其是缺乏商标优势，但这些小型跨国企业采取了低价销售等方法弥补不足；由于规模小，经营地点也灵活，它们常紧紧追随发达国家的大型厂商设厂，为大厂商配套生产。

劳尔（Lall，1983，1987）则强调，尽管因发展水平和禀赋因素原因在研发等环节处于劣势，但发展中国家跨国公司仍然具备独特的竞争优势，这些优势主要体现在三个方面：第一，对技术进行本地化改造的能力。由于消费者偏好、市场特性和生产条件等差异，许多产品和生产技术并不是适合于所有市场，这就需要对一些成熟的技术加以本地化改造，而发展中国家企业往往在这方面最为擅长。它们常常为了适应发展中国家的需要，顺应东道国的要素条件和产品品质标准，去除奢侈性而保留其基本性能。第二，虽然对于现代化企业的管理的确是发达国家企业更具优势，但针对一些特殊的生产和经营环境，发展中国家相对灵活的管理可能更为切合。比如处于落后的生产条件和恶劣的商业环境，或者在人力资本非常匮乏的东道国，以及市场规模较小的情况下，发展中国家企业的管理方式可能更有效率；第三，灵活的市场战略。发展中国家对于东道国市场的偏好和趣味较为敏感，并能据此调整产品和市场营销战略，而不是用标准化产品和营销方式强加给消费者。在 Lall 看来，无论是对产品的改良还是对生产工序技术的调整，技术本地化过程都是属于二次创新，而这种二次创新的能力正是许多发展中国家企业积累国际竞争优势，并成长为跨国公司的关键。需要注意的是，技术本地化能力并不只是单个企业的竞争优势，对发展中国家产业来说也是值得追求的技术升级途径。随着国际间比较优势的动态变化，一些成熟的技术、生产设备等逐渐从发达国家向发展中国家转移，这对于发展中国家相关产业往往意味着产业技术发展和升级良机。这种通过学习先进技术并将其本地化的能力，是发展中国家产业发展特有的（后发性）竞争优势，它促使了这些国家的产业发展，并孕育了这些产业的跨国公司。

在托伦蒂诺（Tolentino，1993）等提出的技术变迁产业升级理论中，产业国际竞争力作为企业对外直接投资的条件则是动态演进的。该理论重点针对发展中国家的技术变迁和技术积累进行考察，认为发展中国家可以通过技术能力的积累，根据产业竞争力条件逐步实施对外投资；随着"技术升级—投资—学习—技术进一步升级"的循环，实施阶梯性的对外投资战略。具体地，一开始因产业的竞争优势不明显，可以尝试向周边地区或者文化接近、有联系的国家投资；在积累了一定的国际生产经验，并通过学习提升了生产技术和管理技术后，再向位置稍远的发展中国家投资，同时进一步进行技术积累和提升国际竞争力；最终，相关产业和企业已经积累了非常复杂的生产和管理技术，国际竞争力再次升级，便可向发达国家投资，与后者的企业在高端制造业和服务业展开角逐。比较典型的例子是台湾地区、香港地区和韩国的跨国企业，从最早的劳动密集型产业起步，逐渐过渡到高科技生产和研发活动的国际化经营。

企业在进行对外投资前必须进行竞争力积累和培育，这在瑞士乌普萨拉学派的渐进式国际化理论中得到进一步强调。他们认为，企业的能力积累往往不是从海外投资建厂后才开始学习，而是在国际化的早期就已经开始了。国际化早期阶段投入的资源和积累的知识，对于 FDI 有着根本性的影响。他们将企业国际化过程分为五个阶段，依次代表国际化程度逐渐提高：没有出口→少量出口→通过代理人有规律地出口→在海外建立自己的销售子公司→企业在海外建立生产实体。该理论强调了对外直接投资之前通过进出口贸易的学习过程，这一过程对企业积累最为关键的海外市场的知识、销售技巧至关重要（Johanson and Vahlne，1977）。

4.3 基于获取优势的海外并购：股权市场竞争视角的分析

一般认为，发达国家企业对外投资是借助企业所有权优势进行的海外拓展，是既有所有权优势在更广范围内的充分利用；与之相对，新兴市场或发展中国家企业则是将对外投资视为向外寻求优势的手段，是为了获取外部优势性资产而进行对外投资。从投资动机上看这个判断没有问题，但却容易引起误解，让人认为所有权优势对于新兴市场或发展中国家的对外投资是可有可无的，至少是不重要的。正如前面关于发展中国家跨国公司的理论梳理中所显示的，即便是对于寻求优势的对外投资，企业自身的资产条件、技术水平及特征和市场地位等因素都是非常重要的。本节从资产互补性角度出发，进一步揭示发展中国家对外并购的竞争力条件。

按照动机不同划分，发展中国家企业海外并购可分为四类：自然资源寻求型、市场寻求型、效率寻求型和战略资产寻求型（包括技术寻求型）。无论是哪种类型的并购，都可以归纳为寻求获取特定优势资产。并购与海外绿地投资的最大不同，就是必须考虑目标资产与并购企业原有资产之间的互补性。资产互补性是并购的基础，如果双方的资产各自独立，不产生协同作用，并购交易是不经济的，也就不存在并购（Norke and Yeaple，2007）。下面根据资产的互补性来考虑标的公司的定价，并由此揭示并购企业的竞争力条件。

考虑国内某企业计划收购海外一个目标公司，以获取后者的某种优势资产。但是，控制权市场上不仅只有国内企业这一个潜在的收购方，国内企业必须与分布在全球的其他 $(n-1)$ 个竞争对手共同竞拍。假定所有竞购者都是风险中立的，竞拍按照最高价封标拍卖的方式进行：所有 n 个竞拍企业同时出价，叫价最高者获得目标公司所有权，其叫价也是最终成交价格，付给目标公司原有投资者。

由于资产互补性因素，同一个目标公司对于不同的潜在并购者来说具有不同的价值。例如，公司1在有较为健全的市场营销网络，而且它之前的产品市场占有率较高，市场口碑也不错；公司2无论是市场营销网络、产品在消费者中的口碑等方面均较差。在这种条件下，即便引进同样的新技术，公司1能获得的利润显然也比公司2能获得的利润高，因此该技术对于前者来说价值就更高。我们将潜在并购者的资产规模及特性、技术水平、市场地位、管理能力（包括整合不同来源资产的能力）等归纳为一个综合性的资产质量指标 a_i，或者直接称之为国际竞争力指标；目标公司的相应资产质量指标为 a。目标公司资产被潜在并购者 i 成功收购后预期为后者带来的额外利润记为 $v_i = v(a, a_i)$，这同时也是目标公司对于并购者的价值。该函数满足

$$\frac{\partial v}{\partial a} > 0, \frac{\partial v}{\partial a_i} > 0, \frac{\partial^2 v}{\partial a \partial a_i} > 0 \qquad (4.1)$$

其中前两个不等式表示无论并购方还是被并购方（目标公司）的资产质量越高，并购后产生的额外利润也更高；第三个不等式反映了资产互补性，即任何一方资产质量的提高都会改善另一方资产的边际利润。互补性的强弱由 $\partial^2 v / \partial a \partial a_i$ 的大小来体现，它又取决于双方资产的特性。注意在式（4.1）下，目标公司的价值不只是依赖于它自己的资产 a，同时还取决于这些资产与什么样的资产配合使用。因此，$v_i = v(a, a_i)$ 显然是一种长期的价值，考虑到了并购成功后资产的整合等动态因素，而不只是目标公司当时的静态市值。式（4.1）同时也反映了并购企业国际竞争力在并购中的作用：a_i 增加不仅会直接提高 v_i，它同时还会配合海外资产提升后者的价值 [式（4.1）中第三个不等式]。

　　参与竞购的潜在竞争者的资产质量 a_i 是私人信息，相互并不清楚对方资产质量的实际状况。因此，$v_i = v(a, a_i)$ 也是私人信息，对其他人而言，它是某个区间 $[\underline{v}, \bar{v}]$ 上的随机变量。假定其他竞购者相信 v_i 的累积分布函数为 $F(v)$，且不同竞购者的资产价值分布是相互独立的[①]。这里实际上是一个信息不完备博弈。下面先分析每个竞购者的（贝叶斯纳什）均衡叫价，再考虑目标公司的市场价值。

　　将竞购者 i 的叫价记为 b_i，所有 n 个竞购者的叫价组合记为 $b = (b_1, b_2, \cdots, b_n)$。根据最高价封标拍卖规则，在叫价 b_i 下，竞购者 i 所得的净利润为

$$\pi_i(b) = \begin{cases} v_i - b_i & b_i > \bar{b}_{-i} \\ 0 & b_i < \bar{b}_{-i} \end{cases} \qquad (4.2)$$

其中 $\bar{b}_{-i}$ 为除 i 以外其他竞购者的最高叫价。

　　这里只考虑每个竞购者按相同战略行事的对称均衡。假设所有竞购者的均衡战略都为 $b_i^* = b(v_i)$，$i = 1, \cdots, n$，$b(v)$ 是一个严格单增函数。这样，如果观察到某人叫价 b，则其真实估价可由 $b(\cdot)$ 的反函数 $V(b)$ 推断出来，函数 $V(\cdot)$ 满足：$V[b(v)] = v$。假设个体 i 取某一叫价 b_i，将面临两种可能性：

　　①$b_i > \bar{b}_{-i}$，即是说其他 $n-1$ 个竞购者的叫价都低于 b_i，或者等价，其他人的估价都低于 $V(b_i)$。由于每个竞购者的估价分布是独立同分布的，所以这种情况发生的概率为 $F^{n-1}[V(b_i)]$；

---

②$b_i < \bar{b}_{-i}$，概率为 $1 - F^{n-1}[V(b_i)]$。因此，竞购者的最适应对战略是求解的极值问题为

$$\max_{b_i} F^{n-1}[V(b_i)](v_i - b_i) \tag{4.3}$$

在最优点 $b_i = b(v_i)$，下面的一阶必要条件成立：

$$(n-1)F^{n-2}[V(b_i)]F'[V(b_i)]V'(b_i)(v_i - b_i) - F^{n-1}[V(b_i)] = 0 \tag{4.4}$$

记竞购者估价的概率密度函数为 $f(v) = F'(v)$，并注意到 $V'(b_i) = 1/b'(v_i)$，式（4.4）就变为

$$b'(v_i)F(v_i) = (n-1)[v_i - b(v_i)]f(v_i)$$

假设 $b(\underline{v}) = \underline{v}$，将其作为边界条件，则可得解

$$b(v_i) = v_i - \frac{\int_{\underline{v}}^{v_i} F^{n-1}(s)\,\mathrm{d}s}{F^{n-1}(v_i)} \tag{4.5}$$

这就是竞购者 i 的均衡叫价。

根据式（4.5），如果一个国内企业计划竞购该国外企业，它的出价首先取决于标的资产为自己带来的预期利润 $v_i = v(a, a_i)$，而自身的竞争力越高，该预期利润也越高；同时，竞购者的出价还必须考虑竞争者的出价，即式（4.5）中第二项：在别的竞购者叫价都低于自身叫价的条件下，竞购者的预期叫价越高，自己的均衡叫价也更高——确保对自身有利的并购能成功纳入囊中。

现在转而分析均衡中标的公司投资者所得的期望收益，即它的预期成交价格。将 n 个竞购者的估值从大到小排列，将第 k 大的那个记为 $\tilde{v}_{(k)}$，这样其中最大者就是 $\tilde{v}_{(1)}$。注意 $\tilde{v}_{(k)}$ 仍然是随机变量。

显然，均衡中拍卖者的期望收益是最高估价者叫价的期望值 $E[b(\tilde{v}_{(1)})]$。记 $G(v) = F^{n-1}(v)$：

$$G(v) = F^{n-1}(v) = \Pr\{\tilde{v}_{(1:n-1)} < v\} \tag{4.6}$$

其中 $\tilde{v}_{(1:n-1)}$ 表示 $n-1$ 个竞标者中的最大估值。将这一记号代入均衡式（4.5），就有（注意用到了 $G(\underline{v}) = 0$）

$$b(v) = \frac{vG(v) - \int_{\underline{v}}^{v} G(s)\,\mathrm{d}s}{G(v)} = \frac{\int_{\underline{v}}^{v} s\,\mathrm{d}G(s)}{G(v)} = E[\tilde{v}_{(1)} \mid \tilde{v}_{(1:n-1)} < v] \tag{4.7}$$

这意味着：对任何一个竞购者，在其他 $n-1$ 个竞购者的估价都低于自己估价 v 的条件下，其他人最高估价的期望值就是该竞购者的最优叫价。因此，目标公司投资者的期望收益就是

$$E[b(\tilde{v}_{(1:n-1)})] = E[\tilde{v}_{(1:n-1)} \mid \tilde{v}_{(1:n-1)} < \tilde{v}_{(1)}] = E[\tilde{v}_{(2)}] \tag{4.8}$$

这表明，标的资产在并购市场上的预期价格是所有潜在竞标企业对其估价的次高价。这也意味着，除非该标的资产对并购方具有超高的价值，后者不可能在

并购竞标中获胜。由此看来，并购方具备竞争力强的优势资产，并与标的资产形成互补性，是一个互利的并购交易成功的必要条件。

4.4　跨国并购中的优势资产

4.4.1　模型

在诺克和耶普尔（Nocke and Yeaple，2007）中，跨国并购只可能发生在交易双方的资产具有互补性的情形。本节就在一个简化的 N–K 模型中来分析跨国并购中的企业国际竞争力条件。

考虑两个国家 $i=H$, F，分别代表母国（本国）和东道国（外国），每个国家的代表性消费者效用函数为

$$U = \left[\int_{\omega} x(\omega)^{\rho} \mathrm{d}\omega \right]^{\frac{1}{\rho}}, \quad \rho = \frac{\sigma - 1}{\sigma} \tag{4.9}$$

其中 σ 为替代弹性。国家 i 对产品 ω 的需求函数为：

$$x_i(\omega) = A_i \rho_i(\omega)^{-\sigma} \tag{4.10}$$

其中

$$A_i = E_i P_i^{\sigma-1}, \quad P_i = \left[\int_{\omega \in \Omega_i} p_i(\omega)^{1-\sigma} \mathrm{d}w \right]^{1/(1-\sigma)} \tag{4.11}$$

E_i 为国家 i 花在该产品上的总支出，它反映了国家市场规模。

考虑一个国内企业，其生产技术的固定成本为 f，它是企业的建厂成本；边际成本为

$$\phi^{-1} = (mn)^{1/(1-\sigma)} \tag{4.12}$$

其中 $m \geqslant 0$ 和 $n \geqslant 0$ 是两种互补性竞争能力，或者解释为两种不同的竞争性资产，例如可以将它们分别看成生产技术和市场网络（品牌），它们共同决定了企业的市场竞争力。边际成本为式（4.12）的形式假定两种资产之间是完全互补的，一种资产的缺失可借由另一种资产来弥补，这一假定完全只是为了简化表达式，并不影响后面的分析。在这个模型中，两种竞争性资产的组合（m, n）完全描述了企业特征，但企业所处的国家不同可能造成差异，因为两个国家的市场规模可能不同，而贸易成本的存在造成了一定程度的国际市场分割。遵从诺克和耶普尔（Nocke and Yeaple，2007）的设定，假定竞争能力 m 是在国际完全可转移的，如生产技术和研发能力等无形资产；竞争能力 n 在国际转移将会受到损失和折扣，如企业品牌等与消费者认知相关联的市场资产。我们将不可（完全）转移的资产在国际的转移损失系数记为 $\delta < 1$，这样竞争能力 n 在转移到国外使用时只能发

挥出 δn 的竞争力水平[①]。

为简洁，进一步记为

$$B_i = \frac{1}{\sigma}\left(\frac{\sigma-1}{\sigma}\right)^{\sigma-1} A_i, \quad i = H, F \tag{4.13}$$

则国内（$i = H$）企业（m，n）进行出口和新建对外直接投资的利润分别为

$$\pi^{EX} = \phi^{\sigma-1} B_H + \phi^{\sigma-1} \tau^{1-\sigma} B_F - f_H$$
$$= mn(B_H + TB_F) - f_H \tag{4.14}$$
$$\pi^{GF} = mn(B_H + \delta B_F) - f_H - f_F \tag{4.15}$$

其中 f_H 和 f_F 分别为母国和东道国的固定成本；$T = \tau^{1-\sigma}$，$\tau > 1$ 为国际贸易的冰山成本。比较上述两个利润式，（绿地）对外直接投资的作用在于节约贸易成本，但企业需要承受跨境经营带来的不可转移竞争力的削弱，而且需要弥补额外的海外固定成本。

现在考虑开放国际企业所有权市场，允许企业进行国内和跨国并购。考虑企业原有的竞争性资产组合为（m，n），并购一家资产组合为（m'，n'）的目标企业。企业并购后，将获得标的企业的所有可转移和不可转移竞争力（m'，n'），但标的企业与并购企业在同类资产中是替代关系而非累加。换言之，并购完成后企业如果选择使用新获取的竞争性资产 m'（或 n'），它就必须舍弃原有的资产 m（或 n）。并购中资产的互补性是体现在两个企业不同种类资产间的组合，如（m'，n）或（m，n'）。因此，并购之后企业只可能选择同类资产中竞争力更强（较大的 m 或 n）的资产投入使用，舍弃竞争力较弱的资产。

我们暂不讨论企业（m，n）何时会向另一个企业（m'，n'）提出收购要约，以及后者在什么条件下会接受对方的收购邀请。假定在双方同意进行并购交易的情况下，并购价格为双方的 Nash 讨价还价解。记 $\hat{m} = \max\{m, m'\}$，$\hat{n} = \max\{n, n'\}$，记标的企业自己使用（m'，n'）获得的最高利润 $\pi^S(m', n') = \max\{0, \pi_i(m', n'), i = D, EX, GF, CM\}$，则 Nash 讨价还价解给出的并购价格为

$$V(m', n') = \pi^S(m', n') + \frac{1}{2}\left[\pi^S(\hat{m}, \hat{n}) - \pi^S(m, n)\right] \tag{4.16}$$

4.4.2　对称均衡

首先假定两个国家 H 和 F 是完全相同的，且贸易成本也是对称的。容易看

[①]　在 Nocke and Yeaple（2007）模型中，n 类竞争性资产水平直接进入消费者效用函数，并不影响生产效率，因此是一类与直接和企业市场需求关联的资产。出于这里的分析目的，我们没有做这样的假定，对两类资产的性质未作更多约束，只要求它们之间是互补的。

出，在国内外市场完全相同的对称模型中，不可能有企业会企图去并购一个两类资产都优于自己的目标企业。如果国外并购标的资产组合为 (m', n')，其市场价值是并购方需要付出的收购价。在 $m < m'$，$n < n'$ 的情况下，并购方原有的所有资产将完全废弃，并购后的企业市值恰好是 $V(m', n')$，并购交易并没有带来任何资产升值。这样的交易是完全无利可图的。因此并购双方只可能出现两种典型的资产配置格局：$m < m'$，$n > n'$；$m > m'$，$n < n'$。下面分别进行分析。

1. $m < m'$，$n > n'$

并购企业的目标只是境外目标企业的可转移资产 m'，因此目标企业在并购市场上的价格 $V(m', n')$ 与其不可转移资产的竞争力水平 n' 无关。这意味着

$$V(m', n') = V(m', 0) \tag{4.17}$$

并购完成后，企业获得的利润将是

$$\pi^{CM} = m'n(B_n + \delta B_F) - f_H - V(m', 0) \tag{4.18}$$

与式（4.15）相减即

$$\pi^{CM} - \pi^{GF} = n(m' - m)(B_H + \delta B_F) + f_F - V(m', 0) \tag{4.19}$$

与新建对外投资相比，海外并购一方面节约在东道国的建厂固定成本，另一方面获得生产率更高的目标企业竞争性资产。在这个简化模型中，目标企业的可转移性资产与并购企业原有的不可转移性资产间的互补性假定是默认的，一旦并购成功就会起作用。但实际上，二者的互补性还依赖于资产的技术属性、并购后的整合等长期过程。根据式（4.19），国内企业原有资产的竞争力越强，n 越大，并购方式相对于绿地投资的优势就越大，企业越倾向于通过海外并购进行国际扩张。

仔细分析式（4.19），海外并购使得并购企业可移动竞争力得到了幅度为 $(m' - m)$ 的提升，而且这种提升在国内和国外市场上均能带来收益。我们认为，这种并购可移动资产的路径更多描述了中国等新兴市场国家企业的并购：企业更多地利用自身在局部的竞争力优势，获取目标企业的可移动资产，实现企业内部全域性的竞争力升级，但即便这种以获取可移动优势为目的的并购，企业自身具有局部的竞争力也是必要条件，如图 4-3 所示。

可以将企业在不同模式下的国际扩张所获利润以几何图显示出来，这样能更清楚地看到并购企业本身优势资产的关键作用。假定贸易成本较大，而优势资产的国际转移折损较低：$T < \delta$，这时企业在国外新建直接投资才可能成为较出口更优的方式。在此条件下，在利润式（4.14）、式（4.15）和式（4.18）中，将并购企业的 n 类资产水平 n 视为自变量并置于横轴，利润水平为纵轴，则三个利润方程的轨迹，如图 4-3 所示。图中三条利润线的相对位置将横轴分划为四个区域。

（1）如果 $n \in [0, n^1)$，企业的 n 类资产不足以支撑其出口，这样的企业或者会退出市场，或者只能在国内生产和销售。

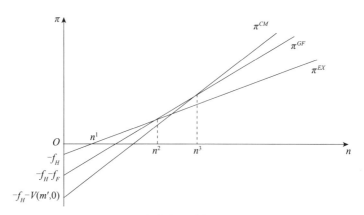

图 4 - 3　不同 n 类资产下的企业水平型国际扩张

（2）如果 $n \in [n^1, n^2]$，企业的最优选择是利用自己原有的资产组合（m, n），在国内生产，并同时在国内销售和出口到国外市场。

（3）如果 $n \in [n^2, n^3]$，企业的最优选择是对外直接投资（新建），并分别在国内外生产服务当地市场。

（4）如果 $n \in [n^3, +\infty]$，企业的最优选择是并购国外企业（m', 0），并分别在国内外生产服务当地市场。

换言之，随着企业的 n 类资产竞争力逐步增强，其最优选择分别是退出市场、国内生产和销售、国内生产并出口、新建 FDI、跨国并购。这表明，只有企业自己的 n 类资产竞争力最高时，获取国外的 m 类优势资产才是最优选择。

2. $m > m'$，$n < n'$

此时企业对外并购的目的是获取东道国目标企业的不可移动优势资产。并购交易成功之后，国内企业可以将原有的可移动资产移植到国外企业，同时也可能将新获取的不可移动资产移植到国内生产单位，但这依赖于移植后的竞争力 $\delta n'$ 与企业原有的资产竞争力 n 孰高孰低。因此，企业利润为

$$\pi^{CM} = m[B_H \max\{n, \delta n'\} + n'B_F] - f_H - V(0, n') \qquad (4.20)$$

为了与新建 FDI 方式比较，将式（4.20）与式（4.15）相减得

$$\pi^{CM} - \pi^{EX} = mB_H[\max\{n, \delta n'\} - n] + mB_F(n' - \delta n) + f_F - V(0, n')$$

$$(4.21)$$

与并购可移动优势资产的情形类似，一方面，并购方式的相对优势在于节约在东道国的建厂固定成本；另一方面，获得了生产率更高的目标企业竞争性资产。同样，企业自身的竞争力越强，采用并购进行国际扩张的相对优势也越大。企业国际化经营的收益主要来自于自身优势资产在国外市场的扩张〔式（4.21）第二项〕；某些情况下企业在国内市场的生产也受益于新购资产获得的竞争力提升（在 $\delta n' > n$ 的情形），但并不是并购收益的主要部分。从这个意义上讲，这种

情形更像是发达国家传统跨国公司的跨国并购：它们利用自身拥有的技术、管理等优势资产在世界各地攻城略地，是既有优势的扩张。

与前面类似，仍然采用几何图来分析企业自身资产优势 m 变化时企业的行为选择。仍然假定 $T<\delta$，这时企业在国外新建直接投资才可能成为较出口更优的方式。在此条件下，在利润式（4.14）、式（4.15）和式（4.19）中，将并购企业的 m 类资产水平 m 视为自变量并置于横轴，利润水平为纵轴，则三个利润方程的轨迹，如图 4-4 所示。与图 4-3 相比较，容易发现二者如出一辙，其含义也与前面类似：如果并购目标是国外的 n 类资产，那么企业自身的 m 类资产必须具有极强的竞争力；否则，采取新建 FDI、国内生产并出口、国内生产和销售、完全退出市场才是其最优的选择。

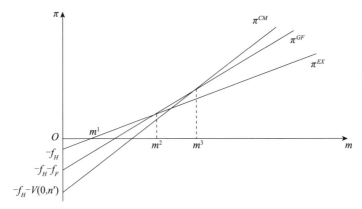

图 4-4　不同 m 类资产下的企业水平型国际扩张

4.4.3　非对称均衡

现在我们放宽国内对称的条件。首先，其他条件不变情况下，假定 $B_H > B_F$，则同样的优势资产组合，由处于国内和国外的两个企业生产并服务于当地市场，所获取的利润自然不同：$\pi_H^D(m, n) > \pi_F^D(m, n)$；在贸易成本不为零（$T<1$）条件下，不同国家生产同时向另外一个市场出口获取的利润也有差异，身处较大市场内的企业显然会占据市场临近优势：$\pi_H^{EX}(m, n) > \pi_F^{EX}(m, n)$；新建 FDI 投资也类似，在 n 类资产存在跨国移植损耗假设下（$\delta<1$），以较大市场为母国的企业也明显占据上风。

市场规模不对称还带来了更多的跨国并购可能性。在国内市场足够大，而国外市场规模较小，关税等贸易成本又非常高的极端情况下，一个各方面均处于劣势的企业有可能从并购外国企业中获利。假定国内（H 国）一个企业，其资产组合为（m, n）；另一个企业（m', n'）则在 F 国生产。根据式（4.14），如果

B_H/B_F 足够大，且 T 足够小（冰山成本 τ 足够大），一个处于 H 国内的企业将拥有市场临近优势，与国外同行相比能以同样的资产获取更高的市场利润。不过，接受并购价格也不一定是外国企业（m'，n'）的唯一选择，因为它还可以选择到国内直接投资，获得类似式（4.15）的利润（只是其中下标 H 和 F 调换）。而且，现实中各方均处于劣势的企业很难驾驭一个更优质的外国企业资产。如果考虑资产整合难度，这种较为极端的"蛇吞象"现象很难出现。

第 5 章

跨国并购的竞争力基础：全球数据的实证

第 4 章从理论上建立了企业国际竞争力与跨国并购的联系，尤其是在 4.4 节从资产互补性视角，证明了企业一定的竞争力是其进行成功跨国并购的基础。本章利用全球数据，对这一核心问题进行实证分析。我们将主要围绕两个理论假说进行实证检验：一个是"竞争力假说"，即跨国并购均以企业或母国产业的国际竞争力为基础和前提条件；另一个是"资产价格假说"，即跨国并购主要由股权资产的相对价格驱动——东道国较低的资产价格或母国更高的资产价格均会触发更多的跨国并购。

5.1　全球跨国并购的特征事实

跨国并购形式的对外直接投资（FDI）一直是企业全球化布局中不可或缺的重要工具。相比于绿地投资（也称新建投资），并购投资具有进退自如的市场灵活性，而且在处理市场和政策风险方面具有特殊的优势，因此得到了跨国企业，尤其是工业国家的企业的偏爱。21 世纪初，全球跨国并购在 FDI 中的占比一度接近 80%（图 5-1）。在 2000 年后，国际金融市场动荡、并购安全审查趋紧对跨国并购造成了一定的冲击，尤其是 2008 年的"次贷"危机，导致全球跨国并购投资步伐放缓，投资占比持续下降。不过，这一下降趋势伴随全球金融市场流动定性重新企稳、发达经济体普遍的温和复苏已经止跌回升。至 2015 年，全球跨国并购投资额为 7.2 万亿美元，占 FDI 的比重回复至 48.94%（World Investment Report, 2016）。对于发达国家的跨国企业，跨国并购是其在全球市场发挥竞争优势并获取优势租金的重要形式；对于发展中国家，跨国并购可作为企业缩小技术差距，追赶技术前沿的重要手段。鉴于跨国并购投资地位的重要性，接下来将着重提炼世界近三十年来关于跨国并购投资的特征事实，以期进一步加深对跨国并购的理解。

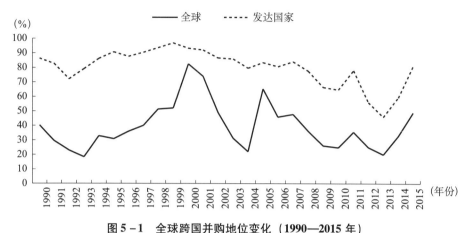

图 5-1　全球跨国并购地位变化（1990—2015 年）

注：左轴代表全球跨国并购投资金额占 FDI 的比重，右轴为发达经济体跨国并购占全球总量的比重。

资料来源：联合国贸易与发展会议（UNTCAD）2016 年《世界投资报告》。

在进入正式分析之前，有必要统一交代本章所采用的数据来源。我们所采用的跨国并购数据主要来自汤森路透全球并购的数据库。该数据库通过整理全球各国的媒体报道、企业新闻或者年报信息等，收集记录了自 1985 年以来各国的跨国并购情况。由于数据记录的真实性和完备性较高，这一数据库已成为跨国并购研究最为频繁的数据来源。尽管还存在其他可能的数据来源，例如比利时的（Bureau van Dijk，BvD）并购交易数据库，但为了保持前后口径一致性，分析将以汤森路透并购数据库为主。在初步的数据处理中，本章汇总了全球 211 个国家1985—2015 年共 31 年的跨国并购数据，并采取以下处理步骤：①只保留当年已经完成的并购；②剔除国内并购数据；③剔除并购方或收购方不明确的并购。这构成了本章的基本数据集。该数据集的难以比拟的优势，在于其包含了并购双方的国家、行业与时间信息，这为进行多个维度的剖析提供了可能，接下来是具体的特征分析。

（1）总体上，最近三十年的全球跨国并购呈现稳步提升态势，但具有较为明显的时间集聚特征。

图 5-2 和图 5-3 分别按照跨国并购金额和并购宗数统计了历年的变化趋势。仔细分析近三十年来（1985—2015 年）的全球跨国并购历程，大致可将其划分为特征不同的四波并购增长形态。

其一，1985—1992 年的小量多次的试探性增长。从并购金额看，此间全球年均并购规模大约为 800 亿美元左右。尽管并购金额相对较小，但是参与海外并购的企业和并购次数则快速增长。企业跨国并购宗数从 1985 年的 333 宗，上升至 1992 年的 2 785 宗，复合增长率接近 30%。跨国企业这种多次小量的试探性策略，主要源于海外并购本身具有高风险特征，而当时的通信技术相对落后，尚不足以缓解并购双方之间信息不对称所带来的巨大沟通与搜索成本，也为并购后的管理和协调带来障碍。

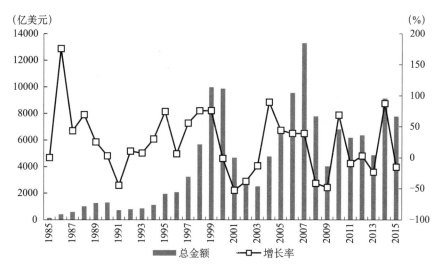

图 5 - 2　1985—2015 年全球跨国并购总金额变化趋势

资料来源：笔者根据汤森路透全球并购数据整理。所列示的并购金额是当年完成的实际并购金额。

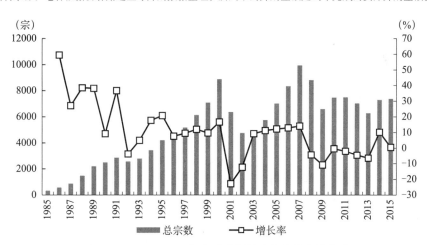

图 5 - 3　1985—2015 年全球跨国并购总宗数变化趋势

资料来源：笔者根据汤森路透数据整理。所列示的并购金额是当年完成的实际并购金额。

　　其二，1993—2000 年的爆发式增长。无论是从并购金额还是从并购宗数上，这一阶段都形成了近三十年来的第一波跨国并购高峰。并购金额的年均增长率达到 32%，并购宗数的年均增长率为 12%，至 2000 年，海外并购总额金额上升至创历史的 9 865 亿美元，并购宗数也达到了 8 879 宗的新高。除了通信技术进步之外，这一时期国际产品和要素市场快速融合，也成为刺激跨国并购的最重要的推动力。北美市场的美国、加拿大与墨西哥缔结自由贸易协定，并于 1994 年正式生效；而欧洲地区的《欧洲联盟条约》也于 1993 年 11 月开始实施。这两大自由贸易区和经济共同体的形成，为企业跨国并购扫清了许多政策上的障碍，显著降低了市场交易成本。

其三，2001—2007 年的"V"形反转。美国"9·11"事件的突然爆发中止了海外并购的上升势头。事件发生当年，全球市场不确定性陡然上升，导致海外并购总金额锐挫 51%，海外并购宗数也随之下降 23%。不过，全球化的势头以及跨国企业海外扩张的步伐没有被恐怖主义疑云轻易打退。2001 年之后，跨国并购投资继续呈现加速增长趋势。2007 年跨国并购总金额达到 1.3 万亿美元，并购宗数达到 9 939 宗，均超过 2001 年之前的水平。

其四，2008—2015 年的后金融危机时期的"一"字形稳定增长。2008 年的"次贷"危机是近三十年来威胁最大的一次经济危机，其对跨国并购的影响也一直延续至今。不过，这一时期跨国企业和经济体系显然具有更强劲的应对市场风险的能力，所以尽管在危机期间跨国并购势头有所减弱，但随后依然保持了高位稳定的增长态势。值得指出的是，与以往跨国并购由发达国家占绝对主导地位不同，近年来以中国为代表的新兴市场经济体在跨国并购市场也崭露头角，逐渐成为全球控制权市场不可或缺的角色。此次金融危机对跨国并购市场的影响并未恶化，很大程度上来自这些新兴市场的跨国企业为全球跨国并购市场提供了稳定器的功能。

（2）尽管不同并购方式的变化趋势大体保持一致，但跨国并购风格正逐渐从相关行业并购向混合并购转变。

本章通过比较并购双方所在的行业来确定不同的并购方式。如果目标企业与收购方同属某一个二分位行业称之为行业内并购，反之则划分为行业间并购。对于行业内并购，又可以从三分位判断是属于横向并购还是纵向并购。图 5-4 至图 5-7 分别从并购金额和并购宗数两个方面，揭示了近三十年行业间和行业内跨国并购的变化趋势。整体上看，两种并购方式的变化趋势基本相同。对比图 5-4 与图 5-5 可知，两种并购方式均保持与跨国并购总体同步，呈现较为明显的阶段性特征。尤其是在几个重要的时间节点，不同并购方式并未出现明显的分岔。不过，仔细比较行业间跨国并购与行业内并购的相对变化，我们依然能发现，跨国并购方式在近三十年已悄然发生了转换。

图 5-8 从金额和并购宗数两个方面展示了行业内跨国并购与行业间跨国并购的相对比值。从图中可以发现：①行业内并购的数量一直低于行业间并购，而且二者间的差距在这三十年间缓慢地扩大。这一趋势说明全球的跨国并购风格从

行业内并购向行业间转化，反映了跨国企业分散风险、逐步重视多元化经营的战略。不过总体而言，两种并购方式的相对数量较为稳定，变化幅度不大；②金额上看，行业内与行业间并购的比值波动较大，总体呈现"钟"形结构——该比值呈现头尾两头低、中间高的特点，同时，随着时间的变化，行业内并购的金额相对在上升；③结合并购宗数和并购金额的变化，单宗行业内海外并购的金额是快速上升的，因此才能在并购宗数下降的情况下，并购总金额的相对规模在上升。

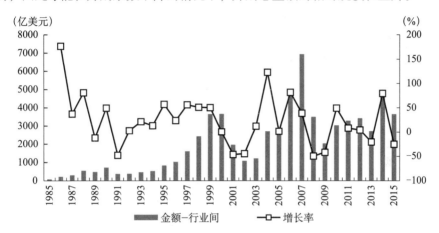

图 5 - 4　1985—2015 年全球行业间跨国并购金额趋势

注：行业间并购指的是并购企业与被并购企业位于不同的二分位行业。其中，行业以国际行业划分标准第三版为准（ISIC. Rev3.0）。以下关于行业间并购的定义与此相同。

资料来源：笔者根据汤森路透全球并购数据整理。

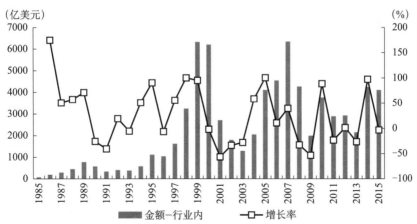

图 5 - 5　1985—2015 年全球行业内并购金额趋势

注：行业内并购指的是并购企业与被并购企业位于相同的二分位行业。其中，行业以国际行业划分标准第三版为准（ISIC. Rev3.0）。我们认为行业内并购都是相关行业之间的并购。以下关于行业内并购的定义与此相同。

资料来源：笔者根据汤森路透全球并购数据整理。

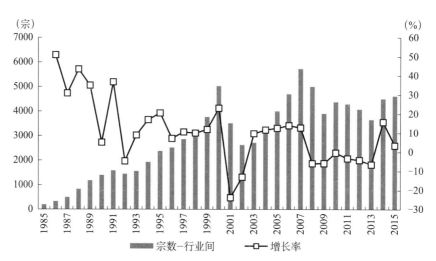

图 5 - 6　1985—2015 年全球行业间跨国并购宗数趋势
资料来源：笔者根据汤森路透全球并购数据整理。

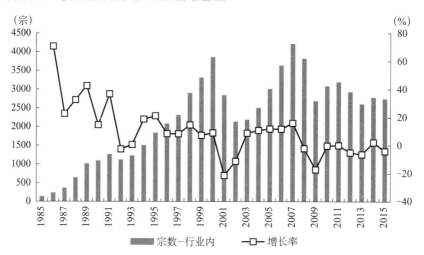

图 5 - 7　1985—2015 年全球行业内跨国并购宗数趋势
资料来源：笔者根据汤森路透全球并购数据整理。

我们可以继续从横向和纵向并购两个维度对行业内并购进行分解分析。尽管全球行业内跨国并购地位有所下降，但是无论从并购金额还是并购宗数来看，横向（水平型）并购整合依然占据主导地位。如图 5 - 9 所示，从并购宗数看，行业内横向并购占所有行业内并购的比例超过 80% ，而且近期依然处于上升趋势。从并购金额来看，横向并购金额占比也依然处于高位波动中。值得指出的是，本章所定义的横向和纵向并购是按照跨国并购双方所处的行业类别来看的。这种处理客观上简化了对并购类型的判断，使得分类判断带有较强的主观性。不过，从行业层面定义具有较强的可操作性，而且也便于保持标准的统一，以利于前后比较。

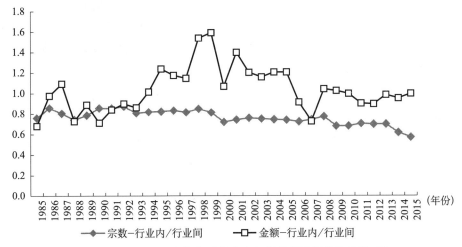

图 5 - 8 1985—2015 年全球行业内与行业间跨国并购趋势对比

资料来源：笔者根据汤森路透全球并购数据整理。

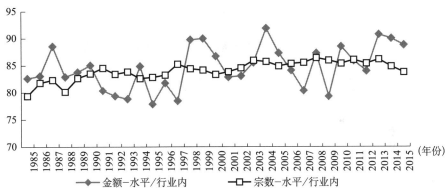

图 5 - 9 1985—2015 年全球水平型跨国并购占行业内并购的比重变化

资料来源：笔者根据汤森路透全球并购数据整理。

（3）全球跨国并购呈现较高的行业集中度，而且行业间的位次相对固化。

与国内并购类似，跨国并购也呈现明显的行业集中化特征。图 5 - 10 和图 5 - 11 总结了过去三十年全球跨国并购的行业分布情况。我们以十年为期（2005—2015 年是十一年数据的加总）按照二分位行业分布对各行业的跨国并购金额和跨国并购宗数进行加总，列出了排名前五位的行业，并计算了这些行业分别占各时期总金额或总宗数的比重。按照并购金额排序的结果显示，跨国并购具有很强的行业黏性，并且主要集中在金融业、食品烟草业、化学制品业、采矿业、邮政电讯业、计算机等商业服务业以及计算机等机械制造业。其中，又以金融业占绝对主导地位。1985—1994 年，金融业的跨国并购总额达到 2 100 亿美元，接下来的十年则增长至 1.2 万亿美元，2005—2015 进一步增加至 3.3 万亿美元，不仅规模快速增长，而且在全球并购总额中的占比也从期初的 25.5% 上升至期末的 39.4%。通过分析图 5-11 并购宗数的分布，可以确认金融业并购地位并非是由单宗并购规模更大造成的。

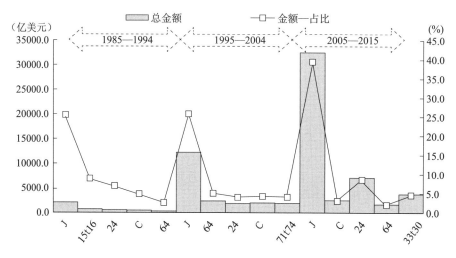

图 5-10　1985—2015 年以金额计的全球跨国并购行业分布

注：J 表示金融业；15t16 表示食品烟草业；24 表示化学品及化学制品制造业；C 表示采矿业；64 表示邮政电讯业；71t74 表示计算机服务、研发等商业活动；30t33 表示计算机械、电力机械以及精密机械等设备制造业。

资料来源：笔者根据汤森路透全球并购数据整理。

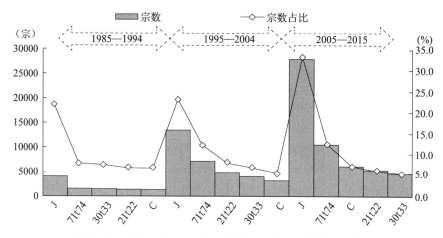

图 5-11　1985—2015 年以宗数计的全球跨国并购行业分布

注：J 表示金融业；30t33 表示计算机械、电力机械以及精密机械等设备制造业；21t22 表示纸质出版业；C 表示采矿业；71t74 表示计算机服务、研发等商业活动。

资料来源：笔者根据汤森路透全球并购数据整理。

　　除了金融业之外，按照并购宗数计算的另外四个位居前五位的行业依次是计算机等商业服务业、计算机械等设备制造业、纸质出版业以及采矿业。比较不同年份的行业占比变化，可以发现不仅海外并购发生频次的相对地位较为稳定，而且主要行业的总比例呈现上升趋势。1985—1994 年，前五类行业的金额和宗数占比分别为 49.0% 与 48.8%；1995—2004 年的占比依次为 43.2% 与 53.1%；2005—2015 年的占比依次为 57.8% 与 61.2%。

　　（4）发达国家主导了近三十年的跨国并购进程，不过作为并购方的相对重要性在逐步下降。

　　发达的工业国家在全球跨国并购中占有无可争议的重要地位，图 5 - 12 和图 5 - 13 对此有清晰的揭示。无论是以金额还是以宗数计算，排在前五位的国家都是发达国家。1985—1994 年的十年间，这五个国家的并购金额与宗数分别占了总体的 62.6% 与 60.6%，其中又以英美为主。在此期间，英美两国跨国并购金额占世界总体的 36.9%，并购宗数占 40%，是跨国并购市场名副其实的两名霸主。不过近年来，发达国家在跨国并购中的地位不断削弱，国际市场并购的竞争性在不断增强。2005—2015 年，以并购金额计排在前五位的依次是美国、英国、法国、加拿大、德国，这五个国家占世界总份额的 46.9%，如果以并购宗数计其占比则下降至 46.8%。与发达国家跨国并购逐步下降形成鲜明对比的是，新兴市场经济体的跨国并购逐步上升。例如，2005—2015 年，中国和俄罗斯的总并购金额分别排在第六和第七位，这是二十年前所未发生的事情。

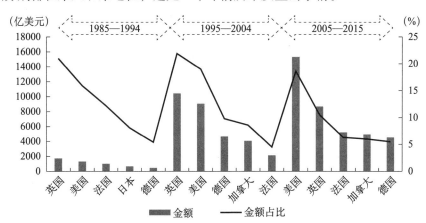

图 5 - 12　1985—2015 年以并购金额计的全球跨国并购的并购方分布

资料来源：笔者根据汤森路透全球并购数据整理。

　　（5）得益于较高的产权保护力度以及更低的交易成本，并购标的国绝对部分集中在发达国家市场，但新兴市场的重要性在提升。

　　发达国家不仅是跨国并购的发起者，同时也是各国跨国企业相互竞争控制权

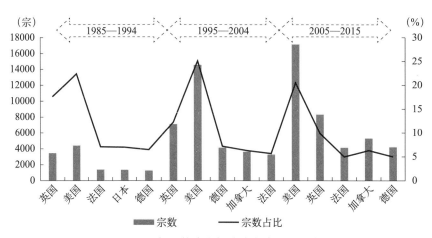

图 5 - 13　1985—2015 年以并购宗数计的全球跨国并购的并购方分布

的主要角斗场。图 5 - 14 的并购金额统计显示，1985—1994 年，37.1% 的跨国并购发生在美国，14.5% 发生在英国，其次是法国、加拿大和意大利，分别为 6.9%、4.7% 与 4.5%。图 5 - 15 采用并购宗数统计，也能得到类似的发现。结合对并购方的分析，可知，这一阶段的跨国并购集中在发达国家之间，而且主要是美国、英国、法国、德国以及加拿大等几个主要跨国并购市场。第二个十年的变化在于日本成为主要的跨国并购市场之一，第三个十年则出现了中国市场的身影。这些变化说明老牌资本主义国家在并购市场的地位正在不断被削弱，新出现的发达国家和新兴市场经济体开始逐步破坏原有的并购生态，并参与构建新的国际并购市场格局。

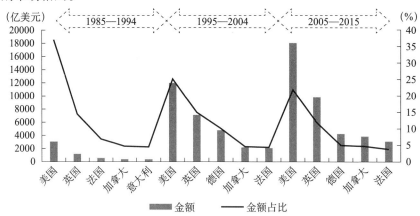

图 5 - 14　1985—2015 年以并购金额计的全球跨国并购的并购标的分布

为了进一步探究近三十年跨国并购的区位分布，我们整理了前二十位国家的双边并购存量矩阵，见表 5 - 1 和表 5 - 2。表中对角线表示国内并购情况，其他位置则是跨国并购情况。以美国为例，美国在英国、加拿大、德国、荷兰与法国五国的跨国并购金额存量依次为 5 284 亿美元、3 270 亿美元、2 213 亿美元、1 563亿美元及 1 356 亿美元，另外超 1 000 亿美元的国家还有澳大利亚。仔细分析中国的情况，可以发现流入中国的跨境并购资本最高的前五位国家（地区）依次为中国香港、美国、新加坡、英国与日本；中国的海外并购资本则主要流向了中国香港、美国、澳大利亚、加拿大与英国。从双向流动来看，中国目前流入的跨国并购金额存量为 3 533 亿美元，而流出存量为 2 250 亿美元。因此，中国跨国并购依然处于净流入的状态。如果是从跨国并购宗数分析，也能得到类似的结论。在中国发生的跨国并购宗数为 5 022 宗，而中国在境外发生的跨国并购宗数为 1 648 宗。

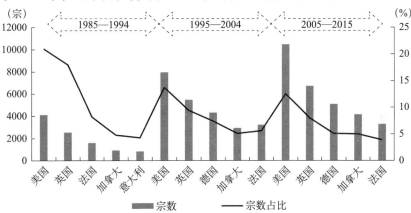

图 5 - 15　1985—2015 年以并购宗数计的全球跨国并购的并购标的分布

5.2　跨国并购的影响因素：竞争优势与资产价格

尽管跨国并购在企业全球化中扮演了越来越重要的角色，但相对于绿地投资和国际贸易领域浩瀚的研究而言，针对跨国并购现象的研究依然显得十分单薄（Nocke and Yeaple，2008；Neary，2007），这也直接导致我们对跨国并购现象的理解充满争议和不足。

理论上，一方面，自海默（Hymer，1960）提出垄断优势决定论以来，探究实质性因素（Real Factors）对国际资本布局的决定性作用成为学术领域的主流范式。尤其是在垄断竞争框架被提出之后（Dixit and Stiglitz，1979），生产率优势结合垄断竞争市场结构带来的规模经济，模型化为克服跨国交易成本的基本力量[1]（Nocke and Yeaple，2007；2008）。无论是考虑低成本技术引致的比较优势

---

[1]　Helpman et al.（2004）基于异质性理论框架，认为行业内生产率越高的企业对外直接投资的可能性越高。不过，他们关注的是水平型绿地投资而非跨国并购投资。

表5-1　1985~2015年主要国家（地区）双边跨国并购金额存量

单位：亿美元

国家（地区）	美国	英国	法国	日本	加拿大	德国	中国	意大利	澳大利亚	荷兰	瑞士	西班牙	中国香港	俄罗斯	巴西	韩国	瑞典	新加坡	比利时	墨西哥
美国	200 868	5 284	1 356	750	3 270	2 213	609	647	1 127	1 563	872	442	207	110	472	367	613	155	337	610
英国	7 191	26 231	1176	206	515	3 347	102	343	631	873	266	873	105	201	170	58	765	41	385	60
法国	2 533	1 428	12 224	289	479	941	56	803	41	807	234	514	39	116	180	47	158	16	894	31
日本	2 468	430	83	15 676	46	103	69	40	229	184	163	13	104	3	114	71	43	111	28	4
加拿大	4 761	520	175	13	12 195	214	21	9	556	28	213	31	19	14	69	11	87	14	29	43
德国	3 136	1 729	723	97	41	7 815	42	410	49	358	350	146	4	163	39	30	312	21	83	4
中国	372	195	78	29	207	47	10 120	49	332	46	49	18	412	82	192	28	18	59	35	1
意大利	433	195	204	1	26	428	8	9 885	13	152	69	636	3	70	61	0	8	10	12	3
澳大利亚	1 376	937	32	20	109	59	28	32	8 849	29	12	41	79	0	14	19	5	27	42	9
荷兰	1 886	2 123	186	77	141	248	19	434	85	3 946	49	131	28	85	116	80	138	85	264	139
瑞士	2 619	1 173	398	51	321	295	30	112	105	72	5 584	54	11	17	66	9	155	12	29	32
西班牙	618	1 112	346	1	95	105	47	133	2	85	13	6 426	35	9	568	1	18	0	3	233
中国香港	223	276	17	79	43	6	2 177	5	250	50	9	5	3 995	2	17	60	7	114	1	2
俄罗斯	93	130	25	2	158	29	16	67	5	46	2	0	0	4 910	0	0	3	9	12	0
巴西	115	5	4	0	298	9	0	7	9	3	28	20	0	0	5 166	0	0	0	0	10
韩国	237	61	7	15	65	17	44	2	58	8	1	5	35	1	7	4 841	0	2	2	9
瑞典	511	194	96	6	33	236	12	65	8	172	73	23	3	20	5	3	2 700	3	24	8
新加坡	521	263	11	41	10	18	236	1	368	10	106	4	375	0	38	26	9	1 608	10	3
比利时	744	254	297	3	43	119	16	25	8	270	43	46	0	22	69	63	3	1	1432	0
墨西哥	268	2	0	0	21	3	0	2	143	7	0	40	0	0	106	0	0	0	1	2 509

资料来源：Thomson SDC 金融数据库。

表 5-2　1985~2015 年主要国家（地区）双边跨国并购宗数存量

单位：宗

国家（地区）	美国	英国	日本	加拿大	法国	德国	澳大利亚	俄罗斯	中国	西班牙	荷兰	瑞典	意大利	马来西亚	中国香港	瑞士	韩国	印度	新加坡	芬兰
美国	194 464	6 308	787	5 604	1 946	2 772	1 713	282	1 024	837	1 001	634	931	131	499	538	372	1 070	329	239
英国	4 748	49 537	187	594	1 475	1 632	998	210	180	787	826	521	618	65	215	269	82	345	142	173
日本	1 709	314	29 786	90	170	212	247	35	299	69	78	29	89	110	192	49	191	190	142	20
加拿大	5 780	637	15	23 137	219	174	371	54	123	69	77	71	49	15	80	55	19	43	20	35
法国	1 161	938	58	185	23 064	903	124	90	127	670	319	144	646	23	54	306	60	152	51	51
德国	1 250	904	99	119	872	21 896	147	169	112	367	527	265	470	32	34	795	61	153	51	111
澳大利亚	938	499	22	217	51	108	19 553	12	104	44	39	21	34	61	126	22	21	60	120	13
俄罗斯	72	56	5	20	26	65	5	16 762	6	10	36	10	38	2	4	25	4	13	2	22
中国	285	70	69	95	53	81	209	15	15 135	20	24	13	34	21	502	14	39	12	91	1
西班牙	282	145	7	29	253	126	21	24	40	11 232	53	14	151	10	10	24	5	36	7	23
荷兰	678	676	72	120	476	856	110	143	79	328	6 576	158	246	31	33	117	43	106	43	72
瑞典	501	416	18	63	209	348	49	99	30	92	152	8 023	99	3	17	90	23	41	16	640
意大利	304	227	19	38	409	301	24	32	33	258	87	37	9 356	0	14	112	2	41	17	23
马来西亚	76	71	10	18	3	21	184	1	87	4	12	2	4	9 672	264	11	13	62	373	0
中国香港	337	207	134	102	50	59	327	17	2 018	12	24	13	18	125	5 701	17	98	99	247	5
瑞士	690	338	47	119	383	947	118	104	47	157	137	117	239	13	31	4 623	25	71	24	48
韩国	223	32	72	40	14	39	44	13	117	4	7	3	9	16	37	3	8 248	21	19	1
印度	452	196	8	44	42	84	69	7	23	23	22	17	37	19	13	18	8	7 130	69	9
新加坡	253	149	110	24	28	43	386	7	552	11	26	11	12	506	420	22	75	251	3 928	7
芬兰	210	109	10	31	70	186	23	94	21	22	63	476	45	4	7	35	5	14	5	5 110

资料来源：Thomson SDC 金融数据库。

（Neary，2007），还是探究双边生产率对跨国并购可能性和投资规模的影响（Razin and Sadka，2007，2008）[①]，跨国企业内在以生产率为代表的竞争优势都具有决定性作用；另一方面，部分学者试图通过引入资本市场的非理性和企业短视等系列行为因素（Rhodes – Kropf and Viswanahan，2004；Shleifer and Vishny，2003），摆脱只关注实质性因素的做法，分析双边资产价格变动在跨国并购中的关键影响（Baker et al.，2009；Blonigen，1997；Froot and Stein，1991）。由于大部分文献将实质性因素描述为竞争优势，而从行为角度考虑时重点关注资产价格变动，所以不妨将前一类称之为"竞争优势假说"，后一类称之为"资产价格假说"。由于在理论假设和结论推演方面截然不同，这两种假说自然具有不同的政策意义和福利含义。

实证上，已有较多文献研究跨国并购的决定因素，但仍然没有形成较为统一的结论。这其中的关键原因有两个：一是现有文献往往只关注了理论的某一方面，很少有文献兼顾了上述两种理论内涵，导致人们难以判断究竟哪种理论具有更强的现实解释力。此外，如果不能在同一框架下考虑两种理论，那么在模型验证过程中势必丢弃了另一组变量，这又引出了实证研究中的另一个问题，即控制变量选择的不确定性。验证跨国并购理论时，控制变量选择是实证检验中普遍面临的难题。我们总结了 10 篇代表性的研究跨国并购决定因素的实证文献，发现各篇文献采用的变量鲜有雷同，仅这 10 组方程就涉及了 48 个不同的变量，而且不同方程包含的变量数目也大不相同，多则达到 17 个（Gioanni，2005），少则只有 5 个（Ross and Volpin，2004）。这种某一理论框架下的单一方程设定，忽视了控制变量集合的不确定性问题，因而也无法解决模型不确定性对核心解释变量系数估计可能造成的重要影响（Magnus and Durbin，1999；Danilov and Magnus，2004）。尤其是，鉴于控制变量选择的自由性，我们常常难以验证文献中带有作者偏好的模型设定是否是虚假回归，以及在改变控制变量集合时结论是否依然稳健，而这往往是争议的重要来源，见表 5 – 3。

鉴于理论和实证上的困惑，本章试图对跨国并购决定因素进行重新检验，重点考察代表"竞争优势假说"和"资产价格假说"的两组核心解释变量的影响。相比之前的研究，一方面将两种不同的理论纳入了同一方程中予以考虑，另一方面从实证上考虑了样本中的零值问题，探究了跨国并购投资的集约边际和扩展边际。在数据上，本章采用了各国行业层面的数据分析跨国并购的决定因素，因此相比其他采用国家层面数据的研究，分析更能揭示跨国并购的行业特征。

[①]　集约边际指的是投资规模的变化，而扩展边际指的是投资可能性的高低。

表 5 - 3 代表性文献的变量选择情况 单位：宗

序号	作者	变量集合	数量
1	Gonzalez et al.（1998）	汇率、**市盈率**、债券收益率差异、**股价指数**	6
2	Blonigen（1997）	汇率、国内并购数量、行业增加值、GDP 增长率、股价指数、行业保护程度、时间趋势	7
3	Feliciano & Lipsey（2010）	平均利润率、销售增长率、**股价指数**、汇率、利率、**GDP 增长率**、**比较优势**	12
4	Ross & Volpin（2004）	人均 GDP、GDP 增长率、会计标准、投资者保护、所有权集中度	5
5	Giovanni（2005）	**真实 GDP**、**股票市值占比**、信贷占比、双边距离、通信总量、货物贸易额、语言、货币同盟、自由贸易协定、服务贸易协定、其他贸易协定、企业税率、资本税收协定、汇率、汇率波动率、工资、工资平方	17
6	Razin & Sadka（2007）	**生产率**、**人均 GDP**、人力资本差异、语言、距离、人口、**金融风险**	11
7	Coeurdacier et al.（2009）	真实 GDP、距离、语言、**属欧盟区**、**属欧元区**、**公民自由指数**、**股票市值占比**、**比较优势**	13
8	Baker et al.（2009）	**资产收益率（ROE）**、**Q 值**、汇率、GDP、人均 GDP、税率、资本账户开放度	9
9	Erel et al.（2012）	汇率、**Q 值**、公告质量、法律起源、语言、宗教、距离、贸易、人均 GDP、GDP 增长率	11
10	Brakman et al.（2013）	**比较优势**、GDP 增长率、失业率、全球/国家/行业层面的并购浪潮	7

注：尽管表 5 - 3 中变量名称相同，但精确定义仍视各文献而定，详细可参见原文；其中黑色加粗表示该变量分别包括东道国和来源国的情况；变量数量以原文的基准方程统计。

5.3　实证设计

5.3.1　变量与数据

1. 被解释变量

本章所采用的跨国并购数据来自 SDC 全球并购交易数据库。出于充分利用行业层面信息的考量，根据 World Input - Output Database 数据库（以下简称 WIOD 数据库）圈定了国家集合①和行业划分标准②，然后以 SDC 数据库为基础，

① WIOD 数据库提供了 40 个国家 35 个细分行业的统计数据，为从行业层面进行分析提供了便利。由于这 40 个国家的 GDP 占世界 GDP 总量的 80%（Timmer et al.，2015），因此具有良好的代表性。由于并购数据缺失，实际得到了 37 个国家的数据。

② 我们根据美国国民经济研究局提供的对应表，将汤森路透数据库中的 SIC 行业代码转换成 ISIC Rev 3.0，并与 WIOD 数据库中的行业归类保持一致，最终获得 34 个行业。具体见附表 5 - 1。

构建了1995—2011年来源国—东道国—行业维度的跨国并购数据集。该数据集是一个涵盖了双边跨国并购投资金额（Amount）与并购宗数（Count）的非平衡面板数据。为了缓解数据右偏及异方差问题，我们以1995年为基期的美国GDP平减指数对美元计价的Amount变量进行平减，并对平减后的非零变量取其自然对数作为被解释变量之一。根据Razin和Sadka（2007）的建议，本章将采用Heckman两步法处理零并购金额带来的影响。表5-4对各国跨国并购金额的零值和非零值频数进行了统计。由表5-4可知，跨国并购金额为零的观测值占比几近50%，表明零值问题不可轻易忽略。

表5-4 来源国与东道国跨国并购投资金额的零值分布 单位：宗

国家	作为并购来源国		作为并购东道国		国家	作为并购来源国		作为并购东道国	
	为零	非零	为零	非零		为零	非零	为零	非零
澳大利亚	275	582	357	802	意大利	580	574	730	555
奥地利	589	249	461	179	日本	488	727	230	290
比利时	662	387	605	367	拉脱维亚	38	9	137	47
巴西	74	75	421	532	立陶宛	43	11	142	83
保加利亚	10	7	165	141	马耳他	17	12	14	14
加拿大	480	971	423	841	墨西哥	69	95	269	309
中国	153	231	386	580	荷兰	1 348	892	748	656
塞浦路斯	111	107	85	50	波兰	89	83	471	421
捷克	102	43	503	232	葡萄牙	132	138	247	212
丹麦	605	313	470	324	俄罗斯	240	139	468	298
爱沙尼亚	74	26	191	76	斯洛伐克	31	13	161	74
芬兰	636	361	448	280	斯洛文尼亚	26	11	60	34
法国	1 559	1 047	1 000	953	韩国	109	282	160	313
德国	1 895	1 089	1 423	1 030	西班牙	478	552	683	665
希腊	141	94	102	93	瑞典	930	736	607	534
匈牙利	49	38	350	172	土耳其	40	45	246	192
印度	261	292	329	460	英国	1 015	2 429	1 070	1 539
印度尼西亚	20	29	143	192	美国	2 042	2 932	1 101	2 213
爱尔兰	259	415	264	283	总计	15 670	16 036	15 670	16 036

注：表中数值表示的是观测值的个数，例如第一列的275表示所有以Australia作为跨国并购投资来源国的观测值中有275个观测值的并购交易金额为零。其他的数字含义可类推。

2. 核心解释变量

本章的主要目的是采用相对较为稳健的估计方法检验"竞争优势假说"和"资产价格假说"对跨国并购的解释力。为了验证"竞争优势假说"，本章选择各国行业层面的竞争力指数ARCA作为核心代理变量。根据第2章的定义，该指数的构建方法为

$$ARCA_{ist} = \frac{VA_{ist}/VA_{it}}{VA_{st}{}^{w}/VA_{t}{}^{w}}$$

其中 VA 表示行业增加值，i 和 w 分别指代国家和世界，s 和 t 是行业和时间。各国分行业增加值数据来自 WIOD 数据库，世界分行业增加值以该数据库中欧盟及其他 12 个国家的总值代替。这些国家的 GDP 占世界 GDP 总量的 80%（Timmer et al.，2015），因而具有良好的代表性。与采用比较优势指标相比（Feliciano and Lipsey，2010；Coeurdacier et al.，2009；Brakman et al.，2013），我们所采用的指标不仅沿袭了巴拉萨（Balassa，1965）就结果推断原因的原创思想，而且能够具有剔除中间品重复计算、同时考虑国内市场竞争等优点，所以更能体现竞争优势的内涵。

在验证"资产价格假说"方面，采用标准普尔公司提供的各国股价指数衡量国家层面的资产价格。为了使各国股价指数具有可比性，采用购买力评价指数对其进行平减，并调整为以 2010 年为基期。在具体应用时，取其自然对数，以缓解变量的异方差性。在所掌握的文献中，采用股价指数作为控制变量的文献不多，如（Gonzalez et al.，1998；Blonigen，1997；Feliciano and Lipsey，2010），而且这些文献均没有就股价指数变量进行专门的分析。通过将股价驱动并购理论引入跨国并购分析，我们试图从企业融资角度揭示了股票价格与跨国并购的联系。股价指数来自世界银行数据库和 IMF 金融数据库，平减指数来自 PWT 8.0 数据库。

图 5 – 16 比较了来源国与东道国的竞争优势指数及资产价格的分布情况。其中，实线分别表示来源国的竞争优势和资产价格指标，而虚线代表东道国的情况。图 5 – 16 中显示，东道国的竞争优势与资产价格分布均比来源国要靠左，这意味着从数据分布来看，东道国的竞争优势和资产价格相对比来源国要稍低。

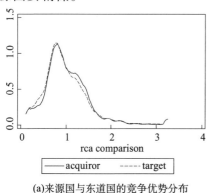

(a)来源国与东道国的竞争优势分布

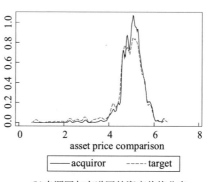

(b)来源国与东道国的资产价格分布

图 5 – 16　来源国与东道国的竞争优势与资产价格分布

3. 控制变量

现有文献从理论和实证上证实引力模型对跨国并购投资具有较强的解释力（Head and Ries，2005，2008；Bergstrand and Egger，2007）。因此，①首先控制了反映引力模型的三个变量，即分别以来源国和东道国的真实 GDP 对数衡量的市场规模变量，以及以两国首都的球面距离对数 *LNDIST* 衡量的控制成本变量。由于在回归方程中东道国和来源国的市场规模变量系数比较接近，因而限定其系数相等，结果不依赖该假设。②工资水平变量。对于追求低成本生产经营的企业，工资水平对跨国企业的全球选址具有十分重要的影响（Razin and Sadka，2007，2008；Helpman，1984）。以实际人均 GDP 作为工资水平的代理变量，类似市场规模变量，同样限制东道国和来源国的人均 GDP 系数相等。③金融发展水平。各国金融深化水平的提高不仅对吸收跨国并购资本，而且对推动企业"走出去"都具有非常重要的作用（Giovanni，2005）。以市值占比和信贷占比衡量各国的金融深化水平。④企业税率。避税动机是促使企业跨国并购的重要因素之一。利用国际税率差异，企业可以通过转移定价的方式躲避高税收带来的负面影响（Blonigen，2005）。企业税收对投资的集约边际和扩展边际可能带来不同的效应（Razin and Sadka，2007）。采用各国法定企业税率衡量一国的税率负担。⑤人力资本要素。根据经典的 FDI 知识资本模型，两国的人力资本差异是驱动跨国投资的重要因素。因而，同时控制了两国的人力资本发展水平。⑥制度质量。通常认为良好的制度环境有助于提高司法透明度，降低经营风险和不确定性，因而能够增强对外国投资者的吸引力。根据克达西耶等（Coeurdacier et al.，2009）的做法，采用公民自由指数衡量一国的制度环境。⑦语言与文化联系。现有文献认为，两国是否使用共同语言，是否具有殖民联系以及历史上是否属于同一国家都可能对两国的跨国并购投资产生重要影响。⑧投资政策变量。两国签订了双边投资协定，将大大简化投资程序，降低投资壁垒，无疑将促进两国之间的双向投资，因而我们控制了是否签订双边投资协定的虚拟变量。⑨汇率。东道国货币贬值会降低来源国企业的收购成本，因而会增加企业的跨国并购金额，布洛尼根（Blonigen，1997）为此提供了证据①。除此之外，我们还加入时间变量以控制时间趋势可能带来的影响。值得指出的是，在基准回归方程中，并未控制国家间的贸易联系。这是因为有文献指出，贸易流量是一个内生性问题十分严重的变量，引入该变量可能会影响对其他变量的判断（Blonigen et al.，2014；Eicher et al.，2012）。以上论及的核心解释变量和控制变量的具体定义、来源及基本描述性统计，见表 5 - 5。

---

① 我们还考虑了法律制度起源，各国的国土面积，是否为石油大国，是否为内陆国家，两国是否签订了自由贸易协定等多个变量，但由于多重共线性等问题这些变量被剔除在外。例如，我们所研究的国家范围内，几乎所有国家都签订了双边自由贸易协定。

表 5 − 5　　　　　　　　　　　变量来源以及描述性统计

Variables	中文含义	数据来源	Obs	Mean	Std. Dev.
$ARCA_i$	来源国竞争优势	WIOD 数据库	31 706	1. 022	0. 516
$ARCA_j$	东道国竞争优势	WIOD 数据库	31 706	1. 003	0. 532
P_i	来源国实际资产价格指数对数	WDI 数据库及 IMF 数据库	31 463	5. 019	0. 514
P_j	东道国实际资产价格指数对数	WDI 数据库及 IMF 数据库	31 546	4. 853	0. 774
GDP_{ij}	来源国与东道国实际 GDP 乘积对数	PWT 8. 0 数据库	31 698	27. 892	2. 092
$PGDP_{ij}$	来源国与东道国人均 GDP 乘积对数	PWT 8. 0 数据库	31 706	20. 297	0. 779
$MCAP_i$	来源国市值占 GDP 比重	WDI 数据库	31 706	0. 972	0. 447
$MCAP_j$	东道国市值占 GDP 比重	WDI 数据库	31 706	0. 800	0. 480
$PRIVO_i$	来源国私营部门信贷占比 GDP 比重	WDI 数据库	31 706	1. 145	0. 476
$PRIVO_j$	东道国私营部门信贷占比 GDP 比重	WDI 数据库	31 706	0. 960	0. 521
TAX_i	来源国企业法定税率	Djankov et al. （2010）	31 359	34. 676	6. 723
TAX_j	东道国企业法定税率	Djankov et al. （2010）	31 276	32. 747	7. 168
CL_i	来源国制度质量	Freedom House 数据库	31 706	1. 409	0. 847
CL_j	东道国制度质量	Freedom House 数据库	31 706	1. 707	1. 192
HC_i	来源国人力资本发展水平	PWT 8. 0 数据库	31 706	3. 047	0. 345
HC_j	东道国人力资本发展水平	PWT 8. 0 数据库	31 706	2. 961	0. 398
YEAR	年份	自行构建	31 706	2003	4. 801
LNDIST	两国首都球面距离对数	来自 CEPII 数据库	31 706	7. 687	1. 305
COMLANG	是否使用共同语言	来自 CEPII 数据库	31 706	0. 230	0. 421
COLONY	是否存在殖民联系	来自 CEPII 数据库	31 706	0. 138	0. 345
SMCTRY	历史上是否属于同一国家	来自 CEPII 数据库	31 706	0. 020	0. 141
BIT	是否签订双边投资协定	WTO 贸易数据库	31 706	0. 240	0. 427
LNEX	汇率（以来源国货币度量）	PWT 8. 0 数据库	31 706	0. 297	2. 268

注：$GDP_{ij} = \log（gdp_i \times gdp_j）$，$PGDP_{ij}$ 同理。

5.3.2　估计模型

将 5.3.1 节所论述的变量引入到伯格斯特兰和艾格尔（Bergstrand and Egger，2007）的引力模型框架中，并按照拉津和萨德卡（Razin and Sadka，2007，2008）的建议，采用赫克曼（Heckman，1979）两步法解决样本中跨国并购投资的零值问题。作为参照，首先构建检验跨国并购决定因素的 OLS（Ordinary Least Square，OLS）模型为

$$\ln(Amount_{ijst}) = \beta_0 + \beta_1 (ARCA)_{ist} + \beta_2 (ARCA)_{jst} + \beta_3 P_{it} + \beta_4 P_{jt} + \boldsymbol{\Gamma}X + \varepsilon_{ijst}$$

$$(5.1)$$

其中，$\ln (Amount_{ijst})$ 表示在第 t 年 i 来源国 s 行业向 j 东道国以并购形式投资

的资本量自然对数。方程右边的 CA_{ist}、CA_{jst} 分别表示两国的竞争优势指标；P_{it} 和 P_{jt} 是股票价格指数。这四个变量是验证两种不同理论假说的核心解释变量，与之对应的估计系数 β_1 至 β_4 是本章所关注的重点。根据理论分析，我们预期 β_1、β_2 与 β_3 的系数符号为正，β_4 的符号将为负。X 是 5.3.1 节所讨论的控制变量集合。除了考察 β_1 至 β_4 的系数符号和统计显著性之外，分析不同的 X 组合所带来的模型不确定性对估计系数的影响，同样是本章的重点内容之一。其他符号中，β_0 是截距项，Γ 是控制变量系数向量，ε 是服从独立同分布的误差项。

我们进一步利用赫克曼（Heckman，1979）两步法修正零值带来的样本选择问题。首先，对跨国并购投资选择进行建模为

$$Pr(Amount_{ijst} > 0 \mid \cdot) = \beta_0 + \beta_1 (ARCA)_{ist} + \beta_2 (ARCA)_{jst} + \beta_3 P_{it} + \beta_4 P_{jt}$$
$$+ \beta_5 FR_j + \Gamma X + v_{ijst} \tag{5.2}$$

其次，利用式（5.2）估计出逆米尔斯比例（imr），并作为修正变量引入到式（5.1）中。如果 $mill$ 变量具有统计显著性，则表明存在样本选择性问题。注意到，除了 5.3.1 节所讨论的控制变量之外，在 Probit 模型中，我们还加入了东道国 1990 年的企业数量（FM_j）作为排他性变量。一国的企业数量构成了潜在可并购目标集合，企业数量越多，发生并购的可能性越强，因此跨国并购的金额为零的可能性越小。通过加入该变量，可以保证赫克曼回归第二步的控制变量集合（除去修正变量 imr）是第一步 Probit 回归的严格子集。重新构建关于影响跨国并购因素的估计方程为

$$\ln(Amount_{ijst}) = \beta_0 + \beta_1 (ARCA)_{ist} + \beta_2 (ARCA)_{jst} + \beta_3 P_{it}$$
$$+ \beta_4 P_{jt} + \Gamma X + \kappa imr + u_{ijst} \tag{5.3}$$

此外，根据贸易领域的二元边际分析思想，可以将被解释变量分解成衡量跨国并购投资的"扩展边际"（extensive margin）和"集约边际"（intensive margin）两个方面。扩展边际以来源国在东道国行业内的并购频数表示，而集约边际以平均并购规模表示。从企业层面看，前者反映了跨国并购企业在数量上的扩张，而后者则度量了既有企业数量下，并购投资规模的变化。具体的分解为

$$\ln(Amount_{ijst}) = \ln\left(\frac{Amount_{ijst}}{Count_{ijst}} \times Count_{ijst}\right)$$
$$= \ln(Intensive) + \ln(Extensive) ; Amount_{ijst} > 0 , Count_{ijst} > 0 \tag{5.4}$$

其中，$Count_{ijst}$ 表示在第 t 年 i 来源国的 s 行业在 j 东道国展开的并购宗数，它是我们所定义的跨国并购的扩展边际；而 $Amount_{ijst}/Count_{ijst}$ 是对应的平均并购规模，即我们所称的并购投资的集约边际。

5.4 实证结果

5.4.1 基准回归结果

在基准回归中，本章尝试将所有控制变量都包括在模型之中，并以之作为我们所偏好的回归模型。表5-6汇总了基准回归结果。作为对照，表中第（1）~第（3）列采用常规的 OLS 方法进行分析，依次以并购总金额、集约边际和扩展边际作为被解释变量①。考虑到 OLS 方法可能会忽略样本选择对估计结果造成的误差，随之采用赫克曼两步法解决零值问题。表中第（4）列是以跨国并购金额是否为零作为被解释变量构建的 Probit 模型。通过拟合 Probit 模型概率，生成逆米尔斯比例（Inverse Mills Ration，IMR），并以之作为修正变量进行回归分析。第（5）~第（7）列是考虑了样本自选择的回归结果。

表5-6第（1）~第（3）列显示，三组方程中反映"竞争优势假说"的两个变量均在1%的显著性水平显著为正，表明来源国和东道国的竞争优势对跨国并购均具有明显的促进作用，而且同时通过集约边际和扩展边际发挥作用。例如，保持其他条件不变化，来源国竞争优势增加1单位，将促使跨国并购金额上升20.8%。其中，平均并购金额上升7.1%，并购数量提高16.6%，表明并购能力的提升会通过增强企业向外投资的平均规模和并购数量实现。同理，东道国生产率提升1单位，将会使本国吸收的跨国并购投资上升12.8%。其中平均并购规模上升6.4%，并购数量增加6.9%。这些结果与"竞争优势假说"的理论内涵保持一致。

转而分析两个资产价格指标的表现，可以发现，来源国资产价格上升对跨国并购具有显著的促进作用。三组方程均在1%的统计显著性水平上显著。保持其他条件不变，来源国资产价格提高1%，将使得跨国并购金额显著上升0.228%。其中平均并购金额上升0.185%，并购数量变化0.055%。尽管有零星文献考虑过本国资产价格变化与跨国投资的联系，但很少将其作为核心解释变量进行考虑。而事实上，资产价格变化通过直接影响企业的支付能力，或间接降低融资成本等方式，理应是影响企业投资决策的重要因素。进一步分析东道国资产价格的作用，我们发现，三组方程的系数符号均为负，而且前两组方程均在1%的显著性水平上显著，表明东道国资产价格上升的确会抑制跨国并购投资的流入。东道

---

① 整体估计、集约边际估计以及扩展边际估计依次表示以 ln（amount）、ln（amount/count）以及 ln（count）作为被解释变量。

国资产价格上升1%，将会使得流入的跨国并购金额下降0.04%，且这种负面效应主要通过集约边际起作用。

表5-6　　　　　　　　　　　　　基准回归结果

控制变量	(1) lnamount	(2) lnavam	(3) lncount	(4) amzero	(5) lnamount	(6) lnavam	(7) lncount
$ARCA_i$	0.208 ***	0.071 ***	0.166 ***	0.113 ***	0.306 ***	0.059 *	0.267 ***
	(8.51)	(3.37)	(22.00)	(7.72)	(8.10)	(1.72)	(18.02)
$ARCA_j$	0.128 ***	0.064 ***	0.069 ***	0.055 ***	0.215 ***	0.094 ***	0.122 ***
	(5.35)	(3.14)	(10.12)	(3.90)	(6.76)	(3.32)	(10.23)
P_i	0.228 ***	0.185 ***	0.055 ***	0.011	0.486 ***	0.382 ***	0.105 ***
	(8.54)	(7.85)	(7.82)	(0.67)	(13.67)	(11.54)	(8.51)
P_j	−0.075 ***	−0.071 ***	−0.003	−0.011	−0.125 ***	−0.120 ***	0.001
	(−3.99)	(−4.24)	(−0.58)	(−0.98)	(−4.91)	(−5.09)	(0.14)
GDP_{ij}	0.314 ***	0.210 ***	0.111 ***	0.182 ***	0.490 ***	0.297 ***	0.193 ***
	(20.85)	(15.89)	(28.52)	(19.86)	(11.91)	(8.03)	(13.08)
$PGDP_{ij}$	0.020	0.073 **	−0.051 ***	−0.107 ***	0.151 ***	0.228 ***	−0.087 ***
	(0.57)	(2.36)	(−5.22)	(−5.00)	(3.08)	(5.09)	(−4.94)
$MCAP_i$	0.447 ***	0.270 ***	0.164 ***	0.274 ***	0.593 ***	0.302 ***	0.290 ***
	(12.44)	(8.53)	(17.27)	(12.55)	(7.69)	(4.30)	(10.60)
$MCAP_j$	0.392 ***	0.288 ***	0.097 ***	0.097 ***	0.648 ***	0.467 ***	0.177 ***
	(9.90)	(8.30)	(9.13)	(3.93)	(9.61)	(7.56)	(7.52)
$PRIVO_i$	0.212 ***	0.111 **	0.111 ***	0.104 ***	0.321 ***	0.155 **	0.161 ***
	(4.28)	(2.53)	(8.66)	(3.56)	(4.79)	(2.52)	(6.99)
$PRIVO_j$	0.047	0.043	−0.013	0.014	−0.025	0.020	−0.060 ***
	(1.00)	(1.07)	(−1.07)	(0.50)	(−0.44)	(0.39)	(−3.01)
TAX_i	−0.032 ***	−0.028 ***	−0.001	−0.032 ***	−0.040 ***	−0.034 ***	−0.004
	(−11.04)	(−11.00)	(−1.35)	(−17.90)	(−5.48)	(−5.17)	(−1.64)
TAX_j	−0.011 ***	−0.012 ***	0.002 ***	−0.014 ***	−0.012 **	−0.012 ***	0.001
	(−3.88)	(−4.57)	(3.12)	(−7.97)	(−2.52)	(−2.85)	(0.60)
HC_i	−0.097 *	−0.198 ***	0.136 ***	−0.067 **	−0.251 ***	−0.400 ***	0.172 ***
	(−1.81)	(−4.24)	(8.82)	(−2.03)	(−3.68)	(−6.47)	(6.94)
HC_j	0.075	−0.041	0.126 ***	−0.003	−0.011	−0.175 ***	0.175 ***
	(1.45)	(−0.92)	(9.08)	(−0.10)	(−0.17)	(−2.87)	(7.56)
CL_i	−0.045 **	−0.013	−0.033 ***	−0.037 ***	−0.075 ***	−0.019	−0.058 ***
	(−2.07)	(−0.66)	(−6.06)	(−2.92)	(−2.71)	(−0.77)	(−6.36)
CL_j	−0.092 ***	−0.065 ***	−0.021 ***	−0.003	−0.126 ***	−0.079 ***	−0.047 ***
	(−5.68)	(−4.60)	(−4.75)	(−0.32)	(−5.65)	(−3.91)	(−5.73)
$YEAR$	−0.030 ***	−0.022 ***	−0.010 ***	−0.015 ***	−0.042 ***	−0.028 ***	−0.013 ***
	(−9.47)	(−7.76)	(−11.09)	(−7.93)	(−7.95)	(−6.10)	(−6.53)
$LNDIST$	0.011	0.083 ***	−0.109 ***	0.041 ***	−0.007	0.123 ***	−0.148 ***
	(0.82)	(7.61)	(−28.51)	(5.74)	(−0.37)	(7.78)	(−21.01)
$COMLANG$	0.171 ***	0.021	0.173 ***	0.129 ***	0.130 **	−0.070	0.218 ***
	(4.58)	(0.66)	(14.75)	(6.19)	(2.40)	(−1.45)	(10.65)

续表

控制变量	(1) lnamount	(2) lnavam	(3) lncount	(4) amzero	(5) lnamount	(6) lnavam	(7) lncount
COLONY	0.244 ***	0.118 ***	0.135 ***	0.073 ***	0.308 ***	0.116 **	0.195 ***
	(5.24)	(3.04)	(9.31)	(2.87)	(5.96)	(2.55)	(9.31)
SMCTRY	0.209 **	0.239 ***	− 0.045 *	0.042	0.459 ***	0.419 ***	0.006
	(2.35)	(3.10)	(− 1.88)	(0.71)	(3.04)	(2.99)	(0.12)
BIT	0.034	− 0.027	0.041 ***	− 0.040	− 0.017	− 0.065	0.045 **
	(0.79)	(− 0.68)	(3.80)	(− 1.50)	(− 0.30)	(− 1.25)	(2.41)
LNEX	− 0.008	− 0.001	− 0.007 ***	− 0.008 **	− 0.011	− 0.000	− 0.009 ***
	(− 1.20)	(− 0.25)	(− 4.39)	(− 2.09)	(− 1.39)	(− 0.05)	(− 3.56)
FM				0.104 ***			
				(9.07)			
imr					3.037 ***	2.511 ***	0.461 ***
					(8.58)	(7.86)	(3.67)
cons	53.223 ***	37.519 ***	17.572 ***	26.986 ***	66.771 ***	45.351 ***	20.605 ***
	(8.51)	(6.95)	(10.03)	(7.50)	(6.79)	(5.17)	(5.69)
BIC	138 884	129 520	60 583	40 718	66 122	62 569	35 057
伪 R^2				0.056			
R^2	0.088	0.054	0.192		0.097	0.046	0.260
N	30 934	30 934	30 934	30 934	15 754	15 754	15 754

注：括号中为 t 统计量，*、** 和 *** 分别表示10%、5%和1%水平下显著。

　　观察其他控制变量的表现，可知市场规模变量 GDP_{ij} 显著为正，而代表金融发展水平的四个变量基本为正，东道国和来源国的税率水平大都为负，这些变量的表现大致符合理论预期。不过，以受教育水平代表的人力资本水平变量 HC_i 和 HC_j 和以人均 GDP 变量表示的工资水平变量都不稳定。此外，糟糕的制度环境不仅会抑制跨国并购资本的进入，而且同时也不利于资本"走出去"。从距离变量的表现来看，在集约边际中投资的替代效应占主导，但在扩展边际中投资的控制成本效应占主导，导致两组方程的符号截然相反。语言与殖民地联系以及签订双边投资协定对跨国并购同样具有促进作用。支持资产价格假说另一个间接的证据是，汇率变量的符号也部分显著为负。

5.4.2　修正了样本偏差的结果

　　表 5 − 6 第（4）列对是否进行跨国并购投资进行建模，发现来源国和东道国的竞争优势对跨国并购决策仍然具有显著的正向影响，而双边资产价格的作用则不显著。排他性变量 FM 的符号与预期保持一致，且十分显著。利用 Probit 模型获得 imr 变量，并依次加入到原 OLS 回归中，利用并购投资金额大于零的观测样本回归分析得到的结果见表 5 − 6 第（5）~ 第（7）列。首先，三组方程的 imr 变量在 1% 的显著性水平上显著为正，表明存在明显样本选择误差。其次，观察核

心解释变量系数值的变化，可以发现，在修正了样本选择误差后，各变量系数绝对值大都增加 50% ~ 100%。这两方面的证据意味着，样本选择误差对系数估计准确性可能具有重要影响。采用 Heckman 两步法修正后，将会明显提高竞争优势和资产价格的解释力度。最后，从显著性来看，除了来源国竞争优势变量有所变化之外，其余核心变量保持不变。

综上所述，来源国和东道国的生产率提升对跨国并购均有显著的促进作用，并且同时影响跨国并购的集约边际和扩展边际；来源国资产价格上涨能够显著提升本国的跨国并购平均规模和并购数量；而东道国资产价格上涨则会显著抑制其他国家对本国的并购投资，且主要通过降低平均规模实现。

5.4.3 稳健性分析

1. 分部门检验

各国可贸易部门与不可贸易部门的跨国并购在并购动机以及投资便利化程度等方面都可能存在比较系统性的差别。在 5.1 节的行业特征分析中，跨国并购主要集中在服务行业和技术密集型行业。可贸易部门的跨国并购既可能是快速获取新市场，扩大技术应用范围，从而获取规模经济优势；也可能是减少东道国的市场竞争程度的，获取更高的垄断租金。对于发展中国家，跨国并购方式同样是收购发达国家的先进技术的重要途径。由于大部分的服务行业属于公共事业，其所提供的服务具有公共品的性质，因此此类行业的跨国并购活动常常是受到管制的，尤其是在发展中国家。有鉴于此，我们有必要区分两种不同的部门进行检验，以考察竞争优势与资产价格变量是否在不同的部门具有不同的表现，见表5 - 7。

表 5 - 7　　　　　　　　　　稳健性分析一：分部门检验

控制变量	制造业				服务业			
	amzero (1)	lnamount (2)	lnavam (3)	lncount (4)	amzero (5)	lnamount (6)	lnavam (7)	lncount (8)
$ARCA_i$	0.119 *** (5.44)	0.359 *** (6.39)	0.178 *** (3.46)	0.193 *** (9.98)	0.047 (1.29)	0.453 *** (5.42)	0.201 *** (2.82)	0.251 *** (6.98)
$ARCA_j$	0.038 * (1.80)	0.177 *** (4.04)	0.044 (1.09)	0.136 *** (8.77)	- 0.156 *** (- 4.75)	- 0.375 *** (- 3.42)	- 0.336 *** (- 3.43)	- 0.048 (- 1.22)
P_i	- 0.030 (- 1.19)	0.285 *** (5.31)	0.156 *** (3.06)	0.140 *** (8.03)	0.067 ** (2.33)	0.828 *** (11.83)	0.759 *** (12.00)	0.065 *** (2.61)
P_j	- 0.036 * (- 1.95)	- 0.181 *** (- 4.65)	- 0.150 *** (- 4.08)	- 0.026 ** (- 2.02)	- 0.001 (- 0.04)	- 0.125 *** (- 2.96)	- 0.132 *** (- 3.43)	0.013 (0.94)
FM	0.115 *** (6.48)				0.080 *** (4.05)			

续表

控制变量	制造业				服务业			
	amzero (1)	lnamount (2)	lnavam (3)	lncount (4)	amzero (5)	lnamount (6)	lnavam (7)	lncount (8)
imr		2.636 ***	1.931 ***	0.651 ***		4.079 ***	4.030 ***	0.049
		(6.08)	(4.89)	(4.21)		(4.82)	(5.31)	(0.16)
CV	Yes	Yes	Yes	Yes	Yes	Yes	Yes	Yes
BIC	18 471	28 070	26 845	13 618	13 110	23 023	21 579	12 871
伪 R^2	0.074				0.037			
R^2		0.129	0.050	0.337		0.114	0.076	0.201
N	14 216	6 881	6 881	6 881	9 717	5 332	5 332	5 332

注：括号中为 t 统计量，* $p < 0.1$，** $p < 0.05$，*** $p < 0.01$。控制变量 CV 与表 5 - 6 保持一致，为了节省空间略去不表。表 5 - 8 同。

表 5 - 7 是分制造业和服务业两个子样本检验的结果。来源国的竞争优势指数 $ARCA_i$ 均为正，而且其中七组方程在 1% 的显著性水平显著，表明不同部门的跨国并购均受到来源国竞争优势的正面影响。不过，东道国竞争优势对跨国并购的影响在两个部门的表现截然不同。东道国的行业竞争优势对制造业企业具有正向吸引力，但是对服务业却构成阻碍作用。除了行业自身的差异之外，其中最主要的原因可能在于各国对服务行业跨国并购的审慎态度以及严格的审批政策。制造业产品大都具有较强的排他性和竞争性，能够满足市场交易的一般规则，而服务业产品则因其公共产品属性，容易形成垄断地位。在一些服务行业并未向外资开放的国家，具有竞争优势的服务行业不仅具备政策优势，而且其本身利用垄断地位获取高额利润能够进一步加强其抵御收购的优势。这些因素都会使得服务行业的跨国并购与竞争优势成反比。来源国的资产价格指数 P_i 基本上显著为正，这与基准回归的结论是保持一致的；衡量东道国资产价格的变量 P_j 大部分显著为负，这一点也与已有分析相符。由此可见，除了 $ARCA_j$ 在服务业的表现之外，我们所得到的其他结论都是稳健的，不受行业特征的影响。

2. 分经济发展水平检验

跨国企业的对外直接投资不仅与来源国经济发展阶段具有系统相关性，而且跨国资本的国际布局也与经济发展水平密切相关（Dunning，1981）。5.1 节对全球跨国并购资本地区分布特征的分析，发现发达国家之间的跨国并购仍然是跨国资本流动最重要的组成部分。那么，发达国家向其他国家的跨国并购以及其他国家向发达国家的跨国并购是否与之存在明显的差异呢？为了检验经济发展水平与跨国并购决定因素之间的差异，将根据来源国与东道国是否属于 OECD，经济合作与发展组织，（Organization for Economic Co - operation and Development，OECD）国家，将样本分成了两类：第一类是并购方与被并购方均是 OECD 国家；第二类为并购方与被并购方均为非 OECD 国家。[1] 回归结果见表 5 - 8。观察表中的结果，并对比基准分析的结论，有以下几点发现：首先，竞争优势代理变量在两组不同的样本中都对跨国并购决策均具有显著的正向影响。换言之，不仅来源国的竞争实力上升会提高企业"走出去"的概率，而且跨国企业也热衷于首先进入具有竞争优势的国家（地区）。至于资产价格方面，只有非 OECD 国家之间的跨国并购决策受到来源国资产价格的正面影响，而且在 1% 的显著性水平显著；其次，从总金额来看，跨国并购受到双边竞争优势与来源国资产价格的显著正向影响，而对东道国资产价格则并不显著；再次，竞争优势与资产价格对集约边际与扩展边际的影响，在统计显著性和符号方向上都带有部分迷惑性。具体而言，跨国并购双边均为 OECD 国家时，资产价格变量对集约边际具有符合预期的显著影响，但竞争优势变量不具有显著性；不过，竞争优势与来源国资产价格对企业跨国并购的扩展边际均具有显著为正的影响。令人诧异的是，东道国资产价格变量的符号也显著为正，这一点与另一组样本形成了鲜明的对比。一个可能的解释是，发达国家的金融市场较为完善，资产价格的变化能够比较准确地反映投资者对企业未来业绩的预期，所以资产价格上涨为投资者提供了经济长期趋暖的信号，因此会刺激跨国公司的并购频次。而在其他欠发达国家，由于金融市场缺陷，资产价格常常过度反应，这会为其他企业提供跨国套利的机会。套利型的跨国并购遵从"低买高卖"的策略，因此与东道国的资产价格变量呈负相关。最后，总体而言，竞争优势与来源国资产价格对跨国并购的影响较为稳健，而东道国资产价格的作用则受到经济发展水平等限制。

表 5 - 8   稳健性分析二：依据经济发展水平分组检验

控制变量	OECD 国家流向 OECD 国家				非 OECD 国家流向非 OECD 国家			
	amzero (1)	lnamount (2)	lnavam (3)	lncount (4)	amzero (5)	lnamount (6)	lnavam (7)	lncount (8)
$ARCA_i$	0.110 *** (6.50)	0.297 *** (6.82)	0.002 (0.04)	0.319 *** (18.02)	0.132 ** (2.43)	0.323 *** (2.64)	0.399 *** (3.61)	-0.099 *** (-3.11)
$ARCA_j$	0.037 ** (2.18)	0.195 *** (5.19)	0.041 (1.25)	0.161 *** (11.15)	0.206 *** (2.88)	0.343 ** (2.20)	0.145 (1.03)	0.213 *** (4.71)
P_i	0.032 (1.45)	0.594 *** (12.20)	0.468 *** (10.38)	0.126 *** (7.49)	0.205 *** (2.82)	0.528 *** (3.08)	0.437 *** (2.71)	0.082 * (1.88)
P_j	0.004 (0.25)	-0.063 (-1.53)	-0.118 *** (-3.16)	0.061 *** (4.42)	-0.071 (-0.81)	-0.180 (-1.02)	-0.158 (-0.93)	-0.016 (-0.40)
FM	0.100 *** (7.56)				0.248 *** (3.75)			

[1] 我们也同时考察了 OECD 国家向非 OECD 国家，以及非 OECD 国家向 OECD 国家之间的跨国并购情况。各核心解释变量的系数符号和显著性水平在考察不同边际时有所变化，但以总金额作为被解释变量得到的与本章的基准结果基本一致。

续表

控制变量	OECD 国家流向 OECD 国家				非 OECD 国家流向非 OECD 国家			
	amzero (1)	lnamount (2)	lnavam (3)	lncount (4)	amzero (5)	lnamount (6)	lnavam (7)	lncount (8)
imr		3. 127 ***	2. 351 ***	0. 720 ***		0. 962	0. 669	0. 260
		(7. 78)	(6. 58)	(4. 85)		(1. 17)	(0. 87)	(1. 27)
BIC	33 014	54 276	51 249	29 188	1 967	2 902	2 813	1 203
伪 R^2	0.067				0.061			
R^2		0.086	0.037	0.272		0.148	0.152	0.253
N	25 341	12 825	12 825	12 825	13 73	703	703	703

5.5 结论

跨国公司对外直接投资是经济全球化的缩影。随着国际分工日益深化，产业价值链依附跨国公司在地理上出现深度解构与重铸。无论是对于工业国家的跨国企业，继续扩大经营范围，还是新兴市场和发展中国家的跨国企业实现技术赶超目标，跨国并购都在其中扮演了十分重要的角色。通过提炼全球过去三十年的跨国并购投资的特征事实，我们发现，尽管容易受到全球性不确定事件的干扰，但是全球的跨国并购规模仍然处于稳步上升通道。对行业分布的仔细考察，我们发现行业内的横向整合依然是跨国并购的主旋律，但是行业间的多元化并购正处于上升势头，这也意味着跨国公司的多元化经营战略越来越受到重视；此外，研发和技术密集行业以及金融业等几个主要的服务业是跨国并购的重点行业，这一发现不受时间变化的影响。在地域分布方面，无论是从金额还是并购频次上看，跨国并购主要发生在少数几个发达国家之间。不过，发展中国家作为被收购方和收购方都呈现快速发展势头，尤其是中国等新兴市场经济体更是如此。

在此基础上，本章继而仔细探讨了全球跨国并购的决定因素，并着重探讨了并购双方的竞争优势以及资产价格在其中发挥的关键作用。利用汤森路透数据库收集了 37 个主要国家的行业层面数据，并小心处理样本中的零值问题，检验了跨国并购投资的扩展边际和集约边际。总体而言，双边竞争优势对跨国并购具有显著正向影响。与此同时，资产价格在其中扮演了重要角色：来源国资产价格上升会显著提升跨国规模，东道国资产价格上升则会显著抑制跨国并购动机。这些证据表明，跨国并购既是企业竞争力等实质性因素驱动的结果，同时也受到资产价格的深刻影响，而非单一某一种因素所主导的结果。值得注意的是，由于各国所处的发展阶段不同，企业实施跨国并购的目标和方式也存在较大差别，因而，上述结论是否具有一般性还需要结合各国的实际情况进行全面分析。

第 5 章附表：

附表 5 - 1　　　　　　　　　　行业分类

二分位行业	行业描述
AtB	Agriculture, Hunting, Forestry and Fishing
C	Mining and Quarrying
15t16	Food, Beverages and Tobacco
17t18	Textiles and Textile Products
19	Leather, Leather and Footwear
20	Wood and Products of Wood and Cork
21t22	Pulp, Paper, Paper, Printing and Publishing
23	Coke, Refined Petroleum and Nuclear Fuel
24	Chemicals and Chemical Products
25	Rubber and Plastics
26	Other Non - Metallic Mineral
27t28	Basic Metals and Fabricated Metal
29	Machinery, Nec
30t33	Electrical and Optical Equipment
34t35	Transport Equipment
36t37	Manufacturing, Nec; Recycling
E	Electricity, Gas and Water Supply
F	Construction
50	Sale, Maintenance and Repair of Motor Vehicles and Motorcycles; Retail Sale of Fuel
51	Wholesale Trade and Commission Trade, Except of Motor Vehicles and Motorcycles
52	Retail Trade, Except of Motor Vehicles and Motorcycles; Repair of Household Goods
H	Hotels and Restaurants
60	Inland Transport
61	Water Transport
62	Air Transport
63	Other Supporting and Auxiliary Transport Activities; Activities of Travel Agencies
64	Post and Telecommunications
J	Financial Intermediation
70	Real Estate Activities
71t74	Renting of M&Eq and Other Business Activities
L	Public Admin and Defence; Compulsory Social Security
M	Education
N	Health and Social Work
O	Other Community, Social and Personal Services
P	Private Households with Employed Persons

第6章

国际产业周期、资产价格与跨国并购

在第 4 章强调并购交易中企业资产互补性的重要性。资产互补性是并购的基础，如果双方的资产各自独立，不产生协同作用，并购交易是不经济的，也就不存在并购（Norke and Yeaple, 2007）。不过，并购同时还是一种资本市场交易，受资产估价高低的影响，而国际资本市场在不同程度上存在分割。尤其，由于各国产业发展周期前后存在时滞，而产业周期影响相关企业在资本市场上的收益预期，进而影响企业的估值。这意味着，同样的企业资产，可能在不同经济体内资本市场上的估值水平存在差异，国际资产套利性质的并购成为可能。

本章首先对优势驱动和价格驱动的跨国并购理论进行了简要回顾，并结合产业周期、产业动态理论的卡尔多事实，提出国际资产套利型跨国并购假说：由于各国发展水平不同，发达国家各产业率先进入初创、成长、成熟和衰退的生命周期；由于存在产业发展周期时滞，某些在发达国家已进入成熟和衰退阶段的产业在发展中国家则仍处于初创或快速成长阶段。此时，这些行业内的发展中国家企业选择兼并收购发达国家内同行业的企业资产，可望在本国资本市场上获得资本溢价。之后，我们使用中国的海外并购数据，分别从大类行业层面和细分行业层面检验了这一理论假说。

6.1 文献及理论分析

本节梳理已有跨国并购以及产业周期相关理论模型，试图从产业生命周期以及国际资本市场分割的视角提出一个以资产价值增值为基础的跨国并购假说。这类跨国并购发起者主要来自发展中国家，而并购对象主要是发达国家中处于成熟或衰退行业中的股权资产，目的是将目标资产纳入并购企业控制后，获取国内较高的资产估价利益。在这里，并购发起企业与目标企业之间可能存在资产互补性，但并不是必要的。

6.1.1 价格驱动引发的跨国并购

正如第 4 章的分析所述，传统 FDI 理论强调投资企业及母国产业的竞争优势作为前提条件，认为企业在海外投资过程中会因为跨国环境的差异而担负一系列的额外成本（如信息成本、沟通成本、组织成本、制度差异等），使得跨国公司在与当地企业的竞争中处于劣势地位。因此，从海默（Hymer，1970）开始，学者普遍认为只有当企业具备足够的竞争优势时才能够抵消企业在跨国竞争过程中的劣势，并存活下来。根据邓宁（Dunning，1981）和凯夫斯（Caves，1996）的理论，跨国公司特定的"竞争优势"一般指包括技术优势或组织优势等垄断优势。通过跨国并购的形式，在利用市场机制交易资产时，在一定程度上可将市场失灵引起的交易成本内部化，从而达到规模经济。即便是针对发展中国家的对外直接投资理论，投资企业事前的技术吸收能力和技术积累也是非常关键的，如劳尔（Lall，1983，1987）强调的本地化及技术二次开发优势，托伦蒂诺（Tolentino，1993）提出的技术变迁及产业升级理论，以及约翰逊和瓦尔尼（Johanson and Vahlne，1977）的渐进式国际化理论等，都强调投资前的技术积累和特定竞争优势。在诺克和耶普尔（Nocke and Yeaple，2007）中，资产的互补性是并购的必要条件，而资产互补性首先需要并购者自身具备特定的优势资产。

然而，"竞争优势驱动"假说强调国际生产效率，却忽略了跨国并购本身是一项资本市场交易，而国际资本市场的有效性远不如国内资本市场那样高，还存在显著的市场分割。在竞争优势假说条件下，人们普遍假定国际资本市场是完善的，资产价格代表了市场的公允价值，也传递了其内在价值，而且相同的资产在不同市场的价格差异会小于套利成本，而这显然是不现实的。国际和国内市场中仍然存在对资本流动的普遍限制、市场的非理性预期、投资者风险偏好的波动以及企业面对外部冲击时的短视等一系列因素，全球的资本市场并非总是有效的。因此近年来有部分学者从并购价值的角度出发，提出了"价格驱动"假说，认为资本市场的不完善，以及某些外部冲击都可能扭曲企业的市场价值，从而为企业利用并购的方式进行套利提供了可能性。因此，难怪第 5 章的经验实证研究发现，全球范围内的跨国并购除了并购方的产业竞争力基础，还有资产价格的显著作用。

克鲁格曼（Krugman，2000）发现在东南亚金融危机期间，有大量外资逃离东亚各国，与此同时新闻媒体上又出现了众多的美国企业廉价收购东亚国家企业的报道。在国内市场的并购问题方面，施勒弗尔和维施尼（Shleifer and Vishny，2003）首次从理论上提出了在牛市中股票高估的企业大量并购其他资产低估企业的现象。他们假设在不完善的金融市场中，企业的市场价值通常会偏离其内在价值而波动，从而会出现高估或者低估现象。作为理性人的收购方的企业经理人会充分利用股价暂时被高估的机会去收购其他股价被低估的目标企业，而目标企业的经理人也愿意接受被暂时高估的股票，从而实现双方市值的最大化，实现共赢。同时，也存在证据表明，金融危机期间东南亚国家证券债务急剧减少而 FDI 却平稳增加，并且增加的 FDI 多半是跨国并购资金（Aguiar and Gopinath，2005）以及信息不完备导致收购方股票价格和并购后协同效应的高估（Rhodes–Kropf and Viswanathan，2004）。在企业跨国并购方面，贝克尔等（Baker et al.，2009）率先利用企业的价值低估或高估来解释跨国并购现象，认为在股价被高估时，企业经理人由于具备内部信息深知股价偏高只是暂时的，因此他们有动力以发行新股收购相对低估的国外企业[①]。

　　利用跨国并购数据直接检验"价格驱动"假说的实证研究并不多见[②]。阿吉亚尔和戈皮纳特（Aguiar and Gopinath，2005）以东亚五国为对象，研究了1996—1998 年东南亚危机期间的外资并购情况，发现外资企业倾向于并购危机期间流动性约束较大的企业。企业流动性不仅能够解释外资并购数量上的增加，而且也能够解释收购资产价格的下降。贝克尔等（Baker et al.，2009）则研究了1974—2001 年美国与另外 19 个伙伴国之间的 FDI 双向流动，结果显示 FDI 流出与母国的股票市值显著正相关，但与东道国的股票市值没有明显的联系，该结论在不同的检验中都是稳健的。塞尔达尔和埃雷尔（Serdar and Erel，2013）利用更加丰富的企业数据同样证实，位于股票市值较高、货币升值的国家中的企业更可能成为海外并购中的收购方。这些研究大部分支持了价格驱动对跨国并购的促进作用。因此，综合以上论述，资产的高估与低估是跨国并购的重要驱动因素，从中国的跨国并购来看，跨国并购受到短期因素的驱动较为明显，呈现出一定程度的"投机"套利特征。从 2008 年金融危机期间以来，中国掀起的一股跨国并购热潮正是现实的映照。可以预期，企业利用国际资本市场不完善的机会投资套利符合其自身的经济利益，未来价格驱动产生的跨国并购还会呈现增长态势。

6.1.2　产业结构与产业动态

　　纵观世界各国的经济发展历程，我们可以看到两方面最为突出的典型事实：

---

　　① 已有许多文献发现在股价较高时期，新股发行和增发尤为集中（Spiess and Affleck，1995；Helwege And Liang，2004；王亚平等，2006）。

　　② 已有不少文献关注股票市值与企业国内并购（投资）之间的关系，并且证实在市值较高的市场，企业并购活动更加频繁，而且往往会采用股票收购的方式进行（Barro，1995；Andrade et al.，2001；Verter，2002；）。当然，也有文献认为将企业国内并购与股票市值之间联系起来具有误导性，真正驱动并购的是一些根本性的冲击（比如 Harford，2005）。

一是宏观经济的长期平衡增长，即"卡尔多事实"中所论述的，对于一个长期经济而言，经济增长率、资本产出比率、实际利率和劳动收入占国民经济比重在长期内较为稳定。二是产业动态的不断变化，即资本、劳动等生产要素在不同行业间的配置会随着经济发展而不断变化（库兹涅茨事实）。例如，切纳里和泰勒（Chenery and Taylor, 1968）利用全世界各国的大类产业的跨国数据发现，制造业主要产品逐渐从劳动密集型转向资本密集型的行业。原口和拉索尼亚（Haraguchi and Rezonja, 2010）使用 UNIDO 的制造业数据对 1963—2006 年的 135 个国家进行了研究，其中包含 18 个 ISIC 的 2 分位制造业。他们发现各国的行业增加值对数与人均 GDP 及其二次方项关系很显著，且二次方的系数为负数，证明了产业动态的"钟"形结构，即产业的变化会遵循"兴起—鼎盛—衰落"的变迁时序。具体而言，这两篇文献都将产业分成三种类型："早期部门""中期部门""晚期部门"，他们发现"早期部门"要比"中期部门"更早到达峰值，而"晚期部门"则到达峰值最慢，而早中晚期部门的划分则与行业的资本密集度密切相关。换言之，资本密集型的行业较之于劳动密集型行业会在更高的人均 GDP 水平和更晚的时间到达其峰值。

从目前的研究成果来看，学者主要从需求侧和供给侧解释经济增长与产业动态变化的问题。在需求侧的解释方面，包括用动态模型检验了行业之间的增长关系（Echevarria, 1997），消费者的非单调需求条件下经济增长过程中家庭消费结构变化对行业间要素分配的作用（Murphy Shleifer and Vishny, 1989; Laitner, 2000）在供给驱动解释方面，其理论核心是各行业生产技术方面的差异。阿西莫格鲁和圭列里（Acemoglu and Guerrieri, 2008）设定了一个非平衡增长的模型，当不同行业的要素密集度之间存在差异（如资本劳动比率或资本产出弹性不同）时，产业结构将随资本深化而不断变化，进而形成产业周期。弗朗西斯科等（Francisco et al., 2016）进一步指出，不仅要素产出差异会影响产业结构，各行业不同生产要素之间的替代弹性差异也会影响要素的行业分配。例如，资本深化不仅使得资本密集程度高的行业生产成本（相对）降低，而且也会导致那些替代弹性大的行业使用资本来替代劳动。

虽然这些模型很好地揭示了产业结构变化的原因，从而刻画了库兹涅茨事实，但是却不能很好地包容卡尔多事实，特别是总量经济的平衡增长。

面对这一挑战，学术界一度认为具有产业结果变化的多部门增长模型中很难实现严格意义上的平衡增长，从而建议只要模型预测在数量上大体接近平衡增长即可，进而回避了对这一理论问题的进一步深入探讨（Herrendorf, Rogerson and Valentinyi, 2014）。逐渐由研究者开始尝试采用统一的框架同时研究这两个问题，其核心思想是假设生产要素在行业间自由流动，并关注为什么总量平衡增长和产业结构变化同时出现。鞠建东等（Ju, Lin and Wang, 2015）根据产业动态变化的典型事实，构建了一个以禀赋结构驱动的增长模型，在其每个产业均满足库兹涅茨事实的同时，加总的层面上也满足卡尔多事实。每个行业的发展均呈现"钟"形结构，即新行业在出现后，随着资本积累的不断发展，经历增长、繁荣、衰退，最终逐渐被另外一个资本密集度更高的行业所取代，因此禀赋结构的改善是行业不断发展演化的最终内生动力。如图 6 - 1 所示，在时刻 0 只有产业 C_0 和 C_1 存在；随着时间的演进，一国的产业会在 t_3 时刻变化为 C_2 和 C_3 的组合。同时，鞠建东等（Ju，Lin and Wang，2015）进一步利用美国的 NBER - CES 数据验证了其理论模型和猜想。

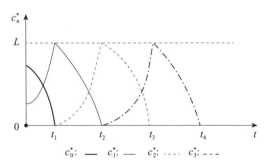

图 6 - 1　不同资本密集度产业（$C_0 \sim C_3$）随时间演化进程

资料来源：Ju，Lin and Wang 等（2015）。

6.1.3　跨国产业周期差异与估值差异

由于各国发展的起点与时间等历史原因，不同国家增长的起点不同，不同国家的产业结构以及产业动态的变化存在异质性，其产业发展的路径往往不尽相同。以我国为例，自改革开放以来，我国的竞争优势行业仍然集中在传统的劳动密集行业和初级产品部门，而资本密集型和技术密集型制造业竞争力近年来虽然迅速增强，但高技术制造业和服务业的国际竞争力仍然较弱。对比以成熟制造业为主的德国和以成熟服务业为代表的美国，各国的产业周期的发展存在很大差异。通常认为，美国等发达国家具有先发优势，而中国等发展中国家处于模仿与跟随的地位，具有后发劣势（或后发优势，见林毅夫，2003）。按照鞠建东等（Ju，Lin and Wang，2015）的理论，美国等发达国家的产业周期会整体上领先我国，即表现为美国高资本密集度的行业会更早的出现、繁荣，与此同时各行业的发展又表现出异质性，不同行业的发展通常有较大差异。

产业周期差异往往同时伴随着行业的估值差异。同样一个行业，中国可能正处于份额（指行业产出、行业就业在总产出、总劳动力中的比重）上升阶段，而美国则可能已经处于峰顶或已经处于下降的阶段。特定产业由于其产业周期的差异和在国内分工中的地位不同，投资者对其行业的认可程度和估值会产生区别。按通常股利折现（Dividend Discount Model，DDM）或现金流折现模型（Discounted Cashflow Model，DCF）来看，对一家公司或一个行业的估值通常会用未来该公司能够创造的现金流折现形成。对朝阳行业，市场投资者可能预期其未来市场份额会逐渐升高，未来市场增长潜力较大，因此投资者会给予较高的估值；对于夕阳行业，市场预期未来其份额会逐年下降并逐渐消亡，因此会给予较低的估值水平。为形象说明，我们借用鞠建东等（Ju，Lin and Wang，2015）给出的美国部分行业的动态发展路径图6-2加以说明。假想某一行业，在中国尚处于起步和增长阶段，投资者预期其发展动态可能如图中右下角行业99的路径，其

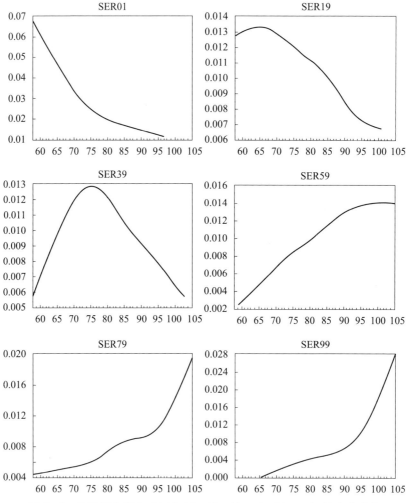

图6-2　美国部分行业（行业01、19、39、59、79、99）的产业动态

资料来源：Ju，Lin 和 Wang（2015）。

经济份额随着中国经济的发展存在巨大的市场空间；但同一行业在美国则可能已经处于繁荣的顶点，投资者预期其未来发展类似于图中左上角行业 01 的路径。产业动态带来的差异会造成估值的差异。

在现实的股票市场中，图 6－3 和图 6－4 分别列示了 A 股与美股（标准普尔500 指数成分股）的全部医疗保健行业的上市的 TTM 市盈率中位数与净资产收益率的变化情况。从图形中可以看出，A 股上市公司的估值相较于美股明显高估。截至 2016 年 12 月，A 股医疗保健行业净资产收益率为 10% ~ 12%，而美股的标

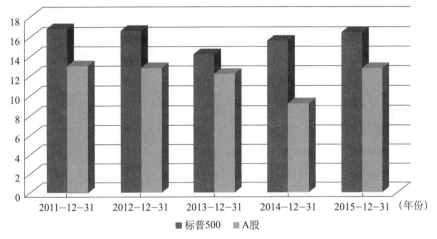

图 6－3　中美医疗保健行业 2011—2015 年 5 年净资产收益率（TTM，中值）的变化情况
资料来源：Wind 资讯数据库。

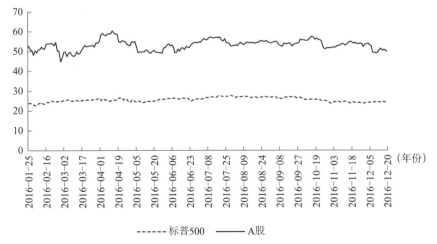

图 6－4　中美医疗保健行业 2016 年以来市盈率（TTM，中值）的变化情况
资料来源：Wind 资讯数据库。

普 500 指数成分股则在 18% 上下。虽然该行业的美国上市企业盈利性普遍高于 A 股上市公司，但两个资本市场对它们的估值却恰好颠倒过来：A 股的市盈率（Price Earnings，PE）为 40 ~ 60 倍，而美股则在 25 倍上下。显而易见 A 股市场与美股市场存在着巨大的估值差异，这种估值差异尽管短期内受到市场波动的影响，但是在相当长的时间内总会存在，并不会在短期收敛，而是随着一国长期的产业结构变化而变化。

企业经营的核心目的是实现企业价值最大化。面临国内外股权资产估值差异时，企业会有动机用国内相对的高估值去并购国外发达国家低估值的资产。特别是技术寻求性和资源寻求性为目的的跨国并购，当企业通过并购以相对低廉的价格能够获取到国外相对优质的资产，而这部分资产在国内又能够获得市场投资者的认可并给予较高的估值，此时企业进行跨国并购的动机往往会更加强烈。对于通过跨国并购从而实现多元化经营的企业也较为类似，国外相对优质且价格低廉的资产能够有效提升国内资本市场的估值，从而实现公司的资本运作或者其他经营目的。

综合以上论述，由于产业周期差异通常会产生资产在不同国家的估值差异，从而为价格驱动型的跨国并购创造了前提条件和驱动因素。因此，我们提出本章的核心假设：产业周期的跨国差异是驱动企业跨国并购的重要因素。在此基础上，我们使用了中国对外跨国并购数据，分别从大类行业层面和细分行业层面检验了由于产业动态差异产生的跨国并购的可能性，进一步验证了本章的核心思想和假设。

6.2　中国跨国并购与产业动态分析

本节主要从大类行业的层面来分析验证 6.1 中提出的假设，即产业周期的差异是直接驱动企业跨国并购的重要因素。我们使用汤森路透（Thomson Reuters）数据库，筛选出 1995—2015 年以中国作为收购方且交易标的注册地不在中国大陆的所有交易数据作为分析样本。由于该跨国并购数据库中有并购金额记录的案例较少，而且大部分有金额记录的交易也是估算得到的，因此我们主要考虑以中国在世界其他各国并购的各行业每年的并购宗数作为被解释变量。具体地，首先根据数据库中所记录的收购方和被并购方的注册地信息，筛选出以中国作为收购方且交易标的注册地不在中国大陆的所有交易数据；然后利用行业信息将企业交易观测值归总成行业加总①变量。最终，获得的样本数据包括 1995—2011 年中国

① 所有的行业信息均转换为 SIC87 标准。

企业分别在63个国家（地区）以及各个行业中完成的并购宗数。

根据汤森路透数据库的统计，在1995—2015年的20年的时间里，我国各类海外并购案例共计3 048宗。其中包括已完成的并购1 793宗，正在进行中的并购866宗。海外并购几乎涉及资源行业、制造业、服务业之内的所有的行业，分布十分广泛。按三大产业划分，海外并购最为密集的是服务业，其次为制造业。按汤森路透细分大类行业划分，并购数量最多的行业为资源行业，其次为工业、金融业。具体的细分行业中，资源行业以采矿业为主；包括石油天然气等能源行业，占比80%以上；在制造业行业中，机械制造、汽车生产、交通运输以及基础设施建设排名前列；服务业中以金融业为主。

按细分的被并购方的行业来划分，排在前五位的依次是机械和设备制造业、纸张和印刷业、化学化工业、食品和饮料生产业以及基本金属和非金属制造业。而在服务行业中，前五位依次是金融业、商务租赁和计算机相关业务、零售业、房地产以及水电煤气供给业。而服务行业的并购细分总体来看较为分散。详细的按被并购方行业分类的统计见表6–1。此外，不同的并购类型中，服务业往往是采取跨行业并购或者水平型并购（41.5%），而制造业倾向采用垂直型并购（53%）。服务业中以上市企业为目标的并购比例较高。

表6–1　　　　　　1995—2015年中国跨国并购宗数的大类行业分布

行业	并购数量	占比/(%)
消费者服务业	142	4.660
日用消费品	209	6.860
能源行业	331	10.86
金融业	470	15.42
医疗行业	89	2.920
高技术行业	326	10.70
工业	499	16.37
资源行业	605	19.85
传媒行业	139	4.560
房地产行业	87	2.850
零售	60	1.970
通信行业	91	2.990
总计	3 048	100

资料来源：根据汤森路透并购数据库整理。

从区域分布方面来看，1995—2015年，中国的并购投资遍及80多个国家（地区），但绝大部分的并购依然发生在高收入国家（地区），其并购宗数占据并购数量的86%以上，并购金额占总量的80%以上，而中、低收入国家的并购宗数和并购金额的各自占均比不到10%。并购数量排在前五位的国家（地区）分别是中国香港、美国、澳大利亚、新加坡和加拿大，它们吸纳的并购宗数占比近2/3。详细的中国对外跨国并购对象主要具体的区域分布见表6–2。

表 6 - 2　　　　1995—2015 年中国跨国并购宗数的区域分布特征

并购经济体	并购数量	占比/（%）	并购经济体（前五大）	并购数量	占比/（%）
高收入	2 623	86.06	中国香港	845	27.72
中高收入	228	7.48	美国	397	13.02
中低收入	164	5.38	澳大利亚	306	10.04
低收入	33	1.08	加拿大	150	4.92
合计	3 048	100	新加坡	143	4.69

资料来源：作者根据汤森路透数据库整理。

注：国家（地区）的收入水平根据世界银行提供的标准进行划分。

按照世界银行的划分标准，中国仍然属于中低收入国家的行列，按照 6.1 节理论分析中的论述，中国与美国英国等高收入国家（地区）之间的产业结构仍然存在一定的差距，基于产业周期差异导致估值差异而驱动的并购假设，可能会落后发达国家同行业的产业周期，因此中国的企业在发达国家进行并购的动机通常会更加强烈。类似的，由于中国大量的农产品、金属等资源国内较为贫乏，需要从部分资源型国家进口，产业的发展还较不成熟，因此有动机在部分资源密集型的国家通过跨国并购的方式买入廉价资产，实现价值最大化。

进一步详细观察我国在不同收入类型的国家（地区）的并购目标行业，详细对比在高收入国家（地区）的目标行业类型和中等收入以及低收入国家的目标并购行业类型，我们可以发现中国在高收入国家（地区）和中低收入国家的并购模式存在着本质的差异：在美国等高收入国家（地区）我国的跨国并购以服务业和制造业为主，而在中高收入以及其他更低收入水平的国家我国的并购则以资源行业等第一产业为主，详细的并购行业细分见表 6 - 3，这与本章的假说是吻合的。

表 6 -3　　　　1995—2015 年中国跨国并购宗数的区域与行业分布特征

并购国家（地区）	并购宗数	第一产业	第二产业	第三产业
高收入	2 623	435	918	1 270
中高收入	228	107	60	61
中低收入	164	65	51	48
低收入	33	24	4	5

从 1995—2015 年的世界经济发展格局以及各国分工的情况来看，高收入国家（地区）或发达国家在国际分工中主要以技术密集型制造业以及服务业为主，而中国等中等收入及以下的国家的则主要以资源行业以及劳动密集型制造业为主。图 6 -5 和图 6 -6 分别列示了美国与中国三大产业在 GDP 中的占比随时间变化的情况，从两图中可以看出中国与美国的产业结构的变迁。两国尽管服务业占比不断上升，第一产业的占比逐渐下降，但是两国之间的服务业在 GDP 中的占比仍然存在较大差异，存在较为明显的产业周期发展时滞。联系中国的对外并购的行业分布，中国企业海外并购与国内外产业周期动态发展间的关系显现出了轮

廓。更进一步，6.3 节将会使用更细分的行业数据来进一步证明我们的思想。

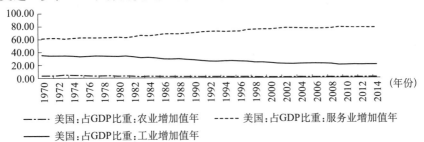

图 6-5　美国三大产业占 GDP 比重

资料来源：Wind 世界银行。

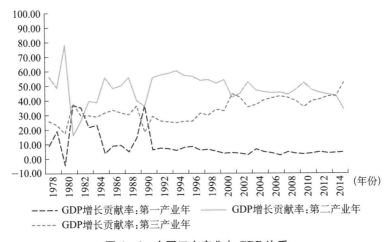

图 6-6　中国三大产业占 GDP 比重

资料来源：Wind 世界银行。

6.3　实证分析

6.3.1　数据与样本选择

并购数据来源于汤森路透全球并购数据库；产业周期和产业动态的数据来源于作者整理。中国的产业周期数据源数据来自中国统计年鉴和工业企业数据库。我们按以下方法对 1998—2013 年的工业企业数据库进行整理：参考 Brandt 等（2012）与杨汝岱（2015）等的建议，首先利用法人代码编号进行企业匹配，将具有相同代码的企业视为同一家企业并形成面板数据；其次对企业法人代码缺失以及重复的企业采用企业名称匹配，最后使用"地区代码＋法人代表名称"进行匹配形成最终面板数据。随后按照各四分位行业与年份对行业内的企业进行加总，生成各个年度四分位行业的资本密集度变量。

美国的产业周期和产业动态的数据①来源于美国国民经济研究局（National Bureau of Economic Research，NBER）和世界银行，包含美国制造业近五十年来的四分位细分行业的产业的资本投入、劳动者人数、总产出等数据。

本章涉及的数据来源较多，各数据库之间的行业划分略有不同。为了进行回归分析，需要统一各数据来源的行业划分。为此首先将企业跨国并购数据与美国产业动态数据按照 SIC87 四分位行业标准进行对接；随后通过对比中国工业企业数据的行业划分标准（GB/T 4754—2002）与美国的 SIC87（The Standard Industrial Classification，1987）的四分位行业标准，并进行转换。经过处理后，将全部产业动态数据转换为 SIC87 标准，从而便于进行进一步的实证回归。

6.3.2　回归模型

为了构建企业跨国并购行为与跨国的产业周期差异之间的关系，首先考虑构建企业跨国并购数量与产业动态之间的回归关系式。根据鞠建东等（Ju，Lin and Wang，2015），资本密集度较高的产业的发展峰值会比资本密集度较低的行业更晚出现，具有更大的增长空间和发展前景。因此，选取行业的产业资本密集度作为表征其产业动态的代理变量，构建以下两个回归模型。

模型一：

$$y_{i,t} = \beta_0 + \beta_1 industry\_us_{i,t} + \beta_2 industry\_cn_{i,t} + \varepsilon$$

模型二：

$$y_{i,t} = \beta_0 + \beta_1 industry\_us\_cn + \varepsilon$$

在模型一中，分别将美国与中国的各行业的资本密集度作为解释变量，考察国内外产业动态对于中国企业海外并购的影响。尽管样本内中国企业的海外并购并不都是以美国企业为标的，但这些目标企业绝大多数处于发达国家。由于美国的产业发展周期在一定程度上代表了中国以外尤其是发达国家的发展动态，因此在该模型中选择美国行业的资本密集度近似代表国外企业所处的产业周期状态。在模型二中，将中美两国同一产业的资本密集度之差②作为解释变量，从而能够更直接地反映了核心思想，即产业动态的差异是企业进行跨国并购的直接原因。

由于被解释变量为行业内的海外并购数量，在具体回归中选择计数模型进行检验。计数模型起点是泊松模型：假设被解释变量 Y 服从泊松分布，即：

---

① 该原始数据集由 Randy Becker 等整理，可以从 http：//www. nber. org/nberces 下载。

② 通常认为美国在大部分产业上都领先于中国，因此用对接后的同一行业的美国资本密集度减去中国的资本密集度作为解释变量。计算两国资本密集度的差异时选取了当年的人民币对美元汇率的中间价。

$$Pr(Y_{it} = y_{it} \mid X_{it}) = \frac{\exp(-\lambda_{it})\lambda_{it}^{Y_{it}}}{y_{it}!}$$

其中，$\lambda_{it} = E(Y_{it})$。根据具体变量的分布情况和 0 值的聚集程度，还可以将被解释变量假设为服从负二项分布和零膨胀泊松分布。各模型的假设中，泊松模型的假设条件较为严格，要求样本的均值与方差相等，并满足泊松分布。负二项分布模型部分考虑了样本的方差过度扩散和样本偏差的问题。零膨胀泊松模型和零膨胀负二项模型则进一步解决了样本中大量 0 值的存在。使用泊松模型进行回归，并使用其他分布模型进行了稳健性检验。

6.3.3　实证结果

根据 6.3.2 节的回归模型，模型一的回归结果见表 6 - 4。

表 6 - 4　模型一回归结果

解释变量	(1)	(2)	(3)	(4)	(5)
	泊松模型	泊松模型	泊松模型	泊松模型	负二项模型
industry_ us	0.954 ***		0.985 ***	0.934 ***	0.956 ***
	(9.53)		(6.11)	(6.11)	(4.67)
industry_ cn		0.676 ***	0.0863	− 0.0765	− 0.0687
		(4.60)	(0.45)	(− 0.40)	(− 0.27)
常数项	− 9.620 ***	− 7.020 ***	− 9.624 ***	− 22.81	− 23.14
	(− 17.06)	(− 9.62)	(− 10.50)	(− 0.03)	(− 0.02)
年份固定效应	否	否	否	是	是
样本量	11 824	2 904	2 904	2 904	2 904
伪 R^2	0.074	0.029	0.088	0.140	0.110

注：括号内为 t 值；*、** 和 *** 分别表示回归系数在 10%、5% 和 1% 水平显著。

从整体回归结果来看，实证的结果与之前的理论分析预期较为一致。在回归式（1）中，反映国外产业动态的变量即美国四分位数行业的资本密集度系数为 0.954，且显著水平很高，表明目标国家的资本密集度对中国制造业的海外并购有着显著正向影响。由于美国制造业的产业周期通常要领先中国同行业的产业周期，资本密集度越高的行业在中国越容易获得市场的高估值，从而在股权市场上也越容易受到国内企业的青睐。在（2）式中，当以中国的四分位行业资本密集度为解释变量时，其回归系数为正，意味着国内行业的资本密集度越高，行业内发生海外并购的频度也越高。由于缺乏与国外产业周期的比较，因此这一结果本身的意义是含糊的，它只能说明海外并购多集中在国内资本密集度较高的产业。（3）式将中外的产业周期解释变量同时放入回归方程，有效消除了（2）中的含混信息。我们看到美国的资本密集度系数显著为正，且回归系数值由之前的 0.954 增加到 0.985；同时，国内行业的资本密集度变量符号虽仍然为正但不再

显著，意味着国内的产业周期指标对于企业进行海外并购并无显著影响。回归式
（4）式（5）进一步加入年份固定效应以及改变回归模型所使用的方法（由泊松
模型改为负二项模型），其结果并无明显变化，表明这里的回归结果是较为稳健
的。结合回归式（1）~式（3），在式（2）中国内行业资本密集度系数显著为
正，主因应当是该变量与美国行业的资本密集度间的正相关性，但（3）式否定
了它对国内企业海外并购的影响力。可以肯定的是海外企业所在的行业周期因素
的确影响了中国企业海外并购的标的选择，越处于产业发展早期的行业，对国内
企业的吸引力越大。

为了更加直接验证理论假说，进一步对模型二进行回归，考虑中外行业的资
本密集度作为解释变量进行回归，回归结果见表 6 – 5。

表 6 – 5 模型二回归结果

解释变量	（6）	（7）	（8）	（9）
	泊松模型	泊松模型	负二项模型	零膨胀泊松模型
资本密集度差	0.000 180 ***	0.000 149 ***	0.000 305 ***	0.000 309 ***
	(8.27)	(6.33)	(4.53)	(5.69)
常数项	– 4.216 ***	– 24.95	– 18.89	– 18.92
	(– 28.69)	(– 0.00)	(– 0.02)	(– 0.01)
年份固定效应	否	是	是	是
样本量	2 904	2 904	2 904	2 904
伪 R^2	0.048	0.107	0.101	

注：括号内为 t 值；*、** 和 *** 分别表示回归系数在 10%、5% 和 1% 水平显著。

回归结果（6）式显示，中外行业资本密集度差的回系数为 0.000 18，且在
1% 水平上显著；变更回归模型的设定，加入年份固定效应等稳健性检验，该变
量的回归系数依然为正，而且保持相同的显著水平。这表明中外行业的资本密集
度差异越大，或者中外行业的发展周期时滞越大，越容易发生国内企业对海外企
业的并购。这一实证结果完全证实了 6.1 节的理论猜想，行业资本密集度所反映
的产业动态差异与并购后的企业市场估值息息相关，诱使国内企业进行资本增值
套利型的并购。我国目前仍处于发展中阶段，各产业在全球价值链分工中的地位
仍然不高，主要从事的仍然是劳动密集型以及部分资源密集型的产业，服务业与
技术密集型的行业竞争力都还较弱，属于快速增长期产业。相较之下，欧美等发
达国家在国际分工中主要占据了技术密集型与高端服务业等产业高地。这种国际
产业周期差异产生的估值差异往往直接驱动了企业进行跨国并购。国内企业以较
为合理的估值水平获得国外的优质资产，在国内就可以获取更高的估值水平，有
其合理因素。但是，从长期看，能否成功和有效地整合并购后的资产，并实现企
业价值的持续提升，企业在并购前的竞争力水平仍是关键。

第 7 章

中国企业海外并购：竞争力视角的分析

第 6 章的分析表明，中国企业的海外并购，很大程度上得益于海内外产业周期发展时滞带来的资产估值差异。从并购后的长期发展角度，我们关心一个核心问题：在充分利用国际产业动态发展机会的同时，发起海外并购的企业是否同时具备了一定的国际竞争优势，得以支撑其应付并购后资产整合的挑战及后续的发展。为此，本章利用中国企业海外并购数据进一步检验"竞争力驱动假说"和"价格驱动假说"。我们的核心问题是：对外并购企业是否具备良好的国际竞争力，以构成并购标的资产的互补性条件；或是，企业仅仅因为海外资产的价格进行资产套利性并购。鉴于企业层面的竞争力指标难以定义，作为替代我们转而考虑对外并购产业所具备的竞争力水平对企业对外并购决策起什么样的作用，是否产业竞争力越强行业内对外并购的企业越多？同时在国际竞争力这个核心变量之外，我们也检验中国企业海外并购的其他潜在驱动因素。

7.1 特征事实和理论探讨

尽管 2010 年以后中国经济遭遇极大困难，增长速度明显放缓，但 2002—2014 年我国对外直接投资（以下简称 OFDI）仍然保持年均 37.5% 的高速增长（中国对外投资公报，2014）。其中，海外并购投资尤其引人注目，在全部 OFDI 中的占比已从 21 世纪初的 25% 左右快速上升至近年来近 50% 的水平（见表 7 - 1），成为我国企业对外直接投资的一种重要形式。2013 年，中国企业跨国并购规模达到 502 亿美元，占当年世界并购总投资的 14.4%，占发展中国家的 38.8%（世界投资报告，2013）。中国已成为仅次于美国、俄罗斯和日本的全球第四大跨国并购投资来源国。那么，近年来中国企业海外并购热潮背后的主要驱动力究竟是什么呢？

表7-1   两次金融危机前后中国跨国并购比较

时间	1991—1996 年 平均	1997	1998—2007 年 平均	2008	2009—2013 年 平均
并购金额/百万美元	503	3 117	2 491	35 833	35 841
新建金额/百万美元	2 068	-555	5 824	20 031	42 229
并购金额占 OFDI 比重/(%)	18.7	121.7	25.7	64.1	45.7

资料来源：根据 UNCTADfdi 数据库整理。

传统国际直接投资理论强调投资母国的竞争优势条件。在宏观层面，邓宁（Dunning，1981）及邓宁和纳鲁拉（Dunning and Narula，1996）提出的国际投资发展阶段理论（以下简称 IDP 理论）认为，一国的经济发展过程与该国在国际资本流动中的地位具有系统相关性。根据 IDP 理论，对外直接投资存在较高的发展门槛，一国大规模的对外直接投资必须有足够的经济发展条件和产业竞争优势支持。IDP 理论不仅在发达国家存在广泛的经验证据，而且在韩国、印度及中国台湾等新兴经济体范围内的实证检验中也得到了有力印证[1]。在行业层面，尼亚里（Neary，2007）指出，垄断企业之间的策略性互动会使一国产业的专业化发展朝着具有比较优势的方向进行，而各国行业之间的技术差异，会促使位于优势行业的低成本企业并购国外高成本的竞争对手。换言之，跨国并购是母国发挥产业比较优势的一种工具。来自美国（Feliciano and Lipsey，2010）、欧洲（Coeurdacier et al.，2009）以及更多发达国家（Brakman et al.，2013）的经验证据较为一致地支持尼亚里（Neary，2007）的行业优势理论。在企业层面，海外投资过程中会因为新的经营环境而担负包括信息、沟通和组织成本在内的额外成本，使得投资企业在与当地企业的竞争中处于劣势地位。因此，只有当企业具备足够的特定优势时才能够抵消企业在异国生产经营中的劣势，并存活下来（Caves，2007）。

对中国企业海外投资热潮的主流解释基本上也沿袭了上述"竞争优势假说"[2]。人们相信历经三十多年堪称奇迹的经济增长，企业实力显著提高，中国产业竞争优势明显增强，大规模跨国投资现象是企业优势累积、产业发展升级的必然结果。该观点主要来自对中国 OFDI（包括绿地投资）的分析，学者们通过分析中国境外投资的部门和地域分布以及投资企业的动力，认为中国对外投资发展趋势与其他发达和发展中国家的经验相似，基本符合 IDP 理论（Cai，1999）。

———————————

[1]　参见陈涛涛等（2012）对 IDP 理论和经验实证文献的综述。

[2]　我们无意于将企业、行业或国家层面的优势糅合在这一假说之中，而意在强调以往理论尤其重视决定企业对外直接投资的根本性因素（Fundamental Forces）。鉴于本章的数据结构，分析将主要从行业层面展开。行业层面的竞争优势既是企业优势的集中体现，又是国家竞争优势的基石（Porter，1990）。后文简称"优势假说"。

其他持类似优势论的学者包括李辉（2007）、李翀（2007）、郭杰和黄保东（2010）、裴长洪和郑文（2011）等。

　　尽管传统的"优势假说"可能在一定程度上解释了中国企业对外直接投资的国内经济背景，但我们认为该理论很难解释我国企业海外并购这一特殊的对外直接投资形式。这个断言基于以下几个关于中国海外并购的特征事实。

　　首先，近年来我国海外并购的规模和增长速度远远脱离了 IDP 理论的预测。根据 IDP 理论，人均收入水平提高是企业累积竞争优势并作为母国企业进行对外直接投资的必要条件。然而，跨国、跨时期的截面比较研究表明，中国平均对外并购数量要远高于同时期同等收入水平的其他国家（见图 7 - 1）。这意味着中国企业可能存在过度并购的倾向，不断提高的经济发展水平只能有限地解释中国的对外并购投资现象。

　　其次，"优势假说"无法解释为什么我国企业海外并购的增长大大快于绿地投资的增长。"优势假说"并不区分对外投资的方式，它不仅适用跨国并购投资，同时也适用于绿地投资。因此，如果观察到不同方式的海外投资增长速度存在显著差异，就显然超出了"优势假说"的解释范围了。表 7 - 1 第四和第六列的比较显示，同期中国海外并购的增长速度大大超过绿地投资，前者的增长率是后者的两倍以上，二者增长速度的差异直接导致海外并购在全部对外直接投资中的占比一直持续提高。

　　再次，细分部门看，中国海外并购更多地发生在竞争优势较弱的服务业部门，而非竞争优势较强的制造业部门，这与"优势假说"直接冲突。由于经济发展阶段、政策规制约束以及全球化冲击差异等因素影响，中国经济增长的一个显著特征是伴随制造业部门快速发展[1]，服务业增长相对落后，日益成为"滞后部门"（谭洪波和郑江淮，2012；程大中，2008）。然而，按照并购宗数计算，资源行业、制造业和服务业中发生并购比例大致为 2∶3∶4（见表 7 - 2），赢弱的服务行业在跨国并购中占主要地位[2]。这种行业层面上海外并购与竞争优势间的冲突在图 7 - 2 中显示得更为充分：落在虚线左边的大部分是相对劣势的服务业，而右边则是具有优势的制造业，这与关于行业发展态势的描述相符。尤其值得注意是，制造业和服务业内部各行业优势与其海外并购数量也基

---

　　[1]　根据联合国工业发展组织的评估，2006 年后中国制造业的综合竞争指数在 140 多个国家中排名位于世界前 10，近几年保持在第 5 位，与意大利、法国等发达国家相当。

　　[2]　许多观点认为，中国作为发展中国家，对外并购活动不再是"优势利用"而是"优势获取"过程。我们认为，在竞争相对较为充分的控制权市场，资产的配置依然服从经济效率原则。最好的资产会转移到能够最高效利用该资产的所有者手中。因而，企业即使抱着获取优势的心态"走出去"，也必然要根据自己的竞争优势行事，否则只有不计成本地溢价竞争才能获取资产。

本呈负相关。

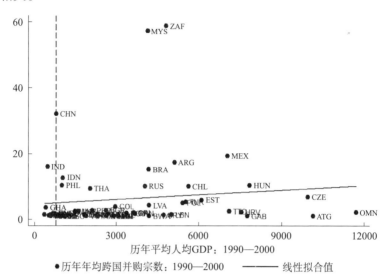

●历年年均跨国并购宗数：1990—2000   —— 线性拟合值

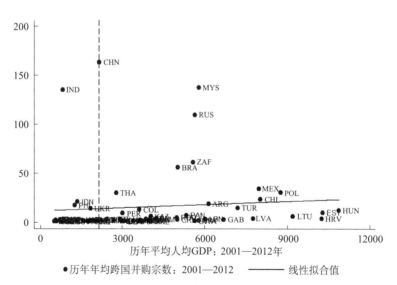

●历年年均跨国并购宗数：2001—2012   —— 线性拟合值

图 7 - 1　跨国并购与经济发展水平

注：纵轴标示年均并购宗数，数据取自 UNCTADfdi 数据库；横轴标示人均收入，以 2005 年美元计价，数据来自 PWT 8.0 数据库；包括了所有中低收入国家样本；虚线标识中国各期平均的人均 GDP。

表 7 - 2　　　　　　　　1995—2011 年中国跨国并购宗数的行业分布特征

行业	总并购/%	分并购类型/%			分目标企业属性/%	
		跨行业	垂直型	水平型	上市企业	非上市企业
资源行业	21.3	21.8	16.3	22.8	31.9	17.5

续表

行业	总并购/%	分并购类型/%			分目标企业属性/%	
		跨行业	垂直型	水平型	上市企业	非上市企业
制造业	34.7	29.6	53	35.7	30.3	36.2
服务业	44	48.6	30.7	41.5	37.7	46.3
占比总计	100	100	100	100	100	100

注：跨行业并购指的是收购企业和目标企业位于不同的二分位行业，反之为非跨行业并购；对于非跨行业并购，属于不同的三分位行业为垂直型并购，否则为水平型并购。根据汤森路透全球并购数据库整理，并按照国际产业分类标准第三版（ISIC Rev. 3）归总。

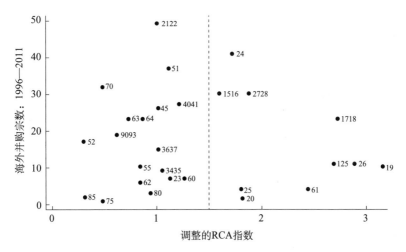

图7-2 中国企业海外并购与行业比较优势

注：横轴是基于行业增加值计算的行业竞争力指数 ARCA；纵轴表示并购宗数。数字是按 ISIC Rev. 3 标记的行业代码，首位数字小于4为制造业（125 和 1014 是资源行业），其他的为服务业。

　　最后，在1997年东南亚危机和2008年的"次贷"危机期间，中国企业海外并购金额和占比都明显高于危机前后的年份，"峰聚"特点十分突出（见表7-1）。无论是国家、产业或企业的竞争优势，都更应该是一个连续性不断积累变化的过程，不可能在短期内产生突然的变化，因此这种"峰聚"现象只能从外部冲击去寻找原因。

　　基于上述"优势假说"的困境，本章将注意力从内在的产业竞争优势转向刺激海外并购的外在力量，提出由东道国和母国股权资产价格共同驱动的"资产价格假说"，并进行了较为细致的检验。其基本内容包括两个方面：①近年来世界经济动荡，海外股权资产价格相对低迷是促使中国企业大规模进行海外并购的基本诱因；②国内资产价格上升为中国企业（不限于上市公司）提供了融资便利并降低了融资成本，促成了中国企业海外并购热潮。由于"优势假说"强调中国跨国并购中类似成熟经济体的企业优势，而"价格假说"强调外在价格条件的影响，两种不同的驱动因素背后显然具有截然不同的福利含义和政策意义。

本章其他研究是这样展开的：7.2 节从理论上阐述"价格假说"及其逻辑；7.3 节介绍数据来源、变量和估计方法；7.4 节呈现对两种假说进行检验的基准结果，论证国内外资产价格可能的影响途径与方式，并作进一步的交叉验证；7.5 节就估计方法作稳健性分析；最后简要总结本章的结论和政策含义。

7.2　中国企业海外并购的股权资产价格假说

"优势假说"强调企业/行业层面持续的竞争优势，而并未考虑跨国并购所涉及的资产价格问题。它潜在地将完备的国内外资本市场作为其基本假定，认为价格传递了资产的内在价值，同一资产在不同市场的价格溢价不会超过其交易成本。然而，现实经济中普遍存在着对资本流动的人为限制、市场的非理性预期、投资者风险偏好的波动，以及企业面对外部冲击时的短视等一系列干扰因素，资本市场非有效性才是经济常态。"价格假说"正是从这点另辟蹊径，认为资本市场的不完善，扭曲了企业的市场价值，从而为企业利用跨国并购的方式进行双边套利提供了绝佳的空间。资产价格波动在资本市场上具体体现为股票价格的变化。同时考虑收购和被收购企业两方的股票价格，可将"价格假说"细分为收购方的"市值高估"和被并购方的"资产甩卖"两个方面。

7.2.1　收购方"市值高估"

施勒弗尔和维施尼（Shleifer and Vishny，2003，SV）首次从理论上考虑了股价驱动的并购现象。他们认为金融市场的非有效性，导致部分企业股价偏离其内在价值，出现价格错估（高估或者低估）现象。理性的收购方经理人会充分利用自身股价被高估的机会收购其他被低估的企业，而目标企业的经理人由于目光短浅也愿意接受被暂时高估的股票。这一理论为牛市中大规模的并购现象提供了合理解释，并且解决了谁并购谁以及采用哪种支付工具兑付的问题。与此类似的是 RKV 模型（Rhodes–Kropf and Viswanathan，2004）但 RKV 模型放松了目标企业经理人的非理性假设，引入信息不完备解释以解决目标企业经理人高估收购方股票价格和协同效应的难题。尽管两者对于经理人理性的理解不同，但都同时提供了在非有效市场中股价驱动并购的理论逻辑。这与以往仅仅关注实体经济冲击的并购理论截然不同（Harford，2005）。

通过将 SV 和 RKV 的理论扩展至跨国并购的情形中，我们认为国内股价变动与企业跨国并购具有类似的理论联系。国内股价上升一方面具有提高企业支付能力的直接效应；另一方面具有增强股权融资能力（国有企业）和债务信贷能力（民营企业）的间接效应。企业利用高估的股票作为支付手段低价购买境外目标方的资产，能够降低同等条件下的成本。成熟经济体的企业以上涨的股票作为支付手段是其在市值较高时期积极并购的基本动因之一（Andrade et al., 2001）。不过，这一点并不适应目前中国海外并购主要以现金而非股票为支付工具的现状。在中石油收购哈萨克斯坦石油公司、海尔收购了通用电气旗下电器业等一系列跨国并购活动中，中国企业作为收购方都是以现金兑付。其主要原因除了现金支付无须审批，交割速度快，而股票支付要受到行政体制的审批约束外，海外企业对中国企业市值不透明的担忧可能也是抑制股票支付的重要方面。所以，在跨国并购中国内企业暂时无法利用股价上涨带来的直接效益。

有鉴于此，我们重点关注本国资产价格波动通过影响企业融资能力从而发挥作用的间接途径。在中国，不同融资能力的初始差异和制度性歧视又会进一步放大企业对不同融资方式的依赖，从而体现出资产价格波动的异质性影响。借鉴贝克尔等（Baker et al., 2003）的研究思路逐步阐释该观点：假设企业在 t_0 时期投资 K，并下一期获得 $f(K)$ 收益，其中 $f(\cdot)$ 是递增凹函数。如果市场贴现率为 r，企业的净现值为 $f(K)/(1+r)-K$。利用最优化条件可得到一阶最优投资 K^{fb} 满足 $f'(K^{fb})/(1+r)=1$，这是在企业不受融资约束影响的最优解。如果将企业的融资条件以及股价估值考虑在内，设定企业股价市值对基本价值的偏离程度为 δ（$\delta>0$ 表示上涨；$\delta<0$ 表示下跌）。企业可以通过发行 e 的股票为投资项目融资，且 $0\leqslant e\leqslant e^{\max}$。根据资金平衡条件，企业投资必须满足 $e+W-K[1-D(g)]\geqslant 0$，其中 W 表示企业的自有资金，而 $D(g)$ 是企业的负债比例，代表了企业的借贷能力，在中国特殊的信贷环境中它取决于一个外生的表征企业是国有企业还是民营企业的二元变量 g。解最优化问题为

$$\max_{K,e} \frac{f(K)}{(1+r)} - K + \delta e$$
$$\text{s. t. } e + W - K(1 - D(g)) \geqslant 0$$
$$0 \leqslant e \leqslant e^{\max} \tag{7.1}$$

假定 $e^{\max} > K^{fb}[1 - D(g)]$，则在 $\delta > 0$ 时，$K = K^{fb}$，$e = e^{\max}$，亦即股价高估时期，企业会做出最优投资，并尽可能地以股权融资。由于具备内部信息优势，经理人深知股价偏高可能只是暂时的，利用企业市值较高的时机发行新股或者增发，可以为收购国外企业赢得低成本资金（相对国内其他企业的融资成本）。在经理人同时拥有企业部分股权的条件下，高价发行股份尽管可能损害新的投资者但却利于原有投资人，其中当然包括经理人自身①。讨论至此，我们需

---

① 金融领域诸多文献证明，在股票增发过程中，经理人更加关注原有投资人而非新股东福利。

进一步囊括中国特殊的融资格局的影响。从制度设计上分析，国内股市为国有企业融资的初期制度设计仍有遗留，国有企业依然利用股权融资的制度性优势（Allen et al.，2005；Riedel et al.，2007）。从企业的资本结构与融资顺序分析，有研究发现，融资约束越小的企业越可能通过股权融资（Graham and Harvey，2001），而中国的国有企业恰恰兼具了这两方面的优势。尽管从动机来看，国有企业经理人往往并不占有企业股权，但是高股价带来的代理问题和扩张冲动都可能诱使经理人做出过度投资决策，以获取晋升途径或者其他政治资源。这一点是与国有企业经理人的非市场选拔和上层任命紧密相连的。总结而言，在边际水平上，国有企业更可能利用股价升高的机会，在国内发行股票，为跨国并购融资。

上述分析假设股权融资最大值大于最优投资时的融资余额（$e^{max} > K^{fb}[1 - D(g)]$），在 K^{fb} 给定的条件下，这要求 $D(g)$ 足够大。而国内民营企业尽管生产效率更高，但在获取信贷资源方面受到歧视性待遇，普遍面临更为苛刻的抵押要求和信贷保证（Huang，2003；Song et al.，2011）。由制度性安排而非企业内在效率决定了企业的借贷能力，从而使得 D（g = 国有）> D（g = 民营）成为显然的事实。在信贷和资本市场上的双重挤压，使得民营企业成为更需要信贷资源支援的一方。由于融资"能力"受限导致跨国并购对民营企业的流动性冲击相比于国有企业更为剧烈，因此，股价上扬在提高民营企业股权抵押价值、减少筹集资本所需要的信息量，从而降低债务融资成本方面就显得尤为重要。这种提升抵押价值的功能对于预算软约束的国有企业可能并不重要，但是对于受到资金限制的民营企业却十分关键。值得强调的是，上市企业的资产价格不仅传递了有关上市企业本身的价格信息，同时也为其他非上市企业的资产标价提供了参考。巴克利等（Buckley et al.，2007）曾论及中国对外直接投资的低成本融资优势，但他们说指的是政府指令性的信贷配给。我们的观点与贝克尔等（Baker et al.，2009）较为接近，但更加强调中国经济中特殊的偏向性信贷格局对融资安排和中国企业海外并购活动的深刻影响。

7.2.2　被并购方的"资产甩卖"

跨国并购本质上是资产所有权之间的交易（Kindleberger，1969），因而交易资产的价格无疑会对并购活动产生重要影响。当东道国的资产价格出现超幅度贬损时，过度低估的资产价格为国外企业创造了"抄底"的机会，从而出现所谓的"甩卖型"FDI（即所谓"Fire - sale"FDI）。克鲁格曼（Krugman，2000）较早地注意到该现象。他发现在东南亚金融危机期间，大量外资逃离东亚各国的同时，又伴随着众多美国企业廉价收购东亚企业的现象。阿吉亚尔和戈皮纳特（Aguiar and Gopinath，2005）利用事后统计数据进一步证实了金融危机期间东南亚国家证券债务急剧减少而 FDI 却平稳增加的现象，并且增加的 FDI 多半是跨国并购资金。不过，资产价格的大幅波动并非只有在金融危机期间才会出现。譬如，股市或者房市的非理性繁荣之后，往往也会出现股价和房价过度贬损的现象；投资者的风险厌恶程度上升，同样可能会带动资产价格大幅下跌。

当企业的市场价格低于内在价值时，跨国并购为企业实现跨国套利创造了机会。尤其是在资本项目受到严格管制的国家，相对于证券投资等间接套利方式，跨国并购类型的直接投资具有合理规避政策限制的特殊优势。不过，目标资产价格下跌引起的并购"拉力"对不同国家的影响同样具有差异性。对于中国这样的后发国家而言，即使国外资产价格并未贬损至内在价值以下，只要其低于国内估值，同样会吸引中国企业积极参与并购。因为它为国内企业低成本获取所需资源和技术创建了机会窗口。这种"追赶型"的跨国并购是由中国依然处于追赶阶段的特征所决定的。

利用跨国并购数据直接检验"价格假说"的实证研究并不多见[①]。阿吉亚尔和戈皮纳特（Aguiar and Gopinath，2005）以东亚五国为对象，研究了 1996—1998 年东南亚危机期间的外资并购情况，发现外资企业倾向于并购危机期间流动性约束较大的企业。企业流动性不仅能够解释外资并购数量上的增加，而且也能够解释收购资产价格的下降。贝克尔等（Baker et al.，2009）研究了 1974—2001 年美国与另外 19 个伙伴国之间的 FDI 双向流动，结果显示 FDI 流出与母国的股票市值显著正相关。塞尔达尔和埃雷尔（Serdar and Erel.，2013）利用丰富的企业数据证实，位于股票市值较高、货币升值的国家中的企业更可能成为海外并购中的收购方。这些研究大部分支持"市值高估"对跨国并购的促进作用，但是对于"资产甩卖"假说却并未得到有力的实证支撑。近期关于"资产甩卖"假说的系列实证研究发现，尽管经济危机期间流入的 FDI 显著降低，但跨国并购的变化并不显著异于正常时期（Stoddard and Noy，2015；Alquist et al.，2013），亦即缺乏明显的证据支持"资产甩卖"假说。近年来，中国在跨国并购市场上扮演了越来越重要的角色，然而资产价格角度的检验却相当的缺乏。我们的分析可能有助于改善这种状况。

综合"优势假说"和"价格假说"的内容，我们归纳出以下三组待检验命题。

H01：竞争优势能够显著促进中国海外并购；

---

① 关注股票市值与企业国内并购（投资）关系的文献早已出现。部分研究亦证实在市值较高的市场，企业并购活动更加频繁，而且往往会采用股票收购的方式进行（Andrade et al.，2001）。

H02：国内资产价格上升能够显著促进中国海外并购；

H03：国外资产价格上升能够显著抑制中国海外并购。

7.3 实证设计

7.3.1 变量与数据

1. 被解释变量

我们利用汤森路透全球并购交易数据库，以中国在东道国各行业每年完成的并购宗数作为被解释变量（M&A）[1]，构建了国家—行业—时间维度的并购交易数据集。构建过程中，首先根据数据库中所记录的收购方和被并购方的注册地信息，筛选出以中国作为收购方且交易标的注册地不在中国大陆的所有交易记录，然后利用行业信息将企业交易观测值归总成行业维度的变量。将所有出现过中国并购案例的东道国国家和行业视作理论上可能的投资选择集合，如果集合中的国家在某年某一行业未观测到完成的并购则视该观测值为零[2]。最终，为了与后文所使用的（World Input – Output Database，WIOD）数据库的时间和行业范围保持一致[3]，我们获得了 1995—2011 年中国在海外 63 个国家（地区）、33 个行业的并购面板数据。与以往关于中国海外并购的研究相比，本章在样本上具有以下优势：首先是考虑了行业差异的影响，特别是将服务行业作为重点考察对象之一。无论就发生频次还是交易金额，中国在服务行业的海外并购都接近总量的一半。而已有研究或者只考虑了国家维度的加总分析，或者只分析了制造业和资源行业，对服务行业的研究则十分有限。因此，我们对服务行业的分析是对现有文献的重要补充。其次是同时考虑了东道国和母国（中国）两方面因素的影响。只考虑东道国因素的做法隐含地假定中国海外并购的需求弹性是无限的，忽视了母国并购能力的限制。从实证角度看，我们的分析视角与国际贸易领域中经典的引力模型分析十分相似。最后，样本在时间维度涵盖了中国海外并购从兴起到快速增长多个阶段，特别是捕捉到了 2008 年以来的海外并购浪潮，

---

① 采用并购宗数一方面因为数据库中有并购金额记录的并购案例不到总数的 60%，海外并购涉及的私人交易一般不会披露并购金额。另一方面即使数据库中的交易有金额记录，许多数值是通过估算得到的，并非最终的实际交易值。从数据可得性和可靠性考量，采用并购宗数可能是较好的策略。此外，行业层面并购金额波动剧烈，不容易加以解释也是我们选择并购宗数作为被解释变量的原因之一。

② Holburn 和 Zelner（2010）、宗芳宇等（2012）曾采用了一个类似的方法。

③ 根据美国国民经济研究局提供的对应表，将汤森路透数据库中的行业代码转换为与 ISIC Rev 3.0 标准，并与 WIOD 数据库的行业归类保持一致，总共涵盖 14 个制造业和 17 个服务行业。

因而更具时效性。总而言之，良好的样本结构是本章建立可信的实证设计的关键环节之一。

考虑到资源行业的跨国并购更可能受到非经济动机的驱动，我们剔除了资源行业的跨国并购。又由于可贸易与不可贸易部门的投资动机以及投资便利化程度所存在的系统性差异，我们的基准分析将分部门展开。与此同时，还将按照并购方和被并购方是否位于同一二分位行业，区分跨行业并购和行业内并购。跨行业并购可能捕捉了企业的分散风险动机，而行业内并购可能主要是用于消除行业竞争，以利用规模经济优势。

2. 核心解释变量

（1）竞争优势指标。由于被解释变量是行业维度的变量，将重点考察国内行业竞争优势对海外并购的核心影响，国际竞争力指标采用第 2 章定义的调整后的显示性比较优势指数 ARCA。中国分行业增加值数据来自 WIOD 数据库，世界分行业增加值以该库中欧盟及其他 12 个国家的总值代替，这些国家的 GDP 占世界 GDP 总量的 80% （Timmer et al. , 2015），具有良好的代表性。该指标具有沿袭巴拉萨（Balassa，1965）原创思想并拟合行业竞争优势定义的双重优势。作为稳健性检验，也以原始的 RCA 指数以及调整出口增加值后的 KRCA 指数（Koopman et al. , 2014）进行了分析。

（2）资产价格变量。理想情况下，国内资产价格（stk_cn）和东道国资产价格（stk）也应采用行业层面指标，但受限于行业数据可得性，只能退而求其次，采用国家层面的股价指数代表各国资产价格情况。不过，国家之间资产价格的系统性差异所提供的丰富的截面信息仍然能够为我们检验"资产价格假说"带来极大的帮助。股价数据来自 IMF 金融数据库，并调整为以 2005 年作为基期。本国的股价指标用于检验"市值高估"假说，东道国的股价指标用于检验"资产甩卖"假说。作为稳健性检验，还从 Wind 资讯数据库中提取了中国各行业的股价指数，作为中国资产价格的代理变量。之所以只发现中国行业层面的数据，除了上述提到的数据可得性原因之外，金融领域的行业划分标准难以与国民经济统计的行业划分标准对接也是关键原因。

3. 其他控制变量

通过分析国内外研究跨国并购影响因素的文献，我们还控制了一系列其他因素，具体包括以下因素：

（1）对数化的真实 GDP 衡量（gdp）的双边经济规模。现有研究认为一国的并购管理团队和潜在并购目标与其经济规模成正比，经济体规模越大，其发生海外并购的可能性以及并购成功的概率越高（Head and Ries，2005，2008）。

（2）以私营部门信贷总量占 GDP 的比重衡量的金融市场发展程度（$credit$）。乔瓦尼（Giovanni，2005）发现国内外金融发展水平对跨国并购具有显著的正向影响。以上数据均来自世界银行数据库。

（3）汇率变量（*xr*）。布洛尼根（Blonigen，1997）认为在跨国并购中，汇率变动不仅为影响交易价格，而且还会改变购买企业特定资产的货币收益。因为在实际交易中名义汇率更为直观，我们经过三角套算取得以人民币计价的名义汇率。汇率数据来自 PWT 8.0 数据库。

除此之外，我们还控制交易成本和信息成本对跨国并购的影响。

（1）以中国与各东道国首都之间的距离（*dist*）、与中国是否接壤（*contig*）表征因为地理上的差异所引起的交易成本。在国际贸易和投资文献中已有较充分的理论和实证上的理由表明，距离对双边贸易或投资流有负面影响，而是否接壤对贸易或投资的影响则存在争议，它取决于近邻效应和边界效应的相对大小。在对外并购中，如果距离代表贸易成本，则其影响取决于贸易与并购投资是互补还是替代关系。也有许多文献指出，距离可以刻画母国的控制成本和信息成本，距离增加会使控制难度加大，沟通成本上升，此时可预期距离与海外并购负相关（Portes and Rey，2005；Head and Ries，2008）。

（2）文化认知。共同的文化认知能够降低谈并购过程中的谈判难度，以及便于事后的整合与管理，所以文化认知较为接近的国家，双边并购投资会增加。按照以往文献的做法，采用是否使用共同语言（*comlg*）刻画文化同一性。地理和文化变量来自 CEPPII 数据库。其中，距离变量根据蒋殿春和张庆昌（2011）的做法，经过了国际原油价格的调整。此举还可以帮助我们控制原材料价格波动对跨国并购的影响。

（3）制度和法律起源。现有文献研究表明，良好的制度能够吸引外商直接投资；以英国为代表的普通法法系能够更有效地保护投资者的利益（La Porta et al.，1999）。制度变量以 FreedomHouse 公布的公民自由指数（*cl*）衡量，该指数在 1~7 取值，数值越小表示制度环境越完善；法律变量（*legor_ uk*）取自拉波塔等（La Porta et al.，1999）。

7.3.2　模型设定和估计方法

综合上述分析，构建检验跨国并购驱动因素模型为

$$E(M\&A_{cj,l,t}) = E(y_{it}) = \exp(X'_{it}\beta)$$
$$= \exp\{\beta_0 + \beta_1 ARCA_{cl,t} + \beta_2 stk_{j,t} + \beta_3 stk_{c,t} + \gamma CV + \varepsilon_{cj,l,t}\}$$

$$(7.2)$$

其中，*c* 表示中国，*j* 是东道国，*l* 和 *t* 分别表示行业和时间；*α*、*β*、*γ* 是估计系数；*CV* 为其他控制变量集合。

被解释变量 *m&a* 是一个非负、离散的随机整数，取值为 0~18，其中非零值

占比为3％。这表明跨国并购活动是一种非线性过程。针对此类变量，传统的线性估计方法并不适用，需采用非线性的计数模型进行拟极大似然估计。计数模型不仅考虑了数据的离散性质，便于解释跨国并购的发生次数，而且能够将代表性个体的区位决策函数与实证中的似然函数联系起来（Schmidheiny and Brülhart，2011）。它的分析起点是泊松模型：

$$Pr(Y_{it} = y_{it} \mid X_{it}) = \frac{\exp(-\lambda_{it})\lambda_{it}{}^{y_{it}}}{y_{it}!} \tag{7.3}$$

其中，$\lambda_{it} = E(Y_{it})$。根据泊松函数的性质，有 Y_{it} 的条件均值等于其方差，即要求并购宗数的分布满足等分散性假设（Equidispersion）：

$$E(Y_{it}) = V(Y_{it}) = \exp(X'_{it}\beta) \tag{7.4}$$

然而，等分散性对现实数据而言是一个较为严苛的假设[①]。在实证分析中采用了多种方法检验该假设，结果均显示被解释变量的方差显著大于其均值，呈现过度分散的特征（Overdispersion）。违背等分散性假设时，采用泊松模型估计会低估系数标准差，使得原本不显著的变量变得显著，导致错误的统计推断。过度分散可能源于对数据分布假设不恰当或者遗漏了与个体相关的无法观测的异质性因素（Hilbe，2011；Blundell et al.，1995）。典型的处理方法是在原方差中引入随机参数，放松等分散性假设，从而将泊松模型拓展为负二项回归模型（Negative Binomial，NB）。此外，在面板结构中可以通过加入个体效应参数控制个体异质性对回归结果的影响。根据方差和均值之间的关系，NB 模型有多种定义方式，选取文献中经典的二次式方差（NB2），扩展后均值和方差可分别表示为

$$\eta_{it} = \lambda_{it}u_\iota = \exp(X'_{it}\beta + a_i) \tag{7.5}$$

$$V(Y_{it}) = \exp(X'_{it}\beta + a_i)[1 + \alpha\exp(X'_{it}\beta + a_i)] \tag{7.6}$$

其中，$a_i = \ln(u_i)$ 为个体效应。根据已有文献的研究（Hausman et al.，1984；Hilbe，2011），基准分析中假设个体效应是服从独立同分布的随机效应。特别地，假定 $1/[\ln(\alpha_i) + 1]$ 服从 $beta(r, s)$ 分布。与混合估计相比，随机效应估计考虑了面板内序列相关引起的异质性；与固定效应方法相比，它不会面临偶发参数问题（Incidental Parameter Problem），并且在大样本条件下能够得到更为有效的估计（Hilbe，2011）。

---

① 不分类型的并购宗数均值为 0.033，方差为 0.123；跨行业并购均值为 0.019，方差为 0.052；行业内并购均值为 0.015，方差为 0.032。方差为均值 2～3 倍，均不满足等分散性条件。

7.4 实证结果与分析

7.4.1 基准回归：制造业

表7-3第（1）~第（6）列汇报了制造业行业样本的回归结果。其中，第（1）和第（2）列结果是基于制造业样本总体，第（3）和第（4）列是跨行业并购样本，第（5）和第（6）列是行业内并购样本。整体上看，六组方程的 beta 分布参数均十分显著，且似然比检验显示随机效应回归优于混合效应回归，这说明采用负二项随机效应回归能够较好地克服数据过度分散和个体异质性问题。对数似然值和 AIC 信息值的变化也表明，进一步控制制度等因素的影响能够提高模型的有效性。

我们重点关注检验"优势假说"和"价格假说"的三个核心变量。首先，从符号判断，只有跨行业并购样本的竞争优势指标与理论假说相符。但六组结果的正负面效应均不具有统计显著。这说明现阶段中国制造业行业的对外并购行为并不符合"优势假说"的理论预期，也明显不同于布拉克曼（Brakman et al.，2013）等人利用发达国家样本所得到的正面结果。其次，东道国股价对总体并购和跨行业并购均有显著的负面影响。换言之，东道国股价越低，国内企业海外并购的动力越强。这意味着中国企业存在利用跨国并购方式进行国际套利的迹象，首次证实中国制造业的海外并购也具有强烈的追求廉价资产的动机。这与斯托塔德和诺伊（Stoddard and Noy，2015）的结论并不一致，一方面可能是因为金融危机对不同规模企业具有非对称影响，导致采用并购宗数比采用并购金额作为被解释变量更易得到该结论；另一方面可能是因为数据结构的差异，斯托塔德和诺伊（Stoddard and Noy，2015）采用国家层面加总数据的做法会抹掉不同行业的异质性反应。阿吉亚尔和戈皮纳特（Aguiar and Gopinath，2005）利用企业层面数据研究了东南亚危机期间的 FDI 情况，其结论也倾向于支持 Fire-sale FDI 假说。进一步分析本国股价影响，我们发现六组方程的系数符号均为正，符合"市值高估"假说，并且从系数值和标准误差大小判断，本国资产价格对跨行业并购的影响比行业内并购更大更明显。然而，六组方程中的本国股价指数变量并不显著异于零，说明制造业的股价上升并未发挥直接效应。我们将看到，这一点与服务行业有所不同。根据理论分析，我们认为出现这种现象的主要是由于不同部门初始融资能力以及对外源融资的依赖程度不同造成的，在那些更加依赖外部融资的行业，股票抵押功能的正面作用将更为显著。后文将依据相关数据进一步验证这种逻辑。

其他变量中，东道国和本国的市场规模对跨国并购都有十分显著的促进作用，这与引力模型以及海德和里斯（Head and Ries，2005，2008）理论预测是一致的，也与现有跨国并购投资的实证文献相符。较高的东道国私营部门信贷占比也具有显著的正面影响，证实东道国发达的金融配置系统能够有效地降低交易成本，促进并购的实施。相反的，中国私营部门的信贷水平却阻碍了国内企业对外并购的步伐，第（2）和第（6）列的结果均显示该负面效应在5%的显著性水平上显著，这与乔瓦尼（Giovanni，2005）从发达国家样本中得到的结论截然不同。我们只能从信贷结构失衡角度去理解这种扭曲。例如，对于信贷"饥渴"的企业而言，利用海外并购能够增加获取国外市场资金支持的机会。此外，理论上，人民币汇率升值会增加货币的购买力，有利于企业对外并购，但是实证结果并不稳定，这与布洛尼根（Blonigen，1997）以及其他文献中关于FDI与汇率之间呈正相关的观点略有不同。这可能与中国现行汇率体制下，国内并购企业无法对汇率走向形成可靠预期有关。

表 7 - 3 "优势假说"和"价格假说"检验：NB2 面板随机效应估计（制造业）

变量	(1)	(2)	(3)	(4)	(5)	(6)
	总并购		跨行业		行业内	
ca	- 0.105	- 0.047	0.040	0.141	- 0.358	- 0.341
	(0.18)	(0.17)	(0.20)	(0.19)	(0.24)	(0.23)
stk	- 0.921 ***	- 0.636 **	- 1.572 ***	- 1.186 ***	- 0.431	- 0.204
	(0.25)	(0.26)	(0.40)	(0.43)	(0.31)	(0.32)
stk_cn	0.313	0.236	0.421	0.435	0.160	0.006
	(0.27)	(0.27)	(0.40)	(0.39)	(0.35)	(0.35)
gdp	0.356 ***	0.597 ***	0.278 ***	0.628 ***	0.449 ***	0.616 ***
	(0.07)	(0.08)	(0.09)	(0.10)	(0.10)	(0.10)
gdp_cn	1.656 ***	2.597 ***	1.365 ***	1.640 **	2.059 ***	3.489 ***
	(0.33)	(0.58)	(0.46)	(0.76)	(0.45)	(0.80)
$credit$	0.015 ***	0.007 ***	0.016 ***	0.006 **	0.014 ***	0.007 ***
	(0.00)	(0.00)	(0.00)	(0.00)	(0.00)	(0.00)
$credit\_cn$	- 0.010	- 0.015 **	- 0.007	- 0.005	- 0.013	- 0.023 **
	(0.01)	(0.01)	(0.01)	(0.01)	(0.01)	(0.01)
xr	0.034	- 0.014	- 0.059	- 0.059	0.098 **	0.005
	(0.04)	(0.06)	(0.06)	(0.08)	(0.05)	(0.08)
cl		- 0.124		- 0.218 *		- 0.260 *
		(0.09)		(0.13)		(0.13)
$dist$		- 0.528 **		- 0.288		- 0.706 **
		(0.21)		(0.28)		(0.28)
$contig$		0.296		- 0.045		0.879 **
		(0.34)		(0.42)		(0.43)
$comlng$		1.972 ***		3.047 ***		1.137 **
		(0.42)		(0.54)		(0.58)
$legor\_uk$		0.133		0.113		0.076
		(0.24)		(0.31)		(0.31)

续表

变量	(1)	(2)	(3)	(4)	(5)	(6)
	总并购		跨行业		行业内	
ln_ r	1.985 ***	1.959 ***	2.509 ***	2.303 ***	1.953 ***	1.932 ***
	(0.28)	(0.27)	(0.51)	(0.41)	(0.37)	(0.35)
ln_ s	−1.377 ***	−0.790 ***	−1.646 ***	−0.575 **	−1.532 ***	−1.141 ***
	(0.16)	(0.19)	(0.20)	(0.28)	(0.21)	(0.23)
ll	−1 244.92	−1 204.10	−741.91	−700.05	−750.34	−729.41
AIC	2 511.84	2 440.19	1 505.82	1 432.10	1 522.68	1 490.82
N	12 992	12 992	12 992	12 992	12 992	12 992

注：括号中为标准误差，$*p < 0.1$，$**p < 0.05$，$***p < 0.01$；根据并购方与被并购方是否位于同一二分位行业定义并购类型，行业按照 ISICRev.3 划分，下同。

在以往的研究中，制度、距离等地理因素、文化及法律起源对跨国投资亦有重要影响。一些文献强调中国企业对外直接投资时偏好政治风险和经济风险较高的国家（Kolstad and Wigg，2012；Quer et al. 2012），我们细分行业的实证结果却发现中国对外并购还是倾向于选择具有较完善制度的东道国，因而并不支持以往论断。其主要原因可能是在分析时排除了资源行业样本。中国较大比例的资源行业并购是发生在中低收入水平的国家，这些国家的制度水平一般较低，政治和经济风险也较高。此外，法律起源对制造业并购的影响并不显著。较远的东道国距离会降低中国对外并购可能性，这表明较远的距离衡量了较高的信息和控制成本（Portes and Rey，2005；Head and Ries，2008），对并购投资具有负面影响。至于是否相邻对于并购的影响似乎并不稳健，而表征文化认知的共同语言变量则对并购有十分显著的正面作用。在样本中与中国使用同种语言的人口比例达到9%以上的样本主要分布在东南亚国家。语言变量一方面反映了文化差异和信息成本在并购前调查、并购中谈判以及并购后整合中的重要性，另一方面也可能刻画了部分距离因素的影响。这些结论大致与我们关于跨国并购投资的认识是相符的。

总之，制造业行业的回归结果表明中国企业的对外并购抱有较为强烈的寻求廉价资产的动机，本国高估的市值也对企业"走出去"起到了一定的推动作用。然而，行业竞争优势在跨国并购过程中并未发挥预期的促进作用。

7.4.2 基准回归：服务业

表7-4提供了服务业样本的回归结果。整体上，各变量的系数符号与制造业样本的估计结果差异并不明显，但是系数值的大小和统计显著性存在较大的区别。具体而言，竞争优势指标在服务业六组回归方程中均为负号，总体和行业内样本的估计结果甚至在5%和1%的显著性水平上显著，这意味着服务业跨国并购的"逆竞争优势"的特征较为突出，特别是对于发生在同一行业内的并购。

该结论与国内服务业增长滞后而海外并购快速增加的经济事实是一致的。这种矛盾现象同时表明中国跨国并购的动力机制可能与发达国家的已有经验存在较大差异。作为国际并购市场新近崛起的进入者，其并购行为受到市场价格因素的强烈推动。一方面，低廉的东道国资产价格对服务业跨国并购具有较强的吸引力；另一方面，本国的股票价格上升对跨国并购有极为重要的促进作用，与贝克尔等（Baker et al.，2009）和埃雷尔等（Erel et al.，2013）的结论相似。这两方面的证据不仅十分契合"价格假说"的理论预期，验证了短期价格因素在中国跨国并购中的关键性影响，而且一定程度上解释了中国企业违背竞争优势展开并购的逻辑一致性。企业海外投资的套利投机心态往往会使其忽视自身的并购能力和竞争优势，而重点关注资产价格，并在国外资产价格上涨时，减少购买；在国内资产价格上升，流动性充裕时增加购买。国内股市市值变动对服务行业的影响较制造业显著，可能反映了以下事实：即相较于制造业，服务行业依然保持较强的进入壁垒，国有企业在其中占据主导地位①，而中国股市虽然发展速度较快但依然主要服务于国有企业融资（Riedel et al.，2007），所以对服务行业的直接影响更为明显。在进一步的机制检验中，如果将制造业近似看成民营企业集合，而服务业近似为国有企业集合，关于制造业和服务业样本在三个核心变量上的估计差异与理论分析部分的预测是逻辑自洽的。至于其他变量的表现，基本与制造业样本的结果保持一致，此处不再赘述。

表 7-4 "优势假说"和"价格假说"检验：NB2 面板随机效应估计（服务业）

变量	总并购		跨行业		行业内	
	（1）	（2）	（3）	（4）	（5）	（6）
ARCA	-0.614 **	-0.505 **	-0.429	-0.358	-1.428 ***	-1.210 ***
	(0.28)	(0.25)	(0.29)	(0.26)	(0.49)	(0.45)
stk	-1.295 ***	-0.815 **	-1.594 ***	-1.077 ***	-0.957 *	-0.258
	(0.32)	(0.33)	(0.38)	(0.40)	(0.51)	(0.52)
stk_ cn	1.013 ***	0.933 ***	0.639 **	0.600 *	1.875 ***	1.547 ***
	(0.27)	(0.26)	(0.32)	(0.31)	(0.43)	(0.40)
gdp	0.289 ***	0.650 ***	0.302 ***	0.674 ***	0.122	0.515 ***
	(0.09)	(0.09)	(0.09)	(0.10)	(0.13)	(0.13)
gdp_ cn	1.259 ***	1.616 ***	1.860 ***	2.490 ***	0.079	-0.179
	(0.33)	(0.58)	(0.40)	(0.70)	(0.53)	(0.91)
credit	0.017 ***	0.004 **	0.018 ***	0.004	0.016 ***	0.003
	(0.00)	(0.00)	(0.00)	(0.00)	(0.00)	(0.00)
credit_ cn	-0.011 *	-0.008	-0.022 ***	-0.019 **	0.007	0.016
	(0.01)	(0.01)	(0.01)	(0.01)	(0.01)	(0.01)

① 根据中国统计局数据，2008—2013 年，除建筑和房地产业、批发零售和住宿餐饮等少数几个行业外，其他服务业各行业国有控股企业的投资占比基本达到 70% 以上，占绝对的主导地位，而制造业投资占比均值只有 15% 左右。

续表

变量	总并购		跨行业		行业内	
	（1）	（2）	（3）	（4）	（5）	（6）
xr	−0.064	0.027	−0.040	0.044	−0.084	−0.002
	(0.05)	(0.06)	(0.06)	(0.08)	(0.08)	(0.11)
cl		−0.292 ***		−0.492 ***		−0.191
		(0.11)		(0.14)		(0.16)
dist		−0.378 *		−0.552 **		−0.043
		(0.22)		(0.26)		(0.37)
contig		−0.440		−0.676		0.604
		(0.38)		(0.43)		(0.54)
comlng		3.149 ***		3.241 ***		3.209 ***
		(0.45)		(0.52)		(0.64)
legor_ uk		1.212 ***		1.164 ***		1.425 ***
		(0.25)		(0.29)		(0.41)
ln_ r	1.669 ***	1.843 ***	1.683 ***	1.845 ***	1.959 ***	2.337 ***
	(0.23)	(0.27)	(0.26)	(0.30)	(0.44)	(0.61)
ln_ s	−2.017 ***	−0.894 ***	−2.062 ***	−0.875 ***	−2.735 ***	−1.292 ***
	(0.15)	(0.19)	(0.17)	(0.23)	(0.23)	(0.28)
ll	−1 213.30	−1 132.26	−939.01	−875.35	−549.45	−498.36
AIC	2 448.60	2 296.52	1 900.02	1 782.69	1 120.91	1 028.72
N	15 776	15 776	15 776	15 776	15 776	15 776

7.4.3 "价格假说"的进一步分析

1. "市值高估"的信贷渠道检验

在基准分析中，我们发现了价格因素对中国企业跨国并购的关键影响，但是对其作用渠道了解的还不够透彻。在理论分析部分，根据中国特殊的体制背景提出，高涨的股市能够提高企业抵押物价值，或者降低其融资成本，增加了企业的可贷资金和现金，从而缓解了企业束紧的资本要素，为企业跨国并购提供较为便利的资金环境。如果这一假说成立，那么可以预期在面临融资约束越强的行业，股市价值提高对跨国并购的促进作用将更加显著。根据融资顺序理论的主要观点，外部融资成本一般高于内源融资成本（Mayers，1984）。因此，对于更加依赖外源融资的行业，受到融资约束的可能性更大。同时，考虑到国有企业面临的信贷环境远远优于非国有企业，因而这一约束在国有企业占主导的服务行业应小于制造业行业。我们利用各行业贷款投资资金占比衡量行业依赖外源融资的程度。根据历年中国统计年鉴提供的数据，还构造了贷款占比虚拟变量（loan）[1]，以标识贷款占比较高的二分位行业，继而以各行业贷款占比虚拟变量与本国股价数据生成交叉项，通过观察交叉项

---

[1] 当行业的贷款占比高于制造业（服务业）贷款占比均值时，标示为1，否则为零。构造虚拟变量的目的是为了与股价变量生成交叉项，以检验融资成本机制。

的系数检验上述推断。由于从中国统计年鉴中只能得到2003—2011年统计口径前后一致的资金来源数据，该部分样本的时间范围作了相应调整。

分制造业和服务业的回归结果见表7-5。制造业第（1）~第（3）列的回归结果显示，股价与贷款虚拟变量的交叉项系数为正，并且十分显著，说明在制造业行业中，股价升值对贷款资金占比高的行业促进作用更大，这印证了制造业行业的融资渠道机制。反观服务行业，会发现股票升值的融资渠道机制并不显著。究其原因，在服务行业中国有资本占主导地位，其面临的融资约束相对较少，所以股票的抵押功能相比之下并不是非常突出。不过，股票升值依然对服务业跨国并购具有显著的促进作用，但它的作用机制有别于制造业（非国有企业），而更可能通过增发等方式助长国有企业经理人的海外投资信心，促使其加快跨国扩张步伐。

表7-5 信贷渠道检验

变量	制造业			服务业		
	（1） 总并购	（2） 跨行业	（3） 行业内	（4） 总并购	（5） 跨行业	（6） 行业内
ca	-0.237 (0.21)	0.003 (0.25)	-0.544* (0.29)	-0.050 (0.30)	0.104 (0.33)	-0.729 (0.51)
stk	-0.491 (0.31)	-1.264** (0.56)	-0.058 (0.37)	-0.973** (0.43)	-1.105** (0.52)	-0.627 (0.70)
stk_cn	-0.335 (0.32)	-0.308 (0.50)	-0.498 (0.42)	0.473* (0.28)	0.173 (0.35)	1.019** (0.45)
stk_cn*loan	0.733*** (0.23)	0.887*** (0.32)	0.684** (0.31)	-0.004 (0.33)	0.033 (0.39)	-0.094 (0.48)
N	7 658	7 658	7 658	9 299	9 299	9 299

注：括号中为标准误差，$*p < 0.1$，$**p < 0.05$，$***p < 0.01$；控制变量与表7-4的偶数列相同，为节省篇幅，略去不表，下同；样本范围调整为2003—2011年。

2. 跨国套利途径检验

通常认为生产性的外商直接投资不仅起到补充国内资本的作用，而且能够带来前后向技术外溢、示范和竞争效应以及人员流动效应等一系列正面影响，而财务性投资等带有游资性质的以套利为目的的间接投资则会加大资本项目波动，甚至伤害东道国宏观经济稳定性。基于这两种较为普遍的认识，各国政府在实施资本项目管制时往往会特别青睐前者而不欢迎甚至抵制后者。跨国并购作为直接投资方式之一，常常能够规避资本项目管制针对间接投资所带来的政策限制。如果跨国并购为套利提供方便，我们会预期在资本项目管制较严格的国家/地区，国外升值对跨国并购的促进作用将更加明显，亦即利用各国对资本项目管制程度差异检验跨国套利途径。通过从齐恩和伊藤（Chinn and Ito，2006）的研究中引入资本项目管制变量（kaopen），并与东道国股价指数生成交叉项，通过判断交叉项的符号和显著性验证套利机制。因为kaopen值越大表示资本管制越严厉，所以如果套利推论正确，可预期该交叉项符号为显著为正。表7-6展示了回归结果。

核心变量的系数符号和显著性与基准回归基本相同,交叉项的符号与预期一致,除了行业内并购之外,总体和跨行业并购样本均具有统计上的显著性。特别地,制造业和服务业表现出了相似性。该结论侧面印证了我国企业海外并购的过度并购倾向,并进一步证实其短期套利而非优势驱动的特征。

表7-6 套利途径检验

变量	制造业			服务业		
	(1) 总并购	(2) 跨行业	(3) 行业内	(4) 总并购	(5) 跨行业	(6) 行业内
ca	-0.046 (0.17)	0.118 (0.19)	-0.337 (0.23)	-0.527 ** (0.25)	-0.375 (0.27)	-1.204 *** (0.44)
stk	-1.891 *** (0.49)	-3.819 *** (0.83)	-0.988 * (0.58)	-1.535 *** (0.50)	-2.046 *** (0.63)	-1.096 (0.76)
stk_cn	0.072 (0.27)	0.119 (0.39)	-0.064 (0.35)	0.677 *** (0.26)	0.283 (0.31)	1.331 *** (0.41)
$stk * kaopen$	1.425 *** (0.47)	2.952 *** (0.76)	0.879 (0.58)	0.878 * (0.45)	1.178 ** (0.56)	0.952 (0.68)
N	12 978	12 978	12 978	15 759	15 759	15 759

注:括号中为标准误差,$*p < 0.1$,$**p < 0.05$,$***p < 0.01$。

3. 价格因素的作用方式:"扩展边际"还是"集约边际"

我们同样关心价格因素是影响企业跨国并购的可能性还是跨国并购的规模,亦即探究其通过扩展边际还是集约边际发挥作用。为了减少被解释变量的零值数量,将采用国家层面的加总数据揭示这两种边际效应。首先,将各东道国在行业层面的并购宗数按照年份归总得到国家层面的加总变量;然后,利用logit模型分析影响跨国并购可能性(扩展边际)的因素。其中,被解释变量设定为二元虚拟变量:中国在东道国的并购宗数大于零时,虚拟变量的值为1,否则为零;而在探究决定并购规模的因素时,则剔除零值样本,集中分析并购宗数大于零的样本。表7-7的回归结果显示,除了跨行业样本外,东道国股价下降和本国股价上升都会显著增加跨国并购的数量,这意味着价格因素主要通过集约边际发挥作用(即影响跨国并购的规模)。

表7-7 "价格因素"的扩展边际和集约边际检验

控制变量	logit ($y = 0\&1$)			NB2 ($y > 0$)		
	(1) 总并购	(2) 跨行业	(3) 行业内	(4) 总并购	(5) 跨行业	(6) 行业内
stk	-0.028 (0.33)	-0.832 ** (0.41)	0.358 (0.37)	-0.632 *** (0.20)	-0.434 (0.30)	-0.448 * (0.25)
stk_cn	0.200 (0.44)	-0.037 (0.50)	0.195 (0.49)	0.466 ** (0.18)	0.455 ** (0.23)	0.676 *** (0.23)
N	928	928	928	272	193	179

注:括号中为标准误差,$*p < 0.1$,$**p < 0.05$,$***p < 0.01$;观测值调整为国家层面的加总样本。

7.4.4　再论"优势假说"

1. "优势假说"适用性的东道国差异

我们强调中国企业利用跨国并购的方式走出去时，首先自身需要具备一定的竞争优势，所谓"打铁还需自身硬"，只有如此才能够成功地驾驭并购标的，实现有增值的并购。然而，通过实证结果却发现，无论是在制造业还是服务业，国内的海外并购模式均不支持"优势假说"预测，甚至在服务行业还带有较明显的"逆竞争优势"特征。我们认为这种违背效率原则的并购行为在发展程度不同的国家表现应有较大的差异。在市场经济较发达的国家，由于市场竞争较为充分，信息不对称性程度较弱，因而即使是中国企业也要更为遵循效率原则，并按照竞争优势行事；反之，在经济发展欠发达的地区，由于市场不透明性较高，非市场性力量能够发挥更加重要的作用，所以其"逆竞争优势"的特征应更为突出。

表 7 - 8　　　　　　　　　　　竞争优势的东道国差异检验

变量	制造业			服务业		
	(1) 总并购	(2) 跨行业	(3) 行业内	(4) 总并购	(5) 跨行业	(6) 行业内
ca	-0.270 (0.21)	-0.031 (0.25)	-0.739 ** (0.31)	-1.205 *** (0.42)	-1.026 ** (0.47)	-2.175 *** (0.75)
stk	-0.663 ** (0.26)	-1.239 *** (0.44)	-0.212 (0.32)	-0.843 ** (0.33)	-1.105 *** (0.41)	-0.285 (0.52)
stk_cn	0.242 (0.27)	0.444 (0.39)	0.012 (0.35)	0.923 *** (0.26)	0.597 * (0.31)	1.518 *** (0.40)
$rca * inc$	0.317 * (0.67)	0.220 (0.17)	0.529 ** (0.20)	0.849 ** (0.26)	0.793 * (0.39)	1.162 * (0.44)
N	12 992	12 992	12 992	15 776	15 776	15 776

注：括号中为标准误差，$*p < 0.1$，$**p < 0.05$，$***p < 0.01$。

与 7.4.3 小节的分析类似，通过验证收入水平与竞争优势水平的交叉效应来验证上述推论。首先构建了东道国收入水平虚拟变量（inc），令高收入国家为 1，中低收入国家为 0；然后与竞争优势指标相乘得到交叉项。根据之前的分析推论，可以预期该交叉项的符号应为正。表 7 - 8 提供了分制造业和服务业的估计结果。观察六组方程中交叉项系数的符号，我们发现其符号均为正，与预期相符，并且只有制造业的跨行业并购样本没有统计显著性。这说明中国企业在收入水平较高的东道国收购企业时，更加依赖自身竞争优势。不过，边际效应分析显示，不论在哪种收入水平的东道国，国内的海外并购行为均存在某些"逆竞争优势"特征，发达国家样本和制造业行业跨国并购在程度上相对较轻而已。

2. 竞争优势测度的影响

利用 RCA 指数测度行业竞争优势是现有文献的普遍做法（金碚等，2013；李钢，刘吉超，2012；White，1987）。作为一种参照，我们同时提供了以 RCA 指数作为核心解释变量的估计结果。RCA 指标的测算公式为

$$RCA = \frac{\dfrac{EX_{lt}^{c}}{EX_{t}^{c}}}{\dfrac{EX_{lt}^{w}}{EX_{t}^{w}}} \tag{7.7}$$

其中，*EX* 表示出口额，我们汲取增加值贸易的思想（Koopman et al.；2014），剔除出口额中的中间投入和重复计算部分，得到基于出口增加值的指标 KRCA。将其代入基准模型中，估计得到结果见表 7 – 9。从符号看，只有跨行业并购样本的 KRCA 为正，其余均为负，且在行业内并购样本中具有统计显著性。此外，其他变量的估计结果并无变化。事实上，即使遵循巴拉萨（Balassa，1965）的原始做法，以不做处理的出口总额计算 RCA 得到结果与现有发现也完全一致。总而言之，中国的海外并购模式并不符合"优势假说"的直觉，甚至在部分类型的并购中还存在较大的背离。值得指出的是，竞争优势是一个较为复杂的概念，我们现有的指标可能只是捕捉了其中的一方面，并且分析是从行业层面展开的，这也可能会有损结论的一般性。不过，发现与普遍的认识相矛盾，这依然具有较强的警示作用。

表 7 – 9   基于传统 RCA 指标的估计结果

控制变量	制造业			服务业		
	（1）总并购	（2）跨行业	（3）行业内	（4）总并购	（5）跨行业	（6）行业内
KRCA	− 0.073	0.083	− 0.348 *	− 0.272	− 0.173	− 0.716 **
	（0.12）	（0.14）	（0.18）	（0.22）	（0.24）	（0.36）
stk	− 0.639 **	− 1.186 ***	− 0.224	− 0.812 **	− 1.077 ***	− 0.262
	（0.26）	（0.43）	（0.32）	（0.33）	（0.40）	（0.52）
stk_ cn	0.237	0.436	0.011	0.926 ***	0.594 *	1.555 ***
	（0.27）	（0.39）	（0.35）	（0.26）	（0.31）	（0.40）
N	12 992	12 992	12 992	15 776	15 776	15 776

注：括号中为标准误差，$*p < 0.1$，$**p < 0.05$，$***p < 0.01$。

7.5　稳健性讨论

7.5.1　固定效应估计

在研究设计部分详述了采用面板随机效应而非固定效应估计的原因。然而，

随机效应估计要求个体效应外生于其他的解释变量，否则估计结果的有效性要弱于固定效应方法（Mundlak，1978）。曾尝试将所有解释变量（除虚拟变量外）滞后一期，变为前定变量，得到的结果与 7.4.1 和 7.4.2 小节的结果类似（未报告）。尽管如此，我们依然怀疑由于经济体惯性引致的序列相关性，将变量滞后的做法无法保证结果的准确性。有鉴于此，根据布伦德尔（Blundell et al.，1995）的做法，采取了两种不同的固定效应模型进行估计，以便与随机效应模型的估计结果进行对比。一是利用条件固定效应方法估计。该方法试图从一个修正的对数似然函数中直接推导出衡量固定效应的充分统计量（Hausman，1984），其优点是在估计过程中，衡量固定效应的统计量将会被抵消，无须估计出真实的固定效应。不过该方法要求样本至少持续两期，并且面板内至少存在一个非零的被解释变量，因此会大大减少样本的规模。二是尝试直接测度固定效应来源。假定以往成功的并购经验是行业差异的主要来源，由此可以用中国在东道国各行业1995 年之前的累计完成的并购宗数代表各行业并购信息，该"信息存量"反映了不同行业对各东道国了解程度，以及自身需求差异，它会持续地影响此后的并购决策。在基准分析方程中，加入该信息变量，便可捕捉行业间的不可观测的固定效应的影响。汤森路透数据库记录了中国企业最早至 1985 年的并购情况，所以该变量的值可以设定为 1985—1994 年共十年的累加值，并对其进行对数化处理。预期该变量（$lwma$）的符号应该显著为正。

两种不同方法得到估计结果表明，基准分析中得到的结论依然是基本成立的，制造业和服务业均受到东道国较低股价的吸引；同时本国股价对跨国并购具有较强的推动作用，尤其是服务业；而竞争优势指标对国内海外并购并不存在促进作用。整体而言，条件固定效应方法对虚拟变量的估计误差较大①，直接法则与基准分析较为接近，并且用于度量固定效应的变量，其符号和显著与预期保持一致。综上所述，分析结果受到估计方法的影响应是较小的。

7.5.2　采用中国行业层面股价指数的影响

采用行业层面的股价指数无疑能够更加全面地考虑行业特征对跨国并购的深刻影响，但是由于数据限制以及金融领域与国民经济统计的行业划分标准不一致等问题，使得我们无法获取所有国家行业层面的价格指数。不过，从 Wind 数据库中，意外地发现了按照中国证券监督管理委员会（以下简称"证监会"）的行业指导所统计的股价指数序列。尽管证监会的行业划分标准与国民经济统计的行

①　正如 Hilbe（2011）指出，条件固定效应并非真正的固定效应模型，它并没有控制所有解释变量的固定部分，并且对虚拟变量的估计存在较大误差。

业标准存在较大出入，但这仍然为从行业层面进一步论证"市值高估"假说提供了可能。由于 Wind 资讯数据库的统计是从 2001 年开始，因而样本也相应缩减至 2001—2011 年。具体的估计结果见表 7 - 10。重点关注中国行业层面的股价指标 stk_ind，其中，制造业样本的系数符号为负但不具有显著性，而服务业样本的系数依然显著为正，不过系数值的大小相比基准结果有所下降。其他变量的符号和显著性也基本与的结论保持一致。

表 7 - 10　　　　　　　　　　　　基于中国行业层面股价指数的估计

股价指标	制造业			服务业		
	(1) 总并购	(2) 跨行业	(1) 总并购	(2) 跨行业	(1) 总并购	(2) 跨行业
rca_cn	- 0.065	0.216	- 0.403	- 0.621 **	- 0.438	- 1.279 ***
	(0.19)	(0.23)	(0.26)	(0.27)	(0.30)	(0.47)
stk	- 0.575 **	- 1.184 **	0.097	- 1.202 ***	- 1.573 ***	- 0.428
	(0.28)	(0.52)	(0.35)	(0.40)	(0.51)	(0.60)
stk_ind	- 0.331	- 0.199	- 0.506	0.493 ***	0.442 **	0.537 **
	(0.27)	(0.41)	(0.36)	(0.16)	(0.20)	(0.24)
N	9 254	9 254	9 254	11 237	11 237	11 237

注：括号中为标准误差，* $p < 0.1$，** $p < 0.05$，*** $p < 0.01$。

7.6　结论

中国产业资本加速向世界其他国家（地区）配置成为当下经济的一个新特征，而背后的驱动因素逐渐成为学术界关注的一个热点问题。本章抓住中国企业跨国并购投资这一突出现象，利用 1995—2011 年国家—行业层面的面板数据，着重探究了行业竞争优势和资产价格因素在此过程中所扮演的重要角色。我们得到了几点富有启发意义的发现。

（1）中国跨国并购行为带有一定的"逆竞争优势"特征，即相对劣势的行业往往成为海外并购频率更高的行业，尤其体现在服务行业。这种带有经济非理性色彩的并购在收入水平较高的东道国表现相对较弱，但仍然与成熟经济体的跨国并购经验截然不同。

（2）东道国资产价格下跌对跨国并购具有较显著的拉动作用，并且在资本项目管制较严格的东道国更为突出。

（3）本国资产价格上升会对跨国并购发挥较为积极的促进效应。在考虑了其他估计方法后，上述两条结论依然比较稳健。

（4）来自融资渠道的检验表明，本国资产价格可能通过缓解行业的外部融资约束提高了中国制造业企业的并购能力，实现对企业跨国并购的正面促进作用。有迹象表明，价格因素可能主要通过增加海外并购的规模（集约边际）发挥影响。

本章的结论整体上支持"价格假说"理论，却不符合"优势假说"的预期，表明中国当期的跨国并购受到短期因素的驱动较为明显，呈现出一定程度的"投机"套利特征，进一步印证了第 6 章基于国际产业周期时滞的分析。自 2008 年金融危机以来，在海外股权资产价格折损的背景下，国内产业高增长预期更是加大了国内外资产价格差异幅度，正是其掀起了国内企业的海外并购热潮。企业利用国际资本市场不完善的机会投资套利符合其自身的经济利益，本无可厚非。然而，行业层面普遍存在缺乏"内功"底子的海外并购现象，依然值得警惕：为什么"走出去"并购的恰恰是缺乏竞争力的行业？在没有竞争优势的条件下，获得海外股权资产后能否提升国内企业和相关行业的国际竞争力水平，促进国内产业的长远发展？我们将在后面的章节中进一步展开研究。

第8章

国有和民营企业的海外并购倾向差异

上市公司数据显示，国有企业具有显著更低的跨国并购倾向，这和政策推动理论、代理成本理论等传统认知相违背。本章基于不同所有制的竞争力属性差异试图解释这一现象，认为国有企业在国内享受的政策偏倚构成其竞争优势，而这种优势无法转移到国外，从而带来其较低的海外并购倾向。首先通过多元回归模型和DID的方法证明了国有企业确实具有较低的国外并购倾向，随后发现，具有较高的外部政策偏倚（市场化程度较低和国有经济比重较高）和较高内部政治资源（高管具有政治背景）的企业，对国外并购的厌恶程度更高，从而证明政策偏倚是解释国有企业"走出去"难的关键。扩展分析表明，国有企业国内并购的相对优势体现在相对于非国有企业更长的跨国并购持续时间和更低的国内并购溢价上。推动国有企业"走出去"应该建立国有企业和非国有企业同等竞争的环境中，通过竞争压力鼓励国有企业开拓国外市场。

8.1 引言

近年来随着我国产业快速发展和产业国际竞争力的不断加强，中国企业对外直接投资增长迅速，其中对外并购的飙升更是成为全球并购市场的焦点。根据麦肯锡2017年发布的《中企跨境并购袖珍指南》统计，我国企业海外并购数量在过去五年平均年增幅高达33%，2016年我国海外并购交易金额达到2 270亿美元。但该报告同时也揭示，中国海外并购占我国GDP的比值仅为0.9%，远小于美国和欧盟的水平。这意味着，未来相当长一段时间，中国企业海外并购还将保持快速增长。

回顾中国企业海外并购的短暂历史，一些由国有企业发起的巨额并购让人印象深刻。早期有中石油、中海油和中国铝业等央企进行的大型资源型收购，最近又有中国化工创纪录的以 430 亿美元收购先正达案例。由于"眼球效应",人们往往认为国有企业更喜欢"走出去",具有更强的跨国并购倾向。除了直观印象,既有的理论分析也往往会得到国有企业对外并购倾向更强的结论。如部分舆论认为中国企业的"走出去"带有强烈的国家政策推动的烙印,会更加不计成本地推动跨国并购;还有学者认为国家资源向国有企业倾斜,国有企业有更强的能力推动跨国并购;也有学者基于代理成本理论,认为国有企业高管为了升迁和积累政治资本目的,存在以跨国并购扩大企业规模的动机。

但若将国内并购也纳入比较,统计数据则呈现一个与大家通常印象截然不同的景象:与民营企业相比,国有企业进行的国内并购比重更高,而海外并购数量模型较少。以国泰安数据来说(见表 8-1),1998—2017 年国有或国有控股企业发起的并购中绝大多数都发生在国内市场,其中仅有 1.6% 为海外并购,同期民营企业的海外并购比重则达 5.6%;WIND 资讯数据库揭示了类似的分布:国有企业的并购中跨国并购占比 5.58%,而非国有企业跨国并购占比则为 9.88%。即便考虑到国有企业单项并购交易规模较大,但不可否认,国有企业的并购扩张似乎更偏好国内标的,与民营企业近年来在海外并购市场上的突飞猛进形成鲜明的反差。

表 8-1　　　　　　　　1998—2017 年上市公司并购数量统计

企业类型	企业数量（年平均）	海外并购数量	国内并购数量	海外并购的比重
国有企业	900	75	4 670	1.58%
非国有企业	997	295	4 933	5.64%

资料来源:国泰安(CSMAR)数据库。

据我们所知,目前尚无研究文献对上述现象进行解释,而且现有的并购理论和国际直接投资理论也很难对此提供线索。传统上,有关并购和跨国并购的理论溯源有很大不同。一方面,一般对并购的理论研究多从金融视角出发,探讨它是否为股东创造价值,或从公司治理等方面来理解并购动机。另一方面,跨国并购的理论营养则主要来自国际直接投资理论,多从规避贸易成本或获取目标企业经营资源方面寻找其动因。因此,我们很少能看到将二者放在一起进行比较的文献。现存的研究主要也仅是二者在资本市场上的财富效应比较。如危平和唐慧泉(2016)基于中国企业样本的实证研究发现,跨国并购虽然能带来显著正向的财富效应,但是小于国内并购产生的财富效应。不过在全球范围内,关于跨国并购与国内并购财富效应的比较中,现有的文献很难得到一个统一的结论(Doukas and Travlos, 1988;Eckbo and Thorburn, 2000;Moeller and Schlingemann, 2005;Aybar and Ficici, 2009;Kohli and Mann, 2012;Rani and Yadav, 2014)。可见,很难根据财富效应来反推企业在跨国并购和国内并购间的决策。

一般而言,跨国并购中信息不对称程度更高,同时还面临陌生的政治、法律和商业环境，涉及汇率波动等风险，因此较国内并购风险更高。

本章基于企业国内并购和跨国并购的比较，审视不同所有制企业的海外并购倾向差异，进而从企业的资源整合和优势互补视角，探讨造成这种差异的根源。我们试图证明，所有制的不同造成企业在并购决策中对国内外并购标的的偏好差异：其他条件相同的情况下，国有企业更倾向于选择其他国内企业作为并购目标，其海外并购倾向较民营企业弱；其中的原因，在于中央及地方政府的歧视性政策赋予了国有企业在国内市场中的经营优势。由于绝大多数政策资源带来的优势只能在国内发挥，无法转移至国外市场，在"跨国"行为发生时，政策偏倚的优势在国内外并购中的差异就凸显出来，造成具有政策优势的国有企业较多进行国内并购，较少进行跨国并购。

具体的，本章以国泰安数据 1997—2016 年的上市公司数据研究所有制和并购倾向的关系。以并购企业是否选择跨国并购以及总并购中跨国并购的占比衡量跨国并购倾向，通过多元回归的方式证明国有企业具有显著更低的跨国并购倾向，并针对国企民营化和民企国有化的现象，利用双重差分的思想考察所有制变化带来的并购倾向变化，提高基准回归结论的稳健性。随后为证明所有制带来的跨国并购倾向的差异确实是由于国有企业政策偏倚的不可移动性带来的，本章考察了外部政策偏倚（市场化程度较低和国有经济比重较高）和内部政治资源（高管具有政治背景）对所有制并购倾向差别的影响，为了提供所有制在国内外并购优势差别的直接证据，本章还考察了所有制在并购持续时间和并购溢价的国内外并购的差别。

接下来的安排如下：8.2 节梳理相关文献并提出文章的关键假说；8.3 节对相关假说进行经验分析；8.4 节对所有制国内外并购优势差异提供直接证据；8.5 节总结全文并提出政策建议。

8.2　理论分析

根据企业对外直接投资理论，跨国并购一方面有助于企业将既有的竞争优势快速地拓展至国外市场；另一方面通过与目标企业互补性资产的整合，能迅速提升企业的国际竞争力。对于发展中国家企业，由于它们在生产技术和管理技术等核心技能方面并不占优势，跨国并购常被视为这些企业快速突破国内资源约束，获取海外关键资源的重要手段（Gubbi，2010；Luo and Tang，2007；Mathews，2006 等）。但是，这种理论无助于解释为什么面临同样的资源约束，国有企业与非国有企业间表现出显著不同的跨国并购倾向。

无论是理论还是实证，除了一部分进行并购绩效比较的实证研究，对于发展中国家企业的跨国并购，和本章相关的文献包括并购企业国内外并购比较的研究和国有企业政策偏倚的研究。

8.2.1　跨国并购和国内并购的权衡

关于跨国并购和国内并购的权衡，首先必须看到，企业存在是否进行并购的抉择，也存在选择何种方式并购的抉择，针对跨国并购对企业影响的文献，大多采用跨国并购企业和不并购企业对比的方法，实际上混淆了跨国并购的"并购效应"和"跨国效应"（Moeller and Schlingemann，2005），也就是跨国并购相对于不并购企业，一方面有任何并购都可以带来的效应，另一方面有跨国并购相对于国内并购的特殊效应。

跨国并购不一定获得理想的绩效（尤其和国内并购相比），但企业仍然热衷于推动跨国并购，学者们通常以委托代理的视角来解释这一现象，如自由现金流理论、管理层自大理论等（Jensen，1986；Roll，1986；Malmendier and Tate，2008）。由于公司存在巨大的代理问题，因此容易推动风险大、收益低的跨国并购，这造成一种错觉，认为代理问题更严重的国有企业，更容易推动跨国并购。很多学者研究了国有企业高管的代理问题与企业过度投资和盲目并购的关系，如杜兴强等（2011）发现高管政治关联和企业过度投资的正向关系，许年行和罗炜（2011）发现公司过度投资行为由国企高管政治升迁的动机带来，陈仕华等（2015）发现国有企业高管在晋升压力下推动企业快速成长从而倾向于进行更多的并购。

然而国有企业的代理问题并非必然带来更高的跨国并购，因为国有企业除了进行跨国并购之外，还可以进行国内并购，即使国企高管出于晋升的考虑推动并购，也面临一个在跨国并购和国内并购之间选择的问题，如果国内并购比较容易实施，那么国企会倾向于选择国内并购。实际上，非国有企业也同样面临着跨国并购和国内并购的抉择，因此国有企业更加厌恶跨国并购。则意味着国有企业具有更强的国内并购的"比较优势"，这可以用制度偏倚来解释。制度偏倚意味着国有企业能在国内获得特殊的竞争优势，然而这种竞争优势是不可转移到国外的，这造成即使国有企业在国内外并购相比于非国有企业都具有优势，但是国内并购的优势更强，因此它们也更加厌恶跨国并购。

这种决策体现了企业除了对是否并购进行抉择，还对进行何种并购进行抉择——选择优势更大的并购项目。然而国内外的并购或许不存在权衡问题，尤其是国外并购的标的独一无二的时候，例如，企业为追求国外特有的自然资源、技术、专利或者为扩大国际影响力而进行并购，这些标的在国内根本找不到替代物，因此跨国并购和国内并购可能具有不同的模式，而不存在替代关系。然而我们发现，国内并购和跨国并购的行业分布基本上是一致的，而多元回归分析表明，上一年度国内并购的数量显著降低了当年企业跨国并购倾向，因此二者存在一定替代关系①，国内并购和跨国并购确实存在权衡问题，主要有以下原因：首先，追求企业规模的成长是并购的重要动机，就扩张企业规模而言，国内并购和跨国并购没有本质区别，因此企业需要从中选择一个更有优势的；其次，企业的并购面临约束，并购是一种规模庞大，耗费巨大人力和财力的企业活动，在短期内企业能够承受的并购数量有限，进行了国内并购的企业很难拥有多余的能力进行跨国并购，因此需要企业在二者之间进行取舍。

8.2.2　国有企业和政策偏倚

"中性"的政府所提供的政策环境可以看作一种"公共品"，对不同所有制的企业一视同仁。然而，尤其是从计划经济到市场经济转型的国家而言，国有企业享受了更多的政策偏倚。如科尔耐（Kornai，1986）所强调的"父爱主义"带来国有企业的"预算软约束"，也就是国有企业在补贴、税收、信贷等方面得到更多的支持。地方政府出于官员晋升、保证就业和社会稳定等考量，会促使国有企业承担更多的社会责任，并因此赋予它们更多的优惠。对于中国上市公司而言，企业实际控制人性质是国有企业还是非国有企业，最直接最突出的差别在于与政府的接近程度和获得政策优惠的差异（宋芳秀等，2010），这种制度的偏倚构成了国有企业与非国有企业的特殊竞争优势，即使国有企业的生产率低于非国有企业，也可以因此与之竞争，得以存续（Song et al.，2011）。实证研究上已经证明国有企业享受更多的政府补贴（Wu et al.，2012）、更低的税收成本（潘红波和余明桂，2011）、更多的信贷资金配置（Li et al.，2012；Song et al.，2011）乃至更宽松的产品质量监管（刘小鲁和李泓霖，2015）。

这种"政府之手"的作用，会促使国有企业在本地和外地的决策中考虑到政策的变化，由于在"外地"享受不到这种政策的庇护，国有企业通常会考虑减少该类活动。和本章逻辑类似的是，潘红波和余明桂（2011）考察了"政府之手"对企业异地并购的影响，他们发现地方国有企业的异地并购数量显著低于民营企业，并考察了"政府之手"对此的影响，认为国有企业更多进行本地并

---

① 为了证明企业确实有国内外并购的抉择问题。本章提供了以下证据：一是标的的性质具有典型的行业特征，如果国内外并购遵循不同的决策方式，那么并购的行业分布应该具有较大差异，但本章比较了跨国并购和国内并购的行业分布，发现二者的分布几乎是一致的，在同一刻度下，跨国并购的行业分布和国内并购的行业分布几乎重合；二是本章以提前1期的国内并购数量对企业的跨国并购倾向进行回归，发现在控制了其他因素之后，前1期国内并购数量仍然和当期跨国并购倾向显著负相关，从而证明了二者确实具有替代关系；三是本章的经验分析在剔除掉可能为获取独一无二资源而进行并购的行业（包括GICS分类中的能源、原材料、信息科技等行业）之后，结论基本一致。

购，更少进行异地并购的原因在于本地可以获得更多的政府"帮助之手"的支持。与之类似的是，曹春方等（2015）发现地方国企相比民营企业有更少的异地子公司，并检验了"政府之手"对这一现象的影响。

受上述文献启发，结合企业国内外并购的典型事实，我们重新思考了国有企业跨国并购决策问题。

现有的关于国有企业跨国并购倾向的观点主要有以下三种：一是认为中国企业的"走出去"带有强烈的国家政策推动的烙印，受政策影响较大的国有企业，其跨国并购倾向应该更高，然而上市公司的数据证明恰好相反；二是认为企业出于利润最大化的考虑进行并购决策，跨国并购倾向受到企业生产率、规模、盈利状况、杠杆率等特征，以及这些特征带来的并购后绩效的影响，所有制并购倾向的不同，或许反映了这些影响并购决策的企业特征的所有制差异，而不是所有制本身带来的并购倾向差异，然而在控制了上述指标之后，仍然可以得到国有企业跨国并购倾向显著更低的结论，并且国有企业跨国并购的长期绩效也不一定更低[1]，因此仍然无法充分解释国有企业跨国并购倾向较低的现象；三是从委托代理的视角看待国有企业的并购决策，国有企业 CEO 为获取晋升机会而不计成本的推动企业快速成长（陈仕华等，2015），因此会更有可能选择风险更大、更加难以监管的跨国并购，而在并购项目实施之后则疏于对新资源的管理和整合，因此跨国并购的长期绩效更差，然而这仍然与国有企业跨国并购倾向更低的现象不符。

基于企业财务特征的并购决策、代理理论和政策推动理论，均不能充分解释国有企业的"走出去"难问题。要想解释这一问题，需要提供新的视角。本章从政策偏倚出发，认为国有企业具有更多的政策资源，而这种资源的可移动程度较低，这影响了它在国内外并购中的优势的差异，从而影响了国内外并购的抉择。

企业的优势是影响并购决策的重要因素，新新贸易理论，如赫尔普曼等（Helpman et al. , 2004）等，强调以生产率为代表的竞争优势是企业选择出口和对外直接投资的关键；诺克和耶普尔（Nocke and Yeaple，2007）首次将"资源基础"的思想融入企业异质性的跨国并购模型中，通过引入"资源基础"理论中资源的不可移动性刻画了企业对外投资的"跨国并购"行为[2]，该模型认为以

---

①　关于所有制和绩效的关系，针对短期绩效，顾露露和 Reed（2011）发现国有企业跨国并购绩效更差，而邵新建等（2012）则发现国有企业绩效更好，危平和唐慧泉（2016）发现国有企业跨国并购的财富效应小于国内并购。我们通过对长期绩效（并购前后两年 ROA 之差）的考察发现国有企业跨国并购的绩效好于非国有企业，因此绩效不能够解释国有企业"走出去"难的现象。

②　"资源基础"的理论认为企业具有异质的、不可替代且不可转移的资源（Barney，1991），而跨国并购是同时具有可移动优势和不可移动优势的企业进行优势互补的过程（NockeandYeaple，2007）。

生产率衡量的竞争优势高低固然是影响跨国并购决策的重要因素，这种竞争优势的可移动性也同样重要，可移动优势和不可移动优势的高低对并购决策的影响大不相同。根据他们的理论，跨国并购往往体现在具有可移动优势的企业去收购当地具有不可移动优势的企业。

企业的并购是优势驱动的，优势对企业并购决策的驱动主要体现在两方面：首先是并购项目的实施上，并购项目推动时具有优势的企业可以享受更低的交易成本、更低的信息不对称程度和更高的谈判力；其次是并购之后的经营上，具有经营优势的企业通过并购实现资源互补，使得标的方的优势得到更好的发挥。

从这两方面出发，由于国有企业享受的政策偏倚，在国内均享有更高的优势，而在跨国并购这种优势会大打折扣，反而可能因为国有企业身份获得东道国敌意。优势的不可移动性决定了企业在国内并购和国外并购的优势差距，优势可移动性更差的企业更加倾向于选择国内并购。

在实证研究中，企业何种优势是可移动的，何种优势是不可移动的，往往很难衡量。但是具体到中国经济的特征事实，所有制其实体现了企业在"制度偏倚"这种不可移动优势的差异。制度显然是一种不可移动优势，拥有制度偏倚的国家在制度所在地具有优势，而在其他地区则不具有此种优势，制度可以看作一种"公共品"，理论上讲，企业面临的制度环境应该是相同的，也有无所谓"优势"。然而我国这样的具有强烈计划经济残留的转型国家，可以明显区分企业制度环境的差异，也就是国有企业具有更好的制度支持。

因此本章提出以下假说：

假说1：相对于民营企业，国有企业的优势更加不可移动，因此国有企业进行跨国并购的可能性更低。

这一假说逻辑的基础链条是：首先，国有企业的优势更加不可移动；其次，优势更加不可移动的企业，在国内外并购中更倾向选择国内并购。需要对此逻辑链条加以证明。鉴于优势是否可移动是很难衡量的，本章拟采用出口量占总销售的比重衡量优势的可移动性，为上述问题提供佐证。如果企业的优势具有较强的可移动性，在其他情况一定的前提下，在国内具有更强竞争力的企业在国外也具有较强的竞争力，因此具有较高的出口占比；相反，诸如对本国消费者偏好的了解等优势则具有不可移动性，如果企业主要发挥这种优势，则出口占比较低（Cosaretal.，2015）。

通过对海关库和上市公司匹配可以得到企业的出口数据，以出口额和销售收入的比值衡量优势的可移动性[①]，通过变量描述性统计可以发现，国有企业相比

［① 匹配率大概为30%～40%，未匹配的企业以缺失值处理或者以0出口量处理不影响结论。为了排除加工贸易对优势可移动性的误导，除了采用贸易总量占比之外，还采用一般贸易量占比衡量优势的可移动性，二者的结果一致。

于民营企业出口占比更低，多元回归的结果也证明所有制和出口占比显著负相关，从而证明国有企业的优势更难移动；其次以出口占比作为解释变量对跨国并购倾向进行回归，结果二者显著为正，从而证明优势可移动性更强的企业更倾向选择跨国并购。进而为假说 1 的逻辑链条提供了支持。

作为假说 1 的补充和延伸，必须解释并证明国有企业优势不可移动性强的原因。影响企业不可移动优势的因素很多，如产品偏好的属地性、技术上研发和商标投入的密集度等，这些因素可能具有所有制差异；而国有企业跨国并购不但具有优势减弱的问题，还具有"劣势提高"的问题，也就是东道国政府出于对本国企业和国家经济安全保护的目的，阻碍国有企业并购的实施[①]，或者东道国企业的股东担心国有企业的经营在中国政府政策的干扰下偏离利润最大化而对国有企业并购充满敌意。

为了证明政策偏倚确实是影响所有制并购差异的重要因素，必须从政策偏倚的来源出发，寻找衡量政策偏倚程度的代理变量，这种政策偏倚同时受到企业外部环境和内部资源的影响。从企业外部环境的角度来说，政策偏倚的程度取决于企业所面临的政策偏倚，如果企业所在地区市场化程度较低，则政府配置资源的比重较高，国有企业较为重要，政策偏倚的程度就越多；从企业内部资源的角度来说，如果企业的董事长或者 CEO 具有政治背景，那么可以获得的政府支持的力度就越高。因此，本章提出以下假说：

假说 2：市场化程度较低和国有企业在经济中地位较高的地区，国有企业享受更高的政策偏倚，企业跨国并购的倾向更低；企业董事长或者 CEO 具有政治背景的企业，享受更高的政策偏倚，企业跨国并购的倾向更低。

接下来，本章采取国泰安上市公司的并购数据对上述假说进行验证。

8.3　经验分析

表 8 - 1 虽然揭示了两类企业在国内和海外并购相对比重的差异，但企业的并购偏好在多大程度上、以哪种方式与企业所有制关联却尚不清楚。企业的并购决策是许多因素共同决定的结果，如企业的扩张目标、生产率水平、企业财务状况，以及所有者（股东）偏好和企业内部治理结构等。如果不同所有制的企业在这些影响因素方面存在系统性的差异，那么所有制因素对企业的国内国外并购标的选择可能并无直接的影响。譬如，按照赫尔普曼等（Helpman et al.，2004）

---

① 这种歧视取决于并购的标的性质，对于不涉及重大经济安全的标的歧视并不严重，而标的的性质可能具有强烈的行业特征，然而本章的结论在控制了行业固定效应之后依然显著。

等新新贸易理论，只有行业中生产率水平最高的那些企业进行跨境并购才是有利可图的。如果在大多数行业中处于生产率高端的企业多为民营企业，那么民营企业跨境并购比重高就只是一个生产率现象，而不是所有制因素的结果。

本节对海内外并购选择的所有制差异问题进行经验分析，对 8.2 节的两个基本假说进行验证。本章采取上市公司数据研究海内外并购选择的所有制差异，数据来自国泰安数据库，共整理了从 1997—2016 年的并购数据、企业财务数据和企业治理数据，该数据库有每笔并购的交易方和标的的国别标识，本章只保留了交易买方为中国的数据，并以标的方的国别识别跨国并购和国内并购①。此外，企业的财务数据和治理数据同样来自国泰安数据库，而实际控制人类型来自 CCER 治理数据库。

在数据库中，大量并购的卖方国别虽然是国外，但是标的国别却是国内，这样的并购不能体现出跨国并购的特点，因此本章不以卖方国别，而是以标的方国别来判断并购是否为跨国并购，加之很多笔并购标的方国别无法识别，这减少了本章识别出的跨国并购的笔数，1997—2016 年共有 370 笔跨国并购和 9 603 笔国内并购，正如表 8 - 1 所示，国有企业和非国有企国内并购数量是一个数量级，而跨国并购数量国有企业明显低于非国有企业。当然，简单的描述性分析太过粗糙，接下来本章通过多元回归的方式更加干净地识别所有制对并购偏好的影响。下面详细描述了多元回归的各变量设置。

8.3.1 所有制和并购倾向关系研究：多元回归结果

本章关注了国有企业和非国有企业、国内并购和跨国并购两组对子，单纯考察二者的关系容易造成误导的结论，因为所有制的差异也许反映了公司的其他特质的差异，而正是这些特质决定了企业国内外并购选择的差异，如果想要识别出单纯的所有制差异对国内外并购抉择的影响，需要对这些"其他特质"用多元回归的方式加以控制。

首先，新新贸易理论认为企业生产率是影响企业出口、绿地投资、跨国并购等经济行为的关键，而所有制不同的企业具有不同的生产率差异，因此首先应该对生产率加以控制，避免生产率同时和所有制与并购行为相关，而所有制和并购行为本身却没有因果关系。由于生产率主要体现了企业产品成本和质量的差异，不具有属地性，生产率差异也可以看作企业的"可移动优势"，作为和所有制这种"不可移动优势"的对比。

---

① 部分研究以卖方的国别定义跨国并购，我们认为标的方的国别才构成跨国并购和国内并购的根本区别。当然，采取以卖方国别定义的跨国并购也不改变文章的基本结论。

其次，结合国内外文献，本章认为需要控制的因素主要有三个层面：一是企业的财务层面的变量，由于并购本质上是一种经济决策，必然受到企业的经济状况影响，而不同所有制企业财务指标也许存在系统性差异，需要对此加以控制；二是企业治理层面的变量，大量研究表明，企业并购，尤其是风险较高、收益见效周期长的跨国并购行为，不完全是利润最大化的经济决策，而需要从委托—代理的角度加以解释，而企业所有制的差异意味着企业有不同的代理问题，这一差异也必须加以控制；三是交易层面的变量，国内并购和跨国并购的每一笔交易本身也存在差异，而企业所有制也许对应着不同的交易特征，所有制的并购偏好也许是由交易特征的差异引起的，而不是海内或者海外这一特征引起的，因此也需要对这些变量加以控制。最后，由于不同年度、地区，尤其是行业的公司，对于并购的偏好存在系统性差异，为了进一步减少遗漏变量偏差，也需要控制年度、地区和行业的固定效应。

被解释变量为企业的并购偏好。这里的并购偏好是指决定并购的企业在国内并购和跨国并购之间的抉择，这里试图衡量什么样的企业更偏好跨国并购，主要有两种衡量方式：一是进行并购的企业中国内并购取 0，跨国并购取 1，形成虚拟变量；二是对并购数量进行加总，计算总并购中跨国并购数量的占比。

关键的解释变量为企业的所有制，这里以企业的实际控制人类型衡量，企业的实际控制人为国有企业则取 1，否则取 0。实际控制人比控股股东更能够反映企业真实的控制权和决策权（LaPortaetal. ，1999），实际控制人对企业决策的影响得到大量研究，如宋芳秀等（2010）研究了实际控制人类型对房地产企业投资的影响，其理论基础和本章相似，认为实际控制人类型为国有企业的企业和政府更加亲近，这种政策偏倚的差异带来投资差异。

控制变量方面，除了时间效应、地区效应和行业效应，此外还加入了生产率、财务层面、治理层面和交易层面的控制变量。

生产率 *tfp* 分别采用了普通 OLS 方法计算索罗残差以及 LP 方法计算的 TFP，OLS 方法以固定资产形成额为资本投入、以员工人数为劳动投入，LP 方法在此之上以购买商品和劳务的支出作为中间品投入，这里假设不同行业具有不用的生产函数，因此按照两位数行业分别计算，采用两种方法计算的生产率得到的分析结果基本一致，因此只汇报了采用 LP 方法计算的结果。

财务变量包括：总资产 *Assets*、上一年度收入的增长率 *growth*、*roa*、杠杆率 *lev* 和公司年龄 *age*；治理层面的变量包括：高管的超额薪酬 *salary_ perk*（首先以高管薪酬为被解释变量，以资产、*roa*、*roa* 的滞后项、杠杆率、高管持股比例、是否两职合一、董事会规模、所有制等变量为解释变量，残差即为超额薪酬，超额薪酬作为代理成本的代理变量，代理问题越严重则超额薪酬越大）、高管持股比例 TEshare、是否两职合一 dual、公司股权集中度 share_ structure（第一大股东持股数量除以第二到第十大股东持股数量总和）、董事会中独立董事的占比 independent；交易层面的变量包括：买方支付的标的价格 expense、支付方式 type（现金支付取 1，其余取 0）、是否为关联交易 relate 等。由于交易层面的控制变量和每一笔交易一一对应，在被解释变量为交易是否为跨国并购时加以控制，而在被解释变量为企业跨国并购占比时，同一家企业有多笔交易，无法建立一一对应的关系，因此不加控制。

对相关变量进行了对数处理，为了克服内生性以及考虑到并购决策的长期性，解释变量滞后一期。

表 8 - 2 汇报了多元回归结果，其中第（1）～第（4）列的被解释变量为 0 - 1 虚拟变量，采用 logit 模型回归；第（5）～第（8）列的被解释变量为跨国并购数量占比，考虑到绝大多数企业该值为 0，采取 tobit 模型进行断尾回归。第（1）列只控制了三大类虚拟变量，并加入所有制和生产率两个解释变量，可以看到国有企业对跨国并购选择的可能性有显著为负的效应，而生产率对其则有显著为正的效应，这证明了假说 1。第（2）列控制了财务变量，第（3）列控制了治理层面的变量，第（4）列控制了交易层面的控制变量，可以看到此时关键变量的系数符号仍然不变，且仍然显著，因此结论是稳健的；第（5）列表明，以某企业某年度所有并购中跨国并购占比衡量企业并购倾向，国有企业仍然进行了更少的跨国并购，仍然支持了假说 1；第（6）列控制了财务变量，第（7）列控制了治理层面的变量，结论仍然不变。从而证明了国有企业性质对跨国并购的厌恶不是因为国有企业和民营企业的生产率差异引起的，也不是因为国有企业和民营企业在行业分布、地区分布、财务状况、公司治理状况和交易特点上的差别引起的，在上述变量不变的前提下，所有制对并购选择的边际影响依然显著。

表 8 - 2　　　　　　　　　　　所有制和并购偏好多元回归结果

变量	(1) dummy	(2) dummy	(3) dummy	(4) dummy	(5) ratio	(6) ratio	(7) ratio
mainsoe	- 0.909 ** (- 2.27)	- 1.407 *** (- 2.67)	- 1.548 *** (- 3.12)	- 1.159 *** (- 4.09)	- 0.678 *** (- 67.05)	- 0.826 *** (- 76.20)	- 0.896 *** (- 63.92)
tfp	0.903 *** (6.05)	0.505 *** (2.79)	0.448 ** (2.37)	0.473 * (1.68)	0.423 *** (1 943.18)	0.176 *** (623.44)	0.135 *** (1 030.89)
assets		0.758 *** (2.91)	0.863 *** (3.31)	0.853 *** (4.40)		0.418 *** (2 179.73)	0.438 *** (4 663.80)
growth		- 0.250 * (- 1.65)	- 0.272 ** (- 2.19)	- 0.157 ** (- 2.22)		- 0.093 *** (- 13.59)	- 0.107 *** (- 17.91)
roa		- 1.154 (- 0.87)	- 1.809 (- 1.27)	- 2.850 (- 0.95)		- 0.989 *** (- 13.16)	- 0.915 *** (- 14.49)
lev		- 0.207 (- 0.24)	- 0.421 (- 0.45)	- 0.359 (- 1.06)		- 0.526 *** (- 86.34)	- 0.587 *** (- 96.36)

续表

变量	(1) dummy	(2) dummy	(3) dummy	(4) dummy	(5) ratio	(6) ratio	(7) ratio
age		-0.090 ** (-2.20)	-0.097 *** (-2.84)	-0.073 (-1.53)		-0.037 *** (-253.16)	-0.042 *** (-339.72)
salary_ perk			12.849 ** (2.41)	4.280 (0.99)			3.127 *** (49.79)
TEshare			-0.268 (-0.35)	-0.129 (-0.19)			-0.335 *** (-23.64)
dual			-0.371 * (-1.93)	-0.585 (-1.35)			-0.174 *** (-36.28)
share_ structure			0.027 * (1.87)	0.030 ** (2.09)			0.018 *** (25.25)
independent			-2.628 (-0.83)	-0.268 (-0.17)			-1.108 *** (-143.39)
expense				0.012 (0.16)			
type				1.205 * (1.73)			
relate				-0.711 (-1.48)			
地区效应	控制	控制	控制	控制	控制	控制	控制
行业效应	控制	控制	控制	控制	控制	控制	控制
时间效应	控制	控制	控制	控制	控制	控制	控制
N	1 736	1 597	1 562	1 099	1 301	1 250	1 222
伪 R^2	0.116	0.174	0.189	0.218	0.159	0.223	0.234

注：* $p<0.1$，** $p<0.05$，*** $p<0.01$。以行业为聚类采取聚类稳健标准误。

其他控制变量方面，总资产对跨国并购倾向具有正向的影响，进行跨国并购的企业往往以巨大的规模为实力基础；企业增长率、roa 和跨国并购倾向负相关，杠杆率也和跨国并购倾向负相关——我国企业的并购主要采用现金支付，因此推动并购项目需要进行巨大的资金筹措行为，从而对短期经营具有一定负向影响，可能是上述变量符号的原因。治理变量方面，超额薪酬对跨国并购倾向有正向影响，证明风险更大、更加不易于监管的跨国并购项目推进，可能蕴含着代理问题；高管持股比例、两职合一和董事会的独立性对跨国并购倾向有负向的影响，体现了高管和股东利益的一致性、董事会的独立性对代理问题的抑制作用；股权集中度的影响则显著为正。股权集中度一方面使得大股东和企业的关系更加密切，有利于降低代理问题，另一方面也有可能产生股东的"搭便车"行为或者大股东侵占小股东利益的问题（第二类代理问题），可能带来代理成本的提高。在这里股权集中度高的企业跨国并购的倾向更高，可能的原因是出现了第二类代理问题。交易层面的变量表明，跨国并购通常金额较大、现金支付的比例较高、关联交易的比例较小。

8.3.2 稳健性分析：双重差分的方法

考虑到多元回归也许无法完全消除内生性，从而无法进行可靠的因果推断，借鉴 DID 的思想，根据企业实际控制的变化，考察实际控制人变化前后企业并购偏好的差异。

不同所有制的并购倾向差异可能是由于不同所有制企业的其他差异引起的，为了控制住"其他差异"，最简单的办法是考察同一家企业在不同所有制下的表现。这引导我们考察实际控制人类型变更的企业在变更前后的并购差异，如果国有企业更偏好国内并购，那么国企的民营化会提高其跨国并购的比例，而民企的国有化会降低其跨国并购的比例，然而这忽视了在控制人变更前后，那些没有进行变更的企业也可能发生了并购偏好的改变，因此需要进行"双重差分"来识别真正的"处理效应"。

具体而言，根据实际控制人类型变更的不同，可以进行两种"双重差分"。一种是国企民营化的变更，实验组为实际控制人类型从国有企业变成非国有企业的企业，对照组为一直为国有企业的企业；另一种是民企国有化的变更，实验组为实际控制人类型从非国有企业变成国有企业的企业，对照组为一直为民营企业的企业。

在实际操作中，考虑到部分企业多次进行了控制人类型变更，对处理效应的估计造成困扰，而这部分样本数量也不大，因此加以剔除，接下来的分析中所谓控制人类型变更的企业，为只进行过一次控制人类型变更的企业。

表 8－3 汇报了部分年份国企民营化、民企国有化和从未发生变更的国有企业、从未发生变更的民营企业数量。①

表8－3　　　　　　　　　部分年份控制人类型变更企业分布表

年份	国企民营化	民企国有化	一直为国企	一直为民企
2002	31	3	488	130
2004	27	2	551	195
2006	35	2	576	246
2008	10	5	603	359
2010	11	3	649	776

我们预测第一种"双重差分"的处理效应应该为正，第二种的处理效应应该为负，也就是国企民营化提高了对跨国并购的偏好，而民企的国有化降低了对跨国并购的偏好。然而国企民营化之后和纯粹的民营企业也有一定差别，刚刚进

---

① 虽然民企国有化的样本数量较少（共有48家），但是上市公司具有较长时间且连续的信息，考虑到时间维度最终进入 DID 回归的样本量没有这么少。

行民营化的国企和政府的关系仍然很密切，仍然享受一定的政策偏倚，只有随着时间推移才越来越像真正的民营企业，因此国企民营化的处理效应可能具有长期效应，而民企的国有化则同时具有长期效应和短期效应。

　　进行双重差分的另一个问题是，企业实际控制人类型的变更不是外生的，这种控制人类型变更的影响因素如果和企业并购偏好相关，则仍然无法识别真正的处理效应，这样的双重差分只能看作借鉴双重差分思想的交互效应回归，为了减缓上述问题，必须保证发生控制人类型变更的企业和未发生控制人类型变更的企业尽可能一致，从而进入处理组与否可以看作近似随机的，处理组和对照组满足"平行趋势"，为此学界普遍的做法是首先对处理组企业进行匹配，寻找最为相似的对照组，然后进行 did，这里以 psm 的方式加以匹配，采取逐年匹配的方式，匹配变量为 8.3.1 节所用的企业财务变量和治理变量，为了保证双重差分的样本数量，这里采取 1 对 2 的匹配方式，psm 的计算方式为 logit 模型，见表 8 - 4。

表 8 - 4　　　　　　　　　　　　　DID 处理效应结果

项目	all	1year	2year	3year	4year	5year	6year
国企 民营化	0.007 ** (2.44)	0.004 (0.98)	0.006 (1.48)	0.006 (1.61)	0.005 * (1.73)	0.007 ** (2.02)	0.006 * (1.93)
民企 国有化	-0.020 ** (-2.25)	-0.051 ** (-2.49)	-0.043 ** (-2.43)	-0.038 ** (-2.39)	-0.034 ** (-2.37)	-0.027 * (-1.89)	-0.025 * (-1.91)

　　注：$*p < 0.1$，$**p < 0.05$，$***p < 0.01$，表 8 - 4 汇报了双重差分的处理效应，也就是交互效应回归中的交互项系数，括号内为 t 统计量。其中 all 表示以控制人变更后的所有年份为"实验期"。

　　表 8 - 4 汇报了两个双重差分的处理效应。从第一列可以看出，国企民营化的处理效应显著为正，而民企国有化的处理效应则显著为负，这和多元回归的结果相一致，从正反两面证明了国有企业更加偏好国内并购，非国有企业更加偏好跨国并购。通过设置实验期的长短，可以区分控制权变化的短期效应和长期效应，可以看到，国企民营化在前 1 年至前 4 年的处理效应虽然也为正，但是 t 检验不具有统计意义上的显著性，当然，在第 3 年的显著性水平已经很高，接近 10% 的显著性水平了；而民企的国有化，其"处理效应"从前 1 年开始就显著为负了，这证明国企民营化初期的政治资源依然存在，仍然可以享受到一定的政策偏倚。总体而言，国企民营化和民企国有化的双重差分检验依然支持假说 1，从而保证了结论的稳健性。

8.3.3　政策偏倚与跨国并购倾向：外部环境和内部资源的影响

　　8.3.2 节通过多元回归和双重差分的方法，证明了国有企业具有更低的跨国并购倾向，要证明这一现象背后的原因是国有企业具有不可移动的政策偏倚的优势，必须继续验证理论分析的假说 2。

首先证明假说 2 的前半部分，也就是和政策偏倚有关的外部环境对并购倾向的影响，这里主要以市场化程度作为企业政策偏倚外部环境的代理变量。市场化程度越高、非国有经济在经济中的重要程度越高，国有企业和民营企业越"一视同仁"，从而所有制对跨国并购倾向的影响力越小。

为验证这一观点，采用樊纲等人编制的中国市场化指数 2008—2014 年的数据来衡量政策偏倚的影响。具体而言，首先根据市场化指数排序划分高市场化地区和低市场化地区，得分高于中位数的为高市场化地区，低于中位数的为低市场化地区，然后按照高市场化地区和低市场化地区分组进行回归。

市场化指数中，既有一个总体的市场化指数，也有 5 个分项指标，这里采取和本章最相关的指标，一是总体的市场化指数 $score0$，二是非国有经济发展的分项得分 $score2$，非国有经济发展的分项得分实际反映了国有经济在当地经济中的重要程度，该重要程度显然衡量了政府对国有企业的偏倚程度。本章还对其他分项得分进行了回归，回归结果表明其他分项得分的系数也符合预期。

表 8 - 5   外部政策环境回归结果

变量	(1) 高 score0	(2) 低 score0	(3) score0 交互	(4) 高 score2	(5) 低 score2	(6) score2 交互
MA						
soe	-0.333	-0.490 **	-2.825 ***	-0.336	-0.622 *	-1.458 ***
	(-0.77)	(-2.25)	(-2.78)	(-1.28)	(-1.70)	(-2.88)
soescore0			0.325 **			
			(2.30)			
soescore2						0.136 ***
						(3.07)
财务变量	控制	控制	控制	控制	控制	控制
治理变量	控制	控制	控制	控制	控制	控制
交易变量	控制	控制	控制	控制	控制	控制
时间虚拟变量	控制	控制	控制	控制	控制	控制
地区虚拟变量	控制	控制	控制	控制	控制	控制
行业虚拟变量	控制	控制	控制	控制	控制	控制
N	1 700	4 265	4 932	4 932	4 932	506

注：* $p<0.1$，** $p<0.05$，*** $p<0.01$。以行业为聚类采取聚类稳健标准误。

和 8.3.1 小节一样，这里也同时进行了以跨国并购与否作为被解释变量的回归和以跨国并购数量占比作为被解释变量的回归，由于二者的结论基本一致，这里只汇报了前者的结果①，如表 8 - 5 所示。第（1）列为以市场化水平总得分 $score0$ 衡量的高市场化水平子样本回归的结果，此时所有制对跨国并购倾向的影响仍然为负，但是不具有统计意义上的显著性，第（2）列为低市场化水平子样

---

① 后者的显著性水平更高。

本回归结果，此时所有制对跨国并购偏好的影响显著为负，且回归系数大于高市场水平的子样本，证明国有企业对跨国并购的相对厌恶在低市场化水平更严重，第（3）列加入了所有制和 score0 的交互项，交互项系数显著为正，再一次佐证了上述结论。第（4）列为以非国有经济占比得分 score2 衡量的高市场化水平子样本回归的结果，此时所有制对跨国并购倾向的影响仍然为负，但是不具有统计意义上的显著性，第（2）列为低市场化水平子样本回归结果，此时所有制对跨国并购偏好的影响显著为负，且回归系数大于高市场水平的子样本，证明国有企业在非国有经济重要程度更低的地区更加厌恶跨国并购，第（3）列加入了所有制和 score2 的交互项，交互项系数显著为正，再一次佐证了上述结论。

　　企业所享受的政策优势，一方面取决于企业所面临的外部政策环境，另一方面取决于企业的内部资源，其中企业高管的政治背景至关重要，具有政治背景的高管能够为企业获得更高的政策优惠，因此企业跨国并购的倾向会更低。为了证明这一观点，采用国泰安数据库中的《上市公司人物特征数据库》中关于企业高管政治背景的数据，如果某公司某一年度 CEO 或者董事长至少一人具有政治背景，则认为该公司具有政治背景，从而形成虚拟变量 pore。数据库中的政治背景可以识别出曾任或者现任，但是在本章的研究中二者的基本结论是一致的，考虑到曾经在政府部门任职也能够给企业带来政策优惠，因此汇报了不区分曾任和现任的回归分析结果，见表 8 - 6。

表 8 - 6　　　　　　　　　　企业高管政治背景的回归结果

变量	(1) dummy (ALL)	(2) dummy (SOE = 1)	(3) dummy (SOE = 0)	(4) ratio (ALL)	(5) ratio (SOE = 1)	(6) ratio (SOE = 0)
MA						
pore	-0.347**	-1.346	-0.817***	-0.148	-0.417	-0.253**
	(-2.08)	(-1.02)	(-3.61)	(-1.63)	(-0.77)	(-1.99)
tfp	0.042	0.169	0.053	0.025	0.052	0.022
	(0.73)	(0.90)	(1.18)	(0.88)	(1.05)	(0.83)
assets	0.377***	1.079***	0.516***	0.165***	0.435***	0.315***
	(4.32)	(5.59)	(4.13)	(2.71)	(3.72)	(5.18)
growth	0.000	0.032	-0.018	-0.003	0.177**	-0.035
	(0.00)	(0.30)	(-0.34)	(-1.22)	(2.12)	(-1.61)
roa	-0.805	-14.254*	-0.724	0.133	-3.201	-0.247
	(-0.40)	(-1.95)	(-0.32)	(1.15)	(-1.06)	(-0.44)
lev	-0.609	0.712	-1.184	-0.372	-0.106	-0.410
	(-0.64)	(0.31)	(-1.33)	(-1.11)	(-0.14)	(-1.09)
age	-0.018	-0.194***	0.024	-0.015*	-0.032	0.006
	(-1.03)	(-3.34)	(0.77)	(-1.78)	(-1.26)	(0.62)
salary_ perk	0.834	17.368	1.670	0.711	7.258**	2.242
	(0.44)	(1.00)	(0.67)	(0.71)	(2.28)	(1.11)

续表

变量	(1) dummy （ALL）	(2) dummy （SOE = 1）	(3) dummy （SOE = 0）	(4) ratio （ALL）	(5) ratio （SOE = 1）	(6) ratio （SOE = 0）
TEshare	0.190	− 2.5e + 03	− 0.416	− 0.145	− 3.5e + 03 *	− 0.355 **
	(0.68)	（− 0.96）	（− 1.43）	（− 0.67）	（− 1.73）	（− 2.20）
dual	− 0.533 *		− 0.807 **	− 0.136	− 5.157	− 0.281 **
	（− 1.72）		（− 2.34）	（− 1.14）	（.）	（− 1.97）
share_ structure	0.010	− 0.005	− 0.002	0.007	− 0.010	0.012 ***
	(1.64)	（− 0.17）	（− 0.30）	(0.85)	（− 1.05）	(2.97)
independent	2.629 **	4.226	2.495	1.300	4.609 ***	1.695
	(2.39)	(0.55)	(1.47)	(1.42)	(2.81)	(1.43)
expense	0.142 ***	0.110	0.212 ***			
	(2.59)	(1.55)	(3.64)			
type	1.611 ***	0.000	1.375 ***			
	(5.29)	（.）	(5.65)			
relate	− 0.645 ***	− 1.675 ***	− 0.498 *			
	（− 2.85）	（− 5.97）	（− 1.81）			
时间虚拟变量	控制	控制	控制	控制	控制	控制
地区虚拟变量	控制	控制	控制	控制	控制	控制
行业虚拟变量	控制	控制	控制	控制	控制	控制
N	3 350	406	1 444	1 857	305	776
伪 R^2	0.075	0.291	0.117	0.045	0.294	0.128

注：* $p < 0.1$，** $p < 0.05$，*** $p < 0.01$。以行业为聚类采取聚类稳健标准误。

表中第（1）、第（2）、第（3）列为以跨国并购可能性为被解释变量的回归结果，第（1）列为全样本回归结果，此时政治背景和跨国并购可能性显著负相关。考虑到政治背景对于不同所有制企业的意义不同，对不同所有制企业并购决策的影响也就不同，因此第（2）和第（3）列分别汇报了国有企业和非国有企业子样本的结果，第（2）列表明国有企业子样本内部也具有政治背景和跨国并购可能性负相关的现象，但是没有统计意义上显著性，第（3）列表明上述现象在民营企业内部也存在，且在1%水平上显著。第（4）、第（5）、第（6）列以跨国并购占总并购的比例作为被解释变量。第（4）为全样本回归结果，此时虽然政治背景和跨国并购占比负相关，但是没有统计意义上的显著性，第（5）、第（6）列分别为国有企业和非国有企业子样本的回归结果，国有企业的子样本中，政治背景和跨国并购占比关系为负，但是并不显著，而民营企业子样本政治背景对跨国并购占比的影响显著为负。

通过上述分析，可以看到政治背景总体上对跨国并购具有负向的影响，这和不可移动优势较大的企业更偏好国内并购的逻辑是一致的，而这种负向的影响在民营企业子样本更加显著，意味着国有企业本身就可以获得较高的政策优势，因此高管的政治背景作为宝贵的资源对于民营企业来说更加重要。

8.4　所有制和国内外并购优势差异直接比较

以上 8.3 分析的基本逻辑是，国有企业倾向于国内并购是由于国内并购具有更大的优势，而这种优势无法转移到国外，而所有制和国内外并购优势的差异，应该能在并购行为上得到直接体现，这一部分试图通过从并购层面对企业优势加以研究。

判断企业并购是否具有优势，主要有两个指标：一是看并购成败；二是看并购支付的价格相对于标的价格是否值得，也就是并购溢价。

对于并购成败而言，上市公司的并购几乎没有失败（这是一个国内外并购数据库都存在的现象），因此无法直接对并购成败进行研究[①]，然而判断并购困难与否的另一个指标，并购进行时间，也可以间接衡量并购的难易程度。对于并购失败的企业而言，最弱的企业很早就宣告并购失败，并购持续时间越长，证明企业更有可能"差一点就成功了"；相反，对于并购成功的企业而言，最强的企业很早就宣告并购成功，并购持续时间越长，证明企业更有可能"差一点就失败了"，马尔门迪尔（Malmendier et al. , 2012）正是在此思想之下，采用持续时间较长的失败企业作为持续时间较长的成功企业的"反事实"对照组，并证明对于持续时间超长的成功企业而言，和它们的企业特征最相似的是持续时间超长的失败企业，而非持续时间较短的成功企业。从另一个角度讲，并购持续时间即使不反映失败的风险，也意味着更高的并购成本。

因此，并购持续时间是企业并购困难，失败风险较大的象征，如果国有企业在国内并购有优势，相比于非国有企业，国有企业的跨国并购持续时间应该更长。这里以并购持续时间作为被解释变量，研究所有制国内外并购持续时间的差异。并购持续时间以国泰安数据库中并购开始时间和完成时间间隔的天数衡量。

对于并购支付的相对价格（并购溢价），这里以国泰安数据库中买方支付价格和卖方标的价值的比值衡量，该比值越大，显然证明越"买贵了"，如果国有企业在国内并购有优势，那么相比于非国有企业，跨国并购支付的相对价格应该更大[②]。由于求得的相对价格差距较大，回归容易受到极端值的影响，本章在去除前后 1% 的极端值之后再进行回归，见表 8－7。

---

① 杨波等（2016）采取 Zephyr 数据库研究所有制和跨国并购成败的关系，发现国有企业成功率更低，与我们观点一致，然而国有企业可能国内并购成功率也更低，因此他们的研究忽视了这种"相对优势"，不涉及国内外并购的比较。

② 值得一提的是，即使国有企业真的在国内并购有优势，这种优势也不一定以相对价格更便宜而体现，反而"能够支付得起"构成其优势本身，因此国有企业跨国并购的相对价格可能更高也可能更低。

表 8 - 7　　　　　　　　　　　　国内外并购优势比较

变量	(1) duration	(2) duration	(3) duration	(4) premium	(5) premium	(6) premium
soe	0.167 (1.28)	0.524* (1.78)	0.164 (1.22)	-0.196*** (-3.73)	-1.124 (-0.90)	-0.189*** (-3.62)
assets	-0.025 (-1.24)	-0.244** (-2.06)	-0.026 (-1.33)	-0.002 (-0.08)	0.005 (0.01)	-0.001 (-0.06)
roa	0.309 (0.88)	-4.402* (-1.88)	0.332 (0.95)	0.058 (0.26)	-0.366 (-0.05)	0.043 (0.19)
lev	0.198** (3.21)	0.274 (0.44)	0.182** (3.50)	-0.134 (-1.28)	-1.382 (-0.78)	-0.126 (-1.21)
age	0.008 (1.53)	0.020 (0.98)	0.008 (1.35)	0.004 (0.84)	-0.079 (-0.68)	0.004 (0.86)
salary_ perk	0.353 (0.39)	9.428** (2.02)	0.215 (0.24)	0.378 (0.45)	-30.586 (-1.05)	0.651 (0.78)
share_ structure	0.007** (3.21)	0.011 (0.40)	0.007** (3.34)	0.002 (0.64)	-0.020 (-0.57)	0.002 (0.63)
expense	0.083* (2.45)	0.178** (2.53)	0.080* (2.28)	0.064*** (5.05)	0.097 (0.66)	0.064*** (4.97)
type	-0.900*** (-17.59)	-0.748* (-1.93)	-0.917*** (-16.81)	0.376*** (5.87)	-0.706 (-0.67)	0.385*** (6.04)
relate	0.347*** (7.11)	0.102 (0.31)	0.358*** (7.27)	-0.290*** (-5.68)	0.042 (0.08)	-0.291*** (-5.74)
N	2 268	54	2 212	5 375	70	5 302
R^2	0.325	0.586	0.327	0.023	0.151	0.023

　　注：*$p<0.1$，**$p<0.05$，***$p<0.01$。跨国并购子样本采取自助法估计系数和标准误，其他回归以行业为聚类采取聚类稳健标准误。

　　表 8 - 7 中 (1)、第 (2)、第 (3) 列以并购持续时间为被解释变量，由于跨国并购样本量较少，部分控制变量的缺失大大降低了本来已经很少的样本容量，本章尝试对控制变量进行精简，以总资产 assets、roa、杠杆率 lev、公司年龄 age、高管的超额薪酬 salary_ perk、公司股权集中度 share_ structure、交易金额 erpense、支付方式 type、关联交易 relate 等为控制变量。第 (1) 列为全样本回归的结果，此时国有企业对并购持续时间的影响为正，然而不显著；第 (2) 列为跨国并购子样本的回归结果，由于跨国并购样本量较小，这里采用自助法估计系数①，估计系数显著为正②，因此国有企业跨国并购的持续时间显著高于非国有企业；第 (3) 列为国内并购子样本的回归结果，以行业为聚类采取聚类稳健标准误，此时所有制的估计系数为正，然而并不显著，结合第 (2) 和第 (3) 列，可知国有企业在跨国并购中并购持续时间显著高于非国有企业，而在国内并购中

①　采取 200 次重复抽样，seed 设置为 10101。
②　采用普通回归的结果更加显著。

持续时间没有显著差异，从而体现了国有企业在国内并购中的"相对优势"。这里并购持续时间受到多种因素的影响，国有企业在享受融资便利、政府支持等福利的同时，也有一些劣势，例如国企并购需要通过国资委审批等，在国内并购中这种优势和劣势互相抵消，而在跨国并购中，劣势不但没有减少，反而因为受到其他国家企业和政府的敌意等因素而增加了劣势，而原有的优势又是不可移动的，因此跨国并购的持续时间显著更高了。

第（4）、第（5）、第（6）列以并购溢价为被解释变量，控制变量和第（1）、第（2）、第（3）列相同。第（4）为全样本回归的结果，所有制影响系数显著为负，也就是国有企业整体而言支付了更少的溢价，第（5）列为跨国并购回归的结果，此时采用自助法估计，系数仍然不显著，第（6）列为国内并购的回归结果，此时系数显著为负。结合第（5）、第（6）列的分析可知，国有企业在国内并购中比非国有企业支付了更低的溢价，而在跨国并购中溢价与非国有企业没有显著差异，再次证明国有企业在国内并购具有"相对优势"，国有企业在国内并购中特有的信息获取能力、谈判势力等因素无法移动到国外，因此只能在国内并购中享受更少的溢价。

8.5　结论

本章以优势资产的国际转移性出发，研究了国有企业"走出去"困难问题，认为政策偏倚的不可移动性使得国有企业国内并购具有"比较优势"，从而带来国有企业对跨国并购的相对厌恶。首先从理论模型上论述了优势的不可移动性和海内外并购选择的关系并提出了相应的理论假说。随后本章通过多元回归和 DID 的方法证明了国有企业具有更低的并购倾向，该结论在控制了生产率等其他变量之后依然显著，接下来本章通过考察市场化水平和企业政治背景对并购选择的影响，证明了国有企业更低的并购倾向是因为政策偏倚带来的优势是不可移动的。随后的扩展分析证明，相比非国有企业，国有企业有显著更高的跨国并购持续时间和显著更低的国内并购溢价。

通过并购有助于企业迅速获取海外优势资源，提高企业国际竞争力，是企业快速成长为全球性跨国公司的有效途径之一。而且，中国企业借助并购进行海外扩张也是我国实施"一带一路"构想、加快国内经济转型升级、促进国际产能合作的核心内容。

鉴于发起并购总需要企业具有强大的融资能力，而且并购交易达成后必需的资产整合过程也耗费时日并充满挑战，因此企业通常不可能在短时间内进行多桩并购交易活动。这意味着，在不可移动的政策性优势下，即便面对有利可图的海外并购机会，国有企业可能仍然会选择通过国内并购进行规模扩张。因此，国有企业在国内享有的政策性优势不仅扭曲了国内竞争，同时还导致了我国企业在全球范围内的资源错配。

　　本章蕴含的政策建议如下：国有企业"走出去"困难的重要动因在于国内政策偏倚，国内市场成为国有企业的"温床"。要推动国有企业走出温床，就需要给予国有企业和非国有企业同等的竞争环境，让国内的激烈竞争推动国有企业"走出去"。

第9章

产能过剩与海外并购

由于近年来国内若干产业出现生产失衡和产能过剩，企业利润率下降，投资机会缺乏，迫使一些企业将目光投向海外市场。政府层面上，意识到当前全球化进程受阻、贸易保护思想回潮，鼓励海外并购成为我国实行国际产能合作、化解国内生产失衡的重要手段。在此背景下，本章以产能过剩代表，从国内生产失衡视角考察企业对外并购动机。

9.1 产能过剩与企业跨国并购

随着我国生产力水平大幅提高和产业规模快速扩大，"产能过剩"成为我国发展过程中的新问题。进入 21 世纪，我国已经历两次大规模的产能过剩现象。2003—2006 年由于局部经济过快发展，造成行业盲目投资和低水平重复建设现象普遍存在，引发大量行业产能闲置；2008 全球金融危机导致国际市场无力，造成相关行业需求大幅下降，同时国内高强度的财政和产业政策刺激加剧了国内资源配置扭曲和生产失衡，引发大面积的产能过剩。产能过剩强化了市场竞争，商品市场价格下降，企业利润率降低。在此背景下，通过海外并购拓展出口市场以疏解国内产能，或者获取生产技术寻求技术升级实现差异化产品生产，便成为某些企业无奈的选择。由于这种对外并购主要缘于国内资源配置扭曲和生产失衡，因此不一定与企业和相关产业自身的国际竞争力存在多大关联。

9.1.1 产能过剩及理论解释

理论上可以用企业生产函数来定义产能，指的是给定资本存量和要素投入价格条件下，企业长期希望获得的产出水平，即长期平均成本曲线的最低点对应的产出水平（Cassels，1937）。除此以外，袁捷敏（2013）总结了其他三种定义：①工程设备达到最高生产能力的理想产出，引申到理想资本存量状态下的企业最大产出水平；②基于整体经济的潜在产出构建的潜在产能；③基于调查结果的产能情况。

学界对产能过剩的定义有不同的观点。

从生产角度来讲，学界认为产能过剩是生产过程无效率，是资源配置矛盾的反映。张伯伦（Chamberlin，1933）认为在垄断竞争的市场结构中，平均成本曲线高于边际成本曲线，企业不能在最优水平进行生产，进而出现持续性的产能过剩；伯恩特和莫里森（Berndt and Morrison，1981）将产能过剩定义为实际产量小于潜在最佳生产能力达到一定程度时出现的现象，并呈现出要素间的无效配置的状态，即要素拥挤现象；张晓晶（2006）认为在市场潜在的最佳增长能力低于实际经济增长水平表现的现象；卢锋（2010）认为是企业闲置产能超过一定的合理界限造成了产能过剩。

从需求角度来讲，学界认为产能过剩是需求不足造成的。周劲（2007）认为产能过剩是社会总生产能力大于总需求形成的过剩；曹建海、江飞涛（2010）认为产能过剩是企业的生产能力超过均衡价格下的市场需求的现象。

综合来看，产能过剩需要从供求两端综合考虑。杨振兵（2011）认为，产能过剩来源于供大于求和生产损失，需要考虑潜在生产能力和需求对于实际产出的综合影响；周劲、付保宗（2011）认为，产能过剩意味着社会产能富余的程度使得其社会负面效应大于正面效应。因此在分析中，需要全面考虑生产和需求两个过程。

学界对于产能过剩现象有不同的解释，主要有以下四种观点。

（1）企业的"窖藏行为"。企业为应对未来的不确定性，需要提前储备一部分生产要素，让其处于闲置状态。克拉克（Clark，1973）认为企业在跨期决策时，在持有未来市场环境改善的预期情况下，会提前储备一定的生产要素，因此企业普遍存在产能利用不足的情况，当这种不足达到一定程度的时候，就造成了产能过剩。阿贝尔（Abel，1983）从经济下行的角度分析，当企业面临经济下行时的生产要素调整成本和未来经济复苏的不确定性时，如果调整成本大于要素闲置成本，其会选择保持原有的生产要素规模。另一种观点则认为厂商面临需求的不确定性，导致其实现的产能不一致（Paraskevopoulos et al.，1991）。此外学者还从经济周期的角度进行分析，周劲、付保宗（2011）发现中国产能过剩存在周期性特征，在经济复苏阶段，要素投入很难立即完成，这要求企业提前保持过剩的生产能力，在短期内保持过剩状态。

（2）信息不对称造成的产能过剩。班纳吉（Banerjee，1992）认为当企业的行为受到其他企业影响的时候，造成"羊群效应"，并导致企业对外部环境误判。企业作出"跟风"行为，在同一领域过度投资。企业对信息的分析不足和预期的偏差是产能过剩产生的重要原因，林毅夫（2010）构建了动态博弈模型，并提出了投资的"潮涌现象"，认为发展中国家企业对于下一个有发展前景的公司会达成共识，并由于对市场规模和其他企业的信息了解不足导致盲目决策结果。

（3）企业的策略性行为。斯潘瑟（Spence，1977）认为对于垄断厂商，其通过释放过剩产能增加产量降低价格，形成行业壁垒，阻止潜在企业进入，为使得新进入企业进入之后面临的价格足够低，在位企业需要持续生产足够高的产量，从而带来产能过剩问题。此外在寡头竞争中，企业也会选取过量产能作为其策略性行为，企业在合谋决策中，可以实施过剩产能对背叛一方进行惩罚（Barham and Ware，1993；Benoit and Krishna，1987）。

（4）制度因素。以上分析主要着眼于市场经济下企业自发配置资源所带来的产能过剩问题，信息不对称、垄断等因素造成市场配置资源的失败，从而生产没有达到长期最优点，带来产能过剩问题。而事实上，尤其是我国的产能过剩问题，具有很强的制度因素。刘西顺（2006）认为，银行流动性过剩和信贷歧视导致了信贷过度投资和扭曲分配，并导致产能过剩现象的出现。梁金修（2006）认为产能过剩是结构性因素导致的，与经济增长方式不合理、政绩考核方式不科学等因素有关。王文甫等（2014）认为地方政府干预倾向大企业，同时出现了投资过度，导致非周期性产能过剩的形成。江飞涛等（2012）认为产能过剩问题来源于地方政府竞争所带来的体制扭曲，地方政府为官员晋升等目的展开以 GDP 为标准的竞争，这种竞争导致官员盲目扩大生产。程俊杰（2015）则考察了产业政策对产能过剩问题的影响，认为产能过剩问题的形成是因为政府为了扶持支持产业和主导产业采取产业政策，从而造成了市场上激励的扭曲，降低了资源配置效率，最终带来产能过剩问题。产能过剩问题的另一个成因在于国有企业的退出障碍和退出壁垒。国有企业承担着创造就业和创造税收等社会职能，国有企业的关闭导致失业问题会引起社会的动荡，国有企业破产或者淘汰落后的生产线、机器设备，容易背负"国有资产流失"的舆论压力，这种种因素导致过剩产能淘汰困难。

国务院发展研究中心（2015）总结了"中国特色"产能过剩问题的产生机制：经济快速发展形成了良好的预期，在信息不对称条件下造成了过度投资；全球金融危机影响，国内经济增速放缓，短期内产能矛盾开始凸显；企业退出机制不畅通和地方政府干预进一步减缓企业间的并购重组，造成了资源重新配置速度减缓。

9.1.2　产能过剩与企业跨国并购

产能过剩和并购有什么关系，产能过剩严重的行业并购数量究竟更高还是更低？我们认为可以从以下方面加以研究：一是企业决策层面；二是政策支持层面。

1. 企业决策层面

从企业决策层面出发，虽然较少有文献直接从产业产能过剩的角度系统研究企业对外投资行为，但是有相当多的文献从产业的动态演变角度研究在不同的产业周期内企业对外投资行为的差异。维农（Vernon，1966）论述了产品生命周期对企业对外投资行为的影响，认为产品有一个从研发初始到逐步成熟的过程，当产品的生产进入成熟期，生产的工艺和流程的转移成本下降到一定水平，企业便可以以对外投资的方式进行生产的转移，从而利用发展中国家劳动力优势。

小岛清（1978）边际产业扩张理论是另一个产业动态影响对外投资行为的重要理论。小岛清结合日本的对外投资实践，认为对外投资应该发生在那些原本具有比较优势，而又将要丧失比较优势的行业，当一个行业走向成熟甚至衰落的时候，就需要通过对外投资寻找新的比较优势。小岛清的边际产业扩张理论解释了东亚国家之间的对外投资行为，领先国家将相对落后的产业转移到落后国家，而那些产业对于落后国家来说是先进产业，最终达到了互惠互利，共同发展。

此外，企业的对外投资行为还会受到行业的生命周期影响。如马克西莫维奇和菲利普（Msksimovic and Phillips，2008）按照行业产值的增长率和企业数量增长率的不同将行业生命周期分为四个阶段：高产值增长率和高企业数量增长率的"成长"阶段、高产值增长率和低企业数量增长率的"巩固"阶段、低产值增长率和高企业数量增长率的"技术变化"阶段以及低产值增长率和低企业数量增长率的"衰退"阶段，并认为产业的不同阶段意味着企业不同的投资机会，这影响了企业是否跨行业并购或者投资。

对外投资是企业作为经济活动的参与主体理性选择的结果，但也必然受到行业特征的影响。然而鲜有文献从行业特征的角度研究企业的对外投资决策。具体到国内迫切需要解决的问题，我们认为行业内的产能过剩与企业的对外并购行为是一个值得研究的问题。

产能过剩是一种特殊的行业特征。不同于边际产业扩张理论和行业生命周期这种依托于行业内生的演进规律，产能过剩，尤其是当前我国的产能过剩问题，更多的是一种外生冲击的结果，是政策因素和经济周期等相互作用的结果。虽然成因不同，产能过剩行业中的企业也面临着利润最大化的决策问题，面临着如何将资源进行最高效的配置问题。产能过剩意味着本行业内没有较好的投资机会，为了实现资金最高效的利用，一个合理的选择是进行跨行业甚至跨国的投资，其逻辑正如同行业内比较优势丧失或者进入衰退这一周期时，需要通过对外投资进行专业一般。那么，企业究竟采用跨行业并购还是跨国并购呢？这显然取决于跨行业并购和跨国并购哪个能带来更大的收益，正如我们所知，跨国并购相对于国内跨行业并购可能具有更大的好处：首先，新一轮的经济周期下国外企业估值相对较低，跨国并购可以利用价格差异优势；其次，跨国并购有机会使得企业获得新的竞争优势，提高企业的竞争能力。因此产能过剩严重的行业，应该更有可能通过跨国并购的形式化解产能问题，提升竞争力。

2. 政策支持层面

从政策支撑层面看，产能过剩问题是我国政府希望着力解决的问题，我国对通过企业"走出去"来化解落后产能问题进行足够的引导和支持。引导优质产能"走出去"，是化解我国部分行业产能过剩问题，实现双赢的重要手段。同落后产能问题不同，过剩产能中蕴含着不少优质的才能，只是因为需求不足而难以进行消化吸收，而部分发展中国家则表现出产能不足，通过引导这些优质产能"走出去"，我国政府会进行相应的引导和支持。

2015 年 3 月 28 日，国家发展改革委、外交部和商务部发布了《推动共建丝绸之路经济带和 21 世纪海上丝绸之路的愿景与行动》，进一步推动了我国对"丝绸之路经济带"和"21 世纪海上丝绸之路"相关国家的投资。"一带一路"的提出为我国企业"走出去"提供了方向性的指导。"一带一路"沿线国家多为发展中国家，与我国经济具有很大的互补性，是企业寻找新的比较优势，化解过剩产能的重要目的国，"一带一路"倡议的实施和相关配套措施的施行和完善，为企业通过向相关国家进行跨国并购化解落后产能提供了更加顺畅的通道。

此外，政策支持对产能过剩行业对外并购的影响，还体现在产能过剩行业本来就具有一定的政策倾斜，这构成了他们对外并购的"制度优势"。根据国务院发展研究中心（2015）对多地实地调查的结果，产能过剩所在行业具有三个显著特征：产品同质化程度高、受到过多的政策优惠和国内或国外原因出现的市场需求骤降。产品同质化程度高的行业具有进入门槛低、运营成本低、政策影响度大，容易形成过度投资并造成恶性竞争，如钢铁、水泥、平板玻璃、化工行业；受到过多政策优惠的行业主要为战略性新兴行业，如光伏产业；国内或国外原因出现的市场需求骤降的行业多受到市场形势变化和经济周期波动的影响，如受金融危机影响，船舶制造业订单大幅下降。

根据实地调查的结果，我们发现，近十年持续性的产能过剩与行业生产效率和市场的需求下降有关。实际产能过剩指数很好测度了因效率原因和供需原因导致的产能过剩情况。供需原因主要来源于国内国外的市场需求降低，而效率原因主要在于产业的投资与消费关系失衡。刘西顺（2006）认为，银行流动性过剩和信贷歧视导致了信贷过度投资和扭曲分配,这一事实导致部分行业资本投入的效率下降。韩国高(2011)认为企业对固定资产的过度投资导致了部分产业形成产能过剩。这种过度投资的现象导致边际生产下降,并使产业效率下降。

同时,政府干预也对产能过剩产生一定的影响。由于分税制体系,地方政府有强烈动机推进地区经济发展,但不合理的调控和干预会促使当地短期进行大量的投资,对企业的投资决策带来激励扭曲。梁金修(2006)还认为产能过剩是结构性因素导致的,与经济增长方式不合理、政绩考核方式不科学等因素有关,地方政府为了政绩盲目追求GDP,干预了企业正常的投资决策。王文甫等(2014)认为地方政府干预倾向于大企业,导致资源分配不均,投资过度集中。

地方政府之间的招商引资带来了地区竞争,这种竞争会使各地加大补贴、降低企业进入成本。这种补贴产生政策性扭曲,导致要素市场价格变化,使企业的决策倾向于扩大规模。耿强(2011)将产能利用率作为厂商最佳选择的内生变量,得到地方性政策补贴是产能过剩的主要原因。王立国(2012)认为地方政府不当干预是企业过度投资的原因。

综合以上分析,可以看出,企业间的投资不均和政府干预导致了过度投资的出现。可以认为产能过剩行业具有很大的"投资密度",即该产业中的企业面临着过度投资的局面,等投资额的产出较低。但同时,产能过剩行业也是信贷供给较大的行业,具有充足的资本供给。

按照邓宁(Dunning,2000)的分析框架,制度因素是企业优势的重要来源之一。过去几年,产能过剩行业受到政策影响的程度较大,其可以以低成本获得充足的资本供给,且政府利用政策性补贴等方式鼓励资本流入相应的行业,由于政绩考核模式等原因,企业的对外投资在一定程度上有所限制。但随着产能过剩企业在国内市场面临的投资机会减少,具有充足资本的企业会产生对外投资的动力,在全球范围内利用自身的低成本资本优势,以获得更多收益。

在考虑产能过剩的影响因素时,邓宁的分析还包括企业的所有权优势、内部化优势和区位优势,因此产业自身的要素构成、出口倾向和规模经济也对企业对外并购产生一定的影响:劳动密集型的产业可以发挥比较优势,其并购意愿较弱,而技术密集型的企业会通过并购吸收先进技术提高产业竞争力;出口倾向型的企业会提高企业的国际化水平,对于参与对外并购、融入全球价值链有很强的促进作用;规模经济可以降低成本,提高产业的竞争力,但同时规模越大的企业竞争越激烈,这就促进企业去寻求海外资源。

除此以外,产业的所有权结构也有很强的影响。国有企业以其信用优势,受到银行等金融机构的欢迎。因此其信贷供给更大,这导致了其受到制度因素的影响更大,产业的过度投资更强;同时国有企业受到国家支持,其海外并购有政府外交、行政的支持，因此其并购能力更强。

综上所述，产能过剩行业更有可能通过对外并购"走出去"，化解过剩产能问题，这既是企业实现资金最优化利用的结果，也是企业积极接受和利用政府政策支持和引导的结果。

9.2　产能过剩的测度和行业分析

9.2.1　产能利用率

目前学界对于产能过剩的分析，主要使用产能利用率作为分析指标。各产业的产能利用率定义为产业现产出占该行业最佳生产能力下产出的比值。由于我国"产能利用率"的指标体系还不健全，存在各行业数据不可得、数据不可靠、评价标准不一致等情况。因此在具体过程中，学界探索出许多有效的测度方法，目前主要通过峰值法、生产函数法、最小成本函数法、生产前沿面方法和其他方法。

峰值法假设在单投入—单产出和线性变化的趋势的情况下，将峰值年份的产出表示为最高产能，并计算产能利用率，属于较为简单的方法，但峰值法未考虑峰值点年份存在未充分利用的情况，并忽视了各年份间的规模效应。

生产函数法假设生产函数形式已知，利用函数形式估计具体参数并计算最大化产能。常见的生产函数可以有多种形式，常见的有线性函数、柯布－道格拉斯（Cobb－Douglas）函数、列昂惕夫（Leontief）函数、常替代弹性（Constant Elasticity of Substitution，CES）函数等。成本函数法与其类似，韩国高等（2011）使用了成本函数法，使用广义矩估计（Generalized meth:ol of moments，GMM）对面板模型进行估计。国务院发展研究中心（2015）参考伯恩特和海塞（Berndt and Hesse，1986）及尼尔森（Nelson，1989）的方法，使用超越对数形式的短期可变成本函数，利用工业企业数据库1998—2008年的数据进行估计。

成本函数法在使用中存在价格与成本的测量误差，数据包络法（Data Envelopment Analysis，DEA）和随机前沿分析（Stochastic Frontier Approach，SFA）可以有效避免这一问题。数据包络法利用动态规划思想，只需要考虑投入量即可衡量实际产出相对于潜在产出的效率。随机前沿分析法充分考虑要素的替代弹性，并有效规避价格因素。综合使用两种方法对产能利用率进行测算，杨振兵（2015）沿用这一思路，以超越对数生产函数为基础，考虑时间变化的影响，并使用需求—供给比例修正，综合考虑具体的产能过剩情况。

9.2.2 产能利用率估算方法和结果

本章使用杨振兵（2015）的方法进行产能利用率的测算，并进一步计算得到产能过剩指数。计算过程分为两个部分：生产环节，沿用柯克利等（Kirkley et al.，2002）的思路，在考虑成本函数法的测量误差和数据包络法的要素弹性不足的缺点后，使用随机前沿分析法计算产能利用率；销售环节，使用"需求—供给比率"对产能利用率进行修正，反映消费能力变动的影响。最终综合生产和销售环节的影响因素。

（1）生产环节。随机前沿分析中，主要使用了反映要素投入替代弹性和交互作用的超越对数生产函数，其具体形式为

$$\ln Y_{it} = \alpha_0 + \alpha_1 \ln K_{it} + \alpha_2 \ln L_{it} + \frac{1}{2}\alpha_3 \ln K_{it} \times \ln L_{it} + \frac{1}{2}\alpha_4 (\ln K_{it})^2$$

$$+ \frac{1}{2}\alpha_5 (\ln L_{it})^2 + \upsilon_{it} - u_{it}$$

$$u_{it} = u_i e^{-\eta(t-T)}$$

$$\gamma = \frac{\sigma_u^2}{\sigma_u^2 + \sigma_v^2}$$

$$CU_{K_{it}} = \frac{E[f(x_{it},\beta) e^{\upsilon_{it}-u_{it}}]}{E[f(x_{it},\beta) e^{\upsilon_{it}-u_{it}} \mid u_{it} = 0]} = e^{-u_{it}}$$

其中，Y 为行业产出，i 为行业，t 为时间，K 为资本投入，L 为劳动投入。υ 和 u 分别为随机误差项和技术损失误差项：$\upsilon_i \sim iidN(0, \sigma_v^2)$，表示不可控影响因素，作为随机性系统非效率计算；$u_i \sim N^+(\mu, \sigma_u^2)$，计算技术非效率。$\eta$ 表示技术效率的变化率。由于模型设定违背普通最小二乘法的基本假设，因此参数估计选用其他方法，巴蒂斯和科利（Battese and Coelli，1995）认为将 γ 表示为技术无效占随机扰动项的比重，可以通过极大似然法进行估计。

（2）销售环节。在销售环节，由于需求层面的影响因素会造成供给与需求的不一致，因此使用"需求—供给比率"对产能利用率进行修正，因此修正产能利用率 $CU_A = CU_K \times SR$，由于"需求—供给比例"一般情况下小于1，因此产能利用率会下降。

随后构建柯克利产能过剩指数和在此基础上的修正产能过剩指数分别表示生产侧和生产需求侧的产能利用情况。柯克利产能过剩指数（Kirkley Excess Capacity，EXCK）为 EXCK $= 1/CU_K - 1$；修正产能过剩指数（Actual Excess Capacity，EXCA）为 EXCA $= 1/CU_A - 1 = 1/CU_K \times SR - 1$。

（3）数据来源。本章选取 2001—2011 年 11 年的产业数据作为研究样本。选

取产业为《国民经济行业分类》（GB/T 4757—2002）中两分位代码 13~42 的制造业，并按照对外并购的数据库整理成 ISIC/Rev.3 的分类标准。由于两种分类标准较为接近，在考虑两分位以下的行业后，适当整理和合并产业，最终以 14 个行业作为研究样本，见表 9-1。

表 9-1　　　　　　　　　　　　　　　行业对照

最终产业	GB/T 4757—2002	最终产业	GB/T 4757—2002
食品制造业	农副、食品、酒、烟草	橡胶塑料业	橡胶、塑料
纺织服装业	纺织、服装	非金属制造业	非金属
皮革制造业	皮革	金属制造业	黑色、有色、金属
木材制造业	木材	设备制造业	通用、专用、电气
造纸印刷业	造纸、印刷	交通制造业	交通
石油制造业	石油	仪器制造业	仪器
化学医药业	化学、医药、化纤	文教制造业	文教

我们使用 14 个行业 11 年的面板数据，并按照 2000 年的不变价格进行调整。数据来自于 2002—2012 年《中国工业经济统计年鉴》《中国统计年鉴》《中国劳动统计年鉴》。具体的投入产出指标有以下说明。

工业总产值（Y）：由于 2008 年后工业增加值数据不再提供，因此采用各行业工业总产值作为产出变量，并按照分行业工业品出厂价格指数将工业总产值进行平减至 2000 年。

工业资本投入（K）：使用资本存量进行度量。现有研究中，资本存量使用固定资产净值作为替代指标，陈诗一（2011）认为现有资本存量的估计是将不同年份的投资品直接相加，而忽视了各年份的价格因素，正确的做法是对各年份投资额进行价格平减。按照永续盘存法，资本存量$_t$=（1-折旧率$_t$）×资本存量$_{t-1}$+新增投资$_t$，新增投资按照固定资产净值的差进行估计，并按照固定资产价格指数平减至 2000 年。折旧率按照固定折旧的差和固定资产原价的比值进行近似估计，折旧率在不同时间不同行业存在不同，更接近现实情况。

工业劳动力投入（L）：使用各行业年均从业人数。

9.2.3　估计结果

本章使用 Frontier 4.1 对产能利用率进行测算。参数估计结果，见表 9-2。从估计结果看，模型中生产函数的参数变量在 1% 的显著性水平上显著，模型设置较为合理，有较强的解释力。σ^2 反映了生产波动情况，其参数值为 0.162 0，表明存在一定的波动幅度，但影响不大。μ 反映了无效率项的均值，证明在制造业各行业中普遍存在无效率因素的影响。

表 9 - 2　　　　　　　　　　　　生产函数估计值

变量	系数	t 值	变量	系数	t 值
α_0	$-1.026\ 0^*$ (0.762 2)	$-1.346\ 0$	α_3	$0.851\ 2^{***}$ (0.132 9)	6.424 2
α_1	$1.915\ 0^{***}$ (0.214 0)	8.950 0	α_4	$-0.386\ 5^{***}$ (0.047 4)	$-8.256\ 9$
α_2	$-0.430\ 8^{***}$ (0.166 2)	$-2.592\ 5$	α_5	$-0.485\ 9^{***}$ (0.091 9)	$-5.289\ 0$
σ^2	$0.162\ 0^{***}$ (0.018 6)	8.701 8	μ	$0.787\ 3^{***}$ (0.239 0)	3.294 8
γ	$0.956\ 8^{***}$ (0.009 0)	106.196 2			
Log likelihood function				76.280 2	
LR				269.220 5	

注：括号中是回归系数标准误；***、**和*分别表示1%、5%和10%的显著性水平。表9 - 3同。

　　将随机前沿模型得到的产能利用率的结果，按照"需求—供给比率"进行调整，并计算其实际产能过剩指数，其结果见表9 - 3。

表 9 - 3　　　　　　　　　制造业各行业实际产能过剩指数

制造业	2001	2002	2003	2004	2005	2006	2007	2008	2009	2010	2011
皮革制造业	0.20	0.19	0.19	0.15	0.07	0.18	0.18	0.18	0.18	0.18	0.18
木材制造业	1.70	1.66	1.63	1.65	1.83	1.55	1.52	1.50	1.47	1.44	1.42
石油制造业	2.87	2.79	2.74	2.12	1.76	2.59	2.53	2.51	2.45	2.40	2.35
化学医药业	11.93	11.48	11.13	9.55	8.55	10.12	9.85	9.58	9.27	8.99	8.73
橡胶塑业料	4.64	4.47	4.36	3.92	4.19	4.06	3.96	3.88	3.80	3.69	3.61
非金属制造业	14.04	13.49	13.01	12.48	13.23	11.75	11.38	11.08	10.69	10.37	10.05
设备制造业	6.01	5.83	5.69	4.82	4.87	5.22	5.12	5.01	4.89	4.77	4.64
食品制造业	6.61	6.41	6.25	5.65	5.16	5.75	5.62	5.51	5.36	5.22	5.08
纺织服装业	6.05	5.82	5.66	5.13	4.90	5.24	5.12	5.00	4.87	4.75	4.63
造纸印刷业	7.39	7.17	6.92	6.68	6.74	6.38	6.20	6.11	5.91	5.74	5.62
金属制造业	13.16	12.64	12.24	9.48	9.40	11.16	10.79	10.57	10.27	9.89	9.61
仪器制造业	0.85	0.79	0.83	0.64	0.56	0.80	0.78	0.80	0.76	0.75	0.75
交通制造业	4.25	4.15	4.06	3.60	3.81	3.81	3.73	3.62	3.57	3.47	3.39
文教制造业	0.29	0.28	0.28	0.22	0.22	0.26	0.26	0.27	0.25	0.25	0.25

资料来源：中国历年统计年鉴。

　　由表9 - 3的结果可知。金属制造业、非金属制造业、化学医药业存在较高的产能过剩情况，食品制造业、造纸制造业等轻工业也存在一定的产能过剩。皮革制造、仪器制造、文教制造等轻工业产能利用情况较高。

　　图9 - 1展示了不同行业产能过剩指数随时间的变化趋势，从图中可以看出，各行业产能过剩指数随时间均有下降趋势，说明我国各行业生产效率逐年提升，

逐步从粗放型经济向集约型经济转型。与此同时，不同行业产能过剩指数的变化趋势不尽相同，金属制造业、非金属制造业、化学医药业三个行业虽然产能过剩指数下降迅速，但仍然与其他行业具有显著差异。下面将分析产能过剩指数与并购行为的关系。

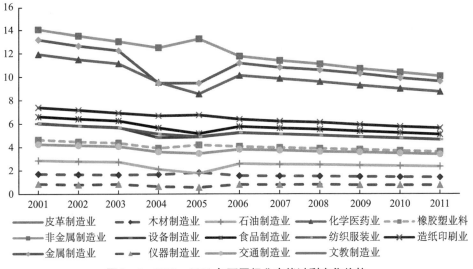

图 9 – 1　2001—2011 年不同行业产能过剩变化趋势

9.3　产能过剩与对外并购关系的检验

9.3.1　变量说明和模型构建

针对产能过剩与对外并购的关系，使用计量模型进行检验。数据来源：中国企业对外并购数据来源于汤森路透（Thomson Reuters）并购数据库；产业层面的数据来源于《中国统计年鉴》和《中国工业经济统计年鉴》。按照之前的行业划分，选取制造业 14 个大类行业的数据，时间跨度为 2001—2011 年。本章的被解释变量是并购次数、核心解释变量为各产业产能过剩指数。

被解释变量：本章使用汤森路透并购数据库中国 2001—2011 年各行业对外并购宗数作为被解释变量，变量名为 MA（Merger & Acquisition）。数据库包含 33 个行业、63 个国家的并购信息，我们选择其中的制造业的数据，并按照行业对照情况划分为 14 个行业。

解释变量：（1）产能过剩指数（EXCA）。使用各行业产能过剩指数作为核心解释变量。根据之前的理论分析和研究目的，产能过剩指数可以一定程度反映该产业投资的密集程度，高产能过剩指数的产业的投资边际收益较低，其企业更倾向于参与对外投资。

（2）调整的比较优势指数（ARCA）。行业比较优势指数刻画了各国产业层面的比较优势，其具有算法简单、国际可比性较高的优势。选取显性比较优势作为行业优势的指标，但由于传统的巴萨拉指数本身的缺陷，采用第2章构建的以行业增加值为基础和包括国内市场贡献的调整比较优势指数 ARCA。其构造方法为

$$ARCA = \frac{\dfrac{VA_{it}^{c}}{VA_{t}^{c}}}{\dfrac{VA_{it}^{w}}{VA_{t}^{w}}}$$

其中，VA 代表增加值，c 和 w 指代中国和世界，l 和 t 是行业和时间。中国分行业增加值数据来自 WIOD 数据库，世界分行业增加值以该库中欧盟及其他十二个国家的总值代替，这些国家的 GDP 占世界总 GDP 的 80% 左右（Timmer et al.，2015）。

（3）劳动密集度（LAB）。表示产业内各企业的劳动力投入程度，使用各产业企业职工的平均销售额衡量。

（4）技术密集度（RD）。表示产业内各企业的技术强度，使用各产业的研发经费支出占销售额的比重进行衡量。

（5）出口密集度（EXP）。表示产业内各企业的出口程度，使用各产业的出口量占销售额的比重进行衡量。

（6）企业规模（SCA）。表示产业内各企业的规模，使用企业的平均职工人数来代表，用企业内职工总人数与企业总数的比值进行衡量。

（7）国有经济比重（COU）。表示国有经济在该产业的比重情况，使用国有资产该产业总资产的比重进行衡量。

模型：由于我们使用的被解释变量为计数变量，且为非负的随机整数变量，而并购活动是一种非线性过程，因此我们使用非线性技术模型进行分析。计数模型不仅考虑了数据的离散性质，便于解释对外并购的发生次数，而且能够将代表性个体的区位决策函数与实证中的似然函数联系起来（Schmidheiny and Brülhart，2011）。按照这种分析，首先使用泊松分别描述其数据分布过程：

$$Pr(Y_{it} = y_{it}) = \frac{e^{-\lambda_{it}} \lambda_{it}^{y_{it}}}{y_{it}!}$$

Y_{it} 表示 i 产业在 t 时期的海外并购数量，λ_{it} 是其期望值。我们一般使用泊松回归模型来估计泊松分布中期望值与解释变量的关系。按照张建红（2012）的分

析，由于计数数据存在过度离中问题，即方差过大，因此我们使用负二项分布来估计参数。

9.3.2 估计结果

首先我们对自变量的相关性进行分析，由表9-4可知，所有的相关系数的绝对值都低于0.6，表明各变量之间的相关性较低。随后我们使用方差膨胀因子对模型进行共线性检验，检验结果表明，所有的VIF值集中为0~5，低于临界值10，模型中不存在共线性问题。

表9-4   相关性分析

变量	MA	EXCA	RCA	LAB	RD	EXP	SCA	COU	INV
MA	1								
EXCA	-0.01	1							
ARCA	-0.13	0.16	1						
LAB	0.04	-0.03	-0.31	1					
RD	0.51	0.16	-0.03	-0.03	1				
EXP	0.00	-0.59	0.29	-0.45	-0.16	1			
SCA	-0.07	-0.21	-0.04	0.43	0.05	-0.00	1		
COU	-0.21	0.40	-0.21	-0.31	-0.01	-0.40	0.23	1	
INV	0.34	-0.09	-0.08	0.41	-0.21	-0.25	0.08	-0.51	1

表9-5汇报了负二项回归的估计结果。模型1为基准回归，用当期的产能过剩指数作为解释变量，此时系数为正且在10%的水平显著。这初步验证了我们的假说，即产能过剩的行业倾向于通过海外并购化解过剩产能。考虑到产能过剩与并购的关系可能具有滞后效应，模型2和模型3分别采用了滞后1期和滞后2期的产能过剩指数，两个模型中的产能过剩指数都显著为正，模型3的显著性水平达到了1%，从而证明了滞后效应的存在。

其他被解释变量方面，显示比较优势与并购宗数的关系显著为负，这与本书其他章节的实证结论相符合，说明我国的对外并购行为并非基于自身优势，而是受资产价格等其他因素驱使。劳动密集度和研发密集度与并购数量的关系也显著为正，劳动密集度为工人的平均销售额，事实上可以代表行业的劳动生产率，这证明了具有更高生产率水平和更高研发水平的企业更有可能进行跨国并购。出口与对外投资的关系当期不显著，但滞后期均显著为正，体现了出口与对外投资的互补关系，同时也可能意味着具有更多国际化经营经验的企业更有可能进行并购。国有企业占比与并购宗数的关系显著为负，这可以由国有企业竞争优势大多无法转移至国外加以解释。

表 9-5 计量回归结果

MA	模型 1		模型 2		模型 3	
	系数	标准误差	系数	标准误差	系数	标准误差
EXCA	0.073 5	0.041 9 *				
$EXCA_{-1}$			0.079 4	0.041 6 *		
$EXCA_{-2}$					0.124 4	0.041 7 ***
ARCA	-0.401 4	0.190 8 **	-0.331 3	0.200 0 *	-0.433 6	0.208 6 **
LAB	0.004 2	0.002 4 *	0.004 7	0.002 5 *	0.006 5	0.002 7 **
RD	164.608 3	25.072 9 ***	164.151 3	25.498 8 ***	167.302 2	25.642 7 ***
EXP	1.575 7	1.027 6	1.875 5	1.101 7 *	2.384 6	1.021 4 **
SCA	-0.001 8	0.001 2	-0.002 0	0.001 3	-0.001 7	0.001 3
COU	-2.913 7	1.008 3 ***	-2.764 6	1.206 1 **	-4.518 3	1.159 7 ***
常数项	0.646 1	0.470 9	0.429 9	0.481 9	0.280 3	0.493 6
N	154		140		126	
Log Likelihood	-283.677 5		-266.525 1		-237.778 5	
Wald	80.56 ***		73.51 ***		85.88 ***	

总结本章，首先，我国行业的产能过剩指数有逐年下降的趋势，说明经济正在由粗放型增长向集约型增长转型，但仍然有一些行业的产能过剩程度相当严重；其次，产能过剩对企业的对外并购行为具有显著为正的影响，这种影响不仅体现在当期，而且体现在滞后影响上，说明企业会以对外并购的方式化解落后产能问题。

另外，从控制变量的系数看，调整的显示比较优势与并购行为的关系显著为负，意味着企业海外并购决策并没有受到优势驱动，我国企业的并购行为还存在相当程度的冒进和盲目冲动。具体到产能过剩问题上，由于现阶段我国落后产能问题已经得到相当程度的缓解，产能过剩问题中相当大比例的产能是优质产能，积极引导优质产能走出去，才能实现国家的双赢，更好地提升我国企业的国际竞争力。这要求企业的对外并购应该遵循竞争优势，政府应该在这一方面加以引导。

第 10 章

中国企业海外并购的国际竞争力效应

本章在理论和实证两个方面深入分析中国企业跨国并购对国际竞争力的影响。对跨国并购如何提高企业国际竞争力进行了理论探讨，认为跨国并购是一个企业获取和整合国内外竞争性资产提升自身优势的过程，因此是一个优势发挥和优势获取相结合的过程，有利于提高企业国际竞争力。在实证上，采用第 2 章建立的调整后显示比较优势指数 ACRA 衡量企业竞争力，通过回归分析检验了跨国并购对行业竞争优势的影响。实证研究结果表明：第一，生产率水平越高的行业，跨国并购数量越多；第二，在控制了生产率的影响之后，短期内海外并购对行业的国际竞争力没有影响；第三，海外并购对行业竞争优势在长期有显著为正的影响；第四，国有企业占比较高的行业更有可能通过并购提升竞争力。

10.1 优势发挥

企业进行对外直接投资，面临着高昂的进入成本，以及在不熟悉的市场环境中与东道国企业竞争的劣势，这样的企业能够立足和发展，必然有比当地企业更强的竞争优势，Hymer（1970）因此提出了企业对外直接投资的"垄断优势理论"，认为企业进行对外直接投资，是将其所拥有的优势发挥到极致，在全球范围内发挥其优势的过程，这也构成了传统的研究对外直接投资的理论基石。邓宁（Dunning，1981）综合了当时主要的对外直接投资理论，形成"国际生产折衷理论"的框架，认为企业对外直接投资行为是所有权优势、内部化优势和区位优势的综合作用结果。所有权优势类似于海默（Hymer，1976）的垄断优势，是本国企业优于当地企业从而可以与之竞争的基础；内部化优势基于交易成本和新制度经济学的理解，解释了企业为什么采取对外直接投资这种国际化方式，原因在于企业内部配置资源所带来的优势；而区位优势则解释了企业进行对外直接投资的区位选择。邓宁的国际生产折衷理论提供了研究对外直接投资的基本框架，后来学者的研究也不过是对这个框架的缝补。如新新贸易理论认为生产率最高的企业进行对外直接投资，生产率次之的企业进行产品出口，这里是把"所有权优势"具体化为了生产率优势，而学者研究文化、语言等因素对投资区位的选择，也不过是邓宁区位优势的深化和细化。

上述对外投资理论强调对外投资是一个优势发挥的过程，只有具有优势的企业才会进行对外直接投资，而发达国家企业相比于发展中国家企业更具有竞争优势，因此上述理论与发达国家的对外直接投资现象是契合的，但不能解释发展中国家的对外直接投资行为。邓宁（Dunning，1986）考虑了不同发展阶段国家的跨国投资行为差异，他将经济发展分为由低到高的四个阶段，在第一阶段发展中国家企业不具有任何竞争优势，本身也没有足够的市场容量，因此既没有投资流入，也没有对外投资；第二阶段的发展中国家自身得到一定的发展，开始有了投资的流入，但是本国企业仍然不具有优势，因此没有对外投资；在第三阶段本国的企业掌握了一定的竞争优势，因此对外投资迅速增加，并逐渐超过了投资的流入；在第四阶段发展中国家已经进化成成熟的发达国家，因此以投资的净流出为特征。邓宁所描述的对外投资行为的动态化，仍然是基于具有竞争优势的企业在全世界发挥其优势的逻辑。

然而，发展中国家企业的并购行为，就没有优势发挥的作用了吗？事实上，发展中国家的企业也具有特定的竞争优势，依然可以通过并购等对外投资行为在全球发挥其竞争优势，取得更高的利润。

10.1.1　成本优势

经典的国际经济学认为企业的比较优势有两个来源：一是技术差异（李嘉图模型）；二是资源禀赋差异（H－O模型）。上述对企业竞争优势的论述，强调的主要是技术差异，然而资源禀赋差异带来的成本优势也构成了重要了竞争优势，中国企业正是依靠低廉的劳动力成为世界制造业的中心，即使和发达国家企业相比，中国企业不具有基于技术上的优势，这依然可以构成其在全球领域充分发挥其比较优势，从而进行并购行为的前提（Wells，1983；Zeng and Williamson，2003）。中国企业通过成本优势与并购获得的其他资源进行合理的对接，从而达成优势互补，更好发挥其比较优势。

考虑到国有企业占据了并购企业的相当大比例，我国企业还具有融资成本较低的成本优势。并购行为需要巨额的资金支持，这些资金是仅仅依靠内源融资所无法达到的，因此并购行为能否发生的关键，在于企业通过金融市场融资的能力，融资约束成为制约企业并购行为的重要因素。中国国有企业的一大优势在于其强大的融资能力，我国的银行业为主导的金融系统是偏向于国有企业的，政府也会因为产业政策给予国有企业财政支持，国有本身就具有庞大的规模和资金，再加上低廉的融资成本，这构成了他们进行跨国并购的成本优势。

10.1.2　政策优势

与其他发达市场经济国家不同，中国政府可以通过产业政策对经济进行直接干预，扶持优势产业和支柱产业，鼓励企业的出口和对外投资行为，并进行相应的政策支持，这构成了中国企业对外并购的政策优势。中国政府有清晰的企业国际化战略和强大的执行能力，使得它可以通过一系列的行政行为和财政行为，鼓励一批强大的民营企业进行对外投资，参与国际竞争，从而提升本国企业的竞争能力。加入 WTO 和实施"走出去"战略是中国国际化战略的两个里程碑式的事件，这都大大提高了中国企业对外投资的规模。尤其当对外投资以并购为主时，政策优势显得更加重要。

中国的国际化战略，是"引进来"和"走出去"相结合的，不但鼓励国内具有竞争能力的企业积极进行对外投资，还鼓励国外具有竞争能力的企业在华投资，国外企业的在华投资行为，也为中国企业的"走出去"提供了鼓励和刺激的作用。一方面，国外企业的在华投资，使得先进的技术和管理手段外溢到国内企业当中，构成了他们的竞争优势，国外企业的在华投资，还帮助国内企业理解国际化经营，提升他们的国际化经验，了解国外的市场需求和政策法规，有利于他们更加有效地进行并购；另一方面，国外企业的在华投资对国内企业构成了竞争威胁，由于国外企业通常具有更强的竞争能力，这迫使国内企业开拓新的市场以规避竞争，或者具有更大的激励获取新资源，提升自身的竞争能力，从而对国内企业对外投资具有刺激作用。因此，不但"走出去"战略构成了中国企业并购的政策优势，"引进来"战略也是某种意义上的政策优势。

10.1.3　相对于其他发展中国家的优势

中国企业的对外投资行为，不但包括了对发达国家的对外投资，也包括了对发展中国家的对外投资，尤其是资源获取型的对外投资。而相对于发展中国家企业来说，中国企业是具有竞争优势的，因此当然也可以通过并购进行优势发挥。我国是一个中等收入的发展中国家，但同时也是一个经济大国，经济总量位居世界第二，近年来，随着我国改革开放政策的推进，我国企业积极发挥比较优势，参与国际贸易，产品附加值和技术水平有了长足的进步，我国政府对教育和研发投入的支持，也构成了我国企业竞争力提升的人力资本支持，相对于其他发展中国家，中国企业还享受着更加成熟的市场体制，更加健全的法律环境和契约环境，这些都构成了它们相对于其他发展中国家企业的竞争优势。

我们仍然可以通过邓宁的"国际生产折衷理论"来解释中国企业对其他发展中国家的并购行为，从所有权优势上看，我国企业相对于其他发展中国家企业具有更大的竞争优势，这构成了我国企业并购的前提；从内部化优势上看，我国之所以不采取贸易等其他手段，而采取并购这一措施，是因为交易成本和市场的不完全，这对于法律契约制度和市场体系不健全的发展中国家来说更加关键，因此只有通过企业内部的资源配置才能达到更有效的生产；从区位优势上看，我国企业对发展中国家的并购行为，主要锚定了它们丰富的自然资源和市场，这构成了并购行为的区位优势。

与上述文献强调企业对外投资依靠竞争优势不同，小岛清在总结了日本企业对外投资的规律和其与美国企业对外投资的差异之后，提出"边际产业扩张理论"，认为对外直接投资往往发生在那些正在丧失比较优势的行业。根据边际产业扩张理论，当一个行业具有比较优势时，可以采取贸易的手段进行国际化经营，而随着比较优势的丧失，贸易的利得也在下降，此时就需要采取对外直接头，去其他国家寻找新的比较优势，因此，对外投资往往发生在那些丧失了比较优势的国家和正在拥有该比较优势的国家之间。这种理论解释了日本以及东亚诸国之间的投资行为。

10.2 优势获取

10.1 节分析了中国企业通过并购发挥其已有优势的作用机理，然而以中国为代表的新兴经济体进行跨国并购最为重要的原因，是通过并购获取其所没有的竞争优势，从而提升对抗发达国家竞争对手的能力。企业通过并购进行优势获取主要体现在以下几个方面。

10.2.1 效率提高

效率提高首先体现在并购所带来的逆向技术溢出上。同样作为一种国际化经营活动，跨国并购也和出口一样可以带来逆向的技术溢出，这种逆向的技术溢出来源于企业向被并购方、国外竞争对手和消费者的学习。通过对外直接投资带来的逆向技术溢出效应，已经得到了大量的实证研究的证明。如布兰施泰特（Branstetter，2000）发现对美国进行了对外直接投资的企业，其专利申请数量要大于没有进行对外直接投资的企业，波泰里和利希滕伯格（Potterie and Lichtenberg，2001）发现对外直接投资可以提升本国的技术进步。国内研究方面，赵伟等（2006）发现对外直接投资对我国生产率的促进作用，常玉春（2011）发现企业境外的资本对企业技术创新具有促进作用，蒋冠宏和蒋殿春（2014）通过企业层面的微观数据，发现对外直接投资可以显著提高进行对外投资企业的生产率水平。

　　并购还可以使企业获得专利和商标等经营资源。专利不但可以使得企业获得关键技术，直接提高企业的生产率，还可以以此带动企业的研发，使得企业在关键专利的基础之上进行次级创新。商标能够直接带给企业相应的声誉和市场影响力，这些资源都对提升企业的竞争力具有重要作用，而并购是获取这些优势资产的最有效途径。由于专利和商标的特殊性，很难进行契约化，通过转让协议等方式获得，并没有通过兼并相关企业获得而更有效率，而发达国家经过反复的试错和投资所形成的专利和商标，发展中国家企业可以通过相对低廉的方式购得，避免了二次创作，是其发挥"后发优势"，赶超发达国家竞争对手的关键。

　　通过并购加强国际化经营的一个直接好处，是挣脱了国内市场的约束，国际化经营不但可以规避在国内已经白热化的竞争，还因为市场扩大而直接带来了销售量和利润的提高。对外直接投资的市场寻求动机，在传统的"近邻集中"模型中，被看作是对贸易的替代，因为对外直接投资节约了贸易成本，而带来了进入成本。随着研究的深化，学者认为对外直接投资也可以带来对贸易的促进，从而更加提升了企业的竞争力。考虑到当地政府的政策约束，企业在寻求海外市场时，选择并购比选择绿地投资更有效率，因为当地政府的反垄断措施和对本地企业的政策偏向，一般不愿意企业直接进行新建，这时候采取并购不失为一种规避的策略。

10.2.2　克服制度缺陷

　　按照传统比较优势理论的逻辑，某种生产要素充裕的国家在密集使用该要素的行业内具有比较优势，如果制度也被看作一个生产要素，那么制度密集型产品就在制度要素充裕的国家具有了比较优势。莱维琴科（Levchenko，2007）、纳恩（Nunn，2007）、拉波塔等（La Porta et al.，2007）等较早从契约执行效率层面细致研究契约制度与契约密集产品比较优势的关系；克莱泽尔和巴德汉（Kletzer and Bardhan，1987）、贝克（Beck，2002）从金融层面考察金融制度与"金融密集"产品比较优势的关系；科斯蒂诺（Costinot，2009）和唐（Tang，2012）则研究了劳动力市场制度对比较优势的影响。一国的制度环境可以成为企业比较优势的来源，其逻辑在于有些商品的生产比其他商品更加依赖于制度，例如资产专用性程度较高的商品，由于契约的不完备性和人的机会主义倾向，必须依靠高效的契约执行效率才能保证交易及生产的有效运行，能够提供这种契约执行效率的国家，就能够以更低的交易成本进行生产，从而构成该商品生产的比较优势。

中国是一个发展中国家，也是一个从计划经济体制转型过来的社会主义市场经济体，市场体制、法律制度还有待完善，而对外投资就成了企业突破本国制度约束，在全球寻找更有效制度环境的手段。对产权保护的不利、契约执行效率的低下、不发达的要素市场和低效的市场中介等制度缺陷，都制约了企业竞争优势的发挥，对外直接投资可以看作对制度缺陷的逃离，通过对外直接投资去往一个制度更加高效、透明的地区，企业可以专注于研发和提高竞争优势的各种行为。

作为新兴工业国家的中国，由于对产权（尤其是知识产权）保护和契约执行方面的不足，中国企业很少进行研发，提高企业的知识存量和人力资本，更新产品和生产流程，而是采取模仿发达国家先进企业的方式，生产劳动密集型、低技术含量，从而也是低附加值的产品，加工贸易成为中国经济的重要组成部分，在全球价值链中处于较低位置，企业的竞争力也因此受到很大影响。采取跨国并购的方式获取国外更加高效的制度服务，成为企业提升竞争优势的有效手段。企业依靠并购克服制度缺陷提升竞争优势，主要有以下两项措施：一是通过并购直接获得发达国家企业的先进技术、专利和商标，接受发达国家企业逆向的技术溢出，而上述战略资源只有在完善的制度环境下才能产生，因此是企业在本国单凭自己所无法得到的；二是通过并购进行国际活动，享受国外的制度服务，通过在国外建设研发中心等方式，进行技术的研发和创新。

10.2.3 产业组织视角

以上分析都基于企业竞争优势的提高来自于真实的效率提升和制度改善，然而基于产业组织理论，行业市场结构的改变也能够提高企业的市场势力，从而提高企业的竞争能力，而跨国并购恰好是一种行业市场结构的改变。

行业内厂商数量的减少能够提高在位企业的价格影响力，从而提高了他们的产量、利润以及竞争力，而并购恰好可以减少厂商数量，提高进行并购企业的规模。然而并购什么时候是有利可图的呢？必须并购之后的新企业利润大于并购前两个企业利润的和，并购才产生剩余，在厂商的成本相同的情况下，并购并不能带来剩余（Salant et al.，1983）。

尼亚里（Neary，2007）将上述问题引入了国际经济学，他构建了一个多国模型，由于不同国家有不同的比较优势，因此生产的成本并不相同，这种情况下，低成本企业并购国外高成本企业，并购是可以产生剩余的。由于古诺竞争是"策略替代"的，并购减少了厂商数量，也就提升了并购企业的产量和利润。事实上，尼亚里（Neary，2007）的模型证明，并购行为不但提升了进行并购企业的产量和利润，还提升了所有在位企业的产量和利润，然而进行了并购的企业提升的更多，而这种企业恰好是本国生产成本最低的企业，因此也就是本国最具有比较优势的企业。这从产业组织的视角出发，证明了在并购不带来任何企业效率提升的前提下，并购行为仍然提升了一国企业的比较优势。

10.3　优势互补

虽然对于新兴经济体企业来说，优势获取的意义更为重要，但是能够获取并且合理整合新资源，也需要企业本身就具有一定的优势，因此新兴经济体企业的跨国并购行为，是已有优势和新优势的优势互补的过程。并购究竟能否带来企业竞争优势的提升，一个关键因素在于新获得的优势能不能和已有优势合理整合，实现优势互补。

（1）优势的可移动性和不可移动性。按照传统的对外投资理论，企业在国内取得了竞争优势，于是希望把优势带到国际上，从而获取更多的利润，因此对外投资是在全球范围内发挥其优势的过程，然而企业的竞争优势有些是可以移动的，有些则是不可以移动的，例如中国企业通过廉价劳动力获得的成本优势，或者通过庞大的市场规模获得的市场优势，以及政府补贴带来的政策优势，都是不可移动的。诺克和耶普尔（Nocke and Yeaple，2007）认为，并购是一种具有可移动优势的企业去兼并国外具有不可移动优势企业的行为，从而可以在国外获得竞争优势，实现优势互补。例如，谷歌在搜索引擎技术上具有优势，在美国消费者使用习惯和偏好的了解上也具有优势，然而搜索引擎的技术优势是可以移动的，对美国消费者使用习惯和偏好的了解上的优势则是不可移动的，因此，谷歌在进入一个和美国消费者习惯差异很大的地区时，应该以搜索引擎技术的优势，与当地企业对当地消费者了解的优势进行互补，采取兼并当地企业才能达到这种优势的互补。

（2）品牌整合的优势互补。在品牌整合阶段，最大风险是品牌互斥风险和品牌浪费风险。品牌互斥风险是指两个品牌之间无法整合，并且互相贬损，互相伤害的现象，而品牌浪费风险指的是其中一个品牌的作用没有得到有效发挥，并购的意义也就不复存在了。正确规避品牌互斥和品牌浪费现象，需要采取相应的品牌策略。品牌整合策略大致可分为：优势品牌策略、联合品牌策略、多品牌策略和建立新品牌策略。只有根据自身品牌和新获得品牌的特点选择合适的品牌战略，才能化解品牌整合风险。

（3）技术整合的优势互补。一般认为，技术的相似性是提高技术整合效率的前提，技术越相似的企业，在合并之后面临着更少的信息不对称，而对相似技术的吸收效率也更高，然而技术的相似程度虽然提高了技术吸收的效率，但并不代表这样的技术整合具有很好的绩效，因为技术越相似的企业，技术的互补性也越低，通过并购所带来的学习效应和技术外溢效应也就越低，因此再考虑技术整合时，不但要考虑技术的相似性，也要考虑技术的互补性（刘美丽，2013）。一般而言，技术相似的企业又具有一定的互补性，则技术整合的绩效会更强。

（4）人力资本整合的优势互补和风险。人力资本不同于物质资本，也不同于专利、商标等无形资本，人力资本更难以被契约化，契约也更难以实施，人力资本的有效发挥只能依靠某种激励相容的机制设计才能达到，或者依靠人本身对企业的认同和信任。具体到兼并之后的人力资本整合上来，文化差异和制度差异对人力资本整合的影响也远远大于对技术和品牌的整合。大量实证研究证明，并购失败的原因中，文化原因甚至大于财务原因。

并购的不同阶段，人力资本整合具有不同的风险和成因，在前并购阶段，人力资本整合风险表现为对并购的消极抵抗，成因主要是对未来不确定性的恐慌；在后并购阶段，人力资本整合风险表现为冲突和离职，成因主要是并购之后所带来的差异，尤其是文化差异和制度差异；在并购完成之后的阶段，人力资本整合风险表现为对组织归属感的丧失和工作的消极，成因主要是文化差异和心理落差。这要求并购企业应该根据不同阶段的风险特点和成因制定不同的方式化解人员的消极情绪，充分发挥其积极性。

10.4 实证研究：并购提高了中国企业的国际竞争力吗

本节根据上述理论基础，针对并购和竞争优势问题，提出待验证的理论假说，并通过计量模型加以验证。

10.4.1 理论假说

鉴于我国整体国力和产业发展水平，中国企业对外并购最为重要的动因是优势资源的获取。尽管前文发现我国企业海外并购在很大程度上具有资产套利特征，但经过近年来的发展各产业的国际竞争力条件已经有了很大的提高。尽管长期以来存在国际产业生命周期时滞和国内外股权资产价格差异，但我国海外并购风潮并没有在 2005 年之前出现，在一定程度上即说明了这点。我国是中等收入水平的发展中国家，企业的技术含量、管理方式乃至国际化经营的经验相比发达国家企业都有一定的劣势，而对外并购是国内企业发挥后发优势、获取关键资源，实现对发达国家企业追赶和超越的重要手段。中国的对外并购行为，不但使得它们获得了技术、专利和商标等重要战略资源，还通过逆向技术溢出等方式提升了其全要素生产率水平，中国企业的对外并购行为，还能带来克服制度缺陷、提升国际化经营的经验、改变市场结构等后果，进一步提升了中国企业的竞争优势，因此我们提出以下假说：

假说 1：中国企业的对外并购行为提升了其国际竞争力。

其次，我们也并不排斥因果关系的另一个方向，也就是竞争优势导致了企业的对外并购行为，并购是一个优势发挥的过程。这与假说 1 并不矛盾，因为第一，我国企业虽然相比于发达国家在很多方面都处于竞争劣势，但是我国企业也有一些特定的优势，例如劳动力成本低廉、政策对"走出去"的支持，以及相对于其他发展中国家的竞争优势等，这些也在我国企业并购行为的决策中发挥着重要的作用；第二，即使是为了获取竞争优势，也需要企业自身具备一定的优势，才能实现优势的互补，以及对新资源更好的整合和吸收，因此竞争优势本身也是影响企业并购行为的重要因素，我们提出以下假说：

假说 2：中国企业的竞争优势促进了其并购行为。

最后，并购对竞争优势的提升，并不是可以短期获得的。考虑到企业的并购行为需要大量的资金和资源，短期内极有可能造成并购方债务水平过高，经营风险上升，对企业的生产经营造成一定的压力。因此在并购的初期，可能会对企业的国际竞争力带来不利的影响。企业通过并购所获取的资源，在整合上也有一定的难度，只有在经过一段时间之后才能真正发挥作用，因此很多并购行为都属于战略投资，不是考虑短期的收益，而是在战略层面上考虑长远的收益。为此我们提出以下假说。

假说 3：企业并购行为对生产率的促进作用具有长期效应，在短期甚至会降低企业的竞争力，而在长期则会显著提高企业的竞争力。

10.4.2　回归分析

本章采用 1998—2009 年中国工业企业数据库和汤森路透（Thomson Renters）并购数据进行实证研究。中国工业企业数据提供了关于企业生产和经营活动的详细数据，而汤森路透并购数据库提供了行业层面并购的宗数，我们将中国工业企业数据库的相关变量加总到两位数行业层面，并与并购宗数进行对接，从而在行业层面上研究上述假说。

为此建立基准模型为

$$\ln (arca)_{it} = \beta_0 + \beta_1 \times \ln merge_{it-1} + \boldsymbol{\gamma} \times \mathbf{X}_{it} + \mu_i + \theta_t + \varepsilon_{it}$$

其中，$arca_{it}$ 为 i 行业 t 时期的国际竞争力水平，以第 2 章定义的调整的显示性竞争力指数 ARCA 作为代理变量。$merge_{it-1}$ 为 i 行业 $t-1$ 时刻的并购宗数，β_1 衡量了

$t-1$ 时刻的并购对 t 时刻竞争优势的影响系数。X_{it} 为一组行业层面的控制变量，包括：平均生产率水平 lntfp（以通过 lp 方法计算的全要素生产率测度）、平均出口量 ln$export$（以出口交货量衡量）、企业平均规模 ln$scale$（以主营业务收入衡量）、企业平均年龄 lnage、平均资本存量 ln$k$（以固定资产投资衡量）、平均资本密集度 lnkl（以固定资产投资与雇佣人数的比值衡量）、国有资产占比 soe（以实收资本中国有资本占比衡量）、外资占比 for（以实收资本中外商资本占比衡量）和市场集中度 hhi（以赫芬达尔指数作为代理变量）。μ_i 为不随时间而变的个体效应，θ_t 表示不随个体而变的时间效应，ε_{it} 为随个体也随时间而变的扰动项。

在生产率的测度上，微观层面主要有 OP 方法（Olley and Pakes，1996）和 LP 方法（Levinsohn and Petrin，2000）。OP 方法可以解决生产函数估计中的内生性问题和选择偏差，但是要求以投资作为生产率冲击的代理变量，而中国工业企业数据库中投资出现大量的缺失值，严重影响了数据质量，因此采用 LP 方法。该方法并不以投资作为代理变量，而是代之以中间投入作为代理变量，这样大大提高了样本数量。为了保证文章的稳健性，也采用 OP 方法加以检验，分析结果类似，因此只汇报了 LP 方法的结果。

为了控制不随时间而变的个体效应和不随个体而变的时间效应，采用双向固定效应模型对模型进行估计；为了减少内生性问题，这里的控制变量选择滞后一期。表 10-1 中的第（1）列汇报了只加入并购变量 ln$merge$ 的回归结果估计的系数为正，且在 1% 水平上显著。第（2）列加入了生产率 ln（tfp）作为控制变量，此时并购对竞争优势的回归系数不显著，而生产率对竞争优势的回归系数则显著为正，说明第（1）列的回归含有遗漏变量偏差，这与假说 2 是一致的，由于企业的并购行为受到生产率的影响，而生产率高的企业更有可能进行并购，因此并购和生产率高度相关，而生产率显然又是国际竞争力的关键解释变量，因此表第（1）的回归所表现的并不是并购与竞争优势的因果关系，而是相关关系。只有控制了生产率水平等因素才能真正进行因果推断。第（2）列说明，在控制了生产率因素滞后，并购（在第一期）并没有带来竞争优势的显著变化。

表 10-1　　　　　　　　　　　　　基准回归结果

变量	（1） ln（$arca$）	（2） ln（$arca$）	（3） ln（$arca$）	（4） ln（$arca$）	（5） ln（$arca$）
ln$merge$	0.015 3 ***	-0.000 498	-0.003 07	-0.000 366	0.015 0 ***
	(6.00)	(-0.24)	(-1.46)	(-0.16)	(5.42)
lntfp		0.020 5 ***	0.014 9 ***	0.018 5 ***	
		(4.27)	(7.93)	(3.83)	
ln$export$			-0.001 49	-0.000 686	-0.000 378
			(-0.69)	(-0.31)	(-0.19)
ln$scale$			0.033 5 ***	0.041 0 ***	0.046 0 ***
			(3.93)	(4.45)	(4.92)

续表

变量	(1) ln (arca)	(2) ln (arca)	(3) ln (arca)	(4) ln (arca)	(5) ln (arca)
ln*age*			0.001 59 (0.34)	0.000 286 (0.06)	0.003 24 (0.66)
ln*k*			-0.022 7 *** (-2.90)	-0.016 6 * (-1.93)	-0.017 9 ** (-2.16)
ln*kl*			-0.003 88 (-0.89)	-0.004 82 (-1.30)	-0.000 543 (-0.15)
soe				0.028 5 (1.88)	0.006 29 (0.48)
for				-0.003 14 (-0.28)	-0.001 48 (-0.14)
hhi				-0.132 ** (-3.14)	-0.118 ** (-2.98)
个体效应	控制	控制	控制	控制	控制
时间效应	控制	控制	控制	控制	控制
R^2	0.039	0.117	0.194	0.146 7	0.087 1
N	3 898	3 898	3 898	3 898	3 898

注：$*p < 0.1$，$**p < 0.05$，$***p < 0.01$。

第（3）列继续加入了平均出口 ln*export*、企业平均规模 ln*scale*、企业平均年龄 ln*age*、平均资本存量 ln*k* 和平均资本密集度 ln*kl* 等变量，并没有改变基本的结论；第（4）列接着加入了国有资本占比 *soe*、外资占比 *for* 和市场集中度 *hhi*，也没有改变基本结论，并购（在第一期）并没有带来竞争优势的显著变化。

通过反复增减变量，我们发现，对结果最敏感的是生产率水平变量。第（5）列汇报了加入所有控制变量但去掉生产率水平的回归结果，在这里并购对竞争优势的影响系数又变得显著为正了。因此我们可以认为，并购行为（在第一期）并没有带来竞争优势的显著变化，只是由于并购行为和生产率水平是高度相关，所以产生了虚假的因果关系。

为了证明这一点，也为了验证假说 2，针对企业生产率水平与并购行为的关系进行了检验，结果见表 10 - 2。表中第（1）列汇报了生产率作为单一解释变量的简单回归结果，在这里生产率对企业并购行为的选择具有显著的正效应，表明生产率越高的企业进行海外并购的可能性越高；第（2）列控制了不随时间而变的个体效应，生产率对并购的影响系数有所变化，但仍然显著为正；第（3）列控制了不随个体而变的时间效应；第（4）列加入了上述模型中的全部控制变量，生产率变量的系数仍然显著为正。这证明生产率确实是影响企业并购行为的重要因素，由于生产率本身和企业并购行为高度相关，在研究并购对企业竞争优势的影响时，应该对此加以控制。

表 10 − 2 　　　　　　　　　　企业并购行为回归

变量	(1) lnmerge	(2) lnmerge	(3) lnmerge	(4) lnmerge
lntfp	0.002 51 *** (4.85)	0.131 *** (11.89)	0.065 6 *** (7.97)	0.076 1 *** (8.89)
控制变量	−	−	−	−控制
个体效应	−	控制	控制	控制
时间效应	−	−	−控制	−控制
N	3 898	3 898	3 898	3 898

注: $*p < 0.1$, $**p < 0.05$, $***p < 0.01$。

然而当对生产率加以控制之后，并购行为和竞争优势没有显著的因果关系。我们认为，根据假说 3，并购对竞争优势的提升是长期影响而不是短期影响，在短期，并购行为可能促进也可能阻碍了竞争优势的发挥，长期则会显著提高竞争力，因此并购对竞争优势的影响具有时滞。为了验证上述假说，对并购行为的滞后 2 期和 3 期进行了回归，来研究滞后期的并购行为对当期竞争优势的影响。回归结果，见表 10 − 3。

表 10 − 3 　　　　　　　　　　长期效应回归

变量	(1) ln ($arca$)	(2) ln ($arca$)	(3) ln ($arca$)	(4) ln ($arca$)	(5) ln ($arca$)	(6) ln ($arca$)
$L1.$ ln$merge$	0.015 4 *** (6.34)			− 0.000 366 (− 0.16)		
$L2.$ ln$merg$		0.012 3 *** (4.80)			0.014 535 *** (4.72)	
$L3.$ ln$merg$			0.008 64 *** (3.75)			0.004 68 * * (2.40)
lntfp				0.018 5 *** (3.83)	0.018 8 *** (4.05)	0.018 0 *** (3.83)
ln$export$				− 0.000 686 (− 0.31)	− 0.000 287 (− 0.15)	− 0.001 83 (− 0.94)
ln$scale$				0.041 0 *** (4.45)	0.036 0 *** (4.01)	0.027 5 ** (3.05)
lnage				0.000 286 (0.06)	− 0.005 41 (− 1.03)	− 0.007 60 (− 1.12)
ln$k$				− 0.016 6 (− 1.93)	− 0.021 7 ** (− 2.59)	− 0.016 2 (− 1.83)
lnkl				− 0.004 82 (− 1.30)	− 0.004 61 (− 1.16)	− 0.003 70 (− 0.64)
soe				0.028 5 (1.88)	0.022 0 (1.49)	0.027 8 (1.82)
for				− 0.003 14 (− 0.28)	− 0.002 12 (− 0.20)	− 0.000 461 (− 0.05)

续表

变量	(1) ln (arca)	(2) ln (arca)	(3) ln (arca)	(4) ln (arca)	(5) ln (arca)	(6) ln (arca)
hhi				-0. 132 ** (-3. 14)	-0. 086 4 * (-2. 08)	-0. 079 7 (-1. 82)
时间效应	控制	控制	控制	控制	控制	控制
个体效应	控制	控制	控制	控制	控制	控制
R^2	0. 039 2	0. 052 6	0. 084 5	0. 146 7	0. 166 5	0. 186 0
N	3 898	3 898	3 898	3 898	3 898	3 898

注: $*p < 0.1$ ， $**p < 0.05$ ， $***p < 0.01$ 。

表 10 - 3 的第（1）、第（2）、第（3）列分别为以滞后 1 期、滞后 2 期和滞后 3 期的并购宗数为解释变量的双向固定效应回归结果，在以滞后 1 期的并购宗数为解释变量时，其对竞争优势的影响是不显著的，但是滞后 2 期和滞后 3 期都有显著为正的效应，这表明并购对竞争优势的影响确实有滞后效应，它在长期可以带来竞争优势的提高，但是在短期对竞争优势的影响则是不确定的。第（4）、第（5）、第（6）列加入了其他控制变量，滞后 1 期的影响系数依然不显著，滞后 2 期和滞后 3 期的影响系数依然显著为正，证明我们的结论是稳健的。另外，无论加入不加入控制变量，从 R^2 上看，滞后 2 期的并购宗数比滞后 1 期的并购宗数解释了更多的竞争优势的变动，滞后 3 期的并购宗数又比滞后 2 期的并购宗数解释了更多的竞争优势变动，因此并购的长期效应要显著高于并购的短期效应。从而证明了假说 3。

10. 4. 3　并购企业所有制的影响

本节关注所有制对并购后企业竞争力的影响。首先我们注意到一个有趣的现象：与通常的印象相反，国有企业相对于民营企业而言海外并购的倾向较弱。回顾中国企业海外并购的短暂历史，一些由国有企业发起的巨额并购让人印象深刻。早期有中石油、中海油和中国铝业等央企进行的大型资源型收购，2017 年又有中国化工创纪录的以 430 亿美元收购先正达案例。由于"眼球效应"，人们往往认为国有企业更喜欢"走出去"，具有更强的跨国并购倾向。除了直观印象，既有的理论分析也往往会得到国有企业对外并购倾向更强的结论。如部分舆论认为中国企业的"走出去"带有强烈的国家政策推动的烙印，会更加不计成本地推动跨国并购；还有学者认为国家资源向国有企业倾斜，国有企业更有强的能力推动跨国并购；也有学者基于代理成本理论，认为国有企业高管为了升迁和积累政治资本目的，存在以跨国并购扩大企业规模的动机。

但若将国内并购也纳入比较，统计数据则呈现一个与大家通常印象截然不同的景象：与民营企业相比，国有企业进行的国内并购比重更高，而海外并购数量模型较少。以国泰安数据来说（见表 10 - 4），1998—2017 年国有或国有控股企业发起的并购中绝大多数都发生在国内市场，其中仅有 1.6% 为海外并购，同期民营企业的海外并购比重则达 5.6%；WIND 资讯数据库揭示了类似的分布：国有企业的并购中跨国并购占比 5.58%，而非国有企业跨国并购占比则为 9.88%。即便考虑到国有企业单项并购交易规模较大，但不可否认，国有企业的并购扩张似乎更偏好国内标的，与民营企业近年来在海外并购市场上的突飞猛进形成鲜明的反差。

表 10 - 4   1998—2017 年上市公司并购数量统计

企业类型	企业数量（年平均）	海外并购数量	国内并购数量	海外并购的比重
国有企业	900	75	4 670	1.58%
非国有企业	997	295	4 933	5.64%

资料来源：国泰安（CSMAR）数据库。

臧成伟（2018）认为，这一现象是因为国有企业竞争优势无法转移至国外，国有企业趋利避害行为的自然结果。从这个意义上看，国有企业的海外并购还是较为理性的，并没有出现因政策支持而蜂拥进行海外资产并购的迹象。因此，相对于民营企业，国有企业的并购绩效未必较差。

实际上，所有制因素虽然肯定会影响企业海外并购后的竞争力效应，但这一影响非常复杂，正反两方面的因素都存在，很难归纳出一个单方向的净效应。国有企业海外并购多发生在资源行业，以获取海外矿产等自然资源为主，相对而言，并购后的资源整合过程较为简单，而标的资产的性质也不容易产生因事前信息不对称造成的并购成本过高或事后价值缩水等意外，这是有利于国有企业海外并购提升事后竞争力的因素；相反，国有企业的内部治理和经营效率一直为人诟病，在全球资本市场这一完全市场化的环境中，从标的选择、并购时机把握、询价定价，以及并购后资产整合中的管理协调等一系列环节，国有企业的固有弊病都可能会被放大，不利于其竞争力提升。另外，虽然国有企业本身规模较大，抗风险能力较强，有明显的融资便利，发起的并购交易金额通常也较大，但这些优势往往也只是体现在并购前后并购交易过程中，事后则可能造成相反的效应。因为融资便利可能造成企业过度融资而推高企业财务杠杆，造成并购后过高的债务负担和较大的风险暴露；较大规模的并购案一旦失败则会对企业造成很大的拖累。

因此，所有制对企业海外并购后国际竞争力的表现，实际上只能由实证分析来回答。为此，在模型中加入一个行业内国有企业占比的变量 soe 及其与并购宗数的交互项进行回归，结果见表 10 - 5。

表 10 − 5　　　　　　　　　　　　　　所有制差异回归

变量	(1) ln (ARCA)	(2) ln (ARCA)	(3) ln (ARCA)	(4) lntfp	(5) lntfp	(6) lntfp
L1. lnmerge	− 0.012 2 *** (− 3.59)			− 0.058 3 ** (− 2.03)		
L2. lnmerg		− 0.006 3 ** (− 2.12)			0.003 10 (0.06)	
L3. lnmerg			− 0.002 04 (− 0.73)			0.110 ** (1.96)
lnmerg · soe	0.075 6 *** (5.58)	0.036 3 *** (3.04)	0.042 8 *** (3.13)	0.153 * (1.69)	− 0.142 (− 1.16)	− 0.257 * (− 1.62)
lntfp	0.018 5 *** (3.76)	0.019 4 *** (4.19)	0.017 6 *** (3.80)			
lnexport	− 0.000 602 (− 0.28)	− 0.000 102 (− 0.05)	− 0.001 79 (− 0.94)	0.017 8 (1.45)	0.019 3 (1.46)	0.024 8 * (1.69)
lnscale	0.036 7 *** (3.83)	0.034 6 *** (3.85)	0.026 3 *** (2.91)	0.390 *** (6.62)	0.410 *** (6.35)	0.440 *** (5.98)
lnage	0.000 441 (0.09)	− 0.005 45 (− 1.04)	− 0.007 76 (− 1.15)	0.047 1 ** (2.21)	0.066 4 ** (2.45)	0.133 *** (3.02)
lnk	− 0.012 9 (− 1.45)	− 0.020 3 ** (− 2.43)	− 0.015 0 * (− 1.71)	− 0.032 0 (− 0.67)	− 0.048 4 (− 0.91)	− 0.074 6 (− 1.19)
lnkl	− 0.005 17 (− 1.40)	− 0.004 75 (− 1.20)	− 0.004 14 (− 0.71)	− 0.029 0 * (− 1.63)	− 0.028 0 (− 1.47)	− 0.016 2 (− 0.42)
soe	− 0.024 8 (− 1.34)	− 0.000 183 (− 0.01)	0.004 52 (0.26)	0.176 (1.64)	0.414 *** (3.21)	0.462 *** (2.83)
for	− 0.004 42 (− 0.34)	− 0.002 20 (− 0.21)	− 0.000 855 (− 0.10)	− 0.077 6 (− 0.86)	− 0.094 6 (− 0.99)	− 0.123 (− 1.28)
hhi	− 0.135 ** (− 3.23)	− 0.085 6 ** (− 2.04)	− 0.078 7 * (− 1.79)	− 1.046 *** (− 2.85)	− 1.163 *** (− 2.83)	− 1.374 *** (− 2.92)
时间效应	控制	控制	控制	控制	控制	控制
个体效应	控制	控制	控制	控制	控制	控制
R^2	0.156 9	0.169 0	0.189 1	0.258 0	0.257 3	0.257 5
N	3 898	3 898	3 898	3 898	3 898	3 898

注：* $p < 0.1$，** $p < 0.05$，*** $p < 0.01$。

表 10 − 5 中第（1）、第（2）、第（3）列分别汇报了并购宗数滞后 1 期、2 期和 3 期的模型回归结果。在三个回归式中，虽然 soe 本身的回归系数度不显著，但它与海外并购变量的交互项都显著为正，而且显著水平还非常高。这说明，无论是短期还是长期，国有企业占比更高的行业更可能从海外并购中获得竞争力提升，这间接地肯定了国有企业事后竞争力改善的积极作用。我们推测，国有企业在并购类型选择（自然资源类资产）的确使其处于较为有利的地位，新购入资产能较为顺利地融入企业原有的经营体系的确为资产互补和竞争力提升打下了良好的基础，并掩盖了其他不利因素的影响。但从另一个角度看，国有企业主要购买的自然资源资产虽然能为企业投入提供了保障，但对企业全要素生产率的提高

帮助不大。为了验证这一观点，以全要素生产率作为被解释变量重新进行回归，结果汇报在第（4）、第（5）、第（6）中。从中可以看出，滞后 1 期的并购宗数与国有企业占比的交互项，对全要素生产率的影响系数为正，但仅在 10% 水平上显著；而滞后 2 期和 3 期的并购宗数与国有企业占比的交互项系数分别是不显著的和显著为负。这表明，短期内海外并购对国有企业生产率的提升作用更为明显（相对于民营企业），但这种效应难以持续。随着时间推移，到并购后第三年，民营企业的生产率表现显著更好。我们猜测，正是因为民营企业海外并购后较为艰难的资产整合任务，才导致其并购后第一年的生产率表现输给国有企业。待标的资产逐渐整合进入并购企业，与后者原有的企业产生互补性之后，新资产给民营企业带来的生产率改进效应才逐步释放出来。

第11章

跨国并购与企业绩效

鉴于企业的生产率、经营规模和盈利水平等经营绩效都是影响企业国际竞争力的重要因素，本章研究企业对外并购是否显著改善了企业绩效。与通常的会计意义下的绩效不同，本章将企业绩效聚焦在企业进行并购的初始动机：技术寻求、效率寻求、经营规模和盈利能力，考察海外并购在多大程度上实现了企业的预期绩效。由于非上市公司会计数据难以获得，本章将样本企业限定在上市公司。我们将运用倾向得分匹配和倍差法，利用A股制造业上市公司中对外并购的数据，检验企业对外并购对企业生产率、企业规模和盈利水平的影响。通过研究发现：第一，总体上看，生产率在并购之后出现了下降，但技术寻求型动机的对外并购会小幅改善企业生产率；第二，上市公司对外并购显著地提升了企业的规模；第三，对外并购显著降低了企业的盈利能力；但是对于不同的子样本，影响的主要因素存在差异。

11.1 文献综述

相关的文献主要有以下两类。

一类是与对外投资和对外并购理论相关的文献。在传统的FDI理论中，海默（Hymer，1976）利用垄断优势和不完竞争市场的存在来解释跨国的资本活动；巴克利和凯森（Buckley and Casson，1976）提出跨国公司通过对外直接投资，建立企业的内部市场，通过企业内的贸易来协调分工。邓宁（Dunning，1981）在综合海默的垄断优势理论和巴克利等的内部化理论的基础之上，提出了对外直接投资的国际生产衷折理论（OIL），即对外直接投资需要具有三种优势：所有权优势、内部化优势和区位优势。赫尔普曼等（Helpman et al.，2004）将对外直接投资引入梅利兹（Metlitz，2003）的异质性企业模型，认为企业在涉外经济活动中，会依据生产率由高至低选择对外直接投资、出口和在本国市场经营。诺克和耶普尔（Nocke and Yeaple，2007，2008）将外国直接投资分为绿地投资和对外并购，将赫尔普曼等人的模型扩展到了对外并购，并且认为根据国家和行业的不同，绿地投资和跨国并购可以同时存在。

上述理论都是在相当程度上解释发达国家对外直接投资的问题。随着金融危机的发生，发达国家的经济遭受打击，给发展中国家国际化带来机遇。然而，发展中国家并不具备传统意义的所有权优势，这对传统发达国家的对外投资理论提出了重大挑战，这也引起了许多学者的关注。邓宁和纳鲁拉（Dunning and Narula，2010）认为后发国家在吸收 FDI 到一定程度后，之前不具备的所有权优势、内部化优势和区位优势可能成为优势，进而解释发展中国家的对外投资。孙黎等（2010）在邓宁的基础上，结合比较优势理论，提出了"比较所有权优势"理论，认为新兴市场的跨国公司可以形成比较所有权优势，进而解释了跨国并购的行业分布、并购模式和区位选择。Deng 和 Yang（2015）认为资源依赖可以更好地解释发展中国家对外并购。这些理论在一定程度上丰富了发展中国家的对外并购理论。

另一类与本章相关的文献是并购绩效相关的文献。国内外学者对于并购绩效的研究通常采用事件研究法，即通过某一事件前后的某项指标差异衡量事件的影响。其中，一类是对于会计指标的研究，如阎大颖（2009）运用 2000—2007 年在沪深和香港地区上市的非金融类企业对外并购的样本，通过对比上市公司对外并购前后三年的财务指标变化，得到了对外并购对于企业盈利能力有显著正向影响的结论，但是这种正向影响随着时间的推移在不断下降；此外，上市公司的综合国际经验、海外并购经验和东道国与中国的文化距离的临近，对于对外并购的绩效提升有促进作用。阿塔乌拉（Ataullah，2014）检验了发展中国家对外并购对于劳动生产率和就业增长的影响，尽管可能存在逆向技术溢出和对知识密集型资产的吸收，但是对外并购依然没有增加劳动生产率，也没有显著改善劳动增长；另外，发现了在较不发达国家和存在文化距离的国家，生产率的减少更加显著。另一类是对股东价值或者是"财富效应"的研究，多是利用并购公告日前后收益率与资本资产定价模型（CAPM）或法马（Fama）三因素模型预计的收益率的差值来判定企业是否取得了超长收益率。顾露露（2011）运用市场模型和法马三因素模型，研究了中国海外并购的短期和中长期绩效，得到了并购事件公告日的市场绩效为正，中长期也取得了非负的超常回报率。其他研究文献，还包括关于对外并购"公告日效应"的检验（余鹏翼和李善民，2013；Aybar and Thanakijsombat，2015；Nicholson and Salaber，2013；Du and Boateng，2015）以及对外并购"财富效应"的印证（Rahim，2013），等等。

结合已有理论和实证文献，本章将并购的绩效划分为三个角度：生产率角度、规模角度和盈利能力角度。这里没有使用股价和超常收益率的原因是：首先，我国上市公司的并购事件在公告之前经常大肆炒作，股价在公告日之前已经有不同程度的上升，从而使公告日前后的事件研究的有效性下降（郭妍，2010）。其次，市场有效性、CAPM 模型和 FAMA 模型在我国的股票市场是否使用还存在疑问（田丁石，肖俊超，2012），超长收益率的理论依据还存在争议。

11.2　数据和方法

11.2.1　数据处理和样本分类

本章的研究对象是 2009—2012 年发生对外并购的 A 股制药业上市公司，并购数据来源于彭博（Bloomberg）的并购数据库，财务数据来源于 WIND 数据库，其他相关数据来源于国家统计局网站。相对于在对外投资和出口问题中常用的中国工业企业数据库，上市公司企业的数据准确性更高，时效性更好，得到的结果更具有可信性及及时性。

在彭博的并购数据库中，筛选收购方为中国 A 股制造业上市公司，并且去除了并购标的是百慕大、开曼群岛、英属维尔京群岛和包括中国企业的数据，并且选择交易类型为 M&A 的并购事件作为研究对象。另外，选择的并购样本是已经签署协议并且已经实际完成的并购，在彭博的并购数据库中显示为完成（completed）。在此基础上，通过企业上市代码与 WIND 资讯数据库的行业匹配后，筛选出符合条件的制造业并购事件。由于在匹配时候需要用并购前一年的数据进行匹配，因此去掉上市首年即发生并购的事件。对于上市首年发生并购，并且之后的年份也有并购发生的企业，保留之后发生的并购事件。

样本时间选择发生在 2009 年 1 月 1 日至 2012 年 12 月 31 日的并购事件。选择这一区间的原因是：首先，由于 2008 年之前每年发生的并购事件较少，在匹配的时候需要对企业是否发生回归进行逐年的匹配，如果一年中发生的并购数目过少，会影响回归结果的有效性；其次，并购后的绩效变化需要一段时间方能显现出来，只有放弃最近几年的并购样本；最后，由于 2008 年发生了金融海啸，几乎全部企业都受到了不同程度的冲击，因此选择金融海啸之后的 2009 年，以避免该事件带来的系统性影响。得到的样本共有 97 个并购事件。将同一家企业在一年中发生的多次并购事件认为是一个并购事件，于是合并得到了最终的 91 起并购事件的样本。2009—2012 年分别有 13，15，27，36 起并购事件。

关于并购事件和并购企业的选取和界定，在彭博提供的并购数据中，出现了一家企业在多年发生并购的情况，由于使用并购前一年的数据进行匹配，并且倍差法要求区分并购前和并购后的变量，这给后面的研究带来一定的困难。对此，采用以下处理方法：对于每一次并购，我们认为是一个独立的事件，分别进行处理，也就是说，最终的并购事件样本中，可能包括一些相同的企业，但是在不同年份并购的企业，我们认为这是不同的并购事件。为此，在对照组不变的基础上，分别筛选出 2009—2012 年四年的并购企业，并且分别与对照组进行匹配，然后再将四年的匹配样本和匹配出的对照样本合并在一起进行后面的分析和检验。这样既可以充分利用样本，又可以解决上面阐述的一家企业在多年发生并购的问题。

我们在 WIND 资讯数据库中选择全部 A 股上市公司中制造业数据。由于需要计算各公司的 TFP，我们删除了总产出（总产出的计算方法后面会提到）空缺值的企业；删除了净资产为负或者空缺的企业；并且删除了没有价格指数的西藏的上市公司。最后得到了 1506 家制造业企业作为对照组。

本章对于发达国家和发展中国家的区分，采用经合组织（OECD）定义的发达国家范围，结合样本东道国的国家，将以下国家定义为发达国家（地区）：奥地利、澳大利亚、加拿大、瑞士、德国、丹麦、法国、英国、中国香港、意大利、日本、荷兰、新西兰、瑞典、新加坡、美国共 16 个经济体。其他国家定义为发展中国家：保加利亚、文莱、巴西、加蓬、加纳、印度尼西亚、印度、纳米比亚、波兰、俄罗斯、泰国、乌拉圭和越南共 13 个国家。处理组中样本按照国家分类的分布情况，如图 11 - 1 所示。

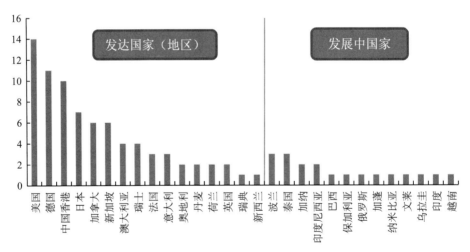

图 11 - 1　2009—2012 年中国上市企业并购数量分布

资料来源：彭博（Bloomberg）并购数据库，笔者整理。

本章将并购动机粗略分为技术寻求、市场寻求和资源寻求三类。从并购数量看（见表 11 -1），中国企业海外并购的动机主要还是技术寻求和市场寻求，其中前者接近总量的一半。与国内并购相比，这两类并购的占比都更高一些。资源寻求型并购可能涉及的交易净额巨大，但在海外并购数量中占比不高，这容易从运输费用、关税等国际贸易交易成本得到解释；中国企业热衷于海外技术寻求和市场寻求，也很好理解：前者主要源自我国产业技术水平与发达国家之间的差距，后者则是水平型跨国并购带来的主要效应。

表 11 - 1 中国企业海外和国内并购分类

指标	国内并购			海外并购		
	技术寻求	市场寻求	资源寻求	技术寻求	市场寻求	资源寻求
案例数量/个	1 247	1 232	1 053	85	78	24
占比/%	35. 31	34. 88	29. 81	45. 45	41. 71	12. 83
交易金额/亿美元	4 936. 84	4 907. 36	3 712. 44	646. 63	523. 39	367. 14
占比/%	36. 42	36. 2	27. 38	42. 07	34. 05	23. 88

资料来源：Zephyr 全球并购交易分析库，Wind 金融数据库。

从历年跨国并购的并购分布情况看（见图 11 - 2），自 2010 年以来我国资源并购的案例比例一直维持在低位，反而是技术寻求型的跨国并购比例越来越高；市场寻求型跨国并购的比例也在逐步下降。

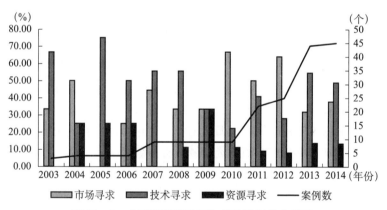

图 11 - 2　中国跨国并购历年并购动机分布情况

资料来源：Zephyr 全球并购交易分析库，Wind 资讯数据库。

11. 2. 2　重要变量的计算

1. 中间投入和增加值的计算

后面会利用到企业层面的 TFP 数据，而利用上市公司计算 TFP 的一个比较大的困难就是上市公司公布的数据中没有提供中间投入和增加值。为此借鉴袁堂军（2009）的方法，利用上市公司可获得的数据近似计算出中间投入或者增加值，然后再利用"总产值 = 中间投入 + 增加值"的恒等关系分别计算出另一个数值。袁堂军（2009）中提到了中间投入的两种方法。

方法一（收入法）：增加值 = 固定资产折旧 + 劳动报酬 + 主营税及其附加 + 主营业务成本

方法二（生产法）：中间投入 = 主营业务成本 + 销售费用 + 管理费用 + 财务费用 − 本期固定资产折旧 − 劳动报酬

袁堂军（2009）为减少数据欠缺和财务报告真实准确性的欠缺造成的误差，采用了折中的方法，即分别计算两种方法获得的中间投入和增加值，然后取平均值。这里采用收入法作为实证检验，另外利用生产法和折中法作为稳定性检验。

对于总产出，用下面的公式计算

$$Y_{it} = Sale_{it} + Stock_{it} - Stock_{it-1} \qquad (11.1)$$

其中，Y_{it} 表示总产出，$Sale_{it}$ 表示 t 年的销售额，$Stock_{it}$ 表示 t 年末的存货价值。

2. 折旧率的计算

对于折旧率，现有文献中有三种计算方法：一种是直接利用上市公司财务报表或工业企业数据库等数据库中提供的折旧数据。但是有学者认为，上市公司会根据自己利润需要来控制折旧，以此达到税收方面的益处，因此上市公司使用此法欠妥。二是利用我国的投入产出表，计算行业折旧率，然后利用各个企业的固定资产总值乘以相应折旧率计算折旧（薛俊波，2007）。三是部分文献使用一个固定数值的折旧率为全部企业的折旧率，如张杰，李勇和刘志彪（2009）、余淼杰（2010）等假定所有企业的折旧率均为 15%。这些方法中后两种方法都忽略了各个行业、企业的异质性，而且第二种方法由于我国投入产出表的不连续性，大多数年份的折旧率都需要估算，这也给这种近似带来了更大的偏差。这里，选择使用上市公司财务报表提供的折旧数据，为避免可能存在的财务利税调整，在计算固定资产总值中没有减去固定资产减值准备。

3. 其他数据

根据以往的文献，计算 TFP 所需要的劳动投入数据我们用劳动人数来表示；资本存量利用了永续盘存法进行计算

$$Capital_{it} = Capital_{it-1}(1 - \delta_{it}) + Invest_{it} \qquad (11.2)$$

其中，$Capital_{it}$ 表示资本存量，δ_{it} 表示折旧率，$Invest_{it}$ 表示当年的固定资产投资。固定资产投资的计算方法如下

$$Invest_{it} = \frac{Fx\_net_{it} - Fx\_net_{it-1} + Dep_{it}}{ppi_t^j} \qquad (11.3)$$

其中，Fx_net_{it} 表示 t 年末的固定资产净值，Dep_{it} 为 t 年的固定资产折旧，ppi_t^j 为 j 行业在 t 年的生产价格指数。这里，考虑到减值准备经常作为企业调节利润的会计科目，所以计算的固定资产没有计算固定资产减值准备，而是从固定资产原值直接减去折旧。

于是，资本存量的计算公式为

$$Capital_{it} = \frac{Fx\_net_{it} - Fx\_net_{it-1} + Dep}{ppi_t^j + Fx\_net_{it-1}} \tag{11.4}$$

参考以往文献，使用 1998 年的资本为基础，利用以 1998 年为基期的工业品出厂价格指数，利用式（11.4）计算得到了各企业的资本存量数据。

11.2.3 方法说明

1. TFP 的计算方法

全要素生产率的总体思路是根据生产函数，在总产出中扣除无法被投入要素解释的部分，从而得到总产出的"剩余"。按照不同的研究对象和数据来源，全要素生产率的计算可以分为宏观方法和微观方法（鲁晓东，2012）。宏观方法主要使用于计算国家、地区或者行业的生产率，如增长核算法、参数回归法、数据包络法和随机前沿法；微观方法则用于企业的生产率研究，目前主要的方法是 OP（Olley and Pakes，1996）和 LP（Levinsohn and Petrin，2003）的方法。

现有的研究中，计算上市公司 TFP 多是利用财务数据计算行业 TFP，很少涉及企业 TFP。只有袁堂军（2009）利用了索罗余值法，在企业层面计算了上市公司的 TFP。但是如果企业在某一时期发现其生产率提高了，在下一期企业就会提高劳动和资本的投入数量，这就将导致索罗余值法计算的生产率与企业要素投入正相关，这样计算出来的生产率存在内生性问题，这里我们使用半参数估计的 LP 方法计算上市公司的全要素生产率。LP 法利用企业的中间投入品作为不可观察因素的代理变量，因为企业只要生产就会有中间投入品的消耗，其使用量可以更加及时准确地反映生产率的大小和变化，然后利用广义矩估计的方法计算全要素生产率，在一定程度上解决了传统方法的内生性问题（李玉红等，2008）。

2. 倾向得分匹配和倍差法

本章的核心是研究对外并购对于企业绩效的影响。由于传统的将发生并购与未发生并购企业的绩效直接比较的方法可能带来选择偏差的问题，采用倾向得分匹配的方法来解决这一问题。倾向匹配得分方法具有以下原理。

我们考察某一种"自然实验" $du_i = 1$（未处理的个体为 $du_i = 0$）对于某个指标 X_i 的影响，其中 i 表示个体 i。那么核心的考察对象实际上是"处理组平均处理效应"（Average Treatment Effect on the Treated，ATT）也就是同一个个体 i 在接受处理和不接受处理两种情形下的差异：

$$ATT = E(X_i^t \mid du_i = 1) - E(X_i^u \mid du_i = 1) \tag{11.5}$$

其中，如果上角标为 t 则表示个体 i 为处理组的观测值，如果为 u，则表示个体 i 为对照组的观测值。而在实际观测值中，如果个体 i 接受了处理，就无法观测到反事实（Counter factual）$X_i^u \mid du_i = 1$ 的取值。

传统的回归思想通常用平均因果效应（Average Treatment Effect，ATE）来表征自然实验的结果

$$ATE = E(X_i^t \mid du_i = 1) - E(X_i^u \mid du_i = 0)$$

$$= \underbrace{E(X_i^t \mid du_i = 1) - E(X_i^u \mid du_i = 1)}_{ATT} + \underbrace{E(X_i^u \mid du_i = 1) - E(X_i^u \mid du_i = 0)}_{选择偏差} \qquad (11.6)$$

ATT 与 ATE 的差值即为选择偏差。如果个体 i 是否参加自然实验是随机决定，则选择偏差 $E(X_i^u \mid du_i = 1) - E(X_i^u \mid du_i = 0) = 0$，那么传统的回归方法成立。但是由于研究对象中的自然实验往往不是随机的，往往存在一定的内生选择，那么用 ATE 来代替 ATT 就存在着选择偏差的问题，所以用匹配的方法解决这一问题。

匹配的思路是，对于每一个处理组的个体 i，在对照组中找到个体 j，使得个体 j 与个体 i 的可测变量取值尽可能相似，由此可以近似认为 $X_j^u \mid du_j = 0 = X_i^u \mid du_i = 1$，从而可以计算 ATT 的值。这时 ATT 的计算式可以转化下式，式中所有的变量都是可以观测到的。

$$ATT = E(X_i^t \mid du_i = 1) - E(X_j^u \mid du_j = 0) \qquad (11.7)$$

在本章的研究中，选择对外并购为自然实验，将发生并购事件的企业作为处理组，未发生并购的企业作为对照组。我们采用倾向匹配得分的方法对发生并购事件的企业和未发生并购事件的企业进行匹配。

匹配有很多种具体的方法，这里采用使用较为广泛的马氏距离匹配法（Mahalanobis Matching）作为主要的方法，后面用临近匹配方法的结果做出稳健性检验。马氏距离匹配的原理如下，对于处理组的个体 i 和对照组的个体 j，定义二者之间的距离为

$$D_{ij} = (\boldsymbol{u} - \boldsymbol{v})^{\mathrm{T}} \boldsymbol{C}^{-1} (\boldsymbol{u} - \boldsymbol{v}) \qquad (11.8)$$

其中，$\boldsymbol{u}$ 和 $\boldsymbol{v}$ 是处理组 i 和对照组 j 的匹配变量取值，而 $\boldsymbol{C}$ 则是来自全部对照组样本的协方差矩阵。对于每一个处理组样本 i，具有最小距离 D_{ij} 的样本 j 就是该个体的一个匹配。

在自然实验后，实验结果通常需要一段时间才能表现出来，我们关心的是实验前后核心被解释变量的变化。而在实际问题中，经常会遇到一些不可观测但不随时间变化的组间差异。因此我们关心的变量实际是

$$\Delta X_i = \Delta X_i^t - \Delta X_i^u = (X_{ia}^t - X_{ib}^u) - (X_{ia}^t - X_{ib}^u) \qquad (11.9)$$

其中，角标 a，b 分别表示自然实验之后和自然实验之前。需要的结果由下面的式子进行回归而得

$$X_{it} = \alpha_0 + \alpha_1 \times du + \alpha_2 \times dt + \alpha_3 \times du \times dt + \varepsilon_{it} \qquad (11.10)$$

式中处理组对外并购前后的绩效分别为 $\alpha_0 + \alpha_1$ 和 $\alpha_0 + \alpha_1 + \alpha_2 + \alpha_3$，其绩效变化为 $\alpha_2 + \alpha_3$。对照组并购前后的绩效分别为 α_0 和 $\alpha_0 + \alpha_2$，其绩效变化为 α_2，所以 $ATT = \alpha_3$。

11.3　实证分析

11.3.1　匹配及匹配质量检验

根据已有的理论和学者的经验研究，选取以下变量作为匹配变量：

（1）企业年龄 Age：用企业存续的时间来表示。

（2）企业生产率水平 TFP：取 LP 方法计算得到的 TFP。由于中间投入的计算方法不同，使用生产法计算的中间投入作为主要检验对象，使用收入法和平均法作为稳健性检验。

（3）员工总数 Labor：用财务报表中的员工总数取对数来表示。

（4）企业规模 Asset：用企业资产负债表中的总资产表示，并且取对数。

（5）企业资本密集度 Capper：取企业的资本存量与员工总数之比。

（6）员工平均工资 Wage：用资产负债表中的应付职工薪酬除以员工总数表示。

（7）企业利润率 ROE：用企业的归属于母公司股东的净利润与股东权益之比表示。

（8）长期投资占比 Invest：用企业的固定资产投资与资本存量的比值表示。

资本存量和固定资产的计算方法前文已经陈述。各个变量的描述性统计情况，见表 11 - 2。

表 11 - 2　　　　　　　　　　处理组与对照组前一期变量统计描述

样本年份	变量	处理组			控制组		
		个数	平均值	标准差	个数	平均值	标准差
2009①	Age	13	14.846 2	5.785 7	897	13.395 8	4.098 7
	TFP	13	6.973 2	0.589 1	897	6.953 2	0.833 1
	Labor	13	8.866 6	1.316 6	897	7.627 4	1.209 1
	Asset	13	22.357 9	1.213 5	897	21.360 8	1.169 0
	Capper	13	11.624 6	0.661 5	897	11.942 4	1.586 1
	Wage	13	10.875 8	0.628 3	897	10.782 3	0.692 2
	ROE	13	12.607 6	19.493 6	875	5.271 8	29.479 3
	Invest	13	0.264 7	0.566 1	897	8.401 7	31.554 3

① 这里的 2009 年的样本，由于需要用前一期的数据进行匹配，统计的是 2008 年的数据。下同。

续表

样本年份	变量	处理组			控制组		
		个数	平均值	标准差	个数	平均值	标准差
2010	Age	15	14.066 7	2.814 9	960	14.160 4	4.169 9
	TFP	15	7.420 9	1.0415	960	7.003 6	0.897 0
	Labor	15	8.469 2	1.237 1	960	7.600 5	1.260 9
	Asset	15	22.234 8	1.598 6	960	21.436 6	1.202 3
	Capper	15	11.436 5	2.282 5	960	11.948 8	1.682 9
	Wage	15	10.802 7	0.660 8	960	10.808 8	0.675 2
	ROE	15	12.769 2	8.930 3	935	4.121 6	33.922 3
	Invest	15	16.509 3	42.952 6	960	8.435 4	31.187 8
2011	Age	27	14.888 9	4.901 6	1 230	14.356 9	4.351 4
	TFP	27	7.592 9	1.329 9	1 229	7.516 2	1.210 3
	Labor	27	7.911 8	0.982 7	1 230	7.535 2	1.230 5
	Asset	27	21.937 2	0.969 8	1 230	21.492 9	1.166 7
	Capper	27	10.841 4	2.696 9	1 230	11.083 8	2.426 2
	Wage	27	10.987 8	0.529 9	1 230	10.899 5	0.598 0
	ROE	27	11.326 5	10.422 4	1 202	15.201 0	213.887 7
	Invest	27	33.412 2	57.337 2	1 229	29.002 5	54.305 6
2012	Age	36	14.916 7	5.373 9	1 412	14.800 3	4.504 3
	TFP	36	7.906 1	1.191 6	1 412	7.391 2	1.065 2
	Labor	36	8.025 0	1.471 5	1 412	7.505 6	1.217 3
	Asset	36	22.208 2	1.451 7	1 412	21.531 3	1.159 8
	Capper	36	10.633 4	2.382 1	1 412	11.414 5	2.090 6
	Wage	36	11.137 0	0.477 4	1 412	11.045 1	0.553 7
	ROE	36	17.759 9	15.671 9	1 387	7.003 0	38.723 1
	Invest	36	41.084 4	64.206 0	1 411	20.883 5	49.594 9

接下来利用马氏距离匹配方法对并购企业进行匹配，然后对匹配质量进行检验。

（1）共同支撑条件检验。利用处理组和对照组的倾向得分直方图来验证共同支撑假设。尽管交叠区间较窄，但是基于已有文献，可以得到满足共同支撑假设的结论，并且找到了与每个处理组个体对应的对照组个体。

（2）平衡性检验。匹配要求发生对外并购的企业和未发生对外并购的企业在并购前一年的匹配变量不存在差异。如果存在差异，表明匹配不成功。由于在匹配时候是逐年匹配，因此依次列出 2009—2012 年的匹配情况。从表 11 - 3 可以看出，在匹配之后各变量处理组和对照组差别基本都小于 20%，而且验证两组变量差异的 t 检验均没有拒绝没有差异的原假设，故可以认为匹配质量良好。

表 11 - 3　　　　　　　　　　　　　　平衡性检验结果

变量	2009 年				2010 年			
	处理组	对照组	差别	p 值	处理组	对照组	差别	p 值
Age	14. 846	14. 923	- 1. 500	0. 972	14. 067	13. 333	20. 700	0. 468
TFP	6. 973	7. 024	- 6. 900	0. 821	7. 421	7. 420	0. 100	0. 998
Labor	8. 867	8. 619	19. 700	0. 566	8. 469	8. 348	9. 700	0. 789
Asset	22. 358	22. 181	15. 100	0. 682	22. 235	22. 255	- 1. 500	0. 971
Capital	11. 625	11. 816	- 15. 50	0. 392	11. 436	11. 609	- 8. 600	0. 832
Wage	10. 876	10. 839	5. 500	0. 867	10. 803	10. 891	- 13. 30	0. 725
ROE	12. 608	11. 763	3. 300	0. 890	12. 769	13. 812	- 4. 000	0. 750
Invest	0. 265	0. 308	- 0. 200	0. 849	16. 509	16. 268	0. 600	0. 988

变量	2011 年				2012 年			
	处理组	对照组	差别	p 值	处理组	对照组	差别	p 值
Age	14. 889	15. 111	- 4. 800	0. 867	14. 917	15. 000	- 1. 700	0. 947
TFP	7. 593	7. 578	1. 200	0. 967	7. 906	7. 817	7. 900	0. 746
Labor	7. 912	7. 838	6. 700	0. 769	8. 025	7. 850	13. 000	0. 578
Asset	21. 937	21. 797	13. 300	0. 569	22. 208	21. 992	16. 600	0. 488
Capital	10. 841	10. 801	1. 600	0. 956	10. 633	10. 726	- 4. 100	1. 040
Wage	10. 988	10. 960	4. 900	0. 848	11. 137	11. 122	2. 900	1. 270
ROE	11. 326	9. 733	1. 000	0. 563	17. 760	11. 434	20. 900	0. 030
Invest	33. 412	34. 198	- 1. 400	0. 961	41. 084	38. 703	4. 100	0. 874

11. 3. 2　倍差法检验

基于倍差法和倾向得分匹配的方法，利用下式进行后续分析和检验。

$$X_{it} = \beta_0 + \beta_1 t \times dt + \beta_2 (treat) + \beta_3 \times dt + \varepsilon_{it} \qquad (11.11)$$

其中，$treat = 1$ 表示处理组，$treat = 0$ 表示对照组；$dt = 0$ 表示发生并购之前，$dt = 1$ 表示发生并购之后。tdt 为交叉项，β_1 即为处理效应 ATT，也就是我们关心的核心系数。

1. 生产率效应的检验

表 11 - 4 中列出了对外并购生产率效应的分析结果。其中交叉项在并购当年，并购后一年和并购后两年均不显著，在运用其他两种 TFP 计算方法和劳动生产率进行稳健性检验之后，也得到类似的结论①。因此可以判定对于我国的对外并购事件，在短期内并没有提高我国上市公司的生产率水平。

将样本分为发达国家和发展中国家两类，发现得到的结果虽然仍然不显著，但是对发达国家并购的生产率效应为正，发展中国家为负。这是由于发展中国家企业的生产率不高，对于我国并购企业的逆向技术溢出也并不高；而对于发达国

---

①　由于篇幅所限，没有列出。

家，这种逆向技术溢出也需要一定的时间积累，在短时间内管理方面的经验和技术的优势还没有完全发挥出来，在我们的检验中，两年内还没有显著的促进作用。

表 11 - 4 生产率效应的检验结果

变量	全部样本			发达国家			发展中国家		
	当年	第一年	第二年	当年	第一年	第二年	当年	第一年	第二年
tdt	0.023 3	0.004 46	0.017 1	0.060 1	0.034 9	0.047 1	−0.099 2	−0.096 8	−0.083 0
	(0.130)	(0.157)	(0.158)	(0.162)	(0.187)	(0.184)	(0.369)	(0.375)	(0.332)
$treat$	0.032 8	0.032 8	0.032 8	0.002 97	0.002 97	0.002 97	0.132	0.132	0.132
	(0.162)	(0.162)	(0.162)	(0.196)	(0.196)	(0.196)	(0.336)	(0.336)	(0.336)
dt	−0.525***	−0.507***	−0.484***	−0.545***	−0.525***	−0.521***	−0.457**	−0.445**	−0.359*
	(0.120)	(0.128)	(0.138)	(0.134)	(0.146)	(0.160)	(0.194)	(0.190)	(0.184)
$cons$	7.567***	7.567***	7.567***	7.620***	7.620***	7.620***	7.392***	7.392***	7.392***
	(0.121)	(0.121)	(0.121)	(0.146)	(0.146)	(0.146)	(0.192)	(0.192)	(0.192)
N	364	364	364	280	280	280	84	84	84
R^2	0.078 4	0.075 8	0.068 8	0.074 0	0.071 1	0.069 2	0.105	0.104	0.074 2
p	0.000 031	0.000 195	0.001 11	0.000 059	0.000 866	0.006 28	0.021 0	0.030 4	0.097 3
ll	−471.0	−471.0	−468.8	−372.1	−373.5	−372.4	−95.61	−93.44	−92.53

注：（1）括号内为系数的标准差；"*""**""***"分别表示在10%、5%和1%水平上显著，本章皆如此。

（2）由于篇幅所限，后面的表格只列出交叉项 tdt 项。

2. 规模效应的检验

这里考察表示规模的三个变量：资产规模、销售收入和生产总值，其交叉项在并购之后两年内都比较显著（见表 11 - 5）。这个结果也比较显然，因为企业在并购过程中，必不可少的吸收目标企业的资产或股权，其事后规模必定会发生比较明显的扩张。值得注意的是，对于发达国家的并购规模效应全部显著，对于发展中国家却并不显著。发展中国家样本不显著的原因，可能在于这些并购标的的规模和估值都较低，对于并购企业的规模提升作用不明显。

表 11 - 5 并购方规模效应的检验结果

变量	全部样本			发达国家			发展中国家		
	当年	第一年	第二年	当年	第一年	第二年	当年	第一年	第二年
$Asset$	0.104***	0.134***	0.120**	0.123***	0.172***	0.165**	0.037 2	0.007 89	−0.028 0
	(0.030 0)	(0.040 5)	(0.049 2)	(0.033 1)	(0.047 9)	(0.059 8)	(0.049 9)	(0.069 8)	(0.090 9)
$Sale$	0.044 0	0.096 9*	0.123**	0.063 6	0.130*	0.147*	−0.021 6	−0.014 2	0.042 5
	(0.029 8)	(0.049 8)	(0.054 4)	(0.044 5)	(0.069 0)	(0.081 0)	(0.050 8)	(0.085 5)	(0.111)
$Output$	0.059 3*	0.106*	0.108*	0.075 4	0.143*	0.132	0.005 94	−0.018 7	0.031 1
	(0.032 9)	(0.051 6)	(0.059 6)	(0.046 0)	(0.074 4)	(0.088 3)	(0.063 8)	(0.089 3)	(0.099 2)

3. 盈利效应的检验

对于盈利方面的影响，主要从 ROE 和 ROA 的角度考察。表 11 - 6 表明，对于整体样本而言，海外并购后 *ROE* 水平有一定程度下降，但并不显著；海外并购后即期 *ROA* 水平显著下降，但在第二年其下降趋势明显缓解。这一结果与之前并购文献中发现的并购对企业绩效的 *J* 型影响一致。分样本来看，那些并购发达国家标的企业的上市公司盈利水平显著较高，而并购发展中国家标的企业的上市公司盈利水平表现则较差。由于盈利能力的因素较为复杂，后面对于利润项进行分解，深入考察并购对于盈利效应的影响以及对于发展中国家和发达国家并购的不同影响机制。

表 11 - 6　　　　　　　　　并购方盈利效应的检验结果

变量	全部样本			发达国家			发展中国家		
	当年	第一年	第二年	当年	第一年	第二年	当年	第一年	第二年
ROE	- 0.775	- 3.177 *	- 3.069	0.815	- 1.534	- 1.806	- 6.078	- 8.653 **	- 7.278 *
	(1.359)	(1.826)	(2.050)	(0.986)	(1.755)	(2.143)	(3.692)	(3.686)	(4.104)
ROA	- 0.648	- 1.905 **	- 1.703 *	- 0.00485	- 1.340 *	- 1.128	- 2.793	- 3.787 **	- 3.620 *
	(0.637)	(0.760)	(0.986)	(0.470)	(0.703)	(0.961)	(1.683)	(1.656)	(1.904)

11.3.3　利润分解

根据杜邦分析法，对于公司的 *ROE* 拆解为以下几项的乘积：总资产周转率（*SA*）、权益乘数（总资产/所有者权益，*EM*）、归属于母公司股东的净利润与净利润之比（*MPP*）和净利润率（净利润/营业收入，*PS*），见表 11 - 7。

表 11 - 7　　　　　　　　　并购方杜邦分析各个因素检验结果

变量	全部样本			发达国家			发展中国家		
	当年	第一年	第二年	当年	第一年	第二年	当年	第一年	第二年
SA	- 0.013 3	- 0.020 8	- 0.026 4	0.024 6	0.005 60	- 0.016 4	- 0.140	- 0.109	- 0.059 6
	(0.028 7)	(0.037 6)	(0.040 6)	(0.028 0)	(0.040 7)	(0.052 8)	(0.095 9)	(0.131)	(0.123)
EM	0.120	0.203	0.175	0.228 ***	0.342 ***	0.311 *	- 0.235	- 0.253	- 0.272
	(0.108)	(0.164)	(0.200)	(0.069 3)	(0.112)	(0.178)	(0.301)	(0.460)	(0.512)
MPP	13.09	23.69	12.76	19.58	28.41	19.89	- 8.530	7.986	- 11.03
	(14.76)	(14.68)	(15.40)	(18.68)	(18.70)	(20.21)	(7.150)	(5.146)	(17.25)
PS	- 0.151	- 2.480 ***	- 2.429 **	0.108	- 2.569 **	- 2.244 *	- 1.014	- 2.182	- 3.045 ***
	(0.458)	(0.831)	(1.005)	(0.426)	(1.119)	(1.265)	(0.816)	(1.334)	(0.995)

分别考察表 11 - 7 中对外并购事件对于上述变量的影响。我们发现，在总资产周转率方面，并购后基本没有变化，虽有少许下降但并不显著。但是，当把并购标的所处区域分为发达国家和发展中国家时候，尽管并购的影响依然不显著，但是对于发达国家的影响要大于发展中国家，只是这两组的影响有趋同的趋势：发达国家的影响在减小，发展中国家的影响在增大。海外并购对权益乘数的影响总体上也不显著，但是在以发达国家企业为目标的海外并购中，并购显著提高了

企业的债务杠杆，以发展中国家企业为目标的并购则有相反的影响。这里包括的杠杆因素有两个：一个是并购企业自身在国内可以获得的借贷资金，另一个是其并购的国外企业在国外获得的借贷资金，然后并入合并报表时候产生的杠杆。因此对于杠杆的影响可以归因于以下两点：一方面是由于我国的借贷资金更加偏好于投资生产环境更好地对发达国家的并购；另一方面是发达国家的金融系统和融资渠道更加完善，被并购企业在东道国可以获得的借贷融资也更多。海外并购对净利润率的影响为负，且逐年恶化，尤其在并购发展中国家标的的情况下更加如此。

将净利润率按照利润表的项目进一步分解，可以观察并购后绩效下降的主要原因。由于利润表项目众多，只列出了并购前后发生显著变化或者发展中国家和发达国家有显著差异的利润项。表 11-8 中，$pro1$ 表示营业利润率，即营业利润与销售收入之比。我们发现上市公司营业利润率在海外并购后出现了比较显著的下滑，这主要是由于三费（管理费用、销售费用和财务费用）中管理费用的显著上升，以及财务费用的显著提高。这一方面反映了并购后跨国资产整合过程的艰难，另一方面则是因为并购交易提高了企业的债务杠杆，财务费用上升。

表 11-8 并购后利润表各因素检验结果（全样本）

变量	当年	第一年	第二年
$pro1$	−0.001 85	−0.029 9 ***	−0.023 1 **
	(0.004 94)	(0.008 09)	(0.008 98)
$pro2$	0.001 44	0.002 47	−0.003 68
	(0.002 59)	(0.002 86)	(0.003 44)
general	0.011 9 ***	0.010 6 ***	0.007 75 ***
	(0.003 26)	(0.003 71)	(0.002 65)
ex	0.014 7 **	0.021 4 ***	0.016 3 ***
	(0.005 96)	(0.006 27)	(0.005 66)

当样本分为发达国家和发展中国家时，我们发现两个样本有很大的区别（见表 11-9），首先，管理费用方面的增加基本都来源于发达国家。相比较而言，发展中国家的管理费用只有小幅的波动，且 p 值都在 10% 以上。这在一定程度上是由于在发达国家物质和人力资本成本都比较高的原因。当然，发达国家的这种增长幅度也随着并购的进行，有所下降，说明上市公司也在积极消化大幅增长的管理费用。其次，对于 $pro2$（营业外收入率，即营业外收入与销售收入之比）有比较大的差异，发达国家要好于发展中国家，这一定程度是由于国外企业行业业务的综合性较好，企业多元化发展，主营业务的冲击（主要是管理费用）没有对整体公司的业务的盈利情况发生重大影响。

表 11 – 9　　　　　　　　　并购后利润表各因素检验结果（分样本）

变量	发达国家			发展中国家		
	当年	第一年	第二年	当年	第一年	第二年
*pro*1	− 0.000 014 1	− 0.034 3 ***	− 0.025 7 **	− 0.007 97	− 0.015 0	− 0.014 5
	(0.004 77)	(0.012 0)	(0.011 2)	(0.010 4)	(0.014 5)	(0.011 2)
*pro*2	0.002 71	0.005 56 **	0.000 357	− 0.002 82	− 0.007 80	− 0.017 2 **
	(0.002 21)	(0.002 54)	(0.003 81)	(0.007 05)	(0.009 62)	(0.007 58)
general	0.014 2 ***	0.014 0 ***	0.009 53 **	0.004 08	− 0.000 725	0.001 84
	(0.003 50)	(0.004 27)	(0.003 67)	(0.004 60)	(0.005 27)	(0.007 53)
ex	0.018 4 ***	0.023 9 ***	0.018 7 ***	0.002 11	0.013 1	0.008 19
	(0.005 90)	(0.006 20)	(0.006 51)	(0.007 99)	(0.011 7)	(0.015 0)

综上所述，我们解释了发展中国家对于企业利润率下降更多的原因：首先，发达国家由于物质和人力成本较高，其管理费用和费用总额都比较高，导致相对于发展中国家，其主营业务表现不佳，出现了更加明显的主营利润率下降；但是随着时间的推移，这种下降速度在减小，而发展中国家企业的下降速度则在增加。其次，由于发达国家综合整合能力较强，尽管主营业务出现明显下滑，其营业外收益率保证了一定程度的增长，因此，综合来看，对于净利润率来说，尽管影响都为负，但是对于发达国家的负面影响趋于稳定，而对发展中国家的影响则趋于恶化。另外，在并购之后的发展过程中，金融机构对于发达国家并购更加偏好，因此得到了更高的杠杆水平，这对于降低企业利润率下降也有一定帮助；而更加困难的借贷资金的获得，对于发展中国家并购企业的利润率改善也不利。这些因素综合导致了对于发达国家并购的利润率影响要好于发展中国家。

11.3.4　稳健性检验

针对本章可能比较有争议的两点：*tfp* 计算方法和匹配方法的选择，分别进行了稳健性检验。针对 *tfp* 的计算方法，采用 11.2.2 节中袁堂军（2009）提到的收入法和折中法分别进行了检验；对于匹配方法的选择，采用临近匹配进行稳健性检验。得到的结果与前面的论述类似，由于篇幅原因，这里不再赘述。这些稳健性检验结果验证了上面得到的结论。

11.4　不同并购动机下的绩效差异

表 11 – 10 检验了不同并购动机下的生产率效应和规模效应。其结果表明，相对于其他并购动机，技术寻求型并购在完成后生产率提升效应较为明显，尽管

在统计意义上并不显著。这说明我国追求技术型并购的企业在一定程度提高了自身的技术水平，而且在并购完成后随时间推移技术进步幅度有扩大的趋势。表 11 - 10 同时表明，技术寻求型和市场寻求型海外并购都显著扩大了企业资产规模，但资源寻求型并购并无显著的资产规模效应。这一结果有些出人所料，估计这与资源寻求型并购获取的海外资产未进入上市公司会计报表有关。除了资产规模，海外并购并没有带来显著的销售收入和总产出增长，这在各类动机下的并购都是如此。这说明，即便是市场寻求型海外并购，至少短期内也难以达成并购初衷。不过，虽然统计意义上不显著，但技术寻求型并购的影响系数比其他两类并购要高，意味着技术寻求型海外并购相对而言促进企业产出和销售的效果可能更好一些。

表 11 - 10　　　　　不同并购动机的生产率效应和规模效应检验结果

	资源寻求			技术寻求			市场寻求		
tfp	- 0.092 8	- 0.165	- 0.111	0.109	0.048 8	0.141	- 0.015 1	0.000 072 5	- 0.037 9
	(0.346)	(0.317)	(0.315)	(0.277)	(0.338)	(0.364)	(0.209)	(0.252)	(0.271)
asset	0.060 8	- 0.031 3	- 0.089 1	0.188 ***	0.169 ***	0.150	0.063 3 **	0.166 **	0.168 *
	(0.060 0)	(0.068 2)	(0.102)	(0.057 7)	(0.052 9)	(0.090 7)	(0.030 2)	(0.073 4)	(0.080 8)
sale	0.154	0.080 2	0.202	0.123	0.167	0.181	- 0.046 8	0.054 3	0.064 6
	(0.112)	(0.104)	(0.136)	(0.106)	(0.182)	(0.196)	(0.052 3)	(0.063 2)	(0.080 9)
output	0.153	0.043 6	0.198	0.193	0.180	0.160	- 0.061 1	0.073 9	0.048 8
	(0.106)	(0.087 6)	(0.129)	(0.121)	(0.196)	(0.222)	(0.046 7)	(0.060 8)	(0.081 7)

表 11 - 11 是不同并购动机下的海外并购盈利效应检验结果。三种并购动机下的海外并购完成后企业都出现了盈利水平下降，虽然并不十分显著。其中，资源寻求型并购还出现了一个与其他两类并购不同的特点：净资产收益率 *ROE* 的下降幅度远超资产收益率 *ROA* 的下降幅度，说明此类并购在推高企业债务的同时，债务杠杆对净资产收益率起到了相反的作用。这一方面说明海外资源的价值尚未发挥（可能是出于战略因素的并购抑或是资产质量差强人意），另一方面财务费用增加对净资产收益率产生了负面影响。但可以观察到技术寻求型的财务表现好于市场寻求型，而市场寻求型又好于资源寻求型并购。

表 11 - 11　　　　　　不同并购动机的盈利效应检验结果

	资源寻求			技术寻求			市场寻求		
ROE	- 3.180	- 7.543	- 8.135	- 0.531	- 1.670	- 1.692	- 0.501	- 3.331	- 2.755
	(5.252)	(5.673)	(7.228)	(1.515)	(2.847)	(6.275)	(2.382)	(2.631)	(2.281)
ROA	- 0.754	- 3.066	- 2.614	- 1.157	- 1.779	- 1.478	- 0.496	- 2.057	- 1.879
	(1.683)	(1.904)	(2.311)	(0.664)	(1.560)	(2.997)	(1.321)	(1.260)	(1.287)

利润的杜邦分析见表 11 - 12，我们可以发现：市场寻求型对外并购的总资产周转率出现了显著下滑，这与市场扩大销售收入的初衷似乎并不相符；技术

寻求型并购的权益乘数上升明显，说明企业在扩大杠杆率融资，整合新并购企业的技术；净利率方面，三种类型的并购基本都对净利率产生了负面影响，其中资源寻求型并购的指标逐渐恶化，其他两种并购在第一年出现恶化之后出现了好转。

表 11 – 12　　　　　　　不同并购动机并购方杜邦分析各个因素检验结果

变量	资源寻求			技术寻求			市场寻求		
SA	− 0. 007 07	0. 050 4	0. 114	0. 046 1	0. 058 4	0. 067 1	− 0. 067 4 *	− 0. 098 6 **	− 0. 128 *
	(0. 137)	(0. 161)	(0. 171)	(0. 076 2)	(0. 119)	(0. 114)	(0. 039 0)	(0. 041 5)	(0. 063 7)
EM	0. 192	0. 287	0. 189	0. 352 *	0. 508 **	0. 469 **	0. 000 601	0. 052 9	0. 060 2
	(0. 191)	(0. 228)	(0. 211)	(0. 178)	(0. 206)	(0. 179)	(0. 142)	(0. 241)	(0. 310)
MPP	26. 63	33. 05	14. 55	− 25. 72	− 1. 156	− 12. 18 *	31. 83	35. 35	26. 70
	(27. 32)	(30. 59)	(23. 22)	(18. 37)	(7. 520)	(6. 680)	(22. 61)	(23. 83)	(26. 92)
PS	0. 384	− 1. 701	− 3. 673	− 2. 163 *	− 3. 639	− 3. 615	0. 839	− 2. 591 *	− 1. 650
	(1. 442)	(2. 005)	(2. 731)	(1. 082)	(2. 815)	(4. 336)	(1. 723)	(1. 347)	(1. 322)

进一步将利润分解，逐项观察利润组成，我们可以发现：利润下降主要还是源于管理费用的增加；市场寻求型企业受到的融资阻力更大，财务费用出现了显著增长；技术寻求型企业则出现了下降，这说明国内金融系统对这一类并购交易更为认同。与总体样本相同，净利率的下降主要来源于费用的增加，但是这种情况在资源寻求型并购并不明显，其利润下降与主营业务的下降的联系更加密切（见表 11 – 13）。

综上所述，在划分了不同的并购动机之后，我们发现：①技术寻求型并购的生产率效应为正，且好于其他两种形式的并购；②技术寻求和市场寻求型并购的规模效应更明显；③资源寻求型并购的盈利恶化源于其主营业务；市场寻求型并购的盈利下降主要由于管理费用和财务费用的上升；技术寻求型并购尽管财务费用下降，但是由于管理费用的上升和权益乘数的上升，其盈利情况依然恶化。

11.5　结论

本章利用了运用倾向得分匹配和倍差法，利用全部 A 股上市公司中对外并购的数据，检验了企业对外并购的绩效。通过研究发现上市公司海外并购虽然显著提升了企业规模，但至少在中短期企业的盈利能力受到削弱，而且总体上生产率水平也未获得显著提升。从海外并购标的所处的东道国发展水平来区分，我们发现并购发达国家企业相对于并购发展中国家企业，前者的并购绩效稍优，从企业规模扩大幅度、生产率改善强度和利润率水平等各方面指标看均是如此。从并购

表 11 - 13　　　　不同并购动机并购后利润表各因素影响检验结果（部分）

变量	资源寻求			技术寻求			市场寻求		
pro1	0.008 97	-0.033 8 **	-0.031 3	-0.027 1	-0.041 8	-0.031 1	0.009 02	-0.027 4	-0.019 5
	(0.021 8)	(0.013 9)	(0.036 3)	(0.015 5)	(0.031 1)	(0.039 4)	(0.018 3)	(0.016 1)	(0.014 4)
pro2	-0.000 004 98	0.013 2	-0.009 41	0.003 68	0.003 66	-0.007 76	-0.001 43	-0.001 66	0.000 550
	(0.007 77)	(0.015 2)	(0.009 41)	(0.005 37)	(0.004 72)	(0.010 9)	(0.002 85)	(0.002 91)	(0.002 39)
generalex	0.004 77	0.007 01	-0.004 07	0.016 4 ***	0.022 1 **	0.021 4 **	0.011 6 ***	0.005 27	0.003 35
	(0.005 36)	(0.006 83)	(0.007 99)	(0.003 26)	(0.008 57)	(0.007 84)	(0.004 10)	(0.004 95)	(0.004 32)
financial	-0.002 06	0.010 5	0.006 49	-0.006 75 *	-0.000 352	-0.001 49	0.000 463	0.006 37 **	0.009 59 **
	(0.002 73)	(0.009 47)	(0.007 96)	(0.003 33)	(0.004 18)	(0.004 40)	(0.002 10)	(0.002 62)	(0.003 61)
ex	0.004 53	0.017 2	-0.005 67	0.016 7	0.031 1 **	0.025 0 *	0.015 8 **	0.016 5 **	0.017 0 **
	(0.008 60)	(0.013 2)	(0.014 5)	(0.010 4)	(0.011 7)	(0.012 3)	(0.006 19)	(0.007 78)	(0.007 12)

类型看，虽然中短期内所有的海外并购交易都会导致上市公司盈利水平下降，其原因却有所差异，资源寻求型并购的盈利下降源于主营业务，市场寻求型并购的盈利下降主要由于管理费用和财务费用的显著增加，而技术寻求型并购由于管理费用和权益乘数显著增加，导致盈利下降。

在标的选择恰当条件下，上市公司进行海外并购可获得自然资源、市场资产和生产技术等外部资源，改善经营状况和提高国际竞争力。但即便是成功的并购，交易结束初期企业陡升的还债压力、复杂和艰巨的资产整合工作都是上市公司必须面对的。本章的分析也进一步说明，我国企业海外并购后中短期内的业绩下滑是普遍现象，跨国资本运作存在很大的风险。如果企业本身在并购前就具有一定的优势资产，具有一定的国际竞争力，那么在顺利度过并购后的资产整合期之后，后期资产互补性逐步发挥出来，企业的竞争力水平也将得到提升；相反，如果企业本身缺乏优势资产，盲目跟风进行并购，不仅并购后短期内将面临较大的财务困难，而且长期经营绩效也十分堪忧。

第 12 章

海外并购与企业出口

企业国际竞争力的一个重要表现是其出口能力。本章研究跨国并购对出口的影响。理论上一直有对外直接投资与出口间替代或互补之争，海外并购作为一种特殊的对外直接投资，与出口贸易有紧密的联系，而这种联系又根据并购目的或类型的不同而不同。如旨在绕过国际贸易壁垒的水平型并购，通常会减少母国的对外出口；相反，以获取当地市场网络等为目的的并购，多半会带动并购企业出口的增加。因此，我国企业海外并购是否提高了出口，提高了并购企业及相关产业的国际竞争力，最终是一个经验实证问题。本章在理论分析的基础上，采用微观计量的因果推断方式研究跨国并购和出口的关系，采用 PSM 和倍差法的方式，将跨国并购对出口的影响看作一种"处理效应"，将进行跨国并购的企业划分为实验组，不进行跨国并购的企业划分为处理组，采用倍差法的方法估计处理效应，识别跨国并购和出口的因果关系。考虑到标的和企业存在异质性，还进一步检验了这些异质性对海外并购与出口关系的影响。

12.1 并购对企业出口的影响：出口互补还是出口替代

对外直接投资和出口都是企业国际化经营的战略选择，而二者之间是替代关系还是互补关系，是国际经济领域的热门话题。早期的贸易理论认为对外直接投资替代了出口，如巴克利和凯森（Buckeley and Casson，1981）认为出口和对外直接投资的选择是贸易成本和生产成本的权衡问题。出口节省了在国外生产的固定成本，但必须支付运费、关税等贸易成本；对外直接投资节省了贸易成本，但同时也带来了在国外生产的固定成本，因此对外直接投资和贸易是替代关系。当贸易成本上升时，厂商会使用对外直接投资替代贸易，而当在国外生产的固定成本提高时，厂商会使用出口替代对外直接投资。上述理论构成了对外直接投资领域的"近邻—集中"模型。

随着新新贸易理论的发展完善，学者开始从生产率异质性的角度讨论企业国际化经营的选择问题，赫尔普曼等（Helpman et al.，2004）将"近邻—集中"模型与梅利兹（Melitz，2003）模型相结合，研究了生产率对企业选择出口或是对外直接投资的影响，发现由于需要支付高昂的固定成本才能进入国外企业以节约贸易成本，企业的国际化经营选择受到生产率的影响，生产率最高的企业选择对外直接投资，生产率次之的企业选择出口，生产率再次之的企业选择只服务本地市场，生产率最低的企业选择退出市场。在这里，出口和对外直接投资依然是替代关系。

然而"近邻—集中"模型从理论和实证上都面临着挑战。从实证上看，出口和对外直接投资的关系是不确定的，大量研究发现了出口和对外直接投资的互补关系，或者没有显著关系；从理论上看，上述研究只考虑了水平型的 FDI，而没有考虑垂直型的 FDI 和出口的关系。垂直型 FDI 产生的原因在于各国禀赋以及要素相对价格的差异，对外直接投资的目的并非节省贸易成本，而是利用国外的优势资源，提升企业自身的竞争力，在这种情况下出口和对外直接投资可以是互补关系。安特拉和耶普尔（Antras and Yeaple，2014）对上述理论进行了综述，并检验了"近邻—集中"假说及基于禀赋差异的垂直型 FDI 理论，为两种理论都找到了经验实证证据，表明企业的对外直接投资既包括水平 FDI 也包括垂直 FDI。

虽然传统的理论预测水平 FDI 对出口是替代的，而垂直 FDI 对出口是互补的，但是实证研究仍然得不出一致的结论。部分学者认为 FDI 与出口的关系取决于贸易产品是最终产品还是中间产品（Blonigen，2005）：如果贸易产品是最终产品，对东道国的投资也是生产最终产品，那么此时对外直接投资显然替代了出口；而如果对外投资是采用母国的中间产品去生产最终产品，那么对外投资显然促进了母国中间产品的出口。

东道国特征也是影响企业对外直接投资模式和对外直接投资与出口关系的重要因素（Lipsey et al.，2000），以中国这样的发展中国家为例，对发达国家的投资和对其他发展中国家的投资是不同的，对发达国家的投资主要是克服发达国家高昂的进入成本，以商贸服务为目的的投资显然促进了出口；而对发展中国家的投资主要是依靠当地廉价的劳动力或者自然资源直接投资生产，这种投资则是替代了出口。

最后，从企业投资决策的角度来看，投资动机也是影响投资和出口关系的重要因素（Dunning，1993）。根据商务部统计，我国对外直接投资动机主要有以下四类：商贸服务、当地生产和销售、技术研发以及资源开发。接下来我们讨论不同动机下对外直接投资和出口的关系。

1. 商贸服务类投资

商贸服务类投资是企业以出口服务为目标的市场寻求型投资。它的目的是扩大和开辟海外市场。与一般绿地投资不同，商贸服务类投资不在东道国生产产品，因而不需要大量固定资本投资和雇佣外籍员工。所以，商贸服务类投资大大降低了企业的固定成本和可变成本。这也是我国企业对外直接投资的主要方式。具体而言，我国商贸服务类投资的主要职能有进出口服务、接受订单和仓储服务、产品推广和销售、收集产品信息、联络客户和售后服务等。因此，商贸服务类投资降低了我国企业的出口成本。市场寻求型直接投资是在出口和直接投资之间权衡的结果。当出口的可变成本较低而直接投资的固定成本较高时企业选择出口，反之则选择直接投资。但是直接投资的前提是企业必须具备可转移的特定优势以弥补高昂固定成本投资的劣势。当企业不具备可转移的"特定优势"时，企业仍然可以采用商贸服务类投资进入国际市场。商贸服务类投资既满足了企业直接进入东道国市场的需求又没有增加固定资本投资。因此，该类型投资极大降低了企业对外直接投资门槛。总之，商贸服务类投资降低了我国企业进入国际市场的成本，从而扩大了企业出口。因此我们认为商贸服务类投资促进了我国企业出口。

2. 当地生产类投资

当地生产类投资是市场寻求型投资的另一形式。与商贸服务类投资不同，当地生产类投资直接在东道国生产产品，因而需要固定资本投资和雇佣外籍员工。该类型直接投资通过什么机制影响企业出口？这取决于企业直接投资后的贸易形式。如果企业在东道国生产的最终产品不需要从母国进口中间产品，则企业直接投资可能是对贸易的替代，反之则可能促进了贸易。我国部分企业基于市场寻求或效率改进动机开展的这类投资，以当地生产最终产品服务当地市场，的确减少了企业对东道国的同类产品出口。从这个角度看，企业的直接投资替代了出口。然而，企业在东道国生产可能需要母公司提供配件、原材料及其他中间产品等从而有可能促进企业对东道国出口。结合上述两方面因素，该类型直接投资的"出口效应"取决于企业投资后与东道国的贸易形式。所以，我国企业当地生产类投资的"净出口效应"可能是不确定的。此外我国企业当地生产型直接投资还包括出口的"第三方效应"。随着我国国内要素价格上涨，特别是劳动力成本上升，导致国内生产成本上升，这促使我国企业选择生产成本较低的东道国生产产品，然后再出口到第三国市场。比如，我国企业对东南亚和非洲一些国家的生产型直接投资就是为了利用东道国要素成本优势，在该国生产产品后又出口第三国市场。此外，近年来贸易保护主义抬头，各种关税和非关税壁垒限制了我国企业对目的国市场的直接出口，国内企业也可能选择与出口市场比较近，或者与其签订了自由贸易协定的国家直接生产，并通过该东道国间接出口目标到目标市场，从而规避贸易保护主义的限制。例如某些中国企业对墨西哥、中美洲和东欧国家的直接投资在当地生产产品后又分别出口美国和欧洲市场，都有规避关税和非关税贸易壁垒的效果。总之，这类投资可能通过对第三方市场的出口影响我国企业的"出口效应"。

3. 技术研发类投资

与市场寻求型或效率改进型直接投资不同，技术研发类投资的目的是获取先进国家的技术或利用先进国家的研发能力进行技术创新。作为后发型国家我国企业对外直接投资的主要目的之一就是获取发达国家的技术和研发能力。这主要表现在我国企业收购发达国家的科技和技术型企业或直接在发达国家建立联合研发中心。如联想、华为和中兴等企业在欧美建立联合研发中心。直观来看，企业的技术研发对外直接投资可能不直接影响出口。但是，该类型投资的"逆向技术溢出"提升了母公司技术水平和创新能力，进而提高了产品的出口竞争力。因此从长期来看这类投资仍然促进了企业出口。

4. 资源开发型投资

近年来占我国对外直接投资比重较大的是资源开发型投资。我国企业投资油气和矿产资源丰富的国家，如澳大利亚、加拿大、非洲和拉美地区就是资源开发型投资。这类投资的目的是寻求东道国自然资源。通常而言，由我国企业提供资金、生产设备、技术甚至劳务，与东道国企业共同开发当地资源。这类投资间接促进了母公司的生产设备、技术及其他配套设备出口，因此资源开发型投资也可能促进了企业出口。

综上所述，对外直接投资和出口究竟是替代关系还是互补关系，受到对外投资类型、贸易类型、东道国经济发展水平和投资动机等各种因素的影响，对外直接投资究竟能不能促进出口取决于这些影响的合力。表 12 - 1 总结了不同因素对对外直接投资与出口关系的影响。

表 12 - 1　　　　　　　　　　**对外直接投资与出口关系表**

因素	影响因素	对外投资与出口的关系
对外投资类型	水平 FDI	替代
	垂直 FDI	促进
贸易类型	最终品贸易	替代
	中间品贸易	促进
东道国特征	发达国家	促进
	发展中国家	替代
投资动机	商贸服务	促进
	当地生产和销售	不确定
	技术研发	促进
	资源开发	促进

文献方面，关于 FDI 对东道国影响的研究可谓汗牛充栋，然而 FDI 对母国的

影响则相对较少。FDI对母国的影响被称为"母国效应（home country effect）"，我们梳理了学界对"母国效应"的研究。

（1）对外直接投资对母国投资的影响。早期的研究认为FDI来源于跨国的套利行为（Macdougall，1960），东道国相对较高的资本回报率吸引资本从本国流出到东道国，资本净流出减少了本国的资本存量，因此对母国经济发展具有负面影响。现代国际经济理论认为，套利理论对对外投资的解释力很低，对外直接投资更大程度上是在全球发挥其优势，在全球范围内配置资源的行为，对母国投资的影响也是不确定的，资本究竟是流入和流出取决于资本配置到哪里更有效率。考虑到对外直接投资和出口的互补作用，从而带来本国企业规模的扩张，对外直接投资反而提高了对国内资本的需求。然而这种影响也会带来一定的外部性，当企业对外直接投资促进了国内投资需求的同时，资本的价格会上升，其他企业的投资成本就提高了（Kokko，2006）。在实证研究上，对外直接投资对母国投资的影响是不确定的。

（2）对外直接投资对母国劳动力的影响。与对外投资的影响一样，企业的对外直接投资行为也会影响到劳动力的需求，垂直型FDI的目的就在于寻找更加廉价的生产要素，势必将一部分生产行为转移到别国，从而削弱了对本国劳动力的需求。与此同时，假如对外直接投资提高了企业的竞争力，从而扩大了其生产规模和市场份额，也会因此提高对劳动力的需求。对外直接投资对劳动需求的影响还受到贸易替代与贸易互补的影响，贸易替代的对外直接投资更加降低了对母国的劳动力需求，而贸易互补的对外直接投资则提高了对母国劳动力的需求。对外直接投资对劳动力的影响更重要的不是对劳动力总量的影响，而是对劳动力结构的影响，这种影响在下一段产业机构方面加以分析。

（3）对外直接投资对母国产业结构的影响。对外直接投资对母国的影响一般都是有偏向性的，例如寻找廉价劳动力的对外直接投资更加偏向用资本替代劳动，用高技能工人替代低技能工人，从而影响了本地的产业结构。对外直接投资替代了劳动力尤其是低技能劳动力，这种现象在美国是成立的，然而对于日本和瑞典则正好相反（Blomström，Fors and Lipsey，1997；Lipsey，Ramstetter and Blomström，2000），对此可能的解释是，日本和瑞典的对外投资提高了母公司对服务业的需求，而其对外投资不关注出口而是实施"进口替代战略"。Braconier and Ekholm（2000）的研究表明，高收入的国家对外直接投资替代了劳动力，而低收入国家的对外直接投资没有替代劳动力。从价值链的角度看，安德森（Andersson，1994）对瑞典的研究发现，对外直接投资提高了中间产品的出口的占比，使得瑞典成为低附加值地区。同样针对瑞典的研究，有人则发现，在20世纪80年代，对外直接投资使得好工作转移到别国，而20世纪90年代对外直接投资使得好工作转移回本国，对外直接投资对产业结构的额影响是受到本国竞争力的影响的，当本国竞争力较低时，企业为了充分发挥全球资源配置的优化，会把好的生产行为配置在更具竞争力的别国，而本国竞争力较强时则会把更好的生产行为配置在本国，20 世纪 80 年代到 20 世纪 90 年代瑞典的国际竞争力逐步变大，从而带来了对外直接投资对产业结构影响的逆转（Fors and Kokko，2001）。

（4）对外直接投资对母国企业谈判力和政策环境的影响。企业的对外投资行为提升了企业的谈判能力，企业可以以放弃本国为要挟迫使政府提供更加优惠的政策环境，而政府由于害怕失业、税收损失和地区长期发展受损，往往会加以妥协。其中一个典型的例子是对最低工资制定的影响，当企业可以在劳动力充裕的国家投资生产，寻求更加廉价的劳动力时，它可以影响当地政府对最低工资政策的制定（Chan，2003）；另外一个典型例子是对税收的影响，相当多的对外投资是出于避税的目标，本地政府为挽留企业往往会采取税收优惠。（Desai, Foley, and Hines，2006）

对外直接投资对其他企业的外溢效应。企业进行对外投资活动，必然会带来对其他企业的外溢效应，影响到其他企业的出口、研发、竞争行为。目前为止，研究外商直接投资对东道国企业外溢效应的文献较多，而研究对外直接投资对母国企业外溢效应的文献较少，学界主要研究对外直接投资对进行该项投资企业的"逆向溢出"，而较少关注对母国其他企业的溢出效应。参考外商直接投资对东道国企业溢出机制的研究，我们认为对外直接投资对母国企业的溢出机制也可以分为以下三种渠道：

（1）劳动力流动效应。企业对外投资获得"逆向溢出"的好处之后，其工人和管理者的能力也得到了提升，工人的劳动生产率更高了，管理者的管理经验和国际化经营活动的经验得到了提升，企业对外投资寻求的先进技术和管理经验也内化为人力资本，母国的其他企业有激励去雇佣这些素质更高的管理者，从而对外投资企业获得的好处也会通过劳动力的流动溢出到其他企业中去（Fosfuri et al.，2001；Glass and Saggi，2002）。

（2）竞争效应。进行对外投资的企业生产率和竞争能力得到提升，给母国的其他企业带来竞争压力，迫使他们加大研发的力度和出口强度，或者更加有效利用已有资源提高劳动生产率，从而带来其竞争能力的提高（Glass and Saggi，2002；Markusen and Venables，1999）。然而竞争带来的外部效应可能是负的，也就是产生"抢生意"效应：进行对外投资的企业竞争力变强，从而扩大了市场份额，排挤出其他企业。

（3）示范效应。母国其他企业通过观察和模仿，把进行对外投资企业的先进生产方式和管理方式学习过来（Das，1987；Wang and Blomström，1992）。就出口而言，示范效应对从未进行过对外活动的本国企业来说尤为重要。对外直接投资加深了企业对目的国的了解，这些信息由于企业对外投资活动才被揭露出来，而被母国其他企业观测到，对他们在同一国家进行国家化经营提供了有用的信息，而对外直接投资的活动也为其他企业提供了宝贵的经验，从而促进了其出口以及对外投资行为。

综合上述分析，我们将对外直接投资的母国效应及其对行业其他企业的影响机制总结如图 12 – 1 所示。

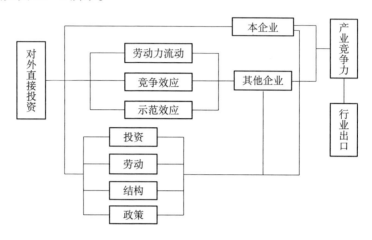

图 12 – 1　对外直接投资影响出口关系示意图

此外，跨国并购不但可以对本行业产生逆向溢出效应，还会对其他行业的企业产生溢出效应。如亚沃奇客（Javorcik，2004）通过投入产出表计算了前向关联和后向关联程度，并以此研究了 FDI 对东道国企业的垂直溢出效应。

12.2　跨国并购对企业出口影响的经验分析：倍差法

12.2.1　模型和数据说明

实证研究方面，为了得到更加科学可靠的结论，需要采用微观数据对对外投资和出口的关系进行因果识别。这里采用 PSM + DID 的方法识别跨国并购对出口的影响。将跨国行为作为处理效应，进行了跨国并购的企业作为处理组，没有进行跨国并购的企业作为对照组，采用倍差法的方式识别处理效应。倍差法估计的效率取决于对照组和对照组是否具有"平行趋势"，为了选择良好的对照组，这里采用倾向得分匹配的方法为跨国并购企业寻找对照组。新新贸易理论认为，只有生产率高的企业才会选择对外直接投资，如果不采用匹配的方式寻找对照组，会带来选择偏差。

　　具体的处理方式如下：首先，采用 BvD（Bureau van Dijk，BvD）并购数据库的并购信息，并与工业企业数据库进行对接。BvD 只提供了企业的英文名，因此采取手动对接的方式进行匹配。共匹配 2001—2013 年的 412 家跨国并购企业，只保留已经完成的并购样本，则剩下 255 家企业。然后，以进行跨国并购的企业为实验组，以没有进行跨国并购且有连续两年经营记录的企业作为对照组进行匹配。匹配方式采取倾向得分匹配法，对于每一年的对外投资企业通过企业劳动生产率、企业资本密度、企业规模、企业出口额等变量计算倾向得分，按照得分进行 1:4 的匹配，以本企业作为实验组，以匹配到的企业作为对照组，并以这一年作为实验的基期，以下一年作为实验期。从而形成识别实验组和对照组的虚拟变量，以及基期和实验期的虚拟变量。最后，以匹配得到的数据进行倍差法分析，估计处理效应。

　　倍差模型为

$$\mathrm{ln}export_{it} = du + dt + \boldsymbol{\gamma} \times dudt + X_{it} + \varepsilon_{it}$$

其中，du 为虚拟变量，如果企业进行了跨国并购取 1，如果没有跨国并购则取 0，dt 也是一个虚拟变量，如果时间在基期则取 0，在实验期则取 1，$dudt$ 的系数就是我们所要的处理效应。

　　从理论上讲，如果匹配的变量包含了企业选择并购的所有因素，因为影响企业并购的因素是相似的，那么唯一影响企业并购决策的因素是随机因素。但是在实践中，这一条件一般无法满足，因为影响并购的因素很多，而其中很多是不可测的。鉴于不可测因素对企业决策可能产生干扰，需要加入一些控制变量。X_{it} 也就是上述控制变量。控制变量的选择必须与并购有关，同时也影响出口，因此对倍差法系数的估计可能存在内生性问题。选取的控制变量有以下几个：

　　（1）销售规模 revenue。以企业的主营业务收入衡量。企业的销售规模影响了企业的并购行为，只有规模足够大的企业也有动力进行跨国并购，支付并购的成本及对并购资产进行消化吸收，同时企业的销售规模也影响了出口的选择，因为规模较大的企业出口也较多，因此需要对企业规模加以控制。

　　（2）劳动生产率 prod。以 LP 方法计算所得。企业劳动生产率也是同时影响并购和出口的重要因素，根据新新贸易理论，生产率较高的企业才会出口，生产率和出口正相关；由于生产率更高的企业才能弥补对外投资的巨大成本，因此生产率和并购也正相关，需要对生产率加以控制才能识别并购和出口的关系。

　　（3）资本密集度 kl，以固定资产和员工人数的比值衡量。资本密集度体现了企业的技术构成，在同一行业内部，资本劳动比值往往也是反映技术水平的重要指标。由于技术水平既影响出口能力，又与企业对外并购相关，因此需要对这一变量加以控制。

（4）企业年龄 age，以当年减去企业成立年份衡量。企业年龄体现了企业的经营经验，经营经验丰富的企业能够有效实现对新资源的整合，从而更多进行跨国并购，同时也出口更多；与此同时，企业年龄也可以看作一种衡量"选择效应"的变量，也就是只有生产率更高、竞争能力更强的企业才能够存续这么多年，因此需要对企业年龄加以控制。

（5）是否有外商资本 for。为一个虚拟变量，当企业外商资本占比大于 25% 时取 1，剩下的取 0。外商资本也是同时影响企业并购和出口的重要因素。一方面，由于我国的外商投资相当一部分是发展加工贸易，外商资本的出口密集度显然大于本地企业；另一方面，外商投资的跨国并购倾向更低，因为外商投资本身就是国外优势资源和国内优势资源互补的结果，但同时，外商投资由于更强的国际化能力，有可能也会促进对外投资，也就是"引进来"和"走出去"结合，因此也需要对此加以控制。

最后，企业的并购和出口行为也会受到行业、地区和时间固定效应的影响。首先，无论是并购还是出口都具有很强的行业异质性，在某些行业集中，在某些行业则很少，这可能会带来伪因果关系，需要控制行业效应；其次，并购和出口也会受到地区效应的影响，经济发展水平较高、更加靠近沿海的地区并购和出口都很多，因此也需要控制地区效应；最后，并购和出口有可能都具有相同的时间趋势，因此也需要控制时间效应。

12.2.2　基准分析结果

本节汇报了倍差法估计的结果。首先汇报了简单的倍差法估计结果，也就是仅进行交互效应回归的结果，然后汇报了较为稳健的结果，即加入所有控制变量之后的结果。考虑到并购的影响具有长期性和滞后性，因此分别以并购后 1 年和 3 年作为处理期进行了检验。回归结果，见表 12 - 2。

表 12 - 2　　　　　　　　　　　倍差法跨国并购回归结果

变量	(1) lnexport	(2) lnexport	(3) lnexport	(4) lnexport
dt	0.193 (0.41)	0.361 (0.68)	- 0.232 (- 0.38)	- 0.628 *** (- 3.58)
du	- 0.242 (- 0.70)	- 1.597 *** (- 3.89)	- 0.638 (- 1.32)	- 1.242 *** (- 4.35)
dudt	- 0.027 2 (- 0.04)	0.238 (0.31)	- 0.0117 (- 0.01)	1.385 *** (4.11)
lnrevenue		1.768 *** (13.52)	1.286 *** (8.06)	1.509 *** (18.38)

　　　　　　　　　　　　　　　　　　　　　　　　　　　　　　续表

变量	(1) ln*export*	(2) ln*export*	(3) ln*export*	(4) ln*export*
ln*kl*		0.448 ***	0.010 2	0.052 9
		(2.22)	(0.05)	(0.77)
ln*prod*		−1.608 ***	−0.163	−1.280 ***
		(−6.73)	(−0.61)	(−13.85)
ln*age*		0.339	0.561 *	0.253 **
		(1.60)	(2.19)	(2.53)
for		2.995 ***	1.147	−0.127
		(5.59)	(1.84)	(−0.51)
固定效应		控制	控制	控制
N	1 549	1 549	992	4 261

　　注：括号中为 *t* 统计量；*、** 和 *** 分别表示 10%、5%、1% 水平下显著。

　　第（1）列为不加任何控制变量的倍差法估计结果，此时交互项的系数为 −0.027 2，但是不具有统计意义上的显著性。第（2）列加入了全部控制变量，此时交互项的影响系数变成 0.238，虽然系数由负转正，但是仍然不具有统计意义上的显著性。第（3）列汇报了加入全部控制变量的滞后一期的回归结果，此时交互项系数仍然不具有统计意义上的显著性。第（4）列汇报了加入全部控制变量的滞后三期的回归结果，此时交互项系数变成 1.385，并且在 1% 的水平上显著为正。综合上述结果可以认为，企业海外并购对出口没有短期的效应，但长期具有促进效应。这一结果，与第 1 章海外并购对经营绩效的影响类似。

　　其他控制变量方面，企业规模在所有回归中都对出口有显著为正的效应，也就是规模更大的企业更倾向于出口；相反，生产率对企业出口有负向的影响，这和学者普遍发现的"生产率悖论"相符合，也就是虽然新新贸易理论预测生产率更高的企业出口，但是中国企业的出口规律则正好相反；资本密集度的影响为正，资本密集程度更高的企业出口更多；企业年龄与出口的影响也正相关，也就是生产经验更丰富、存活时期更长的企业更倾向于出口；外商资本对当期出口显著正相关，对未来出口的影响则不显著，也就是外资具有更高的出口倾向。

　　跨国并购的出口效应估计结果和基于对外直接投资的研究具有较大差异。一些学者采用商务部《境外投资企业（机构）名录》识别企业是否进行对外投资，并以此研究对外投资和出口的关系，得出对外直接投资在短期显著促进了出口的结论。但该名录同时包括了绿地投资和跨国并购，但是我们的研究只包括跨国并购，所得到的结论有微妙的差异。

　　为了进行比较，我们也进行了对外直接投资（同时包括绿地投资和跨国并购）出口效应的检验。数据方面，我们采用商务部《境外投资企业（机构）名录》识别企业是否进行了对外直接投资，首先将名录上的企业名称与工业企业数据库进行匹配，从而获得对外投资企业的各项经济指标，并以工业企业数据库没有进行对外投资且有连续两年经营记录的企业作为对照组。样本选取 2004—2009 年，首先对于每一年的对外投资企业通过企业劳动生产率、企业资本密度、企业规模、企业出口额等变量计算倾向得分，按照得分进行 1:4 的匹配，以本企业作为实验组，以匹配到的企业作为对照组，并以这一年作为实验的基期，以下一年作为实验期。倍差法的模型和 12.2.1 节一致，估计结果汇报，见表 12-3。

表 12-3   对外直接投资回归结果

变量	(1) lnexport	(2) lnexport	(3) lnexport	(4) lnexport	(5) lnexport
dt	-0.482 *** (-4.72)	-0.614 *** (-3.55)	-0.579 *** (-3.16)	-0.623 *** (-3.45)	-0.628 *** (-3.58)
du	-0.0206 (-0.15)	-0.806 *** (-2.80)	-0.958 *** (-3.33)	-1.264 *** (-4.36)	-1.242 *** (-4.35)
$dudt$	0.658 ** (3.27)	1.281 *** (3.68)	1.392 *** (4.01)	1.377 *** (4.03)	1.385 *** (4.11)
$lnrevenue$		1.713 *** (21.11)	1.715 *** (21.17)	1.723 *** (21.76)	1.509 *** (18.38)
$lnkl$		-0.270 *** (-4.17)	-0.192 *** (-2.77)	-0.132 ** (-1.97)	0.0529 (0.77)
$lnprod$		-1.590 *** (-18.95)	-1.566 *** (-18.39)	-1.533 *** (-17.66)	-1.280 *** (-13.85)
$lnage$		0.136 (1.32)	0.126 (1.23)	0.176 * (1.74)	0.253 ** (2.53)
for		0.208 *** (12.50)	-0.0131 (-0.25)	-0.0429 (-0.82)	-0.127 ** (-2.51)
时间效应			控制	控制	控制
地区效应				控制	控制
行业效应					控制
R^2	0.002 3	0.270 5	0.273 8	0.335 3	0.365 9
N	4 261	4 261	4 261	4 261	4 261

注：括号中为 t 统计量；*、** 和 *** 分别表示 10%、5%、1% 水平下显著。

表中第（1）列为仅仅加入主效应和交互效应的回归结果，可以看到主效应中的时间效应 dt 显著为负，而 du 则不显著，交互效应的系数显著为正。仅仅依靠 dt 或者 du 的回归系数会造成偏误，并不能得到真正的处理效应，而 $dudt$ 的回归系数则是在两次差分之后得到的真正处理效应，这证明对外直接投资对出口有显著为正的效应，因此对外直接投资对出口具有促进关系。

第（2）列加入了其他控制变量，R^2 从 0.002 3 提升到 0.270 5，说明第（1）列只解释了出口变动的很小一部分，而第（2）在加入了控制变量后提高了解释力。加入控制变量后处理效应仍然显著为正，并且系数更高，从 0.658 提高到 1.281，说明由于遗漏变量偏差低估了处理效应，对外直接投资对出口的影响更显著了。控制变量系数方面，销售规模对出口具有显著为正的影响，资本密集度和全要素生产率则有显著为负的影响，这或许体现了"生产率悖论"。我国出口贸易中相当大一部分为加工贸易，企业以劳动密集型企业为主，国内生产环节主要是来料或进料加工和组装，生产率水平较低，这是我国出口企业出现"生产率悖论"的主要原因。企业年龄对出口的影响并不显著，而外资对出口有显著为正的影响。

第（3）列继续加入了时间虚拟变量，控制了时间效应。

第（4）列则加入了省份虚拟变量，控制了地区效应。

第（5）列继续加入行业虚拟变量，控制了行业效应。

加入上述虚拟变量后，虽然其他控制变量的系数有所变化，但关键变量的系数仍然显著为正变化不大，并且 R^2 也没有太大变化。说明我们的结论较为稳健。

经过对外直接投资出口效应和跨国并购出口效应的比较，可以看到对外直接投资（不区分跨国并购和绿地投资）显著促进了出口，而跨国并购的出口效应在短期内不显著，在长期才显著。造成这一结果的原因可能是多方面的。首先，正如理论分析所指出的，并购对出口的影响是复杂的，同时具有正反两方面的效应。相对于绿地投资这种主要是企业扩张经营范围，实现国际化经营的手段，并购更大的意义在于获取资源提升自身的竞争力，因此对出口的促进作用应该弱于绿地投资。其次，以生产率为代表的企业自身竞争优势是影响出口的重要因素，并购虽然理论上可以提升企业的生产率或其他竞争优势，但这种提升需要一个漫长的过程，而在短期甚至企业会受到一定负面的影响，因此对出口的促进也无法马上显现出来。这也就带来了并购对出口的短期影响不显著，而长期影响显著的结论。

12.2.3　扩展分析：东道国因素和企业因素的影响

根据分析跨国并购对出口的处理效应，得出的结论是跨国并购对出口在短期没有显著效应，在长期有显著为正的处理效应。这是针对所有企业所求得的"平均处理效应"，然而不同并购目的国、不同企业的特征，处理效应也不尽相同。因此本小节对这一问题进行扩展分析，研究不同特征对处理效应的"交互效应"。

具体而言，将可能带来跨国并购"处理效应"的因素和倍差法的交互项进行交互，判断交互效应的系数。如果系数为正，则该变量和并购的处理效应具有显著为正的交互效应，反之则反。

选取的交互效应的变量主要包括两部分：一是和并购标的所在国相关的变量；二是和企业相关的变量。

并购标的所在国的相关变量。主要考虑了并购目的和并购标的性质对并购逆向溢出效应的影响。与此相关的变量主要有以下几个。

（1）是否为发达国家 *develop*。为一个虚拟变量，具体参考世界银行根据人均 gdp 对发达国家的定义。并购标的是否为发达国家是影响并购绩效的重要因素。对发达国家标的的收购通常是出于提升企业的技术能力和管理能力，从而能够显著带来企业生产率的提高，从而可以促进出口，而发展中国家的标的则主要出于资源、政策规避等目的的考量，或许无法带来企业生产率的提高。因此我们预测，标的为发达国家的并购更能够促进出口，因此交互效应为正。与此同时必须看到，这一生产率的提高可能需要对标的进行充分的消化吸收，因此交互效应也可能具有长期效应而不是短期效应。

（2）是否为 oecd 国家。也是一个虚拟变量，为 oecd 国家则取 1，否则取 0。这一变量也是衡量是否为发达国家的变量，理由和上一变量类似。

（3）治理指数 *regu*。来自 wgi 的全球治理指数。治理水平较高的地区，标的更有可能提升企业的竞争能力，从而提高企业出口，但是同时治理水平较低的地区，企业有可能通过收购当地资源来规避交易成本和制度成本，促进出口，因此治理水平和并购的交互效应时不确定的。

表 12 - 4 汇报了 1～3 年的处理效应和相关变量的交互项系数，第 1 行为处理效应和是否为发达国家的交互效应系数，可以看到在 1 年和 2 年的回归中虽然为正，然而并不显著，而在 3 年的回归中则在 1% 的水平显著为正，从而证明，标的为发达国家的并购，跨国并购更能够促进企业出口，且这种促进作用具有长期效应而没有短期效应。第 2 行为处理效应和是否为 oecd 国家的交互效应系数，可以看到 1 年和 2 年的回归依然不显著，而 3 年的回归则在 10% 的水平显著为正，证明标的在 oecd 国家的并购，跨国并购更能够促进企业出口，且这种促进作用具有长期效应而没有短期效应。第 3 行为处理效应和治理指数的交互效应系数，此时系数均不显著，因此标的所在国的治理水平不会影响并购对出口的促进作用，一方面，治理水平较高的地区，标的更有可能提升企业的竞争能力，从而提高企业出口；另一方面，治理水平较低的地区，企业有可能通过收购当地资源来规避交易成本和制度成本，促进出口，正负两种作用互相抵消，带来系数的不显著。

表 12 - 4 东道国特征的交互效应

变量	1 year	2 year	3 year
dud$t$ * *develop*	2.443	0.200	3.804 **
	(1.56)	(0.12)	(2.12)
dud$t$ * *oecd*	-0.0616	1.694	1.677 *
	(-0.40)	(1.49)	(1.99)
dud$t$ * *regu*	-0.00593	-0.264	1.133
	(-0.00)	(-0.21)	(0.58)

注：括号中为 t 统计量；*、** 和 *** 分别表示 10%、5%、1% 水平下显著。

企业相关的变量。主要考察了是否为外资企业、生产率、规模、年龄等因素的考察。

外资企业的身份影响了企业并购的动机以及并购和出口的关系，外资本身就是国外资源和国内资源合作互补的结果，外资的跨国并购很少具有提升出口的意味在，因此外资的跨国并购对出口的促进作用更弱。二者的交互效应应该为负。

生产率也影响了企业并购的绩效。一方面，生产率较高的企业更有可能去收购技术型的，能够确实提高企业竞争能力的标的，这种标的更有可能促进企业出口；另一方面，生产率较高的企业更有能力对并购获得的资源进行消化吸收，转化成自身的竞争优势。因此生产率和处理效应的交互效应应该为正。

企业规模也是影响并购绩效的重要因素。企业规模和生产率通常是相关的，而除了上一条提到的因素之外，企业规模也意味着企业有足够的资金和能力推动并购项目，降低并购过程中对企业的负面影响，获得更高的谈判能力，更好地享受并购的好处。因此企业规模应该和处理效应具有显著为正的交互效应。

企业年龄也是影响并购绩效的重要因素。一方面体现了企业的经营经验，经营经验丰富的企业能够有效实现对新资源的整合，从而更有可能通过并购提升出口；另一方面，企业年龄也可以看作一种衡量"选择效应"的变量，也就是只有生产率更高、竞争能力更强的企业才能够存续这么多年。企业年龄和处理效应的交互效应应该为正，见表 12 - 5。

表 12 - 5　　　　　　　　　　　　　企业特征的交互效应

变量	1year	2year	3year
$dudt * for$	- 3. 064	- 4. 505 ***	- 2. 200
	(- 1. 55)	(- 2. 15)	(- 0. 97)
$dudt * prod$	3. 451 ***	3. 084 ***	3. 145 **
	(3. 17)	(2. 33)	(2. 07)
$dudt * revenue$	4. 709 ***	4. 710 ***	5. 878 ***
	(4. 33)	(3. 61)	(3. 87)
$dudt * age$	2. 525 ***	2. 549 *	1. 524
	(2. 31)	(1. 93)	(0. 99)

注：括号中为 t 统计量；*、** 和 *** 分别表示 10%、5%、1% 水平下显著。

表 12 - 5 汇报了企业层面的变量和处理效应的交互项系数。第 1 行为外商资本 for 和处理效应的交互项，可以看到其系数为负，但是在第 3 期并不显著，在第 1 期接近显著，因此外商资本更没有可能通过并购提高出口；第 2 行为生产率 $prod$ 和处理效应的交互项系数，可以看到在每一期其都显著为正，从而证明了生

产率更高的企业更有可能通过并购提升出口；第 3 行为规模 *revenue* 和处理效应的交互项系数，可以看到在每一期都显著为正，从而证明规模更大的企业更有可能通过并购提升出口；第 4 行为年龄 *age* 和处理效应的交互项系数，可以看到在系数为正，且在前两期都显著，因此年龄较大、存续时间较长的企业更有可能通过并购提升出口。

12.3　行业层面的检验

本节采用中国工业企业数据库和商务部对外直接投资名录 2004—2009 年的数据进行实证研究，探究对外直接投资对出口的影响。行业层面的并购宗数来自汤森路透并购数据库，其他变量依然来自工业企业数据库，以两位数行业代码与工业企业数据库进行对接。

本节分析企业海外并购在行业内可能产生的出口效应。现有的关于对外直接投资和出口关系的实证研究，大多集中在时间序列或者省级面板模型的"宏观"研究，以及企业层面的"微观"研究，这里关注的焦点则是对外投资对行业这一"中观"层面出口行为的研究。宏观的研究具有很大的加总误差和内生偏差，而企业层面的研究无法囊括企业对外投资带来的"母国效应"，尤其是对其他企业的外溢效应，行业层面的研究可以克服上述研究的不足。此外，为了证明外溢效应的存在，本书还研究了某行业是否有企业进行过对外直接投资对次年该行业内其他企业出口的影响。因此计量模型分为两部分：第一部分检验行业层面的对外直接投资行为对次年出口的影响；第二部分检验企业层面对外直接投资行为对其他企业的外溢效应。计量模型为

$$\ln export_{ipt} = \beta_1 FDI_{ipt-1} + \gamma \times X_{ipt} + \theta_i + \delta_t + \mu_p + \varepsilon_{ipt}$$
$$\ln export_{fipt} = \beta_1 FDI_{it-1} + \gamma \times X_{fipt} + \theta_i + \delta_t + \mu_p + \varepsilon_{fipt}$$

第一个模型中，其中 $\ln export_{ipt}$ 为 p 省 t 时刻 i 行业出口总量的对数形式；FDI_{ipt-1} 是一个虚拟变量，如果 p 省 i 行业在 $t-1$ 期有对外直接投资行为取 1，没有则取 0；X_{ipt} 是一组行业层面的控制变量，包括：①$\ln prod_{ipt}$，行业平均生产率的对数形式，生产率以劳均销售收入衡量；②$\ln k_{ipt}$，企业的资本密集度，以固定资产与雇佣人数的比值衡量；③$\ln revenue_{ipt}$，销售收入的对数形式；④$\ln age_{ipt}$，企业年龄的对数形式；⑤for_{ipt}，是否有外商资本的虚拟变量；⑥省份虚拟变量、时间虚拟变量和行业虚拟变量。

第二个模型中，$\ln export_{fipt}$ 为 p 省 t 时刻 i 行业第 f 个企业出口总量的对数形式，由于很多企业的出口量为 0，令 $\ln export_{fipt} = \log(export_{fipt} + 1)$；$X_{fipt}$ 是一组企业层面的控制变量，与行业层面的回归一致，见表 12 - 6。

表 12 - 6 行业层面并购回归结果

变量	(1) lnexport	(2) lnexport	(3) lnexport	(4) lnexport	(5) lnexport	(6) lnexport
L1. lnmerge	0.014 0 (0.48)			0.031 0 (1.14)		
L2. lnmerge		− 0.048 2 (− 1.57)			− 0.014 7 (− 0.50)	
L3. lnmerge			− 0.061 0 (− 1.89)			0.014 2 (0.51)
L. lnprod				0.111 *** (3.42)	0.109 *** (3.29)	0.108 *** (3.12)
L. lnkl				0.191 (1.72)	0.198 * (1.72)	0.107 (0.96)
L. lnrevenue				0.361 ** (2.98)	0.340 *** (2.67)	0.407 *** (3.16)
L. lnage				− 0.099 7 (− 1.75)	− 0.138 * (− 1.64)	− 0.226 * (− 1.72)
L. for				0.312 * (2.03)	0.288 ** (2.09)	0.243 * (1.91)
个体效应	控制	控制	控制	控制	控制	控制
时间效应	控制	控制	控制	控制	控制	控制
R^2	0.104 7	0.093 4	0.079 8	0.157 4	0.145 9	0.131 1
N	3 891	3 891	3 891	3 891	3 891	3 891

注：括号中为 t 统计量；*、** 和 *** 分别表示 10%、5%、1% 水平下显著。

为了控制不随时间而变的个体效应和不随个体而变的时间效应，采用了双向固定效应模型。表 12 - 6 第（1）列只加入了滞后一期的并购宗数作为解释变量，此时系数为正，然而并不显著。考虑到并购对出口的作用也有滞后效应，如并购获取的关键资源能够提升企业的竞争力并因此提升出口，然而对关键资源的整合需要一定时间，因此在第（2）、第（3）加入了滞后两期和三期的并购宗数作为解释变量，然而仍然不显著。在表第（4）、第（5）、第（6）中尝试加入了其他解释变量作为控制变量，结果显示并购对出口的影响仍然不显著。

造成这一结果的原因可能是多方面的。首先，正如理论分析所指出的，由于并购的动机、贸易的类型等差别，并购对贸易的影响系数符号本来就是不确定的，而行业层面的数据又过于笼统，所以造成正负抵消变得不显著；其次，并不是所有的并购行为都能实现并购的目标，并购绩效受企业对新资源吸收和整合能力的影响，因此并购可能提升也可能损害了企业的竞争优势，从而对贸易的影响是不确定的。

考虑到并购行为对出口的影响具有异质性，以并购宗数与其他反映企业特质的变量进行交互，来探讨并购在什么样的行业中能够促进出口，在什么样的行业中却阻碍了出口。具体回归结果汇报，见表 12 - 7。

表 12 - 7　　　　　　　　　　　交互效应回归结果

变量	(1) lnexport	(2) lnexport	(3) lnexport	(4) lnexport	(5) lnexport	(6) lnexport
L1. lnmerge	- 1. 008			0. 262		
	(- 1. 51)			(0. 51)		
L2. lnmerge		0. 301			1. 647 ***	
		(0. 46)			(2. 84)	
L3. lnmerge			- 2. 268 ***			0. 134
			(- 2. 72)			(0. 21)
lnmerge * lntfp	- 0. 0187	0. 0551 **	0. 0602 **	- 0. 00937	0. 0556 ***	0. 108 ***
	(- 0. 97)	(2. 48)	(2. 43)	(- 0. 74)	(2. 96)	(3. 12)
lnmerge * lnkl	- 0. 314 ***	- 0. 427 ***	- 0. 251 ***	0. 0155	- 0. 0199	0. 107
	(- 3. 95)	(- 6. 34)	(- 3. 22)	(0. 40)	(- 0. 46)	(0. 96)
lnmerge * . lnscale	0. 285 ***	0. 147 **	0. 298 ***	0. 00706	- 0. 159 ***	- 0. 0372
	(4. 51)	(2. 20)	(3. 74)	(0. 14)	(- 2. 66)	(- 0. 69)
lnmerge * lnage	- 0. 286 ***	- 0. 246 ***	- 0. 168 **	- 0. 128 *	- 0. 0899 *	- 0. 0155
	(- 3. 84)	(- 3. 40)	(- 2. 31)	(- 2. 05)	(- 1. 72)	(- 0. 29)
lnmerge * for	0. 0697	1. 518 **	1. 416 **	- 0. 174	0. 336 **	0. 309 **
	(0. 18)	(2. 42)	(2. 51)	(- 0. 88)	(2. 04)	(2. 25)
个体效应				控制	控制	控制
时间效应				控制	控制	控制
R^2	0. 262 7	0. 278 9	0. 286 1	0. 151 4	0. 143 3	0. 130 8
N	3 891	3 891	3 891	3 891	3 891	3 891

注：*、**和***分别表示10%、5%、1%水平下显著。

第（1）列为普通最小二乘法回归的结果，关键解释变量为滞后1期的并购宗数，从交互效应看，并购宗数与生产率的交互效应系数不显著，说明并购对出口的影响不因为生产率的不同而不同，并购宗数与企业规模有显著的正向交互关系，与企业年龄和资本密集度有显著的负向交互关系，并购宗数与内外资状态变量的交互效应也不显著。由于并购对企业出口的影响主要体现在长期影响上，在第（2）、第（3）列将关键解释变量换为滞后2期和3期并购宗数，可以发现二者交互效应的系数符号和显著性水平基本一致。并购宗数与生产率具有显著为正的交互效应，说明并购对生产率较高的行业更能够促进出口，这反映了吸收能力对并购绩效的影响，生产率较高的行业更能够对并购资源进行消化吸收，从而提高了竞争能力和出口量；并购宗数与资本密集度的交互效应显著为负，说明并购对出口的促进主要发生在资本密集低的行业，这或许和我国加工贸易的特征有关；并购与销售规模的交互作用也显著为正，说明规模较大的行业更有可能通过并购促进出口；并购与企业年龄的交互作用显著为负，说明新企业更有可能通过并购提升出口；最后，并购与外资量的交互作用显著为正，体现了外资对企业进行国际化经营和整合的促进作用。

为了保证结论的稳健性，必须控制时间效应和个体效应，因此我们也采用了固定效应模型，滞后 1 期、2 期和 3 期的结果汇报在第（4）、第（5）、第（6）列中。根据（4）可以看出，此时只有企业年龄与并购的交互作用具有显著性；根据第（5）、第（6）列，我们发现对于某些变量，滞后 2 期和 3 期的结果是不同的，企业规模与滞后 2 期的并购具有显著为负的交互效应，而滞后 3 期的交互效应则不显著，这与普通 OLS 回归的结果具有差异，在那里系数符号显著为正，或许是由于遗漏了个体效应和时间效应而带来的估计偏差；公司年龄与滞后 2 期和 3 期的并购都具有负的交互效应，然而滞后 3 期的并不显著，系数符号与普通 OLS 回归的结果一致；资本密集度的交互效应变得不显著，而普通 OLS 回归则是显著的，或许仍然是个体效应和时间效应带来的偏差；最后可以看出，滞后 2 期和 3 期的交互效应都显著的变量是生产率和外资量的虚拟变量，系数符号与普通 OLS 回归的结果也一致，生产率和外资量都反映了企业对并购资源的消化吸收能力。

为了对比，仍然采取将对外直接投资（OFDI）作为一个整体来进行检验，OFDI 样本中既包括绿地投资，也包括跨国并购，见表 12 - 8。

表 12 - 8　　　　　　　　　　　行业层面回归结果

变量	(1) lnexport	(2) lnexport	(3) lnexport	(4) lnexport	(5) lnexport	(6) lnexport	(7) lnexport	(8) lnexport
ofdi	0.139 *** (92.78)	0.434 *** (286.40)	0.0939 *** (71.90)		0.142 *** (16.44)	0.547 *** (83.98)	0.111 *** (13.75)	
ofdi2				0.0515 *** (81.10)				0.00885 *** (14.51)
lnprod		0.207 *** (91.26)	0.179 *** (63.53)	- 0.00688 ** (- 2.76)		- 1.011 *** (- 285.79)	- 0.898 *** (- 232.74)	- 0.897 *** (- 232.72)
lnkl		- 0.195 *** (- 113.59)	0.221 *** (105.70)	0.129 *** (73.83)		- 0.0451 *** (- 17.80)	0.0622 *** (25.25)	0.0623 *** (25.27)
lnrevenue		0.363 *** (133.13)	0.156 *** (50.11)	0.389 *** (139.45)		1.117 *** (293.49)	1.137 *** (295.56)	1.137 *** (295.55)
lnage		- 0.613 *** (- 182.89)	- 0.309 *** (- 77.04)	- 0.0273 *** (- 6.57)		0.245 *** (63.43)	0.222 *** (59.96)	0.222 *** (59.96)
for		0.781 *** (939.23)	0.262 *** (192.18)	0.366 *** (296.41)		3.769 *** (341.98)	3.188 *** (301.56)	3.188 *** (301.57)
时间效应	Y	N	Y	Y	Y	N	Y	Y
地区效应	Y	N	Y	Y	Y	N	Y	Y
行业效应	Y	N	Y	Y	Y	N	Y	Y
R^2	0.72	0.55	0.78	0.90	0.14	0.18	0.29	0.25
_ cons	- 2.448 (- 0.00)	4.872 *** (306.50)	2.087 (0.00)	- 2.448 (- 0.00)	5.796 (0.00)	- 3.786 *** (- 139.29)	- 2.448 (- 0.00)	- 2.414 (- 0.00)
N	1 464 666	1 493 960	1 493 960	1 464 666	1 524 608	1 464 666	1 464 666	1 464 666

注：括号内为 t 统计量；*、** 和 *** 分别表示 10%、5%、1% 水平下显著。

表 12 - 8 中第（1）到第（4）列为产业层面的回归结果，第（5）到第（8）列为企业层面的回归结果。第（1）列为仅仅加入对外投资的虚拟变量并控制了

时间效应、地区效应和行业效应的结果，行业内对外直接投资对行业平均出口量的影响显著为正，第（2）列仅加入行业层面的控制变量，回归系数仍然显著为正，第（3）列同时加入了行业层面的虚拟变量以及时间效应、地区效应和行业效应，此时系数值降低了，然而仍然显著为正。由于前三列的解释变量是投资与否的虚拟变量，无法衡量进行对外投资企业的重要程度，第（4）列我们以企业销售额作为企业重要程度的指标，加总了行业内所有对外投资企业的销售额作为解释变量，可以看到回归系数仍然显著为正。这证明行业层面的对外直接投资促进了行业层面的出口。

第（5）到第（8）列为企业层面的回归结果，我们剔除了进行过对外投资的企业，考察这些企业的对外投资行为对行业内没有进行对外直接投资的企业是否具有外溢效应。第（5）列为仅仅加入对外投资的虚拟变量并控制了时间效应、地区效应和行业效应的结果，第（6）列仅加入企业层面的控制变量，第（7）列同时加入了企业层面的虚拟变量以及时间效应、地区效应和行业效应，第（8）列以加总的行业内所有对外投资企业的销售额作为解释变量，所有的回归系数都显著为正，证明了企业对外投资行为对行业内其他企业的正向外溢效应。

总之，本节研究了企业对外投资对本行业出口的影响以及行业内其他企业的外溢效应，企业的对外直接投资行为不但促进了企业自身的出口，也促进了本行业的出口，企业的对外直接投资对本企业内的其他企业出口具有正向的外溢效应。具体到并购这一特殊的对外投资形式，并购总体而言对行业出口的影响并不显著，这是由于并购对出口的影响具有异质性，最稳健的结论是，在长期，并购对出口的促进作用，在生产率较高、具有较多外资的行业更加显著，这反映了企业通过并购提升竞争优势从而促进出口的作用机制，因为生产率较高、具有国际化背景的企业，有更强的吸收能力，从而能够对并购资源进行更加有效地吸收和整合，从而促进了出口。

12.4　结论

本章首先梳理了对外投资和出口关系的相关文献，总结对外投资和出口可能具有的替代关系和互补关系，以及影响二者关系的因素。随后采用 psm 和倍差法的方式，将跨国并购对出口的影响看作一种"处理效应"，将进行跨国并购的企业划分为实验组，不进行跨国并购的企业划分为处理组，采用倍差法的方法估计处理效应，识别跨国并购和出口的因果关系。结果表明，跨国并购在短期和出口没有显著关系，在长期则显著促进了出口。随后作为对比，考察对外直接投资

（不区分绿地投资和跨国并购）的出口效应，发现对外直接投资具有当期显著的正向出口效应。最后考虑到标的和企业存在异质性，跨国并购和出口的关系也不相同，因此考虑了不同变量对跨国并购与出口关系的交互效应。研究结果表明，标的在经济发展水平更高的国家，则跨国并购更有可能促进出口，这种交互效应也具有长期效应，标的所在国的治理水平则没有影响；规模更大、生产率更高、经营时间更长的企业，更有可能通过跨国并购促进出口。

第 13 章

跨国并购与企业研发

企业研发行为决定了企业自主创新速度和方向，并进而影响企业长期的国际竞争力。通过分析可以看出，从交易数量而言，超过四成的中国企业海外并购是技术寻求型的，以获取标的企业的生产技术和研发资源为目的。对于这部分并购交易案，由于企业的技术积累和研发资源在事后都发生了较大的变化，容易推测海外并购对企业的研发行为将产生深刻的影响。不仅如此，对于市场寻求和自然资源寻求类型的海外并购，并购交易也可能从直接或间接的渠道影响企业未来的研发行为，其原因可能是由于较大的市场规模摊薄了研发成本，或者是因为并购完成后企业面临的要素投入约束发生了变化，客观上需要研发新的技术与之相适应。但是，这些都仅是粗浅的探讨，本章将从理论和实证两个方面全面和深入地探讨二者的关系。

13.1 引言

鉴于中国企业创新能力和全球竞争能力较弱的特征，跨国并购交易取得令人瞩目成绩，也引起了政策制定者和学术界的广泛关注，即如此大规模地进行海外并购是否提高了企业的创新能力和全球竞争优势，对该问题的解答对我们理解跨国公司，特别是发展中国家跨国公司内部 R&D 资源配置、知识生产和技术等无形资产的转移特征提供了一个参考；在创新驱动发展战略背景下，对外投资企业能否充分整合利用"两个市场、两种资源"，为进一步实施"走出去"战略提供一个政策启示。

从宏观层面的数据来看，中国是全球第二大经济体，R&D 投资在金融危机后增长迅速，2015 年研发投入强度达到了 OECD 国家的平均水平，专利申请量也连续多年位居全球第一。从微观企业层面来看，中国跨国投资企业的经营能力

（利润率等）、创新能力与欧美、日本等国的跨国公司相差甚远。在企业的创新能力方面，除了华为、中兴等网络信息技术行业的部分企业国际专利（Patent Cooperation Treaty，PCT）申请后来居上，国内企业似乎并不注重于企业的可持续性发展方面的投资。即便是发展迅速的信息技术、通信设备行业，其核心部件——芯片仍依赖于进口①。中国制造业企业 R&D 投资强度还不及 1%，创新投资效率和专利质量远低于美国、日本、韩国、德国等发达国家②，在许多行业，从"制造"到"创新"仍任重道远（Wei et al.，2017）。

一些学者认为中国要想在高新行业实现跨越式发展，海外并购是一种可行的技术获取策略，国内企业不仅可以通过海外并购来规避知识产权壁垒，降低 R&D 投资的不确定性，获得海外先进技术和知识，构建企业的创新体系，并能够与国内的生产形成优势互补，加速世界前沿技术的引进、使用和推广，实现技术上的弯道超车和战略转型（吴先明和苏志文，2014）。如浙江吉利汽车在 2010 年收购瑞典汽车品牌沃尔沃后，专利申请迅速增长，从并购前两年的 278 件增长至 2012 年的 3 009 件③，其中不乏是汽车安全系统方面的专利。另一方面，中国在数十年内从一个吸收 FDI 的国家成为 OFDI 的重要参与国，虽然对外投资的"量"日益增长，但对海外并购投资"质"的变化更需要引起各界的重视。根据 Dealogic④ 的数据显示，中国企业海外并购交易的失败率远远高于欧美等发达国家，甚至高于印度等发展中国家。此外由联合国开发计划署、国资委研究中心和商务部研究院联合发布的《中国企业海外可持续发展报告 2015》⑤ 指出，中国海外经营企业存在巨额亏损，海外并购企业亏损尤为明显⑥。其中的主要原因，除了东道国政府以经济安全为由干预外，企业缺乏全球竞争能力和创新能力是关键的影响因素。多数企业对海外市场的消费者偏好、产品开发、市场竞争和技术研发没有系统性的考察，仅仅是将收购的目标企业作为技术获取的渠道和国内产品的销售平台，但在企业创新等可持续性发展方面的投资仍较为缺乏，而通过海外并购能否提升企业的创新能力和全球竞争力仍有待检验。

---

① 根据中国海关统计数据显示，中国集成电路进口已超过万亿元。

② 根据欧盟统计的全球前 2500 家 R&D 投入最高的企业，华为排名第 15 名，是中国排名最高的企业，其国际专利（PCT）申请总量远远低于三星、松下等企业。

③ 数据来源于国家知识产权局：《中国专利数据库》。

④ Dealogic，http://www.dealogic.com，是全球著名的投资银行软件和数据定制服务商，提供上市交易、并购和其他交易相关的数据服务，并定期发布全球并购研究报告。根据 Dealogic 发布的数据，2016 年 1~5 月中资企业在海外并购中，被中途取消的交易达 15 宗，交易总规模 240 亿美元，超过 2015 年全年并购交易的规模。

⑤ 调查显示，在中国企业海外项目盈利情况方面，仅 13% 的企业盈利可观，24% 的企业基本持平，而其余 24% 的企业目前暂时处于亏损状态。

⑥ 海外投资企业中有大量是国有企业，其海外组织管理方式存在严重缺陷，个人代持等问题导致大量有国有资产流失，也是国有企业海外投资亏损的一个重要原因。

　　已有不少文献探讨了跨国并购与企业创新、经营绩效之间的关系，但主要是以发达国家的企业作为分析样本。如施蒂巴尔（Stiebale，2013）利用德国企业数据考察了跨国并购对收购方企业 R&D 投资的影响，在控制内生性问题和样本选择偏差后，发现跨国并购与 R&D 投资存在显著的正向因果关系。施蒂巴尔和雷泽（Stiebale and Reize，2011）检验的是外资并购对目标企业创新的影响，发现外资并购后显著降低了目标企业的 R&D 投资和新产品销售收入。施蒂巴尔（Stiebale，2016）运用欧洲 33 个国家跨国并购投资企业的数据，研究发现跨国并购增加了收购方的 R&D 投资和专利申请，但降低了目标企业的 R&D 投资活动，表明在跨国公司倾向将 R&D 活动集中于总部，技术和知识等无形资产可以在企业内部以较低的成本进行转移（Markusen，2002；Bilir and Morales，2016）。夏里等（Chari et al.，2012）及陈（Chen，2011）利用美国企业并购交易数据，采用倾向得分匹配法（Propensity Score Matching，PSM）和双重差分法（DID）控制内生性问题和样本自选择偏差后，实证检验发现来自中国、印度等新兴国家和日本、德国等发达国家企业对美国企业的收购带来的绩效存在异质性，前者降低了企业的经营绩效并降低了就业，后者则提高了企业的 TFP。这也是许多新兴国家收购发达国家企业频频遭受经济安全的调查和失败的一个重要成因。近年来，也有不少学者探讨了中国对外投资企业的行为，毛其淋和许家云（2014）将工业企业数据库与商务部《境外投资企业（机构）名录》匹配获得中国对外投资企业数据库进而评估了企业对外投资与创新之间的关系，发现对外投资显著提高了企业研发积极性和创新存续期。而蒋冠宏和蒋殿春（2014）检验则发现企业的技术研发型外向投资不一定显著提升企业生产率。以上文献为理解企业的对外投资行为与经营绩效、创新之间的因果关系提供了一个深刻洞见，但仍存在以下几点不足：一是已有的研究得到的结论存在诸多矛盾之处，且大多数是采用发达国家企业的数据进行检验，而对发展中国家的企业跨国并购投资行为却少有研究，尤其缺乏来自中国企业跨国并购投资的经验证据；二是国内文献大多集中于检验企业的异质性理论，没有区分绿地投资和跨国并购对企业创新的异质性影响，而根据现有的理论分析，这两种不同的投资方式对企业创新也有所差异。

　　本章首先从理论上基于东道国市场的角度，构建一个三阶段的企业间博弈模型，考察跨国并购和绿地投资进入后对企业研发投资的影响。假设某国市场上有一家拥有研发资本的企业，在该国投资自由化后，外资企业以跨国并购和绿地投资的方式进入。所有的企业进行研发投资以获得东道国寡头竞争市场上的竞争优势和较高的市场份额。同时引入东道国企业与外资企业技术互补性的假设，对任何一家外资企业而言，东道国企业的研发资本存在质量水平的高低之分且技术互补性特征也有所不同。结论发现，外资企业以并购方式进入东道国市场，对目标企业的选择是一个精挑细选的过程，即跨国企业更愿意购买初始的研发资本质量较高的企业。并且进一步表明，如果两家企业之间的技术互补性程度越高，外资企业收购的意愿也更高，且在收购之后会充分利用该企业的研发资本并持续性地进行研发投资。

在经验实证方面，本章的贡献体现在以下几个方面：一是采用 2008 年金融危机后上市公司数据来讨论跨国并购与企业创新之间的因果关系。金融危机后中国企业跨国并购交易呈爆发式增长，采用 2008 年后的跨国并购投资企业数据能够反映中国 OFDI 的特征。受改革红利和上市公司并购政策持续性放宽等一系列利好条件，上市公司的并购投资活跃度远远高于国内其他企业，也乐于通过并购重组进行市值管理。根据普华永道监测数据得出，上市公司是我国企业海外并购的主力军[①]，且创新能力较强，其中 R&D 支出占全国企业 R&D 支出的 1/3 以上，拥有专利的上市公司比例也远远高于全国平均水平。此外，海外并购投资的企业不仅限于制造业，在服务业和农业同样也有大量企业进行并购投资，能够克服现有国内文献仅限于工业企业对外投资的样本缺陷，因而采用上市公司数据也具有代表性。二是将企业对外投资区分为绿地投资与跨国并购两种形式，两种不同投资方式的企业在海外市场上展开竞争，进而会对母公司的技术选择与创新投资带来影响。诺克和耶普尔（Nocke and Yeaple，2007；2008）的理论模型研究发现绿地投资和跨国并购投资的企业在生产、R&D 方面存在着较为明显的差异，跨国并购企业倾向于收购那些具有技术优势或互补性的东道国目标企业，而绿地投资更多的是为了降低运输成本、生产成本和避免关税。前者是技术合作式或互补式的，而后者则是技术输出式，因而企业不同的投资动机就有可能影响到企业的技术选择和创新投资。三是直接评估跨国并购投资企业的创新动态效应有可能存在自选择偏差的影响，将利用倾向得分匹配法（Rosenbaum and Rubin，1983；Abadie and Imbens，2016）并结合双重差分法来控制样本的自选择偏差和内生性问题，企业异质性理论指出，只有那些生产率较高和特定技术的少数部分企业能够克服进入东道国市场的高额成本与投资壁垒，才会进行对外投资。运用倾向得分匹配法是能够为跨国并购投资企业匹配到一组具有与这些企业相似特征的非跨国并购企业，进而结合双重差分法来检验企业跨国并购后是否提高了企业的创新。

后面的结构安排如下：13.2 节对本章相关领域的理论与实证文献进行回顾；13.3 节通过构建一个三阶段企业间博弈模型对跨国并购与企业研发投资行为进行理论分析，并进一步地分析跨国并购对企业研发投资的影响机制；13.4 节利用中国沪深 A 股上市公司 2005—2014 年跨国并购的企业研发与创新数据对理论

[①]　根据普华永道（http://www.pwccn.com/）监测的数据显示，上市公司是中国企业海外并购的主力军。

分析及其假说进行检验；13.5 节为结论。

13.2 文献回顾

作为 FDI 进入东道国市场的重要方式，跨国并购已受到产业组织理论和国际贸易理论学者的广泛关注。产业组织理论主要是从效率提升和企业战略两个方面对企业的跨国并购交易动机进行分析。效率提升主要是得益于跨国并购能够以较低的成本快速进入东道国市场并获得国外的先进技术，企业之间的资源整合和有效利用（Jovanovic and Rousseau，2008），同时也可能获得生产的规模经济和范围经济。资源的重新配置效应和规模经济与范围经济效应将直接影响到企业跨国并购交易后的研发投资行为，但并购交易并非是没有成本的，企业间的管理协调、文化和制度差异冲突都有可能增加企业的并购风险（张建红和周朝鸿，2010）。同时，跨国并购还有可能引起市场结构趋于集中化，企业将拥有更高的市场势力，反而降低了企业的研发激励。随着全球化的快速推进，全球范围内的企业竞争不可避免。企业之间的竞争应不仅仅限于产品市场，全球化背景下要素市场上的竞争有可能更为重要，尤其是在国内资源要素有限时，企业通过跨国并购的方式获取国外更为优质的专有性资产、资源与技术有可能导致竞争对手产出的下降，上游要素市场的竞争对产品市场具有正的外部性（Eso et al.，2010）。虽然产业组织理论提供了一个分析跨国并购交易的视角，但现有的经验实证结果还较为矛盾，难以完全理解跨国并购对企业研发投资的影响。

相对于产业组织理论，国际贸易理论的实证文献更为丰富一些。梅利兹（Melitz，2003）模型除了揭示生产率是决定企业是否出口的重要因素之外，还进一步强调了在贸易自由化后，资源在企业之间得以重新再配置进而促进了整体生产率的提升。跨国并购同样也是促进资源重新配置的一个重要渠道，能够帮助东道国中缺乏效率或存在资本缺口的企业在被并购后能够获益（Jovanovic and Rousseau，2008）。现有的文献也沿着异质性贸易理论模型的思路来考察企业投资海外市场的进入方式，是选择跨国并购还是绿地投资（Helpman et al.，2004；Nocke and Yeaple，2007；周茂等，2015），这些理论研究都表明生产率是决定企业对外投资和跨国并购的重要因素。跨国并购促进了资源的重新再配置，有助于提高企业的生产率。现有大量实证研究表明企业被外资企业并购之后，生产率可能获得较为显著的提升（Arnold and Javorcik，2009；Chen，2011）。但需要注意的是，有证据表明，如果收购方来自于发展中国家，跨国并购后生产率不但没有上升反而呈下降态势（Chen，2011）。其中一个可能的原因是，来自于发展中国家的企业较多关注于并购的短期效应，进而导致企业长期性创新投资的消减或者是研发中心转移（Stiebale，2016）。

跨国并购作为 FDI 进入东道国市场最主要的方式，在一定程度上直接反映了企业核心竞争力和国家竞争优势。企业进行跨国并购的主要目的，即扩大现有的市场规模，寻求资本的价值升值和提升企业的利润空间，因而研发投资将可能会受到企业国际化战略性行为的影响，从现有的文献来看，跨国并购活动对企业创新主要集中以下三个方面：一是研发部门向总部聚集。出于成本节约和降低重复性投资的考虑，在并购交易后，外资企业有可能整合子公司的资源以使其充分利用。研发资本作为企业最重要的战略性专有资产，转移至跨国公司总部的可能性更高（Stiebale，2016），以提升总部密集度。马库森（Markusen，2002）构建的知识资本模型指出跨国公司能够以较低的成本实现公司内部之间的专有技术和知识资本转移。集中化的研发投资也能够降低组织的协调成本，以获得研发的规模经济效应和范围经济效应，进而有可能引起收购方企业的研发投资的增加。诺柏克和皮尔森（Norbäck and Persson，2008）构建了一个东道国市场上的寡头竞争模型，发现内资企业与外资企业之间的资产互补性较高时，跨国并购的可能性会更高。二是跨国并购也有可能是导致研发投资的分散化。企业进行跨国并购获得东道国目标企业的专有资产和技术后，因地制宜，对目标企业持续性地研发投资有利于开发本土化的产品结构，同东道国竞争稀缺的人才资源并建立起全球性的研发网络。对于发展中国家的跨国公司而言，其跨国并购的目的更倾向于技术获取与优势互补，将有可能导致研发中心由本土向海外转移，降低了总部研发投资。三，跨国并购增加了企业的财务成本和债务风险，此外并购后企业之间的协调和管理上差异降低了企业的效率，进而减少在研发等长期性方面的投资。因此，无论是从理论研究还是实证检验方面，跨国并购与创新都是一个值得再深入探讨的问题。

随着微观层面的数据可获得性，大量文献从实证角度探讨了跨国并购对企业研发与创新的影响。与本章较为相关的是企业股权结构的更替对企业生产率和研发与创新的影响（Arnold and Javorcik，2009；Chen，2011；Stiebale and Trax，2013；Wang and Wang，2015 等）。这些文献主要是考察东道国企业被外资企业并购之后的企业投资、生产率和绩效的影响，在不同程度上揭示了并购对企业生产率的提升效应和促进研发创新的作用，作用机制除了管理及生产技术的协同效应，还包括融资地位改善及扩大出口。但同时也有学者质疑这些文献所得出的结论，如瓜达卢普等（Guadalupe et al.，2012）认为进行跨国并购的企业并非是随机选择目标企业的，而是有针对性挑选那些生产率相对较高或者具有一定研发创新能力的企业；因此，这些实证结论很可能是将相关性归于因果关系。施蒂巴尔和雷泽（Stiebale and Reize，2011）利用德国的企业数据，在控制内生性和选择性偏差等问题之后，发现被外资企业收购后的企业在 R&D 支出有所下降，跨国并购并不利于企业创新。施蒂巴尔（Stiebale，2016）扩大了之前研究的样本，利用欧洲企业的数据同样发现跨国并购降低了目标企业的创新，但跨国企业的研发投入却有所增加，跨国并购导致了研发部门的转移。

随着我国企业"走出去"战略的深入推进，海外并购越来越成为中国企业对外投资的主要方式，也越来越受到学者的广泛关注，现有的研究主要集中于中国企业海外并购财富效应（顾露露和 Reed，2011；邵新建等，2012），生产率效应（杨德彬，2016），以及企业 OFDI 的生产率效应与出口效应（蒋冠宏和蒋殿春，2013；2014）和创新（毛其淋和许家云，2014）。吴先明和苏志文（2014）利用中国 7 家有跨国并购活动的企业进行案例研究，从企业动态能力的视角讨论了企业国际化过程，发现企业的海外并购实现了技术上的赶超和战略转型。杨德彬（2016）利用 Zephyr 全球并购数据发现中国企业的跨国并购对企业生产率具有显著的促进作用，毛其淋和许家云（2014）对中国 OFDI 企业的研究同样得到了类似的观点，即企业的国际化进程有利于提升企业创新能力和竞争力。

以上文献为我们理解跨国并购对企业研发与创新的影响具有重要的启示，但现有的理论模型与实证研究大多是以发达国家为样本，技术转移更有可能由收购方流向目标企业，来自于发达国家的外资企业并购后有可能增加目标企业的研发投入与创新。而近些年来，新兴国家特别是中国的 OFDI 增长迅速，其中跨国并购的比重呈逐年递增的态势。发展中国家的企业对外投资和跨国并购或许更为复杂，这些国家拥有较低成本的劳动力等资源禀赋，技术转移的可能性较低，其跨国并购的动机更有可能是寻求更为前沿的技术，甚至有可能转移其研发部门到 R&D 密集型的发达国家。2008 年金融危机后，中国企业加快了国际化的步伐，利用中国企业的数据对跨国并购与创新的实证检验无疑能够进一步丰富这一领域的研究。

13.3　数据与计量方法

13.3.1　数　据

本章分析所使用的数据来源来自于 WIND 上市公司财务数据库和研发数据库、企业并购交易数据库。现有关于中国企业对外投资绩效等的研究，主要是通过中国工业企业数据库与商务部《境外投资企业（机构）名录》匹配合并获得，受限于样本数据，大多数研究都未能分析 2008 年金融危机后中国企业大规模进行海外并购投资的特征以及评估并购效应。首先，将使用 WIND 企业并购数据库来分析中国上市公司并购交易特征，在 WIND 并购数据库中，选择并购交易为完成的中方控股权大于 10% 的企业；其次，再通过上市公司年报、网站等渠道进一步确认企业的海外并购投资行为的信息，获得一个较为全面的上市公司跨国并购原始数据库。该数据库包括上市公司证券代码、是否海外并购、国内并购及其交易完成年份、投资目的国、行业等信息。企业的财务数据和研发投入数据来自于 WIND 上市公司财务数据库。在 2009—2015 年，上市公司海外并购交易成功的有 473 起。从分行业数据来看，制造业企业仍是跨国并购的主角，服务业企业海外并购增长迅速；海外并购目的地大多是流向中国香港、美国、澳大利亚、日本、德国、韩国等高收入经济体，占比超过 90%，这与全球跨国并购交易集中于发达国家的特征一致。从并购主体的省份来看，广东企业占 16%，对外投资企业最多的 5 省占比超过 60%；按所有制区分来看，私营企业占比达 70.55%，国有企业占比达 23%，虽然国有企业海外并购金额较大，但也逐渐地让位于私营企业。

为保证样本数据的一致性。删除了金融业、样本期间内借壳上市企业样本、营业收入等关键变量缺失的样本，最后保留了连续经营 4 年以上的企业，用于分析的有 2 419 家上市公司共 16 008 个样本，其中制造业企业样本 10 089 个。需要注意的是，有些企业在样本期间内，进行过多次海外并购投资，借鉴已有处理方式，将样本期间内首次进行并购投资的年份用来考察企业的跨国并购投资行为（周茂等，2015）。即便企业有多次海外并购投资，后期的并购可能是一个"干中学"经验累加的过程，自选择效应可能并不明显。经过进一步筛选后，2009—2015 年首次进行海外并购投资的企业有 266 家，在样本期间内发生过多次跨国并购投资的企业有 30 家。

企业研发投入数据则是来源于 WIND 企业研发费用支出数据库，由于 2006 之前我国上市公司研发支出的信息披露是按"费用化"进行会计处理，即管理费用下的子项目，会计准则改革后，研发支出作为"资本化"项目处理，但研发费用的信息披露仍存在诸多不规范之处，为此我们采用 2008 年后的上市公司研发支出数据进行检验。

13.3.2 实证方法

已有研究表明，企业海外并购存在生产率水平的自选择效应（Helpman et al.，2004），直接采用 OLS 估计有可能导致估计结果的偏差。我们借鉴蒋冠宏和蒋殿春（2013）和施蒂巴尔（Stieble，2016）的方法，将企业的海外并购投资看作是一次准自然实验，采用倾向得分匹配法（PSM）和倍差分析（DID）来评估企业海外并购的创新效应。基本思路是从没有进行海外并购投资的企业中寻找出与海外并购企业在并购投资前具有相似特征的企业样本作为对照组，海外并购企业作为处理组，通过比较抽象出海外并购的研发效应。为获得这一合适的对照组，这里将采用最近邻匹配方法匹配。

在总的样本企业中，有266家上市公司进行了海外并购交易，将这些企业作为处理组，非跨国并购投资企业作为对照组。以 $dcma_i = \{0, 1\}$ 表示企业是否进行海外并购，$dcma_i = 1$ 为海外并购投资企业，$dcma_i = 0$ 为非跨国并购企业；$dt_i = 0$ 和 $dt_i = 1$ 分别为企业跨国并购的前、后年份。样本期间内如果有超过一次的海外并购活动，仅以首次成功的海外并购公告日期来界定 dt。将 y_{it} 表示为第 i 家企业从事跨国并购活动前后的创新，那么处理组企业的平均处理效应（Average Treatment Effect on the Treated，ATT），即跨国并购对企业创新的影响可以表示为

$$
\begin{aligned}
ATT &= E\{y_{it}^1 - y_{it}^0 \mid dcma_i = 1\} \\
&= E\{E[y_{it}^1 - y_{it}^0 \mid dcma_i = 1, p(z_{it-1})]\} \\
&= E\{E[y_{it}^1 \mid dcma_i = 1, p(z_{it-1})] - E[y_{it}^0 \mid dcma_i = 1, p(z_{it-1})]\}
\end{aligned}
$$

其中 $E(y_{it}^1 \mid dcma_i = 1)$ 为企业在跨国并购后的创新，而 $E(y_{it}^0 \mid dcma_i = 1)$ 表示跨国并购企业在没有跨国并购情况下的研发，但此状态下的企业研发支出是无法观测到的一种"反事实"。

运用最近邻匹配法从对照组样本中获得与跨国并购企业并购前相似特征的样本，基于条件独立性假设，可利用匹配后的样本近似替代跨国并购企业在 $dcma_i = 0$ 下的状态，$E(y_{it}^0 \mid dcma_i = 1) = E(\hat{y}_{it}^0 \mid dcma_i = 0)$。$p(z_{it-1})$ 为倾向匹配得分，是通过企业并购投资前一期的匹配变量 z_{it-1} 来估算跨国并购投资的概率。由于各企业海外并购投资的年份不同，对样本逐年匹配，并用并购投资前一年的企业特征变量进行 Logit 估计。进一步结合 DID 方法，以控制那些不随时间变化的不可观测因素对企业创新的影响，构建的 DID 估计模型为

$$
y_{it} = \alpha_0 + \alpha_1 dcma + \alpha_2 dt + \lambda dcma \times dt + \nu_j + \nu_k + \varepsilon_{it}
$$

运用 PSM 和 DID 估计的关键步骤是如何选取匹配变量 z_{it}。（Smith and Todd，2005）指出匹配变量要满足条件独立性假设，同时影响项目参与和结果变量，即能够同时影响企业的跨国并购投资行为和创新。借鉴已有的文献及企业异质性理论思想，我们从企业生产率水平和资本密集度等特征来选择匹配变量，具体包括以下几个：

（1）企业劳动生产率（lp），由企业营业收入除以员工数的对数值计算得到，海外并购需要克服东道国市场的投资壁垒和进入成本，以及收购方与目标企业之间的信息不对称的信息成本等。

（2）资本密集度（capital），用固定资产与企业员工数的比重衡量。

（3）资产负债率（debt），用企业的总资产与总负债的比例来表示。资产负债率也是测算企业融资约束的一个重要指标，过高的负债率会恶化企业的财务条件而不利于企业创新。

（4）企业规模（*size*），用员工总人数的对数值来表示。

（5）利润率（*profit*），由企业的总利润与营业总收入比值计算得到。

（6）平均工资（*wage*），为企业应付职工薪酬与员工总人数的比值。

（7）企业年龄（*age*），用样本当年年份减去企业的成立年份得到。

（8）研发经历（*rd*），前期是否有研发支出。研发支出大于 0 记为 1，没有研发支出记为 0。前期具有 R&D 投资的企业具有较高的知识储备及对外部知识的学习能力与吸收能力，可能促使企业有信心向海外寻求更高水平的技术资源，同时也可能有助于企业克服跨国经营的额外成本和风险。

（9）是否有海外业务收入（*oversea*），海外业务收入大于 0 记为 1，仅在国内销售记为 0。海外业务收入既有可能是出口贸易和前期的境外其他投资带来的收益，企业早期进入东道国市场能够获得政策等不确定信息和经验，如消费者偏好、东道国政府管制、法律制度等，这些都有利于信息能够降低企业并购投资的不确定性，提高并购交易成功的概率。

（10）是否为国有企业（*state*），根据企业最终控制权属性不同区分为国有企业和非国有企业，国有和民营企业分别取值 1 和 0。国有企业与民营企业由于经营目标的差异可能造成企业在海外并购这样的重大企业决策上产生不同；同时，由于治理效率不同，代理成本也存在高下分别，因此也可能造成二者不同的海外并购倾向。此外，在国际并购市场上，一些东道国政府频频爆出以经济安全为由阻碍中国国有企业境外投资，已有多宗国有企业并购交易失败的案例，这些都可能降低国有企业的海外并购热情。

13.4　实证分析

13.4.1　上市公司海外并购决策检验及 PSM

企业异质性理论指出，企业是否进行对外投资取决于生产率水平（Helpman et al.，2004），仅有那些生产率较高的少数企业能够克服东道国投资的高额成本和投资壁垒，获得正的利润。周茂等（2015）利用中国工业企业数据实证研究了生产率与企业对外投资模式选择的关系，发现生产率越高的企业更偏好于并购方式进入东道国市场。但诺克和耶普尔（Nocke and Yeaple，2007）的理论模型指出在同一行业内跨国并购与绿地投资可以共存，运用美国跨国母公司的数据发现绿地投资的企业生产率更高。本小节运用上市公司 2008—2015 年面板数据具体检验影响中国企业跨国并购投资决策的因素，同时也为后面的 PSM 方法奠定了基础。

　　表13-1是中国上市公司海外并购决定方程的回归结果。为尽可能地控制遗漏变量及某些无法量化变量的影响，所有回归都控制了二位行业、省份和年份固定效应。为增强回归的稳健性，在制造业样本和全部行业样本分别进行了回归，表中前3列为制造业企业样本估计结果，后3列是全部企业样本估计结果。可以看出，在不同样本下，虽然回归系数大小略有不同，但其正负符号和统计显著性几乎如出一辙，说明我们的回归结果具有较强说服力。具体看各解释变量，生产率（lp）的系数至少在5%的统计水平下显著为正，说明生产率越高的企业进行跨国并购的可能性越高，该结果证实了中国企业对外并购的自选择效应；变量rd系数显著为正，意味着前期研发投资经历有助于企业跨国并购投资。而且，上市公司是否有研发经历对海外并购决策的作用可能比生产率的作用更为显著。其他变量方面，海外业务收入（oversea）系数显著为正，表明企业先期开展海外业务能够提高企业海外并购成功的概率；规模较大、利润率较高企业有利于对外投资，且更倾向于海外并购，这些企业能够承受较大的投资风险。所有制方面，国有企业的海外并购倾向显著较低。以上结论一方面证实了对外投资的自选择效应；另一方面也暗示，较强的国际竞争力是企业进行海外并购的一个重要门槛。

表13-1　　　　　　　　　　　　　　Logit 模型估计结果

变量	制造业			所有行业		
	（1）	（2）	（3）	（4）	（5）	（6）
lp	0.216 **	0.255 **	0.271 ***	0.188 **	0.215 ***	0.283 ***
	(0.101 7)	(0.108 6)	(0.102 9)	(0.075 7)	(0.079 1)	(0.073 3)
rd		1.241 ***	1.160 ***		0.944 ***	0.557 ***
		(0.368 6)	(0.387 2)		(0.216 8)	(0.183 6)
size			0.495 ***			0.480 ***
			(0.066 5)			(0.050 5)
oversea			0.875 ***			0.692 ***
			(0.219 3)			(0.150 8)
state			-1.539 ***			-1.489 ***
			(0.215 5)			(0.160 5)
age			0.012 3			0.015 7
			(0.013 9)			(0.011 3)
capital			0.000 1 ***			0.000 1 ***
			(0.000 1)			(0.000 0)
wage			0.01			-0.001
			(0.01)			(0.004)
profit			0.941 ***			0.231 ***
			(0.259 9)			(0.065 1)
常数项	-8.387 ***	-9.919 ***	-13.14 ***	-7.660 ***	-8.826 ***	-12.32 ***
	(1.697 5)	(1.779 0)	(1.471 6)	(1.546 8)	(1.661 6)	(1.119 6)
行业	Y	Y	Y	Y	Y	Y
地区	Y	Y	Y	Y	Y	Y

续表

变量	制造业			所有行业		
	（1）	（2）	（3）	（4）	（5）	（6）
年份	Y	Y	Y	Y	Y	Y
N	10 089	10 089	10 089	16 008	16 008	16 008
伪 R^2	0.027	0.036	0.080 5	0.038	0.046	0.082
$Wald$	61.94	79.36	144.7	138.5	158.9	213.6
对数似然比	−865.5	−857.8	−832.6	−1 264.7	−1 254.1	−1 231.7

注：所有行业总样本有 16 008 个观测值，跨国并购投资企业 266 家；制造业样本 10 089 家，跨国并购投资企业 183 家。括号内为稳健标准差，***、**、* 分别表示在 1%、5%、10% 统计水平下显著。行业、省份和年份固定效应没有报告。

　　通过 Logit 模型估计得到了企业海外并购的倾向得分，依此采用近邻匹配法为处理组（海外并购）企业样本匹配到合适的对照组企业。匹配平衡性条件和 Hotelling 检验结果报告见表 13 − 2。处理组企业样本在匹配后均无显著差异，近邻匹配法得到了较好的效果，说明我们匹配到的对照组企业能够控制样本的自选择效应。此外在估计倾向匹配得分时，也可能忽略了某些关键的匹配变量，而导致匹配结果有偏差。为此采用罗森鲍姆界限（Rosenbaum Bounds）来检验在预测企业倾向得分时是否遗落了某些变量，结果发现伽马系数直到 2.0 才不显著，说明我们的匹配结果是可靠的，选取的匹配变量是合理的。

表 13 − 2　　　　　　　　　　　　PSM 匹配样本的平衡性条件检验

变量	制造业企业样本				所有企业			
	均值		t 检验		均值		t 检验	
	处理组	对照组	t 值	p 值	处理组	对照组	t 值	p 值
lp	13.511	13.564	0.754 7	0.450 7	13.581	13.56	−0.332 3	0.739 7
$size$	7.93	7.837	−0.900 1	0.368 4	7.927	7.87	−0.594 7	0.552 2
$oversea$	0.834	0.795	−1.123 5	0.261 7	0.69	0.65	−1.145 8	0.252 2
$state$	0.16	0.205	1.290 1	0.197 5	0.224	0.249	0.792 9	0.428 1
age	12.589	12.64	0.109 3	0.913	12.835	12.82	−0.036 5	0.970 9
$capital$	162.808	173.448	0.404 2	0.686 2	235.066	243.413	0.246 9	0.805 0
$wage$	1.293	1.416	0.427 5	0.669 2	1.354	1.331	−0.110 5	0.912 1
rd	0.931	0.942	0.525 9	0.599 1	0.827	0.799	−0.510 4	0.609 9
$profit$	0.096	0.102	0.310 5	0.756 3	0.089	0.096	0.346 6	0.729 0
Hotelling 检验	T^2		F 值		P 值			
	5.282 9		0.579 5		0.814 5	3.579 7	0.394 3	0.938 2

13.4.2　海外并购对企业研发的初步检验

本小节将利用前面 PSM 分组结果，检验跨国并购与企业研发之间的因果关系，揭示上市公司海外并购的事后处理效应。在近邻匹配的基础上，对建立的 DID 方程进行估计，结果见表 13-3，其中第（1）~第（3）列是以制造业企业样本研发费用支出为被解释变量，第（4）~第（6）列是用所有行业样本的研发费用支出为被解释变量。

表 13-3　　　　　　　　　　海外并购对企业研发的影响

变量	制造业企业样本			所有企业样本		
	（1）	（2）	（3）	（4）	（5）	（6）
$dcma \times dt$	-0.339	0.083 1	-0.049 8	0.448	0.578	0.366
	（-0.84）	（0.25）	（-0.15）	（1.03）	（1.57）	（1.20）
dt	3.378 ***	0.672 ***	0.555 **	3.874 ***	0.848 ***	0.554 **
	（16.12）	（3.02）	（2.54）	（17.26）	（4.07）	（2.69）
$dcma$	0.323	-0.185	-0.303	0.587 **	-0.036 3	-0.109
	（1.33）	（-0.89）	（-1.50）	（2.26）	（-0.19）	（-0.58）
lp			0.316 ***			0.347 ***
			（2.97）			（3.79）
$size$			0.716 ***			0.700 ***
			（10.23）			（11.40）
$oversea$			0.776 ***			1.216 ***
			（4.16）			（7.15）
$state$			-0.339			-0.798 ***
			（-1.57）			（-4.24）
age			-0.165 ***			0.124 ***
			（-11.21）			（9.20）
$capital$			0.000 323 **			0.000 09 *
			（3.03）			（1.94）
$wage$			0.032 3 *			0.006 24
			（1.90）			（0.37）
$profit$			2.087 ***			0.147 **
			（4.22）			（2.45）
常数项	14.22 ***	8.572 ***	-0.385	11.70 ***	5.346 ***	-3.781 *
	（111.14）	（13.67）	（-0.22）	（87.11）	（5.44）	（-2.27）
行业	NO	Y	Y	NO	Y	Y
年份	NO	Y	Y	NO	Y	Y
省份	NO	Y	Y	NO	Y	Y
N	4 271	4 271	4 271	6 401	6 401	6 401
调整的 R^2	0.073 0	0.383	0.418	0.065	0.539	0.558
F 值	113.08	43.04	44.28	148.5	80.45	80.09

注：*、** 和 *** 分别表示 10%、5%、1% 水平下显著。第（1）、第（2）、第（3）列为制造业企业样本估计结果，第（4）、第（5）、第（6）列为所有企业样本估计的结果。行业、省份和年份固定效应没有报告。

　　根据表中报告的结果，交互项 $dcma \cdot dt$ 的系数在不同样本和不同回归中均不显著，说明企业海外并购后的研发投资相对于未进行海外并购的企业没有显著性差异，海外并购对企业的 R&D 投资并不存在积极的正向促进作用。该结果与施蒂巴尔（Stieble，2013）等关于发达国家企业跨国并购将促进企业研发投入的结论不同。这种结果的差异来自于发达国家和发展中国家企业对外并购的不同动机，前者主要出于现有竞争力优势的国际市场拓展，并购后更广阔的市场进一步摊低了产品的平均研发成本，进而促进企业进行更多的研发投资。中国等发展中国家企业的海外并购则与此不同，它们更多是出于海外技术、市场和生产要素等经营资源的获取而发起并购的，因此并购后的研发投资并没有出现累加效应。我们也注意到，这里的结论与毛其淋和许家云（2014）等利用中国 OFDI（包括对外绿地投资和海外并购）数据进行的研究结果也显著不同，后者发现中国 OFDI "与企业创新之间存在显著的因果效应，OFDI 对企业创新的促进作用具有持续性，并逐年递增"。我们认为这恰好反映了中国企业进行海外并购和绿地投资时的不同初始状态和目标诉求：相对于对外绿地投资，海外并购更强调并购企业与东道国目标企业间的资产互补性，同时企业在资本市场上的经验和能力也更为重要。并购带来的资产增量既可能因互补性发挥暂时降低了企业进行进一步研发的重要性，同时并购引致的债务水平上升也可能阻碍企业加大研发投资的企图。此外，存在跨国公司 R&D 部门在企业内部转移的可能性，企业在收购具有较高技术水平的企业后，可能会增加海外子公司的研发投入，追求更高的 R&D 效率（Griffith et al.，2006）。

变量 dt 为企业海外并购前后的年份虚拟二元变量，其系数在 5% 的显著水平上显著为正，且引入行业、地区、年份固定效应及企业控制变量后，dt 的系数符号依然不变且显著为正，表明企业的研发投入呈逐年上升的态势。此外，从其他控制变量的估计结果来看，企业劳动生产率（lp）、企业规模（$size$）、企业年龄（age）、平均工资（$wage$）、海外业务（$oversea$）、研发经历（rd）、利润率（$profit$）变量系数为正并在 1% 的统计水平上显著，表明经营绩效越好，生产规模越大及海外业务收入的企业进一步研发投入也越高；而国有企业变量（$state$）在全部行业样本中为负且呈统计显著性，表明国有企业相对于民营企业而言，其研发倾向较低。以上控制变量的估计结果与既有研究结论较为一致。

13.4.3　海外并购对企业创新的动态影响

通过估计结果表明跨国并购与企业研发投入并不存在显著的因果关系。由于创新活动具有高度的不确定性且需要长期性的大量投资，虽然海外并购能够获得目标企业的技术、专有性资产等资源，但在资金有限及财务约束下可能存在战略目标的非一致性。由此带来一个问题，海外并购对企业创新的影响是否存在滞后效应，接下来将考察跨国并购对企业研发投入的动态影响，估计结果报告见表 13 - 4。其中交互项 $dcma \cdot dt$ 出于简洁简写为 dd，而 $dd0 \sim dd3$ 代表该交叉项的滞后变量。

表 13 - 4　　　　　　　　海外并购对企业研发投入的动态影响

变量	制造业企业样本		所有企业样本	
	（1）	（2）	（3）	（4）
dd0	0.480	0.497	1.709 **	1.810 **
	(0.52)	(0.56)	(1.99)	(2.11)
dd1	-0.274	-0.248	-0.212	-0.091 5
	(-0.31)	(-0.29)	(-0.25)	(-0.11)
dd2	0.938	0.861	0.538	0.574
	(1.06)	(1.01)	(0.65)	(0.70)
dd3	0.896	0.827	0.884	0.887
	(1.03)	(0.99)	(1.09)	(1.10)
dt	-0.058 9	-0.261	-3.035 ***	-3.095 ***
	(-0.10)	(-0.47)	(-5.74)	(-5.68)
dcma	-0.559	-0.802	0.082 0	0.007 08
	(-1.13)	(-1.67)	(0.17)	(0.01)
lp		-0.176 4 **		0.296 **
		(2.30)		(2.14)
size		0.968 ***		0.119 *
		(6.17)		(1.69)
oversea		1.064 **		1.160 ***
		(2.75)		(2.99)
state		-0.776 *		1.077 **
		(-1.67)		(2.26)
age		0.124 ***		0.021 0 **
		(3.74)		(2.54)
capital		0.000 184		0.001 65
		(1.40)		(1.52)
wage		0.361 **		0.127 **
		(3.14)		(2.38)
profit		2.820 **		1.582 *
		(2.37)		(1.65)
常数项	13.00 ***	4.201	5.084 **	6.141
	(8.93)	(1.03)	(2.16)	(1.35)
行业	Y	Y	Y	Y
年份	Y	Y	Y	Y
省份	Y	Y	Y	Y
N	1 083	1 083	1 406	1 406
调整的 R^2	0.435	0.477	0.534	0.538
F 值	14.46	15.09	21.36	19.84

注：*、**和***分别表示10%、5%、1%下的显著性水平。第（1）、第（2）列为制造业企业样本的估计结果，第（3）、第（4）列为所有企业样本估计的结果。行业、省份和年份固定效应没有报告。

从表13-4第（1）列结果来看，相对于没有进行对外投资的国内企业，海外并购企业在投资当年（dd0）及三年后（dd3）系数为正，但不显著，表明海外并购交易并没有显著地提高企业的 R&D 投资。运用全部企业样本估计结果报告于第（3）和第（4）列，与制造业企业不同的是，海外并购企业相对于未对外投资企业在当年提高了 R&D 投资，其即期效应达到了 1.8%，但这一提升效应并不具有持续性，在第二年为负，第三年和第四年为正，但都不显著，海外并购投资企业并不能显著提高企业的 R&D 投资。

13.4.4　海外并购与企业创新的异质性影响

本小节进一步深入分析一些潜在因素可能对企业海外并购的研发效应产生的影响。首先，根据已有的研究及 Logit 模型结论，对外投资有可能受到企业所有权属性的影响，国有企业在创新投资方面的效率更低（Wei et al.，2017），且国有企业跨国并购带有与利润最大化相冲突的政治性目标（Shleifer and Vishny，1988），进而影响研发投入。为进一步地检验跨国并购的 R&D 投资对于国有企业及非国有企业是否存在差异，我们进一步将样本区分为国有企业和非国有企业进行匹配后估计。

其次，跨国并购对企业创新的影响也可能会因东道国的技术水平而有所不同。不同的国家在市场竞争环境、技术创新理念、资源和创新要素都存在迥异，会直接影响到企业在并购投资后的创新决策，有些企业到发达国家进行投资不仅仅是为了获得市场，而且也有可能是技术外包获得发达国家企业之间的技术外溢（Griffith et al.，2006）。根据并购投资东道国的创新水平排名，区分为高技术水平国家和其余国家。根据企业所有权属性和东道国技术水平分组重新匹配估计得到结果。

最后，跨国并购对企业创新的影响也有可能会因企业所处的行业而有所不同。在距离世界技术前沿的专利密集型行业中的企业，其创新效率、知识储备和学习吸收能力相对更高，跨国并购后，会面临更大的市场规模与市场竞争环境，企业会加速创新以逃离市场竞争获得垄断利润，因而跨国并购带来的 R&D 投资效应会更高。为此，按行业的专利密集度不同将样本划分为高技术密集型行业与低技术密集型行业并进一步检验，回归结果，见表 13 – 5。

表 13 – 5　　　　海外并购对制造业企业 R&D 投资的异质性影响

变量	(1)	(2)	(3)	(4)	(5)	(6)
	所有制		东道国		行业	
	民营	国有	高技术	其余	高技术	低技术
dd	2.522***	− 0.173	0.245	0.176	1.082*	0.681
	(3.31)	(− 0.48)	(0.53)	(0.39)	(1.83)	(1.61)
dt	0.557**	0.996*	0.153	0.425	0.408	0.174
	(2.19)	(1.93)	(0.49)	(1.34)	(0.85)	(0.68)
dcma	− 0.033 6	− 4.289***	− 0.449	− 0.222	0.049 9	− 0.677***
	(− 0.15)	(− 6.31)	(− 1.49)	(− 0.75)	(0.08)	(− 2.86)

续表

变量	（1）	（2）	（3）	（4）	（5）	（6）
	所有制		东道国		行业	
	民营	国有	高技术	其余	高技术	低技术
lp	0.103 ***	0.302 ***	0.137 ***	0.231 ***	0.211 ***	0.049 0 ***
	(2.79)	(2.82)	(2.73)	(3.43)	(3.07)	(2.36)
size	0.621 ***	0.532 **	0.304 **	0.578 ***	0.603 ***	0.595 ***
	(7.39)	(2.90)	(2.69)	(5.72)	(3.88)	(6.89)
oversea	0.869 ***	1.394 *	1.078 ***	0.535	0.430	0.692 ***
	(3.95)	(2.46)	(3.86)	(1.78)	(1.00)	(2.96)
state			−0.033	0.447	0.708	0.645
			(−0.06)	(1.37)	(1.05)	(−1.45)
age	−0.150 ***	−0.0743	−0.152 ***	−0.113 ***	−0.119 ***	−0.132 ***
	(−8.98)	(−1.54)	(−6.20)	(−5.67)	(−3.14)	(−7.58)
capital	0.000 523 *	0.002 81 **	0.001 81 **	0.000 267	0.000 634	0.0007 ***
	(1.78)	(2.37)	(2.52)	(0.82)	(0.85)	(2.11)
wage	0.123 ***	0.281 *	0.091 9	0.130 ***	0.037 0	0.079 6
	(3.36)	(2.28)	(1.03)	(3.37)	(0.65)	(1.27)
profit	1.349 **	0.171	0.469	−0.134	−0.555	0.455
	(2.53)	(0.51)	(1.65)	(−0.19)	(−0.70)	(1.55)
常数项	1.562	9.424	5.620 *	5.834 *	5.649	3.665
	(0.74)	(1.75)	(1.99)	(2.28)	(1.20)	(1.68)
行业	Y	Y	Y	Y	Y	Y
地区	Y	Y	Y	Y	Y	Y
年份	Y	Y	Y	Y	Y	Y
N	3 381	817	1 949	2 249	895	3 303
调整的 R^2	0.394	0.470	0.412	0.416	0.439	0.390
F 值	31.57	12.33	20.19	23.20	11.77	30.29

注：这里列出的是制造业企业样本估计结果。* 、** 和 *** 分别表示10%、5%、1%下的显著性水平。第（1）、第（2）列为区分国有企业与民营企业样本估计结果，其中海外并购的制造业国有企业57家。第（3）、第（4）列则是按各国技术水平区分东道国企业样本专利申请总数估计的结果，这里中高技术水平的国家是按世界经济论坛2010—2011年《全球竞争力报告》指标中创新指标排名前10国家，包括：美国、荷兰、瑞士、德国、英国、法国、日本、韩国、新加坡、以色列，这些国家的研发投入强度和PCT专利申请也远远高于其余国家。第（5）、第（6）列则是按行业的技术密集度不同划分为高低技术行业的企业后，估计得到的结果。行业、省份和年份固定效应没有报告。

从表中第（1）、第（2）列的结果来看，民营企业和国有企业在并购后的研发投资表现的确存在较大差别，民营企业样本回归结果中交互项（dcma·dt）的系数为2.522，且在1%的显著水平下显著为正，而国有企业样本的交互项系数并不显著。这说明，民营企业海外并购后多半会加大研发投资，而国有企业海外并购对其 R&D 投资规模并无影响。对此可能的解释是，尽管回归中控制了行业等固定效应，但即便是在同一行业或处于同一区域，国有企业与民营企业的海外并购类型可能还是存在很大差异，导致并购后企业对研发投资的需求也不同。例如多种迹象表明国有企业进行的海外并购中油、矿等自然资源的并购属于主流，而这类资产在获取后并不需要进行进一步的研发加以利用。相反，如果民营企业海外并购中获得海外的技术或市场类资产并产生互补效应，研发投资的预期收益可能得到显著提高，这就可能促使企业加大未来的研发投入。

第（3）和第（4）列报告区分东道国技术水平的回归结果，交互项（$dcma \cdot dt$）的系数在两个样本中的回归均为正，但都不显著，表明无论是对技术水平高的国家还是其他国家并购投资都没有显著提高企业的 R&D 投资。对照第（1）、第（2）列的结果，这可能暗示国有企业的存在拖累了样本的总体表现。第（5）和第（6）列报告区分行业技术水平的回归结果，高技术密集型行业的企业样本其交互项的系数显著为正，在 10% 的统计水平上显著；同时在低技术行业，相应系数则不显著。这说明，高技术密集型行业的企业海外并购有助于企业提升其R&D 投资水平，而低技术密集型行业的企业海外并购对 R&D 投资并没有显著影响。

13.5 结论

随着我国企业"走出去"战略的不断推进，中国企业对外投资呈现出与全球对外投资相似的特征，跨国并购越来越成为企业进入东道国的重要模式，海外并购投资规模和交易的金额都增长迅速。海外并购是否提高了企业创新能力和技术水平？在当前我国企业全球价值链升级和产业结构转型的发展战略背景下，该议题成为学术界与政策所关注的焦点。利用上市公司跨国并购交易数据和企业专利申请数据来考察跨国并购对母公司创新的影响，主要的研究结论有以下几点。

第一，利用 Logit 模型估计结果发现生产率高的企业进行海外并购的概率更大，企业跨国并购具有自选择效应。

第二，为避免内生性问题和样本选择性偏差，在 Logit 模型的基础上，采用最近邻倾向匹配得分和双重差分法来考察海外并购与企业 R&D 投资的因果关系。结果显示，从整体上来看，海外并购并没有显著提升企业的 R&D 投资，即便是在跨国并购投资后几年内，企业的 R&D 投资也没有显著提升。

第三，为深入考察海外并购对企业创新的异质性影响，我们根据企业所有制、东道国技术水平和行业技术密集度区分样本后进行估计。首先，区分企业所有制发现，民营企业海外并购会显著地提升其 R&D 投资，而国有企业的海外并购则对其 R&D 投资没有显著性的影响；无论是收购技术前沿的国家还是非技术前沿的国家的目标企业对企业的 R&D 投资均没有显著性的影响；最后，技术密集型行业的企业海外并购对 R&D 投资具有显著的提升效应，而低技术密集型行业的企业海外并购对企业 R&D 投资则没有显著性的影响。说明海外并购企业较高的创新水平主要是由于自选择效应而非并购投资的学习效应。

　　本章研究的一个重要发现是，海外并购对企业的 R&D 投资并没有显著性影响，从企业的 R&D 投资方面来看，说明中央及地方各级政府大力支持企业"走出去"带来的逆向技术效应相对较低。当前，我国企业跨国并购无论是绝对数量还是企业国际化水平仍有巨大的增长空间，企业应提高 R&D 投资来提升自身的知识储备与技术的吸收能力，政府应为海外并购投资企业提供良好的融资条件，激发企业通过并购获得东道国有利的创新要素。此外，我们还发现跨国并购对企业创新的影响由于企业所有制、东道国及行业技术密集度而存在异质性。政府应在现有的支持企业"走出去"战略的基础上，制定更加明确和具体的海外并购政策，签订与实施更加有利的双边国家投资协定，引导技术密集型民营企业到技术前沿的发达国家并购投资，并鼓励国有企业参与东道国技术密集企业的并购可以使自身 R&D 投资效率得到更大程度的提升。最后，跨国并购投资企业也应该加大创新投资强度与效率，构建具有竞争力的创新体系，既能提高企业海外并购交易的成功率，也能促进企业之间的技术互补与融合，以更大程度地从跨国并购投资中获益。

参考文献

[1] 曹春方, 周大伟, 吴澄澄, 张婷婷. 市场分割与异地子公司分布 [J]. 管理世界, 2015, 9: 92 - 103, 169, 187 - 188.

[2] 曹建海, 江飞涛. 中国工业投资中的重复建设与产能过剩问题研究 [M]. 北京: 经济管理出版社, 2010.

[3] 常玉春. 我国企业对外投资绩效的动态特征——以国有大型企业为例的实证分析 [J]. 财贸经济, 2001, 2: 87 - 94.

[4] 陈爱贞, 刘志彪. 以并购促进创新: 基于全球价值链的中国产业困境突破 [J]. 学术月刊, 2016, 12: 63 - 74.

[5] 陈诗一. 中国工业分行业统计数据估算: 1980—2008 [J]. 经济学季刊, 2011, 10 (3): 735 - 776.

[6] 陈仕华, 卢昌崇, 姜广省等. 国企高管政治晋升对企业并购行为的影响 [J]. 管理世界, 2015, 9: 125 - 136.

[7] 陈涛涛, 张建平, 陈晓. 投资发展路径 (IDP) 理论的发展与评述 [J]. 南开经济研究, 2012, 5: 121 - 135.

[8] 程大中. 中国生产性服务业的水平, 结构及影响——基于投入—产出法的国际比较研究 [J]. 经济研究, 2008, 1: 76 - 88.

[9] 程俊杰. 中国转型时期产业政策与产能过剩——基于制造业面板数据的实证研究 [J]. 财经研究, 2015, 41 (8): 131 - 144.

[10] 戴翔. 中国制造业国际竞争力——基于贸易附加值的测算 [J]. 中国工业经济, 2015, 1: 78 - 88.

[11] 杜兴强, 曾泉, 杜颖洁. 政治联系, 过度投资与公司价值——基于国有上市公司的经验证据 [J]. 金融研究, 2011, 8: 93 - 110.

[12] 耿强, 江飞涛, 傅坦. 政策性补贴, 产能过剩与中国的经济波动——引入产能利用率 RBC 模型的实证检验 [J]. 中国工业经济, 2011, 5: 27 - 36.

[13] 顾露露, Robert Reed. 中国企业海外并购失败了吗 [J]. 经济研究, 2011, 7: 116 - 129.

[14] 郭杰, 黄保东. 储蓄, 公司治理, 金融结构与对外直接投资, 基于跨

国比较的实证研究 [J]. 金融研究, 2010, 2: 76 - 90.

[15] 郭妍. 我国银行海外并购绩效及其影响因素的实证分析 [J]. 财贸经济, 2010, 11: 27 - 33.

[16] 国务院发展研究中心《进一步化解产能过剩的政策研究》课题组, 赵昌文, 许召元, 袁东, 廖博. 当前我国产能过剩的特征、风险及对策研究——基于实地调研及微观数据的分析 [J]. 管理世界, 2015, 4: 1 - 10.

[17] 韩国高, 高铁梅, 王立国等. 中国制造业产能过剩的测度, 波动及成因研究 [J]. 经济研究, 2011, 12: 18 - 31.

[18] 江飞涛, 耿强, 吕大国等. 地区竞争, 体制扭曲与产能过剩的形成机理 [J]. 中国工业经济, 2012, 6: 44 - 56.

[19] 蒋殿春. 小岛清对外直接投资理论述评 [J]. 南开经济研究, 1995, 2: 60 - 65.

[20] 蒋殿春, 张庆昌. 美国在华直接投资的引力模型分析 [J]. 世界经济, 2011, 5: 26 - 41.

[21] 蒋冠宏, 蒋殿春. 中国工业企业对外直接投资与企业生产率进步 [J]. 世界经济, 2014, 9: 53 - 76.

[22] 蒋冠宏, 蒋殿春. 中国企业对外直接投资的出口效应 [J]. 经济研究, 2014, 5: 160 - 173.

[23] 蒋冠宏, 蒋殿春, 蒋昕桐. 我国技术研发型外向FDI的"生产率效应"——来自工业企业的证据 [J]. 管理世界, 2013, 9: 44 - 54.

[24] 蒋冠宏. 企业异质性和对外直接投资——基于中国企业的检验证据 [J]. 金融研究, 2015, 12: 81 - 96.

[25] 金碚, 李鹏飞, 廖建辉. 中国产业国际竞争力现状及演变趋势——基于出口商品的分析 [J]. 中国工业经济, 2013, 5: 5 - 17.

[26] 李翀. 发展中国家局部竞争优势型对外直接投资——论发展中国家对外直接投资的动因 [J]. 学术研究, 2007, 4: 18 - 24.

[27] 李钢, 刘吉超. 入世十年中国产业国际竞争力的实证分析 [J]. 财贸经济, 2012, 8: 88 - 96.

[28] 李辉. 经济增长与对外投资大国地位的形成 [J]. 经济研究, 2007, 2: 38 - 47.

[29] 李玉红, 王皓, 郑玉歆. 企业演化: 中国工业生产率增长的重要途径 [J]. 经济研究, 2008, 6: 12 - 24.

[30] 梁金修. 我国产能过剩的原因及对策 [J]. 经济纵横, 2006, 7: 29 - 33.

[31] 林毅夫, 巫和懋, 邢亦青. 潮涌现象与产能过剩的形成机制 [J]. 经济研究, 2010, 10: 4 - 19.

［32］林毅夫，李永军. 比较优势、竞争优势与发展中国家的经济发展［J］. 管理世界，2003，7：21 – 28，66 – 155.

［33］刘莉亚，何彦林，杨金强. 生产率与企业并购：基于中国宏观层面的分析［J］. 经济研究，2016，3：123 – 136.

［34］刘林青，谭力文. 产业国际竞争力的二维评价——全球价值链背景下的思考［J］. 中国工业经济，2006，12：37 – 44.

［35］刘西顺. 产能过剩、企业共生与信贷配给［J］. 金融研究，2006，03：166 – 173.

［36］刘小鲁，李泓霖. 产品质量监管中的所有制偏倚［J］. 经济研究，2015，07：146 – 159.

［37］卢锋. 标本兼治产能过剩［J］. 中国改革，2010，5：88 – 91.

［38］鲁晓东，连玉君. 中国工业企业全要素生产率估计1999 – 2007［J］. 经济学（季刊），2012，2：541 – 558.

［39］毛其淋，许家云. 中国企业对外直接投资是否促进了企业创新［J］. 世界经济，2014，8：98 – 125.

［40］潘红波，余明桂. 支持之手、掠夺之手与异地并购［J］. 经济研究，2011，9：108 – 120.

［41］裴长洪，彭磊，郑文. 转变外贸发展方式的经验与理论分析——中国应对国际金融危机冲击的一种总结［J］. 中国社会科学，2011，1：77.

［42］裴长洪，郑文. 国家特定优势：国际投资理论的补充解释［J］. 经济研究，2011，11：21 – 35.

［43］邵新建，巫和懋，肖立晟，杨骏，薛熠. 中国企业跨国并购的战略目标与经营绩效：基于A股市场的评价［J］. 世界经济，2012，5：81 – 105.

［44］宋芳秀，王一江，任颋. 实际控制人类型和房地产业上市公司的投资行为［J］. 管理世界，2010，4：24 – 31.

［45］孙黎，任兵，阎大颖，彭维刚. 比较所有权优势：中国和印度企业跨国并购的理论框架［J］. 中大管理研究，2010，4：1 – 32.

［46］谭洪波，郑江淮. 中国经济高速增长与服务业滞后并存之谜—基于部门全要素生产率的研究［J］. 中国工业经济，2012，9：5 – 17.

［47］田丁石，肖俊超. 异质风险、市场有效性与CAPM异象研究——基于沪深股市横截面收益分析［J］. 南开经济研究，2012，5：136 – 153.

［48］田巍，余淼杰. 企业生产率和企业"走出去"对外直接投资：基于企业层面数据的实证研究［J］. 经济学（季刊），2012，2：383 – 408.

［49］王立国，鞠蕾. 地方政府干预，企业过度投资与产能过剩：26个行业样本［J］. 改革，2012，12：52 – 62.

[50] 王炜瀚. 再论波特《国家竞争优势》的谬误——对 Howard Davies 与 Paul Ellis（2000）论文的迟到回应 [J]. 管理世界，2010，10：167 - 168，17.

[51] 王文甫，明娟，岳超云. 企业规模，地方政府干预与产能过剩 [J]. 管理世界，2014，10：17 - 36.

[52] 危平，唐慧泉. 跨国并购的财富效应及其影响因素研究——基于双重差分方法的分析 [J]. 国际贸易问题，2016，11：120 - 131.

[53] 吴先明，苏志文. 将跨国并购作为技术追赶的杠杆：动态能力视角 [J]. 管理世界，2014，4：146 - 164.

[54] 谢红军，蒋殿春. 竞争优势、资产价格与中国海外并购 [J]. 金融研究，2017，1：83 - 98.

[55] 许年行，罗炜. 高管政治升迁和公司过度投资行为 [D]. 中国人民大学，2011.

[56] 薛俊波，王铮. 中国 17 部门资本存量的核算研究 [J]. 统计研究，2007，7：49 - 54.

[57] 阎大颖. 国际经验、文化距离与中国企业海外并购的经营绩效 [J]. 经济评论，2009，1：83 - 92.

[58] 杨波，张佳琦，吴晨. 企业所有制能否影响中国企业海外并购的成败 [J]. 国际贸易问题，2016，7：97 - 108.

[59] 杨德彬. 跨国并购提高了中国企业生产率吗——基于工业企业数据的经验分析 [J]. 国际贸易问题，2016，4：166 - 176.

[60] 杨高举，黄先海. 中国会陷入比较优势陷阱吗？ [J]. 管理世界，2014，5：5 - 22.

[61] 杨振兵. 对外直接投资、市场分割与产能过剩治理 [J]. 国际贸易问题，2015，11：121 - 131.

[62] 余淼杰. 中国的贸易自由化与制造业生产率 [J]. 经济研究，2010，12：97 - 110.

[63] 余鹏翼，李善民. 跨国并购股东财富效应的实证研究 [J]. 国际经贸探索，2013，9：47 - 57.

[64] 袁东，李霖洁，余淼杰. 外向型对外直接投资与母公司生产率 [J]. 南开经济研究，2015，3：38 - 57.

[65] 袁建国，后青松，程晨. 企业政治资源的诅咒效应——基于政治关联与企业技术创新的考察 [J]. 管理世界，2015，1：37 - 54.

[66] 袁捷敏. 关于我国产能过剩问题定量研究综述——基于中国知网（CNKI）"学术文献"总库中的文献 [J]. 经济问题探索，2013，11：158 - 162.

[67] 袁堂军. 中国企业全要素生产率水平研究 [J]. 经济研究，2009，6：

52 – 64.

[68] 臧成伟. 企业所有制与跨国并购倾向关系研究 [D]. 天津: 南开大学, 2018.

[69] 张建红, 葛顺奇, 周朝鸿. 产业特征对产业国际化进程的影响——以跨国并购为例 [J]. 南开经济研究, 2012, 2: 3 – 19.

[70] 张建红, 周朝鸿. 中国企业走出去的制度障碍研究——以海外收购为例 [J]. 经济研究, 2017, 3: 159 – 175.

[71] 张杰, 李勇, 刘志彪. 出口促进中国企业生产率提高吗? ——来自中国本土制造业企业的经验证据: 1999 – 2003 [J]. 管理世界, 2009, 12: 11 – 26.

[72] 张金昌. 国际竞争力评价的理论和方法 [M]. 北京: 经济科学出版社, 2002.

[73] 张晓晶. 产能过剩并非 "洪水猛兽" ——兼论当前讨论中存在的误区 [N]. 学习时报, 2006 – 4 – 10.

[74] 张学勇, 柳依依, 罗丹, 陈锐. 创新能力对上市公司并购业绩的影响 [J]. 金融研究, 2010, 6: 80 – 91.

[75] 赵伟, 古广东, 何元庆. 外向 FDI 与中国技术进步: 机理分析与尝试性实证 [J]. 管理世界, 2006, 7: 53 – 60.

[76] 周大鹏. 中国产业国际竞争力的评估及企业所有制差异的影响研究——基于出口增加值核算方法的分析 [J]. 世界经济研究, 2014, 9: 81 – 86, 89.

[77] 周劲. 产能过剩的概念, 判断指标及其在部分行业测算中的应用 [J]. 宏观经济研究, 2007, 9: 33 – 39.

[78] 周劲, 付保宗. 产能过剩的内涵, 评价体系及在我国工业领域的表现特征 [J]. 经济学动态, 2011, 10: 58 – 64.

[79] 周茂, 陆毅, 陈丽丽. 企业生产率与企业对外直接投资进入模式选择——来自中国企业的证据 [J]. 管理世界, 2015, 11: 70 – 86.

[80] 宗芳, 路江涌, 武常岐. 双边投资协定、制度环境和企业对外直接投资区位选择 [J]. 经济研究, 2012, 5: 71 – 82.

[81] Abel A. B.. Optimal investment under uncertainty [J]. *The American Economic Review*, 1983, 73 (1): 228 – 233.

[82] Acemoglu Daron, and Veronica Guerrieri. Capital Deepening and Nonbalanced Economic Growth [J]. *Journal of Political Economy*, 2008, 116 (3): 467 – 498.

[83] Aguiar M., Gopinath, G.. Fire – sale foreign direct investment and liquidity crises [J]. *Review of Economics and Statistics*, 2005, 87 (3): 439 – 452.

［84］ Ai C. , Norton E. C. . Interaction terms in logit and probit models ［J］. *Economics Letters*, 2003, 80 (1): 123 – 129.

［85］ Allen F. , Qian J. , Qian M. . Law, finance, and economic growth in China ［J］. *Journal of financial economics*, 2005, 77 (1): 57 – 116.

［86］ Alquist R. , Mukherjee R. , Tesar L. . Fire – sale FDI or Business as Usual? ［J］. *Journal of International Economics*, 2016, 98: 93 – 113.

［87］ Andrade G. , Mitchell M. , Stafford E. . New Evidence and Perspectives on Mergers ［J］. *The Journal of Economic Perspectives*, 2001, 15 (2): 103 – 120.

［88］ Antràs P. , R. Yeaple S. . Multinational Firms and the Structure of International Trade ［J］. *Handbook of International Economics*, 2014, 4: 55 – 130.

［89］ Arnold M. , Javorcik B. . Gifted kids or pushy parents? Foreign direct investment and plant productivity in Indonesia ［J］. *Journal of International Economics*, 2009, 79 (1): 42 – 53.

［90］ Ataullah A. , Le H. , Sahota A. S. . Employee Productivity, Employment Growth, and the Cross – Border Acquisitions by Emerging Market Firms ［J］. *Human Resource Management*, 2014, 53: 987 – 1004.

［91］ Aybar B. , Ficici A. . Cross – border acquisitions and firm value: An analysis of emerging – market multinationals ［J］. *Journal of International Business Studies*, 2009, 40 (8): 1317 – 1338.

［92］ Aybar B. , Thanakijsombat T. . Financing Decisions and Gains from Cross – border Acquisitions by Emerging – market Acquirers ［J］. *Emerging Markets Review*, 2015, 24: 69 – 80.

［93］ Baker M. , Foley C. F. , Wurgler J. . Multinationals as arbitrageurs: The effect of stock market valuations on foreign direct investment ［J］. *Review of Financial Studies*, 2009, 22 (1): 337 – 369.

［94］ Baker M. , Stein J. C. , Wurgler J. . When Does the Market Matter? Stock Prices and the Investment of Equity – Dependent Firms ［J］. *The Quarterly Journal of Economics*, 2003: 969 – 1005.

［95］ Balassa B. . Trade liberalisation and "revealed" comparative advantageⅠ ［J］. *The Manchester School*, 1965, 33 (2): 99 – 123.

［96］ Banerjee A. V. . A simple model of herd behavior ［J］. *The Quarterly Journal of Economics*, 1992: 797 – 817.

［97］ Barham B. , Ware R. . A sequential entry model with strategic use of excess capacity ［J］. *Canadian Journal of Economics*, 1993: 286 – 298.

［98］ Barney J. . Firm resources and sustained competitive advantage ［J］. *Jour-

nal of management, 1991, 17 (1): 99 – 120.

[99] Barro R. J.. Inflation and economic growth [J]. *National Bureau of Economic Research*, 1995.

[100] Battese G. E. , Coelli T. J.. A model for technical inefficiency effects in a stochastic frontier production function for panel data [J]. *Empirical economics*, 1995, 20 (2): 325 – 332.

[101] Beck T.. Financial development and international trade: Is there a link? [J]. *Journal of international Economics*, 2002, 57 (1): 107 – 131.

[102] Bena J. , Li K.. Corporate Innovations and Mergers and Acquisitions [J]. *Journal of Finance*, 2014, 69 (5): 1923 – 1960.

[103] Benoit J. P. , Krishna V.. Dynamic duopoly: Prices and quantities [J]. *The review of economic studies*, 1987, 54 (1): 23 – 35.

[104] Bergstrand, J. H. , Egger, P.. A knowledge – and – physical – capital model of international trade flows, foreign direct investment, and multinational enterprises [J]. *Journal of International Economics*, 2007, 73 (2): 278 – 308.

[105] Berndt E. R. , Hesse D. M.. Measuring and assessing capacity utilization in the manufacturing sectors of nine OECD countries [J]. *European Economic Review*, 1986, 30 (5): 961 – 989.

[106] Berndt E. R. , Morrison C. J.. Capacity utilization measures: underlying economic theory and an alternative approach [J]. *The American Economic Review*, 1981, 71 (2): 48 – 52.

[107] Bilir K. , Morales E.. Innovation in the Global Firm [J]. *NBER Working Papers* 22160, 2016.

[108] Blomström M. , Fors G. , Lipsey R. E.. Foreign direct investment and employment: home country experience in the United States and Sweden [J]. *The Economic Journal*, 1997, 107 (445): 1787 – 1797.

[109] Blomstrom M. , Kokko A.. Home country effects of foreign direct investment: evidence from Sweden [J]. *National Bureau of Economic Research*, 1994.

[110] Blonigen B. A.. Firm – specific assets and the link between exchange rates and foreign direct investment [J]. *The American Economic Review*, 1997: 447 – 465.

[111] Blonigen B. A.. A review of the empirical literature on FDI determinants [J]. *Atlantic Economic Journal*, 2005, 33 (4): 383 – 403.

[112] Blonigen B. A. , Piger, J.. Determinants of foreign direct investment [J]. *Canadian Journal of Economics*, 2014, 47 (3): 775 – 812.

[113] Blundell R. , Griffith R. , Van Reenen J.. Dynamic count data models of

technological innovation [J]. *The Economic Journal*, 1995: 333 –344.

[114] Bowen H. P.. On the theoretical interpretation of indices of trade intensity and revealed comparative advantage [J]. *Weltwirtschaftliches Archiv*, 1983, 119 (3): 464 –472.

[115] Brakman S. , VanMarrewijk C.. A Closer Look at Revealed Comparative Advantage: Gross – versus Value Added Trade Flows [J]. *Papers in Regional Science*, 2017, 96 (1): 61 –92.

[116] Brakman S. , Garretsen H. , Van Marrewijk C. , Van Witteloostuijn A.. Cross - Border Merger and Acquisition Activity and Revealed Comparative Advantage in Manufacturing Industries [J]. *Journal of Economics and Management Strategy*, 2013, 22 (1): 28 –57.

[117] Branstetter L. G.. Looking for international knowledge spillovers a review of the literature with suggestions for new approaches [J]. *The Economics and Econometrics of Innovation*, 2000: 495 –518.

[118] Buckley P. J. , Casson M.. *The Future of the Multinational Enterprise* [M]. London: Macmillan, 1976.

[119] Buckley P. J. , Casson M.. The optimal timing of a foreign direct investment [J]. *The Economic Journal*, 1981, 91 (361): 75 –87.

[120] Buckley P. J. , Clegg, L. J. , Cross, A. R. , Liu X. , Voss H. , Zheng P.. The determinants of Chinese outward foreign direct investment [J]. *Journal of international business studies*, 2007, 38 (4): 499 –518.

[121] Cai K. G.. Outward foreign direct investment: A novel dimension of China's integration into the regional and global economy [J]. *The China Quarterly*, 1999, 160: 856 –880.

[122] Cassels J. M.. Excess capacity and monopolistic competition [J]. *The Quarterly Journal of Economics*, 1937: 426 –443.

[123] Caves R. E.. *Multinational Enterprise and Economic Analysis* [M]. Cambridge university press, 1996

[124] Chamberlin E. H.. *The Theory of Monopolistic Competition* [M]. Cambridge, MA: Harvard University Press, 1933.

[125] Chan A.. A 'Race to the Bottom' Globalisation and China's labour standards [J]. *China Perspectives*, 2003 (46) .

[126] Chen W.. The effect of investor origin on firm performance: Domestic and foreign direct investment in the United States [J]. *Journal of International Economics*, 2011, 83 (2): 219 –228.

[127] Chenery H. B. , Taylor L.. Development patterns: among countries and over time [J]. *The Review of Economics and Statistics*, 1968: 391 – 416.

[128] Chinn M. D. , Ito H.. What matters for financial development? Capital controls, institutions, and interactions [J]. *Journal of development economics*, 2006, 81 (1): 163 – 192.

[129] Christensen C.. *The Innovator's Dilemma* [M]. Harvard Business Review Press, 1997.

[130] Clark C. S.. Labor hoarding in durable goods industries [J]. *The American Economic Review*, 1973, 63 (5): 811 – 824.

[131] Coeurdacier N. , De Santis R. A. , Aviat A.. Cross – border mergers and acquisitions and European integration [J]. *Economic Policy*, 2009, 24 (57): 56 – 106.

[132] Cosar A. K. , Grieco P. L. , Li S. , et al. What drives home market advantage? [J]. *Journal of International Economics*, 2018, 110: 135 – 150.

[133] Costinot A.. An Elementary Theory of Comparative Advantage [J]. *Econometrica*, 2009, 77 (4): 1165 – 1192.

[134] Costinot A.. On the origins of comparative advantage [J]. *Journal of International Economics*, 2009, 77 (2): 255 – 264.

[135] Costinot A. , Donaldson D. , Komunjer I.. What Goods Do Countries Trade? A Quantitative Exploration of Ricardo's Ideas [J]. *The Review of Economic Studies*, 2012, 79 (2): 581 – 608.

[136] Dalum B. , Laursen, K. , G. Villumsen. Structural change in OECD export specialisation patterns: De – specialisation and 'stickiness' [J]. *International Review of Applied Economics*, 1998, 12 (2): 423 – 443.

[137] Danilov D. , Magnus J. R.. On the harm that ignoring pretesting can cause [J]. *Journal of Econometrics*, 2004, 122 (1): 27 – 46.

[138] Das S.. Externalities, and technology transfer through multinational corporations A theoretical analysis [J]. *Journal of International Economics*, 1987, 22 (1 – 2): 171 – 182.

[139] Davies H. , Ellis P.. Porter's competitive advantage of nations: time for the final judgement? [J]. *Journal of Management Study*, 2000, 37: 1189 – 1214.

[140] De La Potterie B. V. P. , Lichtenberg F.. Does foreign direct investment transfer technology across borders? [J]. *Review of Economics and Statistics*, 2001, 83 (3): 490 – 497.

[141] Deng P. , Yang M.. Cross – border mergers and acquisitions by emerging market firms: A comparative investigation [J]. *International Business Review*, 2015,

24 (1): 157 – 172.

[142] Desai M., Foley C. F., Hines J. R.. Capital controls, liberalizations, and foreign direct investment [J]. *Review of Financial Studies*, 2006, 19 (4): 1433 – 1464.

[143] Desai M., Foley F., Hines J.. Domestic Effects of the Foreign Activities of US Multinationals [J]. *American Economic Journal: Economic Policy*, 2009, 1 (1): 181 – 203.

[144] Dixit A. K., Stiglitz J. E.. Monopolistic competition and optimum product diversity [J]. *The American Economic Review*, 1977, 67 (3): 297 – 308.

[145] Dornbusch R., S. Fischer, P. A. Samuelson. Comparative Advantage, Trade and Payments in a Ricardian Model with a Continuum of Goods [J]. *The American Economic Review*, 1997, 67 (5): 823 – 839.

[146] Doukas J., Travlos N. G.. The effect of corporate multinationalism on shareholders' wealth: Evidence from international acquisitions [J]. *The Journal of Finance*, 1988, 43 (5): 1161 – 1175.

[147] Du M., Boateng A.. State ownership, Institutional Effects and Value Creation in Cross – border Mergers &Acquisitions by Chinese Firms [J]. *International Business Review*, 2015, 24 (3): 430 – 442.

[148] Dunning J. H.. *International Production and the multinational Enterprise* [M]. Routledge, 2013.

[149] Dunning J. H.. Explaining the international direct investment position of countries: Towards a dynamic or developmental approach [J]. *Weltwirtschaftliches Archiv*, 1981, 117 (1): 30 – 64.

[150] Dunning J. H.. Explaining the international direct investment position of countries: towards a dynamic or developmental approach, in International Capital Movements [R]. *International Capital Movements*. Palgrave Macmillan, London, 1982: 84 – 121.

[151] Dunning J. H.. The investment development cycle and third world multinationals. in Khushi M. Khan, eds. *Multinationals of the South: New Actors in the International Economy* [R]. Hamburg: German Overseas Institute, 1986: 15 – 47.

[152] Dunning J. H.. The investment development cycle revisited [J]. *Weltwirtschaftliches Archiv*, 1986, 122 (4): 667 – 676.

[153] Dunning J. H.. Internationalizing Porter's diamond [J]. *Management International Review*, 1993: 7 – 15.

[154] Dunning J. H.. The eclectic paradigm as an envelope for economic and business theories of MNE activity [J]. *International Dusiness Review*, 2000, 9

(2): 163 – 190.

[155] Dunning J. H. , R. Narula. The investment development path revisited: some emerging issues. in Dunning J. H. , Rajneesh Narula, eds [A]. *Foreign Direct Investment and Governments: Catalysts for Economic Restructuring.* London and New York: Routledge, 1996: 1 – 38.

[156] Dunning J. H. , Narula R. . Multinational Enterprises, Developing and Globalization: Some Clarifications and a Research Agenda [J]. *Oxford Development Studies*, 2010, 38 (3): 263 – 287.

[157] Dunning J. , Kim J. C. , Park D. . Old Wine in New Bottles: A Comparison of Emerging Market TNCs Today and Developed – country TNCs Thirty Years Ago [A]. In K. Sauvant ed. *The rise of transnational corporations from emerging markets: Threat or opportunity* [C], 2008: 158 – 180.

[158] Eaton J. S. . Kortum Technology, Geography, and Trade [J], *Econometrica*, 2002, 70 (5): 1741 – 1779.

[159] Echevarria C. . Changes in sectoral composition associated with economic growth [J]. *International Economic Review*, 1997: 431 – 452.

[160] Eckbo B. E. , Thorburn K. S. . Gains to bidder firms revisited: domestic and foreign acquisitions in Canada [J]. *Journal of Financial and Quantitative Analysis*, 2000, 35 (1): 1 – 25.

[161] Edamura K. , Haneda S. , Inui Tetal. Impact of Chinese cross – border outbound M&As on firm performance: Econometric analysis using firm – level data [J]. *China Economic Review*, 2014, 30: 169 – 179.

[162] Eicher T. S. , Helfman L. , Lenkoski A. . Robust FDI determinants: Bayesian model averaging in the presence of selection bias [J]. *Journal of Macroeconomics*, 2012, 34 (3): 637 – 651.

[163] Feliciano Z. M. , Lipsey R. E. . Foreign Entry into US Manufacturing by Takeovers and the Creation of New Firms [J]. *NBER Working Paper*, 2010, No. 9122.

[164] Foellmi Reto, Josef Zweimuller. Income Distribution and Demand – Induced Innovations [J]. *Review of Economic Studies*, 2006, 73 (4): 941 – 960.

[165] Fors G. , Kokko A. . Home – country effects of FDI: Foreign production and structural change in home – country operations [J]. *NBER Chapters*, 2001: 137 – 162.

[166] Francisco A. C, Ngo V. L. , P. Markus. Capital – Labor Substitution, Structural Change and Growth [J]. *Theoretical Economics*, 2017, 12: 1229 – 1266.

[167] Reporter N. . Topics in Empirical International Economics: A Festschrift in Honor of Robert J. Lipsey [J]. *NBER Reporter*, 1999.

［168］Fosfuri A. , Motta M. , Rønde T. . Foreign direct investment and spillovers through workers' mobility ［J］. *Journal of international economics*, 2001, 53 (1): 205 – 222.

［169］Froot K. A. , Stein, J. C. . Exchange Rates and Foreign Direct Investment: An Imperfect Capital Markets Approach ［J］. *The Quarterly Journal of Economics*, 1991, 106 (4): 1191 – 1217.

［170］Gersbach H. , A. Schmutzler. Endogenous spillovers and incentives to innovate ［J］, *Economic Theory*, 2003, 21 (1): 59 – 79.

［171］Giovanni J. . What drives capital flows? The case of cross – border M&A activity and financial deepening ［J］. *Journal of international Economics*, 2005, 65 (1): 127 – 149.

［172］Glass A. J. , Saggi K. . Multinational firms and technology transfer ［J］. *The Scandinavian Journal of Economics*, 2002, 104 (4): 495 – 513.

［173］Gonzalez P. , Vasconcellos G. M. , Kish R. J. . Cross – border mergers and acquisitions: the undervaluation hypothesis ［J］. *The Quarterly Review of Economics and Finance*, 1998, 38 (1): 25 – 45.

［174］Graham J. R. , Harvey C. R. . The theory and practice of corporate finance: Evidence from the field ［J］. *Journal of financial economics*, 2001, 60 (2): 187 – 243.

［175］GriffithR. , John Van Reenen, Rupert Harrison. How Special Is the Special Relationship? Using the Impact of U. S. R&D Spillovers on U. K. Firms as a Test of Technology Sourcing ［J］, *American Economic Review*, 2006, 96 (5): 1859 – 1875.

［176］Griliches Z. . Patent Statistics as Economic Indicators: A Survey ［J］, *Journal of Economic Literature*, 1990, 28 (4): 1661 – 1707.

［177］Guadalupe M. , Olga Kuzmina, Catherine Thomas. Innovation and Foreign Ownership ［J］. *American Economic Review*, 2012, 102 (7): 3594 – 3627.

［178］Haraguchi N. , Rezonja G. . *Patterns of Manufacturing Development Revisited* ［M］. United Nations Industrial Development Organization, 2010.

［179］Harford J. . What drives merger waves? ［J］. *Journal of financial economics*, 2005, 77 (3): 529 – 560.

［180］Hausman J. , Hall B. H. , Griliches Z. . Econometric Models for Count Data with an Application to the Patents – RandD Relationship ［J］. *Econometrica*, 1984, 52 (4): 909 – 38.

［181］Head K. , Ries J. . Judging Japan's FDI: The verdict from a dartboard model ［J］. *Journal of the Japanese and International Economies*, 2005, 19 (2): 215 – 232.

[182] Head K. , Ries J. . FDI as an Outcome of the Market for Corporate Control: Theory and Evidence [J]. *Journal of International Economics*, 2008, 74 (1): 2 –20.

[183] Heckman J. . Sample Selection Bias as a Specification Error [J]. *Econometrica*, 1979, 47 (1): 153 –161.

[184] Helpman E. . A simple theory of international trade with multinational corporations [J]. *The journal of political economy*, 1984: 451 –471.

[185] Helpman E. , Melitz M. , Yeaple S. . Export Versus FDI with Heterogeneous Firms [J]. *American Economic Review*, 2004, 94 (1): 300 –316.

[186] Helwege J. , Liang N. . Initial public offerings in hot and cold markets [J]. *Journal of Financial and Quantitative Analysis*, 2004, 39 (03): 541 –569.

[187] Herrendorf Berthold, Richard Rogerson, Akos Valentinyi. Growth and Structural Transformation [J]. *Handbook of Economic Growth*, 2014, 2: 855 –941.

[188] Hilbe J. M. . *Negative binomial regression* [M]. Cambridge University Press, 2011.

[189] Holburn G. L. , Zelner B. A. . Political capabilities, policy risk, and international investment strategy: Evidence from the global electric power generation industry [J]. *Strategic Management Journal*, 2010, 31 (12): 1290 –1315.

[190] Huang Y. . *Selling China: Foreign direct investment during the reform era* [M]. Cambridge University Press, 2003.

[191] Hummels D. L. , Ishii J. , Yi K. M. . The Nature and Growth of Vertical Specialization in World Trade [J]. *Journal of International Economics*, 2001, 54 (1): 75 – 96.

[192] Hymer S. . *On multinational corporations and foreign direct investment. The Theory of Transnational Corporations* [M]. London: Routledge for the United Nations, 1960.

[193] Hymer S. . The efficiency (contradictions) of multinational corporations [J]. The*American Economic Review*, 1970, 60 (2): 441 –448.

[194] Hymer S. H. . *The International Operation of National Firms: A Study of Investment* [M]. Mass: MIT Press, 1976.

[195] Jensen M. C. . Agency costs of free cash flow, corporate finance, and takeovers [J]. *The American Economic Review*, 1986, 76 (2): 323 –329.

[196] Johanson J. , Vahlne J. E. . The Internationalization Process of the Firm: A Model of Knowledge Development and Increasing Foreign Commitment [J]. *Journal of International Business Studies*, 1977, 8 (2): 23 –32.

[197] Johnson R. C. , Noguera G. . Accounting for Intermediates: Production Sha-

ring and Trade in Value Added [J]. *Journal of International Economics*, 2012, 86 (2): 224 - 236.

[198] Jovanovic B., Peter L.. Rousseau. *Mergers as Reallocation, The Review of Economics and Statistics* [M]. MIT Press, 2008.

[199] Ju Jiandong, Justin Yifu Lin, Yong Wang. Endowment structures, industrial dynamics, and economic growth [J]. *Journal of monetary economics*, 2015, 76: 244 - 263.

[200] Katherine Spiess D., Affleck - Graves J.. Underperformance in Long - Run Slock Returns Following Seasoned Equity Offerings [J]. *Journal of Financial Economics*, 1995, 38: 243 - 267.

[201] Kindelberger C. P.. *American business abroad: six lectures on direct investment* [M]. Yale University Press, 1969.

[202] Kirkley J., Morrison C. J., Squires D.. Capacity and capacity utilization in common - pool resource industries: Definition, Measurement, and a Comparison of Approaches [J]. *Environmental and Resource Economics*, 2002, 22 (1 - 2): 71 - 97.

[203] Kletzer K., Bardhan P.. Credit markets and patterns of international trade [J]. *Journal of Development Economics*, 1987, 27 (1): 57 - 70.

[204] Kohli R., Mann B. J. S.. Analyzing determinants of value creation in domestic and cross border acquisitions in India [J]. *International Business Review*, 2012, 21 (6): 998 - 1016.

[205] Kojima K.. *Direct Foreign Investment: A Japanese Model of Multinational Business Operations* [M], London: CroomHelm, 1978.

[206] Kokko A.. *The home country effects of FDI in developed economies* [M]. Eijs Working Paper, 2006.

[207] Kolstad I., Wiig, A.. What determines Chinese outward FDI? [J]. *Journal of World Business*, 2012, 47 (1): 26 - 34.

[208] Koopman R., Wang Z., Wei S. J.. Tracing Value - added and Double Counting in Gross Exports [J]. *The American Economic Review*, 2014, 104 (2): 459 - 494.

[209] Kornai J.. The Soft Budget Constraint [J]. *Kyklos*, 1986, 39 (1): 3 - 30.

[210] Krugman P.. Fire - sale FDI in Capital flows and the emerging economies: theory, evidence, and controversies [J]. University of Chicago Press, 2000.

[211] Laitner J.. Structural Change and Economic Growth [J]. *Review of Economic Studies*, 2000, 57 (3): 545 - 561.

[212] Lall S. . The new multinationals: the spread of Third World enterprises [J]. *Chichester West Sussex New York: Wiley*, 1983.

[213] Lall S. . *Learning to industrialize: the acquisition of technological capability by India* [M]. New York: Macmillan Press, 1987.

[214] La Porta R. , Lopez – de – Silanes F. , Shleifer A. . The economic consequences of legal origins. National Bureau of Economic Research [J]. *Journal of economic literature*, 2008, 46 (2): 285 –332.

[215] La Porta R. , Lopez – de – Silanes F. , Shleifer A. . Corporate ownership around the world [J]. *The Journal of Finance*, 1999, 54 (2): 471 –517.

[216] Leromain E. , Orefice G. . New Revealed Comparative Advantage Index: Dataset and Empirical Distribution [J]. *International Economics*, 2014, 139: 48 –70.

[217] Levchenko A. A. . Institutional quality and international trade [J]. *The Review of Economic Studies*, 2007, 74 (3): 791 –819.

[218] Levchenko A. , Zhang J. . The Evolution of Comparative Advantage: Measurement and Welfare Implications [J]. *Journal of Monetary Economics*, 2016, 78: 96 –111.

[219] Levinsohn J. , Petrin A. . Estimating Production Function Using Inputs to Control for Observables [J]. *Review of Economic Studies*, 2000, 70 (2): 317 –341.

[220] Li K. , Yue H. , Zhao L. . Ownership, institutions, and capital structure: Evidence from China [J]. *Journal of comparative economics*, 2006, 37 (3): 471 –490.

[221] Lipsey R. E. , Ramstetter E. , Blomström M. . Outward FDI and parent exports and employment: Japan, the United States, and Sweden [J]. *Global Economy Quarterly*, 2000, 1 (4): 285 –302.

[222] Liu Y. , Xu C. , Y. Zhang. Analysis of the International Competitiveness of Chinese Medicine Industry Based on the Diamond Model [J], *International Business Research*, 2000, 3 (3): 165 –170.

[223] López de Silanes F. , La Porta R. , Shleifer A. , Vishny R. . Law and finance [J]. *Journal of political economy*, 1998, 106: 1113 –1155.

[224] Los B. , Timmer M. P. , Vries G. J. . How Global Are Global Value Chains? A New Approach to Measure International Fragmentation [J], *Journal of Regional Science*, 2015, 55 (1): 66 –92.

[225] MacDougall G. D. A. . The benefits and costs of private investment from abroad: A theoretical approach [J]. *Bulletin of the Oxford University Institute of Economics & Statistics*, 1960, 22 (3): 189 –211.

[226] Magnus J. R. , Durbin J. . Estimation of regression coefficients of interest

when other regression coefficients are of no interest [J]. *Econometrica*, 1999, 67 (3): 639 – 643.

[227] Maksimovic V. , Phillips G. . The industry life cycle, acquisitions and investment: Does firm organization matter? [J]. *The Journal of Finance*, 2008, 63 (2): 673 – 708.

[228] Malmendier U. , Moretti E. , Peters F. S. . *Winning by losing: evidence on the long – run effects of mergers* [R]. Social Science Electronic Publishing, 2012.

[229] Malmendier U. , Tate G. . Who makes acquisitions? CEO overconfidence and the market's reaction [J]. *Journal of financial Economics*, 2008, 89 (1): 20 – 43.

[230] Markusen J. R. . Contracts, intellectual property rights, and multinational investment in developing countries [J]. *Journal of International Economics*, 2001, 53 (1): 189 – 204.

[231] Markusen J. R. , Venables A. J. . Foreign direct investment as a catalyst for industrial development [J]. *European economic review*, 1999, 43 (2): 335 – 356.

[232] Markusen J. R. . Multinational Firms and the Theory of International Trade [J]. *MIT Press*, 2002.

[233] Mathews J. . Dragon Multinationals: new players in 21st century globalization [J]. *Asia Pacific Journal of Management*, 2006, 23 (1): 5 – 27.

[234] Matsuyama Kiminori. The Rise of Mass Consumption Societies [J]. *Journal of Political Economy*, 2002, 110 (5): 1035 – 1070.

[235] Melitz M. J. . The Impact of Trade on Intra – industry Reallocations and Aggregate Industry Productivity [J]. *Econometrica*, 2003, 71 (6): 1695 – 1725.

[236] Moeller S. B. , Schlingemann F. P. . Global diversification and bidder gains: A comparison between cross – border and domestic acquisitions [J]. *Journal of Banking & Finance*, 2005, 29 (3): 533 – 564.

[237] Moon H. C. , Rugman A. M. , A. Verbeke. . A general double dimond approach to the global competitiveness of Korea and Singerpore [J], *International Business Review*, 1998, 7: 135 – 150.

[238] Morrow P. M. . Ricardian – Heckscher – Ohlin comparative advantage: Theory and evidence [J]. *Journal of International Economics*, 2013, 82 (2): 137 – 151.

[239] Murphy K. , Shleifer A. , Vishny R. . Income Distribution, Market Size and Industrialization [J]. *Quarterly Journal of Economics*, 1989, 104: 537 – 564.

[240] Myers S. C. . The capital structure puzzle [J]. *The Journal of Finance*, 1984, 39 (3): 574 – 592.

[241] Neary J. P. . Cross – border mergers as instruments of comparative advantage [J]. *The Review of Economic Studies*, 2007, 74 (4): 1229 – 1257.

[242] Nelson R. A. . On the measurement of capacity utilization [J]. *The Journal of Industrial Economics*, 1989: 273 – 286.

[243] Nicholson R. , R. Salaber J. . The Motives and Performance of Cross – border Acquirers from Emerging Economies: Comparison Between Chinese and Indian Firms [J]. *International Business Review*, 2013, 22 (6): 963 – 980.

[244] Nocke V. , Yeaple S. . Cross – border mergers and acquisitions vs. green – field foreign direct investment: The role of firm heterogeneity [J]. *Journal of International Economics*, 2007, 72 (2): 336 – 365.

[245] Nocke V. , Yeaple S. . An Assignment Theory of Foreign Direct Investment [J]. *Review of Economic Studies*, 2008, 75 (2): 529 – 557.

[246] Norbäck P. , Lars Persson. Investment liberalization—Why a restrictive cross – border merger policy can be counterproductive [J]. *Journal of International Economics*, 2007, 72 (2): 366 – 380.

[247] Nunn N. . Relationship – specificity, incomplete contracts, and the pattern of trade [J]. *The Quarterly Journal of Economics*, 2007: 569 – 600.

[248] Olley G. S. , A. Pakes. The Dynamics of Productivity in the Telecommunications Equipment Industry [J]. *Econometrica*, 1996, 64 (6): 1263 – 1297.

[249] Ozawa T. . The macro – IDP, meso – IDPs and the technology development path (TDP) [A]. In John H. Dunning, Rajneesh Narula, eds. *Foreign Direct Investment and Governments: Catalysts for Economic Restructuring*. London and New York: Routledge, 1996: 142 – 173.

[250] Paraskevopoulos D. , Karakitsos E. , Rustem B. . Robust capacity planning under uncertainty [J]. *Management Science*, 1991, 37 (7): 787 – 800.

[251] Porter M. E. *The Competitive Advantage of Nations* [M]. New York: Free Press, 1990.

[252] Porter M. E. . *On Competition* [M]. Boston: Harvard Business School Press, 1998.

[253] Porter M. E. . The Five Competitive Forces That Shape Strategy [J]. *Harvard Business Review*, 2008: 79 – 93.

[254] Portes R. , Rey H. . The determinants of cross – border equity flows [J]. *Journal of international Economics*, 2005, 65 (2): 269 – 296.

[255] Proudman J. , Redding S. . Evolving Patterns of International Trade [J]. *Review of International Economics*, 2000, 8 (3): 373 – 396.

［256］ Puhani P. . The treatment effect, the cross difference, and the interaction term in nonlinear difference – in – differences models ［J］. *Economics Letters*, 2012, 115 (1): 85 –87.

［257］ Quer D. , Claver E. , Rienda L. . Political risk, cultural distance, and outward foreign direct investment: Empirical evidence from large Chinese firms ［J］. *Asia Pacific journal of management*, 2012, 29 (4): 1089 –1104.

［258］ Rahim K. F. , Ahmad N. , Ahmad I. , et al. Determinants of Cross Border Merger and Acquisition in Advanced Emerging Market Acquiring Firms ［J］. *Procedia Economics and Finance*, 2013, 7: 96 –102.

［259］ Ramamurti R. , J. V. Singh. *Emerging Multinationals in Emerging Markets* ［M］, Cambridge University Press, 2009.

［260］ Rani N. , Yadav S. S. , Jain P. K. . Impact of domestic and cross – border acquisitions on acquirer shareholders' wealth: empirical evidence from Indian corporate ［J］. *International Journal of Business and Management*, 2014, 9 (3): 88.

［261］ Razin A. , Sadka E. . *Productivity and Taxes as Drivers of FDI* ［R］. National Bureau of Economic Research, 2007.

［262］ Razin A. , Sadka E. , Tong H. . Bilateral FDI flows: Threshold barriers and productivity shocks ［J］. *Economic Studies*, 2008, 54 (3): 451 –470.

［263］ Rhodes – Kropf M. , Viswanathan S. . Market valuation and merger waves ［J］. *The Journal of Finance*, 2004, 59 (6): 2685 –2718.

［264］ Riedel J. , Jin J. , Gao J. . *How China grows: investment, finance, and reform* ［M］. Princeton University Press, 2007.

［265］ Roll R. . The hubris hypothesis of corporate takeovers ［J］. *Journal of business*, 1986, 59 (2): 197 –216.

［266］ Salant S. W. , Switzer S. , Reynolds R. J. . Losses from Horizontal Merger: The Effects of an Exogenous Change in Industry Structure on Cournot – Nash Equilibrium ［J］. *Quarterly Journal of Economics*, 1983, 98 (2): 185 –99.

［267］ Schmidheiny K. , Brülhart M. . On the equivalence of location choice models: Conditional logit, nested logit and Poisson ［J］. *Journal of Urban Economics*, 2009, 69 (2): 214 –222.

［268］ Schmidheiny K. , Brülhart M. . On the equivalence of location choice models: Conditional logit, nested logit and Poisson ［J］. *Journal of Urban Economics*, 2011, 69 (2): 214 –222.

［269］ Serdar Dinc I. , Erel I. . Economic nationalism in mergers and acquisitions ［J］. *The Journal of Finance*, 2013, 68 (6): 2471 –2514.

[270] Seru Amit. Firm boundaries matter: Evidence from conglomerates and R&D activity [J], *Journal of Financial Economics*, 2014, 111 (2): 381 – 405.

[271] Seyoum B.. The role of factor conditions in high – technology exports: An empirical examination [J], *Journal of High Technology Management Research*, 2004, 15 (1): 145 – 162.

[272] Shleifer A., Vishny R. W.. Stock market driven acquisitions [J]. *Journal of financial Economics*, 2003, 70 (3): 295 – 311.

[273] Shleifer A., Vishny R. W.. Value Maximization and the Acquisition Process [J], *Journal of Economic Perspectives*, 1988, 2 (1): 7 – 20.

[274] Smarzynska Javorcik B.. Does foreign direct investment increase the productivity of domestic firms? In search of spillovers through backward linkages [J]. *The American Economic Review*, 2004, 94 (3): 605 – 627.

[275] Smith J., Todd P.. Does matching overcome LaLonde's critique of nonexperimental estimators? [J]. *Journal of Econometrics*, 2005, 125 (1 – 2): 305 – 353.

[276] Song Z., Storesletten K., Zilibotti F.. Growing like china [J]. *The American Economic Review*, 2011, 101 (1): 196 – 233.

[277] Spence A. M.. Entry, capacity, investment and oligopolistic pricing [J]. *The Bell Journal of Economics*, 1977: 534 – 544.

[278] Stiebale Joel. The impact of cross – border mergers and acquisitions on the acquirers' R&D — Firm – level evidence [J], *International Journal of Industrial Organization*, 2013, 31 (4): 307 – 321.

[279] Stiebale Joel. Cross – border M&A and innovative activity of acquiring and target firms [J]. *Journal of International Economics*, 2016, 99 (C): 1 – 15.

[280] Stiebale Joel, Reize Frank.. The impact of FDI through mergers and acquisitions on innovation in target firms [J]. *International Journal of Industrial Organization*, 2011, 29 (2): 155 – 167.

[281] Stoddard O., Noy I.. Fire – sale FDI? The Impact of Financial Crises on Foreign Direct Investment [J]. *Review of Development Economics*, 2015, 19 (2): 387 – 399.

[282] Tang H.. Labor market institutions, firm – specific skills, and trade patterns [J]. *Journal of International Economics*, 2012, 87 (2): 337 – 351.

[283] Timmer M. P., Dietzenbacher E., Los B., Stehrer R., Vries G. J.. An illustrated user guide to the world input – output database: the case of global automotive production [J]. *Review of International Economics*, 2015, 23 (3): 575 – 605.

[284] Tolentino P. E.. *Technological Accumulation and Third World Multional*

[M]. New York: Routledge, 1993.

[285] Vernon R.. International investment and international trade in the product cycle [J]. *The Quarterly Journal of Economics*, 1966: 190 – 207.

[286] Verter G.. Timing merger waves [J]. *Unpublished paper, Harvard University*, 2002.

[287] Vollrath T. L.. A Theoretical Evaluation of Alternative Trade Intensity Measures of evealed Comparative Advantage [J]. *Review of World Economics*, 1991, 127 (2): 265 – 280.

[288] Wang J. Y. , Blomström M.. Foreign investment and technology transfer: A simple model [J]. *European economic review*, 1992, 36 (1): 137 – 155.

[289] Wang Z. , Wei S. J. , Zhu K.. *Quantifying International Production Sharing at the Bilateral and Sector Levels* [R]. National Bureau of Economic Research, 2013.

[290] Wei S. , Xie Z. , Zhang X.. From 'Made in China' to 'Innovated in China': Necessity, Prospect, and Challenges [J]. *Journal of Economic Perspectives*, 2017, 31 (1): 49 – 70.

[291] Wells L. T.. *Third world multinationals: The rise of foreign investments from developing countries* [M]. MIT Press Books, 1983.

[292] White T. K.. Comparative advantage, competitive advantage, and US agricultural trade [R]. International Agricultural Trade Research Consortium, 1987.

[293] Wu W. , Wu C. , Rui O. M.. Ownership and the value of political connections: Evidence from China [J]. *European Financial Management*, 2012, 18 (4): 695 – 729.

[294] Yeaple S. R.. The multinational firm [J]. *Annu. Rev. Econ*, 2013, 5 (1): 193 – 217.

[295] Zeng M. , Williamson P. J.. The hidden dragons [J]. *Harvard Business Review*, 2003, 81 (10): 92 – 103.